作者在书中对几十家全球知名智库案例进行深度剖析，总结了这些智库在研究、交往、传播方面加强建设的做法经验，为中国智库，特别是民间智库的建设和发展，提供了大有裨益的独特借鉴。

中共中央对外联络部原副部长　**于洪君**

本书精选了十几年来国外智库的几十个案例进行比较研究，指出各自的优长和短板，这在国内外同类著作中是少见的。更加难能可贵的是，本书坦诚地指出了我国智库在发展中的不足和努力方向。作者是中国新型智库的引领者之一——全球化智库的创办者，他们不仅仅坐而论道，而且总结了智库建设的丰富实践经验，给人以深刻的启迪。

北京大学国际战略研究院创始院长　**王缉思**

非常高兴地看到《大国智库》一书的出版，祝贺其在智库研究和实践领域取得的成绩！

国务院发展研究中心原副主任　**刘世锦**

一个没有一流智库的国家，难成大国，更难成强国！

国务院参事、友成企业家扶贫基金会副理事长　**汤敏**

《大国智库 2.0》一书既对西方与亚洲国家的重要智库进行了详细分析，也解析了中国智库建设的历程和不足，其准确而深刻的洞见，对政府、研究机构和政策研究人员极具参考价值。

外交学院战略与和平研究中心主任　**苏浩**

本书是国内少有的用国际视野和亲身考察经历分析世界一流智库现状的著作！

美国布鲁金斯学会约翰•桑顿中国中心原主任　**李成**

《大国智库》为智库与公共政策的研究增添了鲜活思考和实践记录，我向所有关心中国智库发展的读者推荐本书！

清华大学苏世民书院院长　**薛澜**

《大国智库》是一本将理论和实践结合，思考和实地考察并重的研究世界智库现状和中国智库发展的著作！

中国国际经济交流中心副理事长　**魏建国**

GLOBAL
THINK
TANKS

王辉耀　苗绿　著

2.0

大國智库

2.0

人民出版社

作者序

光阴荏苒，不觉《大国智库》已出版 9 年有余，我们创办全球化智库（CCG）也已 15 载。记得当年，国人对于"智库"的概念还很陌生，中国社会甚至业内，对智库的认识和理解也比较滞后，能够在国际舞台上发挥影响力的中国智库更是凤毛麟角。为了办好智库，我们在几年间实地考察了几十家国际知名智库，我们在美国布鲁金斯学会做访问研究员，在哈佛大学肯尼迪政府学院做高级研究员，潜心研究国际智库的建设。2014 年，基于这些研究与考察，我们在人民出版社首次出版了《大国智库》，该书开创性地研究和分析了全球智库的发展概况以及中国智库发展所处的地位，对如何在中国建设智库提出了可操作的思路和方案。图书的出版极大地拓展了"智库"在中国的知名度，为所有关心中国智库发展的读者提供了宝贵材料，成为近年来中国智库研究界和智库建设发展的重要参考文献，也进一步酝酿了重视和支持智库发展的良好社会氛围。2015 年，中共中央办公厅、国务院办公厅《关于加强中国特色新型智库建设的意见》出台，在中央政策的支持下，中国掀起了智库建设的热潮，进入了历史最好机遇期。

回首过去的几年，大国博弈空前激烈，国际体系面临深度调整，一场百年不遇的新冠疫情更是引发了国际政治、经济、社会、教育、文化各领域的震荡，这一全球重大突发公共卫生事件加剧了世界格局的不确定性。当百年变局叠加世纪疫情，人类社会实现共同与长远的发展，任重而道远。在百年未有之大变局的时代，中国发展的外部环境面临深刻复杂变化，挑战和机遇并存，科学决策的难度空前加大。在这样一个纷繁复杂的国际新舞台上，如何把握新机遇，如何应对新挑战，如何提升中国的全球话语权，如何提升中国的软实力……这些都需要科学、专业、系统的研究作为决策的支撑，智库的作用与价值在这个新的全球化时代愈发凸显。

应广大读者的强烈要求和出版社的盛情邀请，我们决定出版《大国智库2.0》。

其一，考虑到智库对于今天的中国尤其重要。在时代大变局下，中国国家管理、社会治理、国际关系与全球合作等都进入了新阶段，各级政府决策对更多细分领域更加专业化政策咨询的需求大幅提升。智库的发展可以为各级政府各领域政策研究及实施提供重要参考，对提升决策科学性、民主性发挥重要作用。在这种情况下，了解全球智库的发展现状、运营模式、研究内容等，借鉴全球智库的创新发展经验，对中国特色新型智库建设具有现实意义。

其二，中国特色新型智库建设只有适应新的时代要求，把握社会前进的大局与大势，才能更好地提出新对策，新方案，真正发挥出智库应有的积极作用。中国智库经历了近十年的飞速发展，在数量、规模、影响力等方面都有了很大的提升，同时也出现了很多新情况，新变化，适时对其进行梳理总结，对于未来进一步推动中国智库的良性健康发展不无裨益，对中国特色新型智库建设非常有必要。

其三，这些年奔走于国际社会的亲身经历，让我们更为深刻地体会到，智库可以成为推动全球经济、政治、外交、文化交流与合作的重要力量，智库在推动构建人类命运共同体、构建新型国际关系、共建"一带一路"等事业上都有着很大的发挥空间。尤其是在新的全球化背景下，智库"二轨外交"可与国家官方外交形成有效互补，为提升国际形象、维护国家利益、增进人文交流等作出重要贡献,通过更多领域更广范围的中外民间往来,构建多元立体高效的国际传播体系,更好形塑与丰满中国的国际形象。2021 年 5 月 31 日,习近平总书记在主持十九届中央政治局第三十次集体学习时强调,讲好中国故事,传播好中国声音,展示真实、立体、全面的中国,是加强我国国际传播能力建设的重要任务。智库在新时代讲好中国故事的事业上具有天然优势,也必将成为未来讲好中国故事、传播好中国声音的重要力量。

这些年来,CCG 通过国际互访、参与国际会议、举办论坛和线上对话等方式与更多国际一流智库有了更深、更广的交流与合作,对全球智库的状况有了更全面的了解,积累了大量智库外交、参与构建全球治理新模式以及讲好中国故事的经验。我们还于 2016 年发起创办了"中国全球智库创新年会",至今已经连续举办 7 年,集聚了全球数十个国家、国际组织,上百家智库,数百名海内外战略、经济、商业领域的研究机构,聚焦大国竞争背景下智库面临的挑战和可发挥的作用,就智库遇到的最紧迫问题展开思想碰撞,探求前瞻性、创新性的解决方案,深入探讨实现智库可持续发展的原则和创新模式,促进全球智库与中国智库间的交流与合作,更好地承担当代智库的历史使命。几年间,我们相继出版了《大国背后的"第四力量"》与《全球智库》两本智库研究专著,通过持续的研究,为中国特色新型智库建设在理论探索与实践总结方面不断贡献力量。这些都为我们研究出版《大国智库 2.0》积累了宝贵的财富,带来了新鲜的思考。

我们即将在人民出版社推出的《大国智库 2.0》,对全球各国智库进行了更为系统与全面的介绍和分析。具体来看,主要从以下几个方面进行了更新、补充:

第一,结合国内外智库发展面临的新形势新环境,对全球智库的整体发展情况进行了深度分析;第二,全面介绍了国外一流智库的最新情况,从最近几年表现活跃的美国、欧洲、亚洲等全球智库中精选了近五

十家代表性智库进行了详尽剖析,对国际知名智库新的发展经验做了总结提炼;第三,对中国特色新型智库建设的新情况、面临的新挑战等进行系统梳理,并针对新形势提出了推动智库发展的若干政策建议;第四,增添了全球化智库近年的发展以及国际交流经验,为中国特色新型智库建设提供参考。

作为专门影响政府公共政策决策与制定的思想工厂和研究机构,智库在实现公共决策科学化和民主化、建构新的国际叙事体系、增强国际话语权、提升国家软实力等诸多方面发挥着独特作用。大国崛起,需要强大的智力支持。中国的发展需要中国智库的快速发展,需要中国智库建设者们的奋起直追。中国智库理应站在时代前沿,为实现中华民族伟大复兴发声,提供智慧动力。希望《大国智库2.0》可以将新的研究视角和研究成果提供给国内官、产、学、研各界从事外交、公共政策和智库研究的同仁,为国家政府决策提供参考,为中国社会对智库研究提供经验素材,为相关领域研究人员、从业者提供新的视角,增进全社会对于智库的了解,为所有关心中国智库发展的读者带来新的启迪。

全球化智库(CCG)主任　王辉耀博士

全球化智库(CCG)秘书长　苗绿博士

2023 年 4 月

推荐序一

冷战结束以来,特别是进入新世纪以来,国际力量对比持续改变,世界多极化进程曲折发展,区域一体化与经济全球化同步推进,完善全球治理与全球治理体系改革问题日益突出。近年来,在新冠疫情突然暴发并肆虐全球的情况下,我们所面临的世界百年未有大变局加速演进。国际关系大变革、大发展、大调整的广泛性、深刻性和复杂性,前所未有。人类社会的统一性与矛盾性,不同文明的互鉴性与差异性,合作共赢的可能性与冲突对抗的危险性,全球治理进程的不稳定性、不确定性、不可测性乃至某种不可控性,得到了特别集中的展示。

在这样一个非常重要的历史当口,致力于全球化问题以及中国与全球化关系问题研究,首先是世界格局基本态势和当代人类社会发展进程研究的高水平智库,已经成为观察思考现行国际关系变革方向,探讨构建均衡稳定的大国关系框架,推动建立新的世界秩序和安全架构,参与全球治理体系改革与完善,服务于中华民族走向世界舞台中心进而推动共建人类命运共同体的崇高事业的重要力量之一。

有鉴于此,看到王辉耀、苗绿两位博士伉俪所著《大国智库》修订再版,我感到十分欣喜。我和王辉耀、苗绿两位博士认识多年,亲眼见证了他们带领全球化智库快速成长进步的发展历程。这些年,他们充分运用自己的全球视野,努力发挥社会智库的独特优势,不断拓展和深化中国与全球化问题研究,殚心竭力地为中华民族与世界同步、与时代同行建言献策,为新时期中国特色大国外交全面推进、为中国全面参与全球治理,提出了很多切实可行、成果可见,因而受到广泛关注并得到高度认可的建设性意见和建议。

王辉耀、苗绿两位博士同是对外传播战线的优秀代表。自全球化智库成立时起,他们就一直奋斗在讲好中国故事、传播中国声音、诠释中国理念、推介中国经验的第一线,为引导国际社会全面认识中华民族现代化发展方向,正确理解中国特色社会主义制度优势,树立我们党和国家开明开放的良好形象,做了很多具有开拓性和创新性的尝试。他们的对外交流与传播,为新时代中国的民间外交和公共外交开辟了新路径,为我们国家民间智库的建设和发展作出了表率。我期望也相信,中国未来会有越来越多的类似于 CCG 这样的民间智库,中国民间智库的对外交流与对话,一定会更加积极和活跃,一定会有更多成就和建树。

中国现在是世界公认的第二大经济体,在国际事务中的地位、影响和作用迅速上升。任何重大国际问题,包括政治与安全问题,没有中国参与几乎是不可想象的。但是,我们在国际舞台上发声的能力仍相对较弱,对外发声的机制和平台亦相对较少,其中一个很重要的原因,就在于我们还没有建成一个能够有效参与国际交流的智库体系。作为世界最大经济体,同时也是最大发达国家的美国,智库的建设和发展已经有上百年历史,不但拥有丰富的国际问题研究经验、对外交流与对话的经验,同时还拥有领先于其他国家的对外传播工具和超现代化技术手段。相比之下,我国建立真正意义上的智库并鼓励支持智库开展对外交往,是在改革开放之后。更确切些说,是在进入新世纪之后。近几年来,主要是 2015 年关于建设新型智库的"两办"文件发出之后,我国的智库建设,包括民间智库建设,才出现千帆竞发、百舸争流的大好局面。当然,由于起步较晚,经验有限,我国的智库建设总体上还存在许多短板和不足,还有许多不尽如人意之处。中国智库,包括民间智库,到底如何发展,如何规范,如何引导,如何兼顾研究与传播两大职能,还需要认真研究和探索。

我认为,中国智库的建设与发展,首先要牢牢树立服务意识。我们搞智库是为了服务于国家的改革开放,服务于中华民族的全面复兴,服务于中国广泛参与国际事务的对外战略。因此,智库的建设与发展不是智库自身的事情,而是整个社会和国家的事情。只有基于高水平的站位、高规模的设计、高质量的指导,中国的智库才能越办越好。

中国智库在建设和发展过程中,还必须始终注重自身建设。自身建设主要是能力建设。其中最重要的,处于第一位的,是研究能力建设。智库是思想之库、智慧之库。智库要产生有价值的思想主张,提出可以付诸实践的意见和建议,给社会以启迪,给政策制定和执行机构以启发,研究能力建设始终是第一位的。智库研究工作的重点,是要以现实问题研究为前提,不断加强和深化预测性研究和对策性研究。智库只有不断取得创新性和前瞻性研究成果,才能直接而有效地服务于我们的社会,服务于我们的国家,服务于内政外交"两个大局"。

智库的建设和发展,还必须高度重视交往能力建设。我国智库要广泛参与国际交流,要和国际同行进行多领域深层次的对话,必须建立既符合国际交往规则与惯例,同时又具有我国特点的机制和体制,实行既管理有序又灵活适用的对外交往方式。要通过对外交往,学习借鉴国际上一些重要智库的成长经验,其中包括某些国家官员与学者适时换位的"旋转门"模式。面对日益复杂的国际环境,特别是中国与外部世界双向互动的实际需要,我国智库对外交往的对象要相对宽泛一些,交流的内容也要更丰富一些。只有这样,我国的智库才能在激烈的思想对撞中开阔视野,博采众长,才能永远立于不败之地,永远略胜一筹。

三是传播能力建设。我国智库产生的研究成果,形成的思想观点和意见建议,最终都要提供给社会,提供给国家,提供给方方面面的政

推荐序一

3

策制定机构和具体执行部门。有些甚至可作为国际公共产品,提供给外部世界,提供给国际社会。除此之外,我国智库还肩负着对外宣传党和国家内外方针政策、宣传中国特色社会主义制度、宣传改革开放和现代化建设成就的任务,包括民间智库在内的各种智库,都必须努力解决好怎样传播、对谁传播、研究与传播相统一、传播手段现代化和传播语言国际化等一系列问题。

在这本《大国智库》修订版中,读者可以非常真切地感受到,两位作者与包括美国智库在内的全球智库,建立了非常广泛的交流与对话关系。尤其是在近几年中美关系出现重大波折的特殊时期,他们大力开展和参与"二轨外交",积极主动地寻求两国关系"破局"。为此,他们走出去请进来,广泛接触美国各大智库,多次举办中美关系研讨会,推动两国各界人士开展交流与对话。在中美关系阴霾密布、前景不明的复杂形势下,他们为疏通两国智库乃至政商各界人士的沟通与对话,作出了重要贡献。在书中,作者还对几十家全球知名智库案例进行深度剖析,总结了这些智库在研究、交往、传播方面加强建设的做法经验,为中国智库,特别是民间智库的建设和发展,提供了大有裨益的独特借鉴。

大变革大发展大调整中的世界,呼唤各国政府和民间组织在全球范围内开展多种形式的政治对话和政策沟通。政府与民间齐头并进、智库与媒体深度参与的国际交流与互动,是时代进步发展的需要。2013年4月15日,习近平总书记对"建设中国特色智库"作出重要批示,提出了建设"中国特色新型智库"的战略性任务,强调智库是国家软实力的重要组成部分。在此背景下,王辉耀博士和苗绿博士2014年于人民出版社首次出版《大国智库》一书,在社会上引起很大反响,因而成为中国智库建设和发展史上的重要事件。9年之后,在中国全力应对世界百年未有之大变局,深度参与全球治理体系改革、争取建立新时代国际话语权体系、推动构建人类命运共同体的关键时刻,作者对

《大国智库》进行修订再版,一定会引发国内智库研究新热潮,助力智库建设与发展进入新阶段。

全国政协参政议政人才库特聘专家、中共中央对外
联络部原副部长、中国人民争取和平与裁军协会　于洪君
副会长、中国前驻乌兹别克斯坦共和国大使

2023 年 1 月于海南

推荐序二

　　随着中国经济的转型与改革深化,中国智库迎来了难得的发展机遇。党的十八届三中全会通过的《中共中央关于全面深化改革若干重大问题的决定》强调指出,要"加强中国特色新型智库建设,建立健全决策咨询制度"。建设中国特色一流智库,是在新的历史条件下服务党和政府科学决策、破解发展难题、全面深化改革的迫切需要,对于坚持和发展中国特色社会主义,对于提升国家软实力,推进国家治理体系和治理能力现代化,对于全面建设小康社会进而实现中华民族伟大复兴的中国梦具有重要意义。

　　在这样的背景下,由人民出版社出版的《大国智库》一书正逢其时。建设中国特色新型智库,需要国际视野、世界眼光,需要充分了解现代智库的发展沿革和运作模式,借鉴国际上一流智库的发展经验。作者王辉耀是我在哈佛大学进行访问学习时结识的一位朋友。他在哈佛大学肯尼迪政府学院担任高级研究员,对国际智库有一定的研究,曾访问过国际上30余家重要智库。该书研究和分析了全球化背景下国内外智库的发展现状,总结了国外智库的发展经验,提出了国内智库发展需要提升的方面,并结合典型案例以及作者正在进行的中国民间智库建设的实践经验,提出了相应的政策建议。这些考察、经验和建言,对于今天我们建设中国特色新型智库是很有针对性的。难得的是,作者作为智库建设的实践者,诸多心得感受在书中得以展现。

建设中国特色一流智库需要解决的问题很多,关键是要提升研究质量。近些年来,不同形式的智库增加不少。但真正能称为高质量的恐怕不多。我认为,提高智库的研究质量,应当倡导"专业化"、"国际化"、"前沿性",就是用专业化的方法、国际化的视野,研究真正前沿性的重大问题。

为此,还要倡导"三个进入",即进入问题、进入规范、进入对话。所谓进入问题,就是坚持问题导向。首先是我们称为全局性、战略性、前瞻性的大问题,需要用大智慧才能应对的大问题。比如,中国经过三十多年的高速增长后,目前和今后处在何种发展阶段,近年来的增长放缓是周期性的还是结构性的,经济转型需解决哪些主要问题;又如,中国经济总量已居世界第二,据估算,如果不遇到大的冲击,中国有很大的可能性在今后5—7年的时间里上升到经济总量的首位,那时的全球治理结构是什么样的格局,中国在其中应当和可能扮演何种角色,如何发挥更为积极和建设性的作用;党的十八届三中全会提出要推进国家治理体系和治理能力的现代化,我们不大可能沿袭西方国家曾经走过的现代化道路,但目前我们面临的挑战甚多,有些挑战是前所未有的,如何才能走出一条适合中国国情、同时具有现代化特质的新路,如此等等,这些问题都是中国下一步发展中无法回避的。

所谓进入规范,是指我们的研究要守规矩,首先是要懂规矩,知道国际上通行的学术范式是什么。有些文章,讲了一些观点,似乎是作者个人的,其实是引用别人的,也没有注明出处。一个研究领域,哪些是他人的贡献,哪些是自己新加上的增量,界限一定要清楚,这是学术界知识产权的界定和保护问题。这个问题不解决好,学术研究中就缺少基本的秩序,也不大可能取得实质性进步。

进入对话,实际上是智库研究中的对外开放问题。在全球化时代,不开放要达到高水平,基本上是不可能的。当下对外交流的渠道已经

不少了，重要的是提高对话的水平。两个人讨论问题，不在同一层面，必定索然无味，更谈不上深度。事实证明，越是开放，越是深入地开展对话，我们的自信心会越强。中国学者的聪明才智是有国际竞争力的。对话一方面是输入外部好的知识和信息，另一方面是让国际社会更好地了解和理解中国。经过 30 多年的改革开放，中国不仅在经济总量上了大的台阶，而且在发展上也走出了一条有别于西方国家的现代化道路。这对许多国外学者来说是未解之谜。从我们中国学者来说，如何说清楚、概括好这条发展道路，更是职责所在，应该说我们尚未尽到责任。而要做好这件事情，全球视野和国际合作将不可或缺。

一流智库建设能否成功，最终取决于能否拥有一流人才。判定一个智库的水准，一个很直观的办法，就是看有多少一流人才，而且是在研究一流问题。当然，这里所说的一流人才，不是自封的，也不是靠炒作出来的，而是有真才实学、业内公认的。观察一下国际上一流智库，最大优势就是拥有一批不同领域的领军人物，不仅仅是本国的，有很多来自世界各地，形成国际化的研究团队。我们的智库也在推动改革，关键是要形成能够有效吸引、留住一流人才，并使之充分施展才能的体制机制。这方面的挑战依然不少，堪称任重道远。

我非常高兴地看到王辉耀博士和苗绿博士所著的《大国智库》一书的出版，祝贺其在智库研究和实践领域取得的成绩，借此机会也谈一点对建设中国特色新型智库的看法，供读者参考。期待有更多的优秀人才关注和参与中国智库的建设与发展。

是为序。

国务院发展研究中心副主任、研究员、
经济学博士、哈佛大学高级访问学者　　刘世锦

2014 年 7 月 30 日

推荐序三

2013 年 4 月 15 日,习近平总书记对"建设中国特色智库"作出重要批示,提出要建设"中国特色新型智库",强调智库是国家软实力的重要组成部分,要有一定的超前性。党的十八届三中全会也强调"加强中国特色新型智库建设,建立健全决策咨询制度"。可见,智库建设已经上升为国家战略,中国智库发展进入了快速发展的新时期。智库建设和发展水平正在成为国家治理体系和国家治理能力的现代化的重要组成部分。

现在读者看到的王辉耀博士和苗绿博士的新书《大国智库》便是一本将理论和实践结合,思考和实地考察并重的研究世界智库现状和中国智库发展的著作。辉耀是我多年的同事和朋友,他早年也在商务部工作过,具有政府工作经验。后来他去欧美留学,在海外学习工作多年,也是国内欧美同学会的副会长。回国他也创办过企业和社团,做过大学教授,同时也身体力行地投入到国内民营智库建设中去,创办了全球化智库。他具有横跨政府、企业和学术界的背景,是智库研究和实践领域非常理想的人才。

这本《大国智库》是在世界智库发展的大环境下提出中国作为和平发展的大国需要有与之相匹配的智库,智库的成熟与发展将助力中国的和平发展。我非常赞同作者所提出的中国智库时代已经来临,也坚信一个国家智库的水平和研究成果，能代表这个国家的一种软实力，并将最终影响这个国家在世界上的地位。

《大国智库》作者亲自访问了北美和欧洲30余家主流智库，实地考察了国际一流智库，在此基础上，该书研究和分析了全球化背景下，国内外智库的发展现状，总结了国外智库的发展经验，提出国内智库发展存在的问题，并结合典型案例以及作者正在进行的中国智库建设和运营中的实践经验，提出相应政策和实践建议。该书还介绍了全球化时代的智库发展背景，世界智库发展概况及中国智库发展所处的地位，深刻分析了中国智库的成长历程和环境、角色定位和功能，尤其总结和分享了中国民间智库的发展实践经验，指出了中国智库发展存在的困境与挑战，勾勒了未来中国智库发展的路径和前景。本书可以为中国社会对智库进行研究提供丰富的经验素材，对快速发展的中国智库发展提出切实的建议。

目前中国虽然有1000多个大大小小的智库，但是水平、质量和影响力上堪称为世界级的还为数不多。美国布鲁金斯学会董事长约翰·桑顿先生说优秀的智库需要有三个特点：首先是独立性，不光是财务独立，思想也要独立，这一点对中国智库很重要。其次是质量，智库发表的东西质量如何，决定智库的整个水平。最后，还要有影响力。智库具有一定的独立性是我国智库未来发展的趋势，这也是我国对于国家实现多元化决策的关键一步。所以，这三点确实是中国智库当前所缺乏的。如果国内智库能够实现相对独立运作，那么智库"旋转门"也将顺利开启。"旋转门"机制是美国智库的一大特色。但是从目前来看，中国的智库尚没有良性运转的"旋转门"。如果未来能让智库的年轻学者参政，通过参政锻炼他们，之后他们到研究机构做，在政策制定方面会更好。

我认为目前中国智库主要有三点不足：第一，战略性不足，提出的建议很多是应对、被动的，有些事情拿出的时间、拿出的方式以及拿出的效果都不尽如人意。智库的使命是通过新思想来引领决策，智库一定要走在决策前。但现在中国智库的发展趋势是把着眼点放在对政策的解读上。解读政策有必要，但那不是智库的主要工作。第二，操作性不强，需要一些更有可行性的建议和实施方案。第三，提出的方式可以多元化，纵观全球智库，尤其是欧洲和美国智库的观点都是在智库早餐会、座谈会，包括研讨会发布，这些都是他们的提出方式，甚至是在一些国际的大场合。

下一步中国怎样才能利用最好时机加强我们的智库建设？

第一，我比较赞成多元化，决策要多，我们不要让政府永远冲在第一线，有些政策调整可以让智库先谈，最后由政府定，决策的多元化会让政府和市场在资源的配置上发挥更好的作用。

第二，智库建设还可以分成下面三个方面。首先智库要"出招"，即出高招，必要的时候更是要出绝招。其次智库要"解惑"，对于中国智库而言，也是一个非常重要的任务。智库对外谈我们的观点，谈中国的文明，谈中国的建设，要解惑。最后智库要"指路"，就是要给政府和政策的发展指出明确的发展路线和方案：下一步怎么走？这个项目该投不该投？这个事情该做不该做？如果该做，第一步做什么，第二步做什么。智库常被人形容是一个国家的"智商"，它用思想替决策挣尊严、替民众挣信心、替国家挣未来。智库就如同一个经历沧桑、大智大勇的长者，用自己的胸怀和思想，给决策者指点迷津，使得决策者能以更加从容和自信的姿态去"挥斥方道，指点江山"。

中国可以说已经进入了一个智库时代。当前，我国正处于全面深化改革的攻坚期和经济增长阶段的转换期，面临前所未有的发展机遇和严峻挑战，党中央和国务院对科学决策、民主决策、依法决策以及决策正确度的要求越来越高。在这个世界经济治理格局大变革的时代和我国进入全面深化改革的关键时期，中国智库承担的使命愈加光荣，任务更为艰巨，责任更加重大。习近平总书记对中国智库发展的一系列

重要批示和党的十八届三中全会提出的要建立健全决策咨询机制,为中国智库的发展指明了新的发展道路。

为此,探索中国新型智库的发展思路,我们要以更大的智慧和勇气,敢于思考,勇于创新,通过建设高质量的中国特色新型智库,为政府决策提供精准的政策建议和咨询意见,提升国家软实力,推进国家治理体系和治理能力现代化,努力走出一条与大国发展相匹配的大国智库发展道路。

最后,祝贺王辉耀博士和苗绿博士《大国智库》一书在人民出版社出版!

中国国际经济交流中心副理事长　魏建国

2014 年 7 月于北京

推荐序四

祝贺王辉耀博士和苗绿博士所著的《大国智库》一书问世出版，为中国的智库研究增添了新的视角。近年来，中国各界对国际智库的认识和自身智库建设的实践经历了重大的变化，本书不但记录了这个发展过程，还运用比较的视角，介绍了国际上著名的智库，对中外智库的共性和差异进行了分析，提出了中国作为一个新兴大国，其智库发展的方向和可供参考的模式，给国内智库未来的发展和相关的研究提供了有益的借鉴。

智库，也称思想库（Think Tank），是特指稳定的，相对独立的政策研究机构，其研究人员运用科学的研究方法对广泛的公共政策问题进行跨学科的研究，并在与政府、企业及大众密切相关的政策问题上提出咨询建议。智库既是专业知识库及高级人才库，也是科学知识与公共政策之间的重要桥梁。

现代智库概念源发于欧美，很多国际一流的智库经过多年的发展，已经形成了一套卓有成效的管理模式，树立了自己的品牌，对相关公共政策领域产生了重要的影响，成为政策分析领域中的佼佼者。例如，美国的布鲁金斯学会坚持高质量、独立性与影响力三位一体的定位，在国际关系、经济政策等领域享誉全球；美国的兰德公司在国防战略系统方面的研究亦可独霸一方；英国苏塞克斯大学的国际发展研究所则坚持在国际发展领域长期耕耘,不但在国际发展领域享有盛名,也为国际发展领域培养了一批杰出人才。这些国际知名智库的成功经验可以为中国智库的建设与发展提供有益的借鉴。

从改革开放之初的事业单位型的半官方智库到20世纪90年代初邓小平南方谈话之后民间智库的崛起,到本世纪初国内主要研究型大学纷纷成立的政策研究和咨询机构,都使得中国智库的发展呈现多元化和多领域的发展态势。2013年4月习近平总书记对建设有中国特色智库的指示,更是给中国智库未来发展指明了方向。当前,中国正面临发展转型,深化改革的重要历史关头。许多重大的公共政策问题亟待破解,各种利益纠缠的死结需要打开。这些难题是中国智库发展的历史机遇。如何理清认识,抓住机遇,在破解改革开放的难题中锻炼发展,成为中国特色国际一流的智库,是摆在每一个智库领导者和智库研究者面前的难题。

中国智库发展面临的挑战也为智库的研究提供了空前的机会。1996年我刚刚从美国回到清华大学时,曾经以《美国的思想库及对中国的借鉴》为题向国内学术界介绍美国智库发展的情况,后来也曾经指导过博士生从事这个方面的研究。但总体来说,这个领域的研究仍然比较薄弱,高质量的研究尚不多见。王辉耀博士和苗绿博士的这本新作将大国发展与智库的崛起联系在一起,指出了中国智库现阶段存在的若干问题,综合归纳了各方面的研究,提出真正的大国智库应该是思想观点和价值目标的创造者、社会公共利益的代言人、政府与公众的沟通桥梁、知识精英和学术建议的港湾、全球合作交流的国际平台等观点。还提出了大国智库时代,政府应如何进一步支持智库发展的政策建议。这些真知灼见对于关心中国智库发展的学者和管理者来说都是大有裨益的。

可以相信,随着我国政策研究体系和生态环境的不断完善,中国的智库一定能够在改革开放的历史大潮中劈风斩浪,承担起促进中国决策科学化与民主化的重任。同时,在全球治理体系中发出中国声音,体现中国软实力,成为具有中国特色的国际一流智库。王辉耀博士作为人才领域的资深专家,在国际人才领域很有研究,并有大量的著述,也曾多次来清华大学公共管理学院为中外官员授课。为了本书的研究与写作,他和苗绿深入国际一流智库,潜心研究当今世界智库发展的趋势和智库管理的经验,并集合了对中国智库发展的细心观察与自身实践。这部大作将为智库与公共政策的研究增添鲜活思考和实践纪录。我向所有关心中国智库发展的读者推荐本书!

清华大学公共政策管理学院院长　**薛　澜**

2014 年 7 月 20 日于北京清华园

推荐序五

　　很高兴看到王辉耀和苗绿《大国智库》一书的顺利出版。智库在美国已经成为政治生活中不可缺少的成分。但是,智库之于中国似乎是全新的概念和领域,近年来日益成为非常热门的政策研究的新话题,备受中国社会关注。习近平总书记近年来提出把智库作为国家软实力的重要组成部分,中国智库的发展速度会更快。同时,中国经济进一步发展以后,有很多资金来源,比如来自央企、政府、私企,民间团体的资金会投向智库,也将助力智库的发展。但是智库的人才、研究方式、特色的建立、声誉的提高,还需要一个过程。在中国研究领域,中国学者有着得天独厚的条件,可以做大规模的实证研究。但是,研究之外最重要的是,怎么使研究成果带动政策制定的科学化、民主化,造福于民众,并带来外界对中国发展的了解和认识,这方面中国的智库需要更多的提升。

　　智库作为政策研究机构,研究成果有着明显的时政性和前瞻性,但同时,研究人员要有很好的学术根底,要有全球的视野,要考虑非专业读者的理解能力,不能自说自话。成功的智库尤其要重视有效的传播,要非常清楚传播的对象是谁,对政府部门的传播与对学术圈的传播在方式上有很大不同。很多人问我,中国未来是否也会出现类似布鲁金斯学会的本土民间智库,我对此抱有信心,但是,这需要一个积累过程。

"高质量、独立性、影响力"是布鲁金斯学会的座右铭也是其成功的秘诀，这三句话分享给成长中的中国民间智库。中国的民间智库在发展过程中尤其需要注重吸纳优秀人才，产出高质量的研究成果，保持独立性，形成良好的声誉，经过一段时间的积淀，在中国乃至世界范围内形成影响力。

我和该书作者王辉耀和苗绿相识多年，既是智库研究的合作伙伴，也是老朋友，王辉耀曾于 2010 年在布鲁金斯学会做访问研究员，当时苗绿也在华盛顿研究智库。王辉耀既是人才研究领域的资深学者，也是智库的研究者和实践者。多年前，在国内对国际化智库的概念还缺乏系统研究和实践建设的时候，王辉耀已经开始考察和初步探索中国民营智库国际化模式。他放弃了经商的机会并从多年前开始热衷于智库建设，创办了全球化智库，我也作为旁观者见证了他这些年对中国民营智库国际化建设的热诚。我知道他多年来在特定的中国环境下对民营智库的探索实践并不容易，受资金、人才、政策支持等方面的困扰是中国民营智库探索发展的必经阶段，王辉耀在探索中也必然经历了众多的不易，当然如今我们也开始分享他所建立的国际化智库成果的喜悦。

我认为比较难得的是，王辉耀和苗绿一直在国内提倡和致力于对中国智库国际化程度的推动，关注国际智库发展的历程与经验。王辉耀为了成就本书的写作积累多年，同时为了学习世界顶级智库的运作模式，几次赴美考察智库运作经验，先后访问考察了美国二十余家一流智库，学习相关模式和经验。包括去美国布鲁金斯学会担任访问研究员，并在学会参与两次交流活动，讲述中国的国际人才发展现状和海归在中国的发展，很受欢迎。

本书是我所见到的国内少有的用国际视野和亲身考察经历描述世界一流智库现状的著作，不仅拥有不少第一手的观察，也结合自身探索中国智库发展实践经历书写了中国智库的整体现状，困境和挑战，探讨

如何定位中国新型智库,提出大国智库时代政府的作用以及对政府的相关建言;最后总结了数年致力于智库建设具体的实践经验,其中有不少打造中国民营智库十分可贵的心得。

相信该书的出版会为中国智库带来更多的国际化理念,让更多人了解世界智库的现状,听到中国智库研究者和实践者对真正意义上大国智库的呼声。

布鲁金斯学会约翰·桑顿中国中心主任　李　成

2014 年 7 月 22 日

目　录

CONTENTS

引　言　大国崛起背后的智库力量 ………………………… ／1

诺贝尔经济学奖得主罗纳德·科斯教授曾忠告我们："如今的中国经济面临着一个严重缺陷：即缺乏思想市场。这是中国经济诸多弊端和险象丛生的根源。"他所说的思想市场就是智库发展的摇篮……

第一章　全球进入智库时代 ………………………………… ／7

纵观西方近500年历史，几乎每一个强大国家的崛起，都伴随着该国智囊机构的涌现。美国的崛起与其强大的现代智库体系息息相关。时至今日，美国仍然执世界智库之牛耳，不仅深刻影响着世界局势，而且是全球领导力和世界影响力的重要保证……

第二章　智库何以影响国家决策 ……………………………… ／17

智库之所以能够影响国家决策,从根本上来说,是因为其具有独立且专业的精神气质,承担着重要的社会公共角色,具备独特的运作模式,从而能对国家决策产生影响,也对社会不同阶层产生影响……

第三章　美国一流智库与世界大国战略 ……………………… ／37

当代美国智库无疑具有超强的国际影响力。得益于强大的政治、经济、科技、军事实力以及完善的决策协商制度环境,美国智库获得了广阔的发展空间,而智库的充分发展,又反过来为美国国际地位的保持与提升提供了源源不断的智力支持……

第四章　欧陆变迁中举足轻重的欧洲一流智库 …………／193

20世纪最后30年全世界智库蓬勃发展,欧洲智库也迎来了发展最迅速的时期,有一半智库都是在这一时期成立的。由于欧洲国家众多且多为发达国家,整体来看,欧洲智库实力仅次于美国,分开来看,欧洲各国智库各有其特色和优势,可谓各有千秋……

第五章 "亚洲世纪"中亚洲智库的机遇与挑战 ………… / 245

在亚洲崛起的过程中,亚洲智库开始迅速成长,但至今尚没有真正长大。亚洲各国想要解决快速发展过程中遇到的种种问题和挑战,就需要借助亚洲智库的力量,同时亚洲智库有责任贡献自己的智力,推动"亚洲世纪"成为现实……

第六章 加速成长中的中国智库 ……………………… / 271

2013 年 4 月,习近平总书记针对智库建设作出重要批示,提出建设"中国特色新型智库"。这一重要批示将智库建设提升到了国家战略和打造国家软实力的高度……

第七章　中国智库的发展挑战

中国智库的发展还远不成熟,各类型智库都面临着各自发展的困境,造成这种困境的原因很多,最根本的却是中国智库在民间性、独立性、国际化三个方面的不足。

第八章　大国智库与中国和平发展

大国崛起必有大国智库。所谓大国智库,主要指与大国实力地位相匹配、能为大国政策外交提供智力支持的一大批优秀智库组成的强大智库体系。然而,堪称世界大国的中国,却偏偏还没有一个大国智库体系。中国智库还没有真正长大,还缺乏大国智库应有的影响力和精神气质······

结　语　中国进入智库时代

如果有一天,从小到个人投资,大到国家产业发展前景的国家大事,再到全球金融危机、欧洲债务危机、大国外交关系等国际风云,都有中国智库及时发声,而且是具有国际公信力、影响力和独立的智慧声音,或许到那时,中华民族就真正实现了伟大复兴······

CONTENTS

CONTENTS

7

Abstract

In a world of momentous change, we still have a long way to go to a-chieve mutually beneficial and long-term development. The internal and external factors influencing China's development have seen profound and complex changes that present both challenges and opportunities, which has made decision-making more difficult than ever before. In such a complicat-ed international environment, the question of how to take advantage of these opportunities, cope with new challenges, improve China's global communication and cultivate real soft power require logical, professional and systematic research to support decision-makers. This has made think tanks more important and valuable as we enter a new phase in globaliza-tion.

Supported by extensive research and fieldwork on world-renowned think tanks, as well as a wealth of experience and knowledge of the operations of non-governmental think tanks in China, the authors of this book have selected fifty representative cases from globally renowned think tanks in the United States, Europe, and Asia that have been active in the last decade, summari-zing and analyzing their development to provide a comprehensive look at the overall state of global think tanks. The authors have also systematically exam-ined the recent development of think tanks with "Chinese characteristics" in China, including the challenges they face, while also providing policy recom-mendations to help promote their development in a challenging and changing world.

Recommendations

In this book, the authors provide an in-depth analyses of dozens of glob-ally renowned think tanks and summarizes their experiences in strengthening their efforts in research, communication, and dissemination, providing a u-nique point of reference that can benefit the development of Chinese think tanks, especially non-governmental think tanks.

——Yu Hongjun, Former Vice-minister of the International De-
partment, Central Committee of CPC

This book compares dozens of cases from foreign think tanks over the past decade, focusing on their respective strengths and weaknesses, which is rare in similar works. What makes it even more valuable is that the book frankly points out the shortcomings of Chinese think tanks and where they are going. The authors are the founders of the Center for China and Globalization, one of the leaders of China's new type of think tanks. They do not just sit and prattle about general principles. Instead, they summarize the rich practical experience of think tanks, providing readers with profound inspiration.

——Wang Jisi, Founding President of the Institute of
International and Strategic Studies Peking University

I am very pleased to see that Global Think Tanks has been published! I would like to congratulate the authors on their achievements in think tank re-lated research and practice!

——Liu Shijin, Former Vice-minister of the Development
Research Center of the State Council

A country without first class think tans can hardly call itself a major country, let alone a world leader.

——Tang Min, Counsellor of the State Council; Vice-president of
The China Social Entrepreneur Foundation (You Change)

Global Think Tanks 2.0 not only provides a detailed analysis of prominent think tanks in Western and Asian countries, but also breaks down the history and shortcomings of China's think tanks. The book's accurate and profound in-sights are a great source of reference material to government, research institutions and policy researchers.

——Su Hao, Director of Center for Strategy and Peace Studies,

China Foreign Affairs University

This book is one of the few in China that examines top global think tanks from an international perspective.

——Li Cheng, Former Director of John L. Thornton China Center

of the Brookings Institute

I recommend this book to those who are interested in Chinese think tanks for its rich insights and practice records into their development and research on public policy.

——Xue Lan, Dean of Schwarzman Scholars, Tsinghua University

Global Think Tanks combines both theory and practice through thought sharing and field work to examine the current state of think tanks around the world as well as the development of Chinese think tanks.

——Wei Jianguo, Vice Chairman of China Center for International

Economic Exchanges(CCIEE)

引　言

大国崛起背后的智库力量

　　诺贝尔经济学奖得主罗纳德·科斯教授曾忠告我们:"如今的中国经济面临着一个严重缺陷:即缺乏思想市场。这是中国经济诸多弊端和险象丛生的根源。"他所说的思想市场就是智库发展的摇篮……

　　英国著名经济学家罗纳德·科斯教授生前对中国发出十大忠告,其中之一就是:"如今的中国经济面临着一个严重缺陷:即缺乏思想市场。这是中国经济诸多弊端和险象丛生的根源。"这位新制度经济学的鼻祖、产权理论奠基人、1991 年诺贝尔经济学奖得主所说的思想市场则是思想库发展的摇篮。

　　智库,英文"Think Tank",即为公共政策决策提供创新思想、理论、策略、方法和方案的公共政策研究机构,实际上就是现代型智囊机构。与古代智囊团不同,智库服务于政府、社会以及整个国家,而不是服务于某个执政者个人;以政策研究为核心,但不仅仅限于出谋划策;智库是有鲜明社会公共属性的非营利性组织,而不是依附性的私人幕僚。

　　中国自古就有重视谋士、军师、幕僚的智囊文化传统,佼佼之谋者,如姜尚、张良、诸葛亮、王猛诸人,皆上马能参谋军机,下马能治国安邦。"不谋万世者,不足谋一时;不谋全局者,不足谋一域",中国传统文化中的智囊思想具有西方文化难以企及的战略高度,但并没有催生出"智库"意识。中国几千年以来从不缺乏为帝王将相服务的"智囊团",战国"四公子"甚至号称门客三千,但门客绝非是现代意义上的智库。

　　现代意义上的智库产生于 19 世纪的欧美,是社会分工精细化和决策科学化、民主化的结果。20 世纪中期,冷战和技术革命等因素促使世界政治力量格局和经济秩序持续发生重大变化,全球化趋势日趋明显,曾经以个体形式为主的谋士、幕僚的能力已远远不能适应各国政治决策者应对挑战的需要,现实迫切需要团队形式的智库为决策者提供更高质量的专业咨询和政策方案。各类智库由此得到快速发展,决策咨询服务水平不断提高,政策影响力日益扩大,决策层与智库的关系愈加紧密。智库逐渐成为国家治理体系的重要组成部分,在国家治理中发挥着越来越重要的作用。据有关机构统计,到 2020 年全球各类比较活跃的智库已达11175 家。美国在第二次世界大战前只有布鲁金斯学会、胡佛研究所等20 多家智库,到 2020 年智库的数量已增至 2203 家,形成了与其社会治理体制相适应、较为完善的决策咨询体系。

在美国的华盛顿地区生产思想的智库工厂有 148 家,另外还有 144家智库在华盛顿附近的弗吉尼亚州和马里兰州,让大华盛顿地区成为智库的大本营。政府和国际机构很多政策的构思、研发和成型都有赖于这些智库工厂,而且这里面还存在思想工厂之间的竞争,思想产品丰富,思想市场挑选产品余地很大,也很难存在垄断的现象,同时智库还成为公共管理人才的储备库,源源不断地为政府和公共机构提供熟悉政策研究和公共管理的合格人才。

智库是西方社会近现代化的产物,是大国争锋的幕后推手。大国崛起的背后,往往都有智库的影子,从"海上马车夫"荷兰到"日不落"的大英帝国,从后来居上的德意志帝国到强势崛起的苏联,从独享全球霸权的美利坚到撬动世界大格局的金砖国家,无不得益于智库的无形力量,都离不开智库的智力支持。当今世界美国仍然是全球第一强国,相应地,美国智库执世界之牛耳。虽然很难说是智库成就了美国的霸主地位,但智库的力量毫无疑问是美国如此强大的一个重要因素。

智库在当今西方社会中的地位与作用越来越突出,其中尤以美国为最。无论是总统、内阁、国会还是中情局、五角大楼、国家安全委员会,几乎任何一项政策或一个决策,都会受到智库直接或间接的影响。实际上,在社会体制与运行机制较为健全的西方发达国家,大到国家安全、对外关系和发展战略,小到退休金、社区卫生乃至儿童午餐等问题,都能听到智库的声音,都有智库参与或影响决策。智库对当今西方社会乃至整个世界的影响,可以说是无远弗届。

新兴大国的崛起,同样离不开智库。在百年大变局的时代,后发后生

型的新兴国家面临的机遇和挑战空前增多,国际国内环境复杂多变,科学决策的难度空前加大。怎样把握机遇,如何应对挑战,是新兴国家的共同课题,而这就需要科学、专业、系统的研究作为决策的支撑。

因此,新兴国家的政府机构开始越来越多地求助于智库,是一个自然而必然的现象。以中国为代表的金砖五国的迅速发展,与迅猛增长的智库力量同样是分不开的。在由"中国制造"向"中国智造"转型的关键时期,智库作为国家软实力的重要标志,不仅是中国和平发展的智慧动力,其本身也是中国和平发展的重要内容。

作为世界第二大经济体,中国已是世界大国,但中国智库的现状与国家实力、国际地位严重不匹配。虽然官方统计中国有近2500家软科学研究机构,智库数量号称世界第二,似乎与中国国际地位完全相符,但实际上,中国智库获得国际认可的有1413家,还有一大部分智库未能得到国际认可,甚至有专家认为,中国几乎不存在真正的智库,此论虽然偏颇,但中国智库不尽如人意却是不争的事实。独立性缺失、公信力不足、影响力不大,更难谈得上国际化地位和国际话语权的争取,这就是中国智库的现实图景。在日趋激烈的全球竞争时代,智库乏力已经越来越成为中国走向世界的严重羁绊。

作为中国社会智库的探索者与实践者,我们创办运营智库15年,游历、访问研究、考察过数十家世界知名智库,与上百名国内外智库专家有过交流探讨,深深感受到智库力量对国家发展的重要性。基于对世界智库的了解与认识,以及对智库运营过程中的实践与体会,我们对中国智库的问题、前景和方向的思考与感悟也越来越深切。

过去,智库在中国主流舆论中是一个多么陌生的词汇,如今我们欣喜地看到,中国政府已经意识到智库的重要性。习近平总书记多次对智库建设作出重要批示,指出智库是国家软实力的重要组成部分,要高度重视、积极探索中国特色新型智库的组织形式和管理方式,把发展智库提高到国家战略的高度。党的十八届三中全会《决定》也提出要"加强中国特色新型智库建设,建立健全决策咨询制度"。2015年1月,中共中央办公厅、国务院办公厅印发了《关于加强中国特色新型智库建设的意见》，这是我国历史上首次专门针对智库出台意见，2017 年 5 月，民政部、中央宣传部、中央组织部等联合出台了《关于社会智库健康发展的若干意见》，对规范和引导社会智库健康发展作出了一系列部署安排，标志着我国社会智库发展进入了新阶段，可以预见，社会智库将成为未来中国新型智库大格局中的重要一环。

"为什么中国的大学在 1949 年后没有产生一个世界级的原创性思想家或有创见的科学家？""钱学森之问"发人深省却一直没有令人信服的答案。作为一个国际人才研究学者，我比较认同科斯教授的答案——中国缺乏一个开放的思想市场。因为没有这样的思想市场，开放社会和市场经济就缺乏坚实的道德和知识基础，思想创新、学术卓越就无从谈起，人才的多样性也必将枯竭。

智刃无锋，何能大国争锋？一个现代化大国的崛起，必需一大批具有独立性、专业性、国际性，具有公信力、影响力的强大智库作为智力支持和软实力支撑。美国崛起为世界强国并树立起全球霸权，一个不可忽视的主要因素就是其背后庞大的智库体系提供着源源不竭的国家智力和发展动力。中国要和平发展，就必须改变这种智库力量与国家实力、国家地位严重不匹配的现状。

从目前发展的阶段和优势来看，中国已经到了需要智库大显身手的时代。政府权力高度集中，决策快，效率高，决策正确固然效果显著，一旦政策决策错误，决策快、效率高却是灾难性后果，因此，在目前体制下中国特别需要智库发挥作用。智库特别是社会智库若能发挥应有的作用，就可以在一定程度上弥补目前决策权太集中、思想出口单一和缺乏多元化论证的体制弊病。随着改革开放的纵深推进，中国智库发展与中国体制改革必将形成相互促进的良性互动局面。

强国须强智，对中国智库的前景，我们始终是乐观的。因为无论是从源远流长的智囊文化来说，还是从思想市场的巨大需求和智库所需的人才、资金等条件来说，我们想，不久的将来率先打破美国智库一枝独秀的

5

国际智库格局的、可能性最大的力量是中国智库。正如科斯教授指出的那样,中国没有理由比韩国、日本或美国缺少创意。只要中国合理开放思想市场,发展真正意义上的大国智库,中国的发展就会更上一层楼。

我们认为,困扰当今中国智库发展的因素,主要还是体制和机制问题。在一个政治文明不断成熟、社会风气不断开放的国家,对思想市场的任何束缚与种种限制,终将逐步消除。随着党的十八届三中全会后新一轮深化改革的到来,中国思想市场必将迎来大发展大繁荣,这是中国智库的空前机遇。尤其是对社会智库这支新生力量来说,它们更需要从体制上松绑,更多获得政府扶持与社会参与。如果政府能像对待民营经济那样大力发展社会智库,民间智慧的活力与潜能就会被彻底激活,从而在整体上推动中国智库的大发展大繁荣。改革开放40余年,孕育了市场经济和民营企业,让资本的力量从多方面推动中国社会进步,若再有思想市场的合理开放,尤其是以智库为主的思想推动作用,那么中国的进步将会更加全面、深刻和持久。

大国崛起,必需大国智库。为了中国和平发展的光荣,为了民族复兴的梦想,中国智库任重而道远。如果说"中国梦"意味着国家和平发展和民族复兴,那么中国智库必将成为越来越重要的造梦者。期待越来越多的社会智库加入这个伟大的造梦工程中来,打造属于社会智库的"中国梦方舟"。愿与有志于中国智库事业的有识之士共勉。

第一章 全球进入智库时代

纵观西方近 500 年历史,几乎每一个强大国家的崛起,都伴随着该国智囊机构的涌现。美国的崛起与其强大的现代智库体系息息相关。时至今日,美国仍然执世界智库之牛耳,不仅深刻影响着世界局势,而且是全球领导力和世界影响力的重要保证……

　　虽然中国的智囊文化源远流长,但现代意义上的智库却产生于西方。作为近现代西方大国崛起过程中的一个不可缺席的特殊角色,智库已越来越成为当今大国竞争的无形利器,并成为大国软实力的重要标志之一。

　　纵观西方近500年历史,几乎每一个强大国家的崛起,都伴随着该国智囊机构的涌现。1560年前后,荷兰人Cornelis de Houtman在葡萄牙首都里斯本蛰伏三年,获取了葡萄牙帝国称霸世界100年的秘密——香草群岛航线图,他回荷兰后创办了东印度公司。之后崛起的英国,其工业革命的直接发动机就是英国皇家学会,其"世界工场"与"日不落帝国"的地位,离不开皇家学会贡献的大量智慧。美国的崛起,更是与其强大的现代智库体系息息相关。时至今日,美国仍然执世界智库之牛耳,美国智库不仅深刻影响着世界局势,而且是全球领导力和世界影响力的重要保证。

　　全球智库的繁荣,始于第二次世界大战后。世界各国,特别是西方国家各种社会矛盾与问题凸显出来,加上美苏两大阵营对峙的世界局势,为智库提供了前所未有的发展空间。同时第三次科技革命的出现,也在客观上促进了智库的发展,为智库的发展提供了现代化的研究方法和工具。另外,西方权力分立的政治体系,使智库有充分地发挥作用的空间,国家和社会从制度上保障了智库的地位和对它的投入。在这种背景下,西方智库如雨后春笋般涌现。

一、全球智库蓬勃发展

　　随着信息时代和知识经济时代的来临,全球化进程不断加速,当今世界的国际竞争已经不仅仅体现于经济、科技等"硬实力"的竞争,以思想、观念、文化为核心的"软实力"竞争已越来越受到重视,而作为创新思想的源泉,智库正成为各国"软实力"竞争的新焦点。同时,由于世界各国面临的内政、外交问题越来越复杂,促使政策制定者向政府体系以外的独立智库寻求政策建议。

在此背景下,全球智库整体呈现出蓬勃发展状态,不管是西方发达国家,还是包括中国在内的广大发展中国家,智库在科学决策中都有着不可替代的作用。由此,全球进入了一个崭新的智库时代。

据美国宾夕法尼亚大学近5年公布的《全球智库报告》统计,2016—2020年,全球智库数量分别为6846家、7815家、8162家、8248家、11175家,智库数量增长较快,发展趋势明显。整体来说,世界智库自1900年以来,一直呈现不断快速发展趋势,尤其是20世纪60年代,增长速度明显加快。

表1-1 不同时段新智库数量及平均值(1900—2020年)

年份(年)	新增智库数量(家)	平均每年新增智库数量(个)
1900—1910	18	1.6
1911—1920	25	2.5
1921—1930	42	4.2
1931—1940	42	4.2
1941—1950	120	12
1951—1960	213	21.3
1961—1970	367	36.7
1971—1980	612	61.2
1981—1990	1001	100.1
1991—2000	1422	142.2
2001—2010	1492	149.2
2011—2020	4630	463

资料来源:Think Tanks and Civil Societies Program,http://www.gotothinktank.com.

二、智库发达与国家发达关联明显

根据宾夕法尼亚大学 2021 年 1 月发布的《全球智库报告 2020》,全球智库数量最多的前五个国家分别是:美国(2203 家)、中国(1413 家)、印度(612 家)、英国(515 家)、韩国(412 家)。其中,全球最发达国家美国的智库在数量上具有压倒性的优势。

从世界各大洲智库的分布比例来看,亚洲在近年异军突起,占到全球智库数量的近三分之一,经济发达的北美和欧洲地区,占据全球智库的半壁江山。具体来看,亚洲(30.3%)智库数量位居世界各大地区第一,欧洲与北美智库数量分别以 26.2% 与 21.4% 排在第二与第三位;南美与中美洲(10.6%)紧随其后。非洲、中东以及北非的智库相对较少。

表 1-2 世界智库地区分布数量及百分比(2020 年)

地区	智库数量(家)	百分比(%)
北美	2397	21.4
欧洲	2932	26.2
亚洲	3389	30.3
中南美洲	1179	10.6
撒哈拉以南的非洲	679	6.1
中东和北非	599	5.4
总和	11175	100

资料来源:2020 Global Go To Think Tank Index Report, http://repository.upenn.edu/think_tanks/181.

发达国家智库在国际影响力和话语权上远在发展中国家智库之上。根据宾夕法尼亚大学自 2008 年至 2020 年全球智库数量排名可以看出,发达国家的智库在全球领域处于领先地位。作为全球智库领域的绝对领导者,美国在全球十大顶尖智库中独占五席,尤其是布鲁金斯学会曾经多年占据"全球第一智库"的宝座。随着新兴国家的发展,中国、印度、巴西等国家的智库整体实力开始上升,初步显示出了影响力和发展潜力,但与美国、西欧智库相比差距甚大。若按人口比例和国家经济实力,中国智库在全球 100 家顶级智库中至少应占据 20 席,至少应有 2 个智库跻身前10。而目前,在全球前 100 家顶级智库中,中国智库仅占 8 家。中国的发展需要智库的快速发展,这需要中国智库建设者们奋起直追。

在全球治理和全球议题设置方面,发展中国家的智库大多时间在话语权上受制于西方发达国家,甚至处于一种集体"失语"的状态。大多数发展中国家的智库仅埋头研究国内公共政策,很少有鲜明的、突出的全球研究视野,很少参与国际性、全球性事务,很少有机会在国际组织或会议中表达观点,但智库在国际关系和全球治理中,往往担任议题设定者和舆论引导者的重要角色。因为缺乏有国际影响力的智库,所以缺乏国际事务的影响力,这在中国、印度以及其他发展中国家很普遍。

三、新兴国家智库展露生机

最近几年,金砖五国的智库发展非常快。金砖国家智库与政府的联系相对来讲比较紧密,近年也呈现出多元化的局面。根据《全球智库报告 2020》,金砖国家的智库地位在世界地位特别是地区地位中正在不断上升。在中南美洲的智库排行榜中,前 20 名中有 5 个来自巴西,其中第 2 名是巴西国际关系研究中心;撒哈拉以南非洲智库排行榜中,前 15 名中有 5 名来自南非,第 1 名是南非的非洲建设性解决争端研究中心;俄罗斯的智库则占据中东欧智库排行榜中前 20 名中的 4 个席位。同样,亚洲的中国和印度近年不论在智库数量还是质量上都在腾飞,中国和印度分别位居世界智库数量国家排行榜第 2 和第 3 位。在印度、中国、日本和韩国四国智库排行榜前 20 名中,中国与印度各占6 席。

表1-3　2020年入选世界前100名的部分金砖国家智库

智库名称	所属国家	排名	基本情况
热图利奥·瓦加斯基金会（Fundação Getúlio Vargas）	巴西	3	成立于1944年,总部位于巴西里约热内卢。瓦加斯基金会成立的初衷是为国家培养建立一支高素质的公务员队伍,目前还承担学术研究、高等教育和政府决策参考等任务。基金会将引导巴西经济社会发展作为重要使命
中国现代国际关系研究院（China Institutes of Contemporary International Relations）	中国	18	前身是1980年对外开放的现代国际关系研究所,2003年更为现名。现有研究、行政和辅助人员300余人,主办发行《现代国际关系》、*Contemporary International Relations*等期刊
观察研究基金会（Observer Research Foundation）	印度	20	成立于1990年,致力于影响和参与印度经济改革,推动印度形成参与全球发展的政治与政策共识,研究领域涵盖气候、食物和环境、国防与安全等
非洲建设性解决争端研究中心（African Centre for the Constructive Resolution of Disputes）	南非	23	成立于1992年,致力于通过研究非洲大陆面临的挑战与冲突,提出冲突的解决方法、促进对话和制度发展
世界经济和国际关系研究所（Institute of World Economy and International Relations）	俄罗斯	33	成立于1956年,研究领域包括:全球发展趋势;俄罗斯的国家利益;国际关系体系的演变;国际安全的风险和保障等
中国社会科学院（Chinese Academy of Social Sciences）	中国	38	成立于1977年,研究领域包括:经济、哲学、世界宗教、考古、历史、近代史、世界历史、文学、外国文学等
国防研究与分析研究所（Institute for Defence Studies and Analyses）	印度	41	成立于1965年,致力于研究国家安全和国防政策对国家经济、安全和社会生活的影响问题,研究领域包括军事、核战略、国防经济等
国务院发展研究中心（Development Research Center of the State Council）	中国	56	1985年成立,其主要职责是研究中国国民经济、社会发展和改革开放中的全局性、战略性、前瞻性、长期性以及热点、难点问题

智库名称	所属国家	排名	基本情况
中国国际问题研究院（China Institute of International Studies）	中国	58	建于 1956 年,研究领域集中于国际关系和国际热点问题,包括美国研究、亚太研究、欧洲研究、发展中国家研究等
全球化智库（Center for China and Globalization）	中国	64	成立于 2008 年,致力于全球化、全球治理、国际经贸、国际关系、人才国际化和企业国际化等领域的研究

资料来源:2020 Global Go To Think Tank Index Report, http://repository. upenn. edu/think_tanks/181.

从目前来看,缺乏资金来源,缺乏专业研究人才和缺乏合法、独立的地位是阻碍发展中国家智库发展的三个关键问题。发达国家的智库研究定位明确,拥有专长的研究领域、研究目标、稳定的资金来源和服务对象,具有较强的连续性、前沿性和计划性的特点。与之相比,目前发展中国家的智库在发展中以临时、短期性研究合同为主,还没有形成比较稳定的运行模式,资金来源和研究成果质量不稳定。怎样建立一种稳定的运行模式,怎样增强和扩大影响力,这是发展中国家的智库面临的共同课题与挑战。

四、中国智库全球影响力开始上升

过去,中国社会甚至行业内,对智库的认识和理解与发达国家甚至很多新兴国家相比非常滞后,更不用提国际合作和国际影响力。而近几年来,这一现象有了突出变化。2009 年 7 月 2—4 日,首届"全球智库峰会"在北京举办。来自世界各地数百位各国政要、学人和诺贝尔经济学奖得主,代表近百家国际、国内主要智库和国际组织参加了会议,其规格之高、规模之大,在世界智库界罕见,CCG 应邀参加了这次峰会。这一年,可以

说是中国智库走向世界的"元年",中国智库开始从被动参与国际事务转向主动出击举办智库峰会,组织和召集国际智库进行交流,意义重大。

作者和布鲁金斯学会名誉主席约翰·桑顿合影

中国中央政府近年来开始重视智库发展和建设。习近平总书记2013年4月以来多次对中国智库作出重要批示,指出"智库是国家软实力的重要组成部分"。党的十八届三中全会的《决定》也明确提出"加强中国特色新型智库建设,建立健全决策咨询制度"。2015年1月,中共中央办公厅、国务院办公厅印发了《关于加强中国特色新型智库建设的意见》,成为我国历史上首次专门针对智库出台的意见。

根据《全球智库报告2020》,中国以1413家智库位居世界第二,这是自2009年以来,中国智库数量连续12年位居世界第二位。在全球重要智库排名前100名中,中国有8家智库入围,分别是中国现代国际关系研究院、中国社会科学院、清华—卡耐基全球政策中心、国务院发展研究中心、中国国际问题研究院、全球化智库(CCG)、北京大学国际战略研究院(IISS)、上海国际问题研究院。在该年度列出的50个分项榜单中,在社会政策、经济政策、能源政策、环境、外交政策、卫生政策、国防、教育、科技、食品安全、国际政策等 43 项顶尖智库排行中，均有中国智库上榜。这也从一个侧面反映出中国智库的全球影响力正在上升。

以我们运营的 CCG 为例，在全球顶级智库综合榜单中，CCG 再次进入全球顶级百强智库，名列第 64 位，较 2019 年再次上升 12 位，连续四年成为唯一入围世界百强榜单的中国社会智库。此外，CCG 在"2020 年最佳政策和机构性应对疫情的智库"、"2020 全球最佳机制性合作智库 75 强"、"2020 全球最值得关注智库""2020 全球杰出政策研究智库""全球最佳外交政策及国际事务研究"、"全球最具公共政策影响力智库"等 14 项评选中榜上有名。其实，早在 CCG 建立初期，我们就将打造国际化智库作为目标，在 2008 年便开始逐步组建自己的国际专家委员会，邀请国际上知名的专家学者担任 CCG 专家委员会成员，旨在引入国际视野建设智库，目前参与的国际顶尖专家有 150 余人。这些国际顶尖专家参与和指导 CCG 课题研究、学术会议、高端活动，参与 CCG 国际学者计划、学术专家系列文库，并在 CCG 刊物上发表最新研究成果。

除了国际知名智库和政要人士直接受聘于中国智库，中国智库的国际影响力还体现在对外合作、交流与参与国际议题的设定等方面。仍以 CCG 为例，最近这些年，CCG 已经在美国国会山、巴黎和平论坛、慕尼黑安全会议、达沃斯世界经济论坛等重要国际场合举办研讨会，主动进行国际议题设置，引导国际舆论。CCG 团队每年还会遍访美国各大智库、各大商会，为中美"二轨外交"进行积极探索。

国际智库开始逐步关注中国智库，与之进行密切的交流合作，反映了中国智库的国际化进程正在加速，国际影响力也在逐步提升。

第二章

智库何以影响国家决策

　　智库之所以能够影响国家决策,从根本上来说,是因为其具有独立且专业的精神气质,承担着重要的社会公共角色,具备独特的运作模式,从而能对国家决策产生影响,也对社会不同阶层产生影响……

影响国家公共政策决策是智库重要的历史使命和社会责任,而智库之所以能够影响国家决策,从根本上来说,是因为其具有独立且专业的精神气质,承担着重要的社会公共角色,具备独特的运作模式,从而能对国家决策产生影响,也对社会不同阶层产生影响。

一、独特的精神气质

布鲁金斯学会有一个著名的阐释:"高质量、独立性和影响力(Quality,Independence and Impact)",这也被看作是智库共有的独特精神气质,是智库能够影响国家决策的根基所在。

(一) 本质:"思想工厂"

智库,顾名思义就是知识、智慧和思想产生、存贮、碰撞的地方,在这里,思想与观点是第一要素。产生通权达变、顺应发展潮流的新思想、新观点,是智库存在的价值和意义所在,更是成为一流智库的必然要求。如果一个智库不能产生独立的思想、观点,不能使自身的思想、观点影响和推动公共政策,同时在社会上产生广泛而深入的影响,那么,即使其规模巨大,经费充足,名流聚集,也无法被视为世界一流智库。

国际上学者对智库的定义虽有所不同,但都有一定的共识。智库研究专家 Donald Abelson 认为智库就是"专门创造、重组和推广思想给公共政策制定者和公共大众"。① 美国智库学者詹姆斯·G.麦甘定义智库为"开展针对公共政策相关的研究与分析,为国内和国际问题提供建议,让政策决策者和公众获得有关公共政策决策的充分思想和信息"。② 兰德公司的创始人弗兰克·科尔博莫认为,智库就是一个"思想工厂",一个没有学生的大学,一个有着明确目标和坚定追求,同时却无拘无束、异想天开的"头脑风暴"中心,一个敢于超越一切现有智慧、敢于挑战和蔑视现有权威的"战略思想中心"。

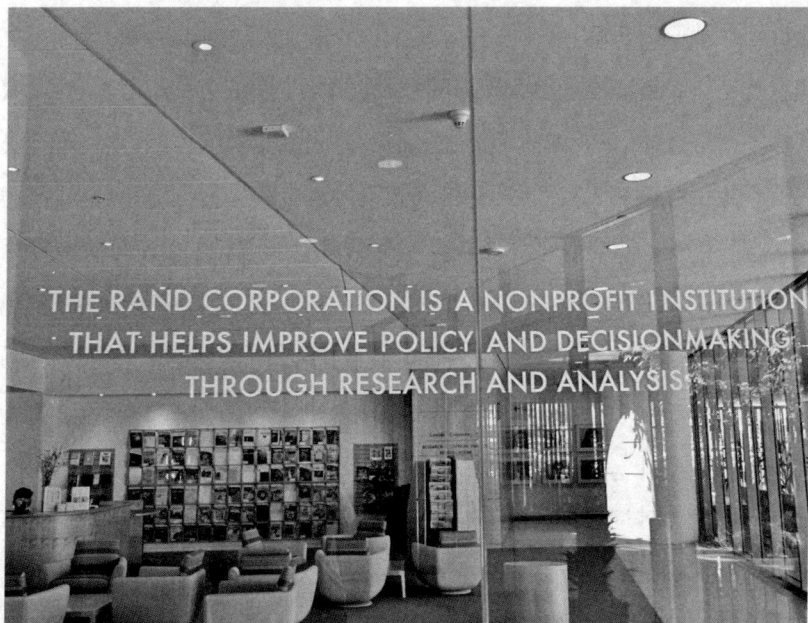

兰德公司对智库的定义

智库研究学者 Diane Stone 这样定义智库:"智库收集、消化和创造出一系列思想产品,主要是为政治和政府机构决策服务,有时也为媒体、利

---

① Donald E.Abelson, "The Business of Ideas: The Think Tank Industry in the USA", in *Think Tank Traditions: Policy Research and the Politics of Ideas*, ed. Diane Stone and Andrew Denham (Manchester, UK: Manchester Universirt Press, 2004), p.215.

② See James MCGann, *Think Tanks and Policy Advice in the US*, p.11.

益团体、企业、国际机构和公共社会大众服务的组织。"①

我们认为,智库实际上就是专门影响政府公共政策决策和制定的思想工厂和研究型机构,必须要有自己独立的思想产品和政策建议,能够影响媒体和公众对公共政策制定的关注和参与,能更好地服务于关系到社会公众的公共政策发展、决策、制定与实施。

(二) 目标:影响公共政策

智库本质上是公共政策研究机构,具有社会公共属性。智库不是政府机构或其职能机构,并不直接制定相关政策,而是影响它们的政策制定和制度创新。智库的影响力不在于出版著作的多少或举办会议的多少,这些不过是载体,真正的影响力在于通过这些载体对媒体、公众和政府决策者产生相应影响,最终直接对推动政策的制定和执行制造影响力。

智库存在的根本目的即"影响政策",其一切政治、经济与学术行为都是围绕这一目的进行的。智库总是寻求机会、建立渠道,向决策层、社会公众尽可能地输出并宣传他们的立场、观点,目标就是要影响政策的制定、执行。例如,美国企业研究所成立时,其创始人刘易斯·H.布朗公开宣称其宗旨:"在凯恩斯学说兴起之际倡导自由市场经济。"②卡托研究所更是以古罗马时代反对恺撒、主张共和制的卡托和美国革命时代倡导自由主义精神的《卡托信札》为其命名的灵感。在知识经济、全球一体化的时代,智库的功能和作用日渐凸显,产生的影响也越来越大。智库的独立性、专业性使其思想、观点具有更高的可信度和科学性。正是凭着这一特质,智库才在社会、经济、科技、军事、外交、文化等问题的处理上对各国的决策者产生着巨大的影响。如今,智库对于美国政府仍然具有深层次的影响。2004年,使奥巴马在民主党代表大会上崭露头角的那段批评美国

---

① Diane Stone, "Introduction: Think Tanks, Policy Advice and Governance." in Stone and Denham(eds.) , *Think Tank Traditions*, p.3.

② 房宁:《一个没有学生的"大学"——智库类型和组织形态》,《中国社会科学报》2012 年 5 月 30 日。

出兵伊拉克的演讲,事先就征求了著名智库外交关系委员会的政策咨询意见。而"Chimerica"(中美国)和"G2"两个概念,是由美国著名智库彼得森国际经济研究所提出来的。

智库的影响力取决于其影响或改变社会公共决策过程中其他主体的思考、判断、决策和行动的程度,程度越高其影响力越大。为了体现其"思想工厂"的本质,实现其影响政策决策的使命,智库需要利用各种途径向相关者,如政策制定者、资助者、精英阶层、媒体和社会民众宣扬自己的思想、观点等。智库也在宣传自身观点,影响决策的过程中,建立其在学术、社会、政策等方面的影响力。通过政策咨询、高层听证、研讨会、参与大众媒体的宣传、出版自己的刊物以宣传自己的思想和观点是其中较为普遍的几种方式。除了最直接的对政府决策层进行的政策咨询和听证,知名的大智库常有大量的对公众和媒体开放的活动,比如美国知名智库布鲁金斯学会,每年有两百多场对外的公共研讨和讲座,我曾作为访问研究员在那里工作,几乎每个工作日都会在办公楼的报告厅参加一会儿正在举办的各种研讨会;同时智库的研究观点会通过出版物和文章、电视访谈的形式在媒体发布,引发社会舆论的发酵。在众多宣传手段中,出版物几乎是每个智库都必有的产品。国际上著名的智库一般都有自己的出版物,作为传播其思想、观点的载体,如国际战略研究中心的《华盛顿季刊》,布鲁金斯学会的《布鲁金斯评论》,卡内基国际和平基金会的《外交政策》,尼克松中心的《国家利益》季刊,外交关系委员会的《外交》双月刊等,都是智库定期出版的宣传其思想观点的重要刊物。

(三) 特征:独立性与专业性

智库的本质与目标决定了它不能成为任何机构或个人的附庸,而需要具备"独立之精神,自由之思想"。独立性使其不受制于他者,能发出自己的声音,避免了拿人手软、吃人嘴短的困窘;专业性则保证智库的思想、观点的可信度,是实现其影响国家决策的目标的根本之所在。

智库的独立性包括物质上的独立性和思想上的独立性。物质上的独

立性主要表现为经济上的独立,智库的组建和运作资金主要来源于基金运作、社会捐赠和自筹,而不依靠政府财政支持,其独立运作的特点非常明显。所谓基金运作是指智库依靠基金增值的收入来进行公益课题的研究,一般来说,智库基金的来源都比较多元化,在多元中保证智库的独立性。社会捐赠和自筹也是如此,避免了仰人鼻息的尴尬。

马克思说经济基础决定上层建筑,智库能够提供有质量、能产生影响的咨询建议,经济上的独立是其重要保证。反观中国国内不少智库之所以屡屡失准,与其不能实现经济上的独立密切相关。唯决策者或投资者马首是瞻,使国内的一些智库失去了应有的独立性,可想而知想让这样的智库坚持独立性,坚守研究的相对客观性,作出高质量的咨询成果是比较困难的。

经济上的独立只是使智库具备了讲真话的基础,而要讲出高质量的真话,则需要保持思想上的独立性。思想上的独立性要求智库以客观事实为判断依据,对信息保持充分的理性,不使判断失掉公正性、客观性;同时,在发表意见时能坚持其专业判断,不受外界影响,有较强的独立提出和实施行为目的的能力,它反映了智库的行为价值的内在稳定性。这种内在稳定性来自价值观的独立性,正是因为具备这种品质,智库才能按照自己的创见提出行为目的,并找出达到目的的手段,而不容易受他者的影响。与之相反的意志品质是受暗示性,具有这种意志品质的智库容易接受他人的提示、命令或建议,容易屈从于他人的意志。

我在美国的布鲁金斯学会做访问研究员时,和布鲁金斯学会理事会主席约翰·桑顿有过多次交流,他认为,独立性是智库必须坚守的核心价值,也是判定其能否成为高水平智库的关键所在。

独立性并不意味着不接受社会和政府资金资助,而是指智库的研究不受资助方影响,同时,智库研究的独立性并不表示其研究态度没有倾向性,特别是在当前全球经济、政治、文化等各个领域竞争日益激烈的大背景下,尤其是在涉及重大国际性议题时,国际知名智库的研究内容具有更强的现实性,其研究成果也具有鲜明的立场和价值取向。比如在美国,上面提到的美国企业研究所、传统基金会是典型的自由市场经济的保守主义价值观拥护者,而布鲁金斯学会和美国进步研究中心等更接近"中左"的价值观理念。虽然价值观可能有自己的倾向性,但并不影响其研究的独立性和专业程度,也正是这些价值观的差异,让智库发达国家的智库行业、思想市场呈现百花齐放的多元化特征。

智库靠思想维持生命,而思想的科学性取决于智库的专业性。智库的专业性主要包括专业人才队伍的建设、智库的专业特色、智库的专业咨询工作等,简单说来就是要在某个或某几个领域具有专业的研究能力和水准。世界知名智库普遍都有自己擅长的研究领域,即便是大型智库也主要专注于某些研究领域,同时也都汇集了该领域的翘楚,如布鲁金斯学会专长于国际问题,如中东问题。目前,布鲁金斯学会共有300多名学者,这些学者都拥有极强的学术背景、独特的观点,他们独到的见解和在学术界的深远影响为布鲁金斯学会赢得了"没有学生的大学"的美誉。

专业力量决定着智库的影响力,是智库在多大程度上影响政府、影响社会的关键所在。作为智库,汇集行业翘楚进行知识、思想生产与政策研究是其立命之根,因此专业化是智库的一个必要特性。

智库的独立性保证了其专业性的客观公正,其专业性的客观公正又为独立性提供了条件。正因如此,智库的思想、观点才更具有科学性和可信度。

二、重要的角色功能

智库在当代世界尤其是西方发达国家中,是社会体系中一个不可或缺的角色,对社会的健康运行起着不可替代的作用,对社会各个阶层都有深远的影响。

（一）政府的"第四部门"

在发达国家,智库发挥着产生新思想、影响政治决策、引导舆论、教育公众、储存和输送人才、开展"二轨外交"等功能,影响甚大,被称为所在国立法、行政、司法权力机构之外的"第四种权力"。但是,智库只是起到一个说话的作用,告知利益取舍,只提供一种参考性的专业意见。它不能代替政府作决策,更不可能越界干预政府决策,政府部门完全不用担心智库的发展。

当然,智库的发声与公众的发声是不一样的,它更理性、更专业也更科学。政府理应更认真地对待。是不是作出这样的决定,政府完全可以在权衡执政党的利益、其他政治利益或相关综合利益之后,再做决策。智库的地位决定了它的发声需要政府的呼应才能发挥效力,因此,只有在一个相对民主、开放、利益机制非常清晰的公共政策体系中,智库才能真正发挥作用。

1."影子政府"

智库在影响政府决策方面发挥着举足轻重的作用,这一作用在美国表现得尤为明显。近几十年来,智库在美国政治生活中成为了一个特殊的、不可忽视的存在,被称为"政府的外脑"、"影子内阁"、"影子政府"和"美国的大脑"。从20世纪50年代至70年初,凯恩斯主义盛行时的社会保障建设、民权改革,到80年代至今,经历的经济与社会政策的数次大调整,甚至是在美国调整与中国、苏联(俄罗斯)、日本、欧洲国家(欧盟)的关系的过程中,智库均在其中发挥着重要作用。

智库就如同美国的大脑,影响着美国在政治、经济、军事、外交等各个方面的决策,成为美国政治权力结构中不可或缺的部分。早餐会、晚宴、研究会、国会听证会、新闻媒介、公众演讲等,是智库宣传思想、观点时经常会采用的形式。当然智库也会通过著作、研究报告等对自己的思想、观点等进行系统的阐述以达到影响政府决策的目的。某些智库还会利用更便捷的方式——与决策者的私人关系,来直接影响决策。

在美国,智库影响政府决策的例子不胜枚举,仅以对华政策而论,美国智库的政策影响力即可见一斑。比如,布鲁金斯学会提出的以"日本模式"处理中国台湾问题、实现与中国大陆建交的政策构想,对推动美中建交发挥了作用。美中关系全国委员会、大西洋理事会、布鲁金斯学会、约翰·霍普金斯大学高级国际问题研究学院、战略与国际问题研究中心等智库提出的以"接触"保持与中国的正常关系的政策建议,曾经长期体现在美对华政策中。传统基金会、兰德公司、胡佛研究所等提出的"遏制+接触"政策,对布什政府的对华政策影响较大。布鲁金斯学会认为,中国和平发展已成事实,世界事务不能没有中国的参与,佐立克对华政策讲话中"负责任的利益相关者"的思想,即是吸收了这一对华政策理念。此外,我们注意到布鲁金斯学会还为奥巴马政府输送了 20 多名高级官员,奥巴马政府操作的国际货币体系改革方案,也是由布鲁金斯学会直接送交的。

"智库"被认为是美国政治结构中的重要一极。美国政治结构并非我们教科书中简单描述的"三权分立",而是智库与媒体、国会、总统、最高法院,五者相互独立、各司其职。在具体的操作过程中,智库与政府进行项目合作,是一种合同关系。不管智库的研究经费是否来自政府,政府都不会干涉智库的研究内容和结论。这使智库可以超然于权力之外,从专业、科学的角度思考问题,寻求解决问题的方法、途径,不负其政府"外脑"的称呼。

由此可见,智库在美国政府政策决策的过程中扮演了重要的角色。智库利用其研究专业、信息丰富、立场客观的优势,影响、协调社会大众、政府部门等的互动,从而在重大公共决策、政策制定、评估等过程中发挥重大作用。一般来说,美国公共决策的过程是这样的:智库——媒体——国会——政府(行政当局)——政策出台。智库在决策开始之时就参与其中,发挥其独立性、专业性的特性,影响、引导社会舆论,促进决策的科学化与可行性。

2. 国际关系的"第二轨道"

随着经济全球化和信息革命的不断推进,涉及人类生存与发展的全球性问题也随之涌现。而且这些问题,单靠一个国家的单打独斗是难以解决的,这就需要世界各国同心戮力,展开跨国跨领域的合作。为适应时代潮流的变化,实现资源的共享,促进各方通力合作解决全球性问题,智库也开始向着国际化的方向迈进,发挥自己非官方背景的优势,开展"第二轨道"外交,积极参与国际合作,影响全球性议题设定和国际关系。

"第二轨道"外交是指"有明确政治取向的各种非官方行为体所从事的能够影响官方决策的跨国活动"①。智库不同于一般的民间组织,其独立性和专业性使其具备了影响官方决策的资本。智库也往往是通过合作研究共同关心的问题,在幕后推动双边或多边合作。在双边活动方面,中美两国智库经常就中美关系问题进行交流和研讨就是一例;英美智库联手推动的以建立健全的亚洲安全为主题的新加坡"香格里拉对话"则是智库促进多边沟通,形成"认知共同体"加强合作的例证。智库都非常重视通过开展国际交流提高国际影响力。国外著名智库为了确立和加强自己在国际问题上的发言权和影响力,一般都会走国际化路线,坚持开放的心态和政策,实现经营、研究、交流理念的国际化。如美国的斯坦福国际咨询研究所与来自 65 个国家的 800 多家企业有业务往来,每年接受的个别委托研究与咨询中有 2000 余件是关于国际方面的。巴黎社会经济发展研究中心的业务有 2/3 是对外的。此外,智库还经常邀请各国学者参加国际性的讨论会、讲演会、研讨会,借此交流研究信息、思想和观点。相对于这些短期的交流,选派人员到国外留学进修、访问学习,或者直接聘请国外的研究人员参与研究工作则是智库之间更长久、更深入的交流,相互影响的程度也更深。

智库注重研究国际性、全球性的问题,以提高对国际问题的影响力。

---

① 滕培圣、李爱华:《国际政治关系中的"第二轨道"析论》,《山东师范大学学报(人文社会科学版)》2005 年第 2 期。

进入 21 世纪之后,全球化程度日益加深,国内问题与国际问题相互交融。因此,研究涉及的范围也日益宽广和细化,涉及的问题也越来越复杂。智库的研究领域和课题选择也越来越宽泛和精微,能源、环保、消除贫困、可持续发展、中国和印度等新兴大国问题、中东危机等问题开始进入智库的研究范围。智库利用专业优势,对这些问题进行研究、分析,在立足事实的基础上向政府提出意见建议,力求影响政府,改善或解决这些问题。这些都极大地提高了智库的国际声誉和在国际问题上的影响力。

智库通过组建全球或地区性智库网络,扩大自身的全球化影响。组建全球或地区性智库网络是全球化的发展趋势对智库发展提出的要求。全球性智库网络的正式形成是在 1999 年。这一年全球发展网(GDN)首届会议在德国波恩召开,主题就是"联结知识与政策"。这被看作是全球智库国际合作机制正式形成的标志。相继成立的全球性智库网络还有跨大西洋政策网络(TPN)和全球政策网络(GDN)等。相对于全球性智库网络,区域性智库网络虽然范围比较小,但胜在数量更多,而且在区域问题的解决方面更有优势,比如东南亚国际问题及战略研究网络,针对非洲问题的非洲的重建基金网络,着力拉丁美洲问题的拉丁美洲的创业基金网络,侧重欧洲方面的欧洲的政策过渡网络、泛欧洲政策网络等。

(二) 大众的"思想者"

智库不仅是政府的"第四部门",同时也为社会大众提供思想和观点,对大众舆论起到引导作用。在传播思想、引导大众舆论方面,智库与媒体相互合作、各取所需。以美国为例,有研究者将媒体和智库看作是三权分立之外的第四和第五种权力,而且两者关系密切。一方面,美国智库要想传播自己的思想、观点,提高自己的声誉和影响力,为智库运作筹措经费,就需要借助媒体的力量,扩大宣传的范围,增强宣传的力度;另一方面,美国媒体在做新闻报道和评论时,也需要引用智库的观点或通过采访智库专家对事件进行分析和解读来吸引观众或读者,借以提高自身的关注度。

1. 引导公众

智库的思想生产,是通过对客观事实的研究和分析形成新的思想、观点,并通过一些宣传途径或手段,宣传这些思想、观点,以影响公众和决策者。一般来说,智库采用的传播方式主要有以下三种:一是编辑发行出版物,扩大自身影响,同时影响他人;二是通过研讨与培训活动,互通信息、交流思想;三是通过与媒体建立联系,或者以自媒体的形式,影响公众舆论。

譬如,美国对外关系委员会的旗舰杂志《外交》就对世界舆论有着巨大的影响力,该杂志刊登的文章经常会涉及全球性的话题。而且"冷战"后,对世界政治舆论影响最大的两部著作《文明的冲突》与《历史的终结》,都与对外关系委员会紧密相关。

在传统的杂志和著作之外,智库还经常在媒体上发表解读国内、国际问题和政策的文章或评论,客观上起到了影响舆论、引导舆论方向的作用。美国智库普遍鼓励自己的研究员在媒体上发表言论、开设专栏,制造舆论影响力。纽约时报、华盛顿邮报、华尔街日报和各大报刊上常有知名智库成员开设的专栏解读政策。布鲁金斯学会、传统基金会、卡内基国际和平基金会等智库的网站上每天都会及时更新研究员在各大媒体上的言论和众多媒体报道,布鲁金斯学会等就将研究员的媒体曝光率作为重要的评价参考指标。

在传统的传播形式之外,智库也开始利用日益发达的通讯网络传播自己的思想,吸引年轻一代。Facebook、YouTube 视频、推特、博客、Google 搜索等成为智库宣传自身思想、观点的新型渠道。如战略与国际研究中心在免费的电子邮件订阅服务之外,还利用苹果手机(APP 软件)发布研究成果,方便用户及时了解该研究中心的研究信息和研究成果。

2. 服务公众

一个合格的智库应当具有强烈的社会责任意识,担负起社会进步与发展的公共责任。承担社会责任是智库服务公众的一个重要方向,首先,智库可以连接公众与政府,为两者的互动提供平台。智库通过举办研讨会、论坛等形式,在社会公众、智库专家、政府官员之间建立一个直接沟通的平台,既可加深公众对公共政策的理解,又为公众发表自己的意见提供了一种渠道。

其次,智库可以宣传自己的思想、观点,影响政府做出对社会、对民众有益的决策。我国的医疗体制改革就深刻地说明了这一点。2005年《中国医疗卫生体制改革》课题组的研究报告认为"医疗卫生体制出现商业化、市场化的倾向是完全错误的,违背了医疗卫生事业的基本规律"。这一观点在社会上引起了强烈的反响,推动了我国医疗体制改革的进程。

3. 促进公民社会的发展

智库既是公民社会发展的成果,又反过来通过自己的积极努力促进和推动着公民社会的健康发展。尽管智库是在不同的情形下诞生的,具体的研究项目也有所差别,但是它们都有一个共同的目的:为学者和专家在政府和象牙塔之外开辟一个从事社会科学研究的独立空间和良好环境,为公共政策集思广益,承担公共机构的社会责任,实质上是一种政治协商和各方利益妥协的场域。智库非常强调它的公共责任性和科学性,智库学者是冷静的观察者和思考者,不轻易介入任何政治纷争,也不注重某些集团所倡导的意识形态。在发展过程中,智库逐渐将公民社会作为自己的精神内核,体现了公民社会的一系列核心价值观和基本准则,诸如人本主义、多元主义、公平性和公开性、参与性、法治性等。

公民社会的理论基石是人本主义,人本主义强调人的尊严、人的基本权利,并将保护和增进公民权利和利益视为国家和社会的旨归。

智库作为独立、专业的非政府机构,汇集了各个领域的行业精英和翘楚,对于社会问题、公共政策有着独到的见解和判断。智库利用其优势引导公众舆论,对不符合公民社会内核的现象、政策展开抨击,推动有利于公民社会发展,增加民众福祉的方针政策的实施,以保护公众的理由,促进公民社会的进步。再者,智库也是公众参与政治和社会生活的重要民间组织,游走在公众与政府之间。公众与政府通过智库搭建的平台直接

沟通,并就社会发展中存在的问题交流意见、建议,最终在政府力所能及的范围内最大限度地满足公众的要求,构建人本主义这一公民社会的理论基石。

(三)人才的蓄水池与引力场

作为高智力研究机构,智库的人才集聚效应不言而喻。这种人才集聚效应不是人才的简单相加,而是通过合理的分工架构实现整体效应高于各部分效应的共生互补的生态化过程。随着智库的日益成熟,其人才集聚效应必将日益强大,形成的人才群体的整体竞争力也势必得到不断强化。

"智库研究人员大致可分为三类。第一类以实践工作者为主体。美国的一些咨询型智库大量聘请长期从事国务与行政活动且具有实践经验的政治家、政府与国会官员,如在职或卸任的议员、部长、将军、大使、知名企业董事长、首席执行官等。第二类是以专业学者为主体。职业化的学者成为掌握信息最为完备、最具发言权和影响力的权威。第三类则由混合型的研究队伍构成,即同时拥有实际工作经验的人员与职业学者。"[1]

智库在人才集聚和优化方面,主要发挥两个方面的作用。一是人才的凝聚效应。智库提供的研究平台吸引着高层次和拔尖人才向它靠拢,并形成一定的凝聚力和向心力,再进一步迅速吸引大批各类人才的集聚,从而改善现有人才结构,提高人才群体产出效能。二是人才生产和知识生产的相互循环。智库在整合人才资源、优化结构的前提下,通过成员与群体的相互协作,内化处理大量输入的能量流和信息流,实现人才生产和知识生产的良性循环,从而进一步改善智库的功能和人才的结构。

---

[1] 房宁:《一个没有学生的"大学"——智库类型和组织形态》,《中国社会科学报》2012年5月30日。

在西方国家,智库与政府之间还存在一种特殊的人才交换通道——"旋转门"。思想者与行动者、学者与官员通过"旋转门",实现身份的转换,这在一定程度上沟通了学界与政界、思想与权力,实现了两者的相互渗透,增强了智库对国家政策的影响。一些智库也往往将"出人才"与"出成果"放在同等重要的位置,以培养了多少政治家作为衡量其智库影响力的重要方面。"旋转门"在美国表现得最为明显,因为,每四年一次的总统大选,实现的不只是政治首脑的更替,还牵涉诸多政府官员的卸任和空缺职位的人员补充,这就为"旋转门"机制的产生提供了基础。

几十年来,美国的"旋转门"机制造就了诸多的名人。由智库研究人员成功转型为政府官员的有基辛格、布热津斯基、斯特普·塔尔博和劳伦斯·林赛等。基辛格在哈佛大学国际关系研究班和外交关系协会效力多年后出任尼克松的国家安全事务助理,布热津斯基从国际战略研究所进入卡特政府内阁,而布鲁金斯学会的斯特普·塔尔博和劳伦斯·林赛则分别出任了克林顿政府的常务副国务卿、总统特别助理,小布什政府的总统经济顾问。而在奥巴马政府的国家安全团队中,更是有多名智库研究专家:其中美国大西洋理事会主席琼斯(James Jones)就任白宫国家安全顾问一职、国家亚洲研究局国安部门主任布莱尔(Dennis Blair)出任国家情报总监(DNI),布鲁金斯学会研究员苏珊·赖斯(Susan Rice)则接任为美国驻联合国大使等。苏珊·赖斯目前又被拜登任命为白宫国内政策委员会主任。由政府官员成功转型为智库研究成员的例子也有很多,最典型的例子当属美国前国务卿康多莉扎·赖斯(Condoleezza Rice)。赖斯在结束自己政府工作生涯后,回到原先所在的斯坦福大学,担任了斯坦福大学的教务长,并进入该大学的胡佛研究所担任研究员。2015年,CCG曾举办了国内首次以创业教育为主题的国际化高端研讨会,我们邀请赖斯女士出席,她发表了精彩的主题演讲。在会前小规模聚会中,我们还专门向赖斯介绍了中美之间留学生的发展和人才往来。

作者和美国前国务卿赖斯访华时做交流

三、特殊的发展机制

作为思想工厂,智库必须产生通权达变、顺应发展潮流的新思想、新观点,并通过这些思想、观点为政府制定公共政策,解决内政外交问题提供可供参考的,有创造性、可行性的建议和意见。这就要求,智库不仅要从当前的问题着眼,更要注重未来的发展趋势;不仅要研究现有政策的问题与漏洞,更要能提出解决问题和漏洞的新政策和新方案。要做到这些,智库必须具备一整套自我更新、自我调适、自我进化的完善机制,以保持生机与活力。

1.思想创新机制

思想创新机制带来学术影响力。智库作为聚集了诸多行业翘楚、领域精英的研究机构,其生产的产品的性质决定了创新是其不断追求的目标。因为创新能力的高低事关研究成果的质量和智库的影响力。智库的影响力是通过其研究成果的影响力建立起来的,也就是说智库要保持自己的影响力就要不断地创新,保持其思想、观点的与时俱进。纵观世界知名智库便知新思想、新观点乃至新的价值观的推陈出新是成为一流智库的第一要素。布鲁金斯学会、兰德公司、斯坦福研究所、罗马俱乐部、野村综合研究所等国际一流智库的发展历程无不说明了这一点。更难能可贵的是,这些智库还善于将自己的新思想、新观点应用于经济、社会发展中,从战略的角度考虑经济、社会发展中存在的问题,并在深入分析的基础上,得出经得起检验的结论。单从实际效果来看,虽然智库新思想、新观点对制度设计、政策制定的影响更直接、快速,但远没有这些思想与观点所形成的学术影响力来得长远和深入人心。例如罗马俱乐部,该俱乐部将自己的宗旨定位为通过对全球性问题的系统研究,包括人口、粮食、工业化、污染、资源、贫困、教育等,提高公众的全球意识……使人类摆脱所面临的困境。① 罗马俱乐部自成立以来一直按照这一宗旨行动,随着该俱乐部的研究成果的传播,其学术影响力不断提升,不仅在学术上影响了对未来学问题的研究,而且在世界范围内唤醒了民众的未来意识,增强了民众对世界危机的认识。而要形成和增强学术影响力,智库则需要提高研究成果的质量。在这方面,知名的兰德公司就是很好的例子。兰德公司也被称为"兰德学派",这一名称主要来源于其高质量的研究成果、独到的思想见解和观点,以及不断自我更新的能力。成立之后,兰德公司用其实力不断地证明着自己。到目前为止,兰德公司已经为美国政府、军队及企业提供了众多的咨询服务,并凭借其研究成果的专业性、准确性、科学性和权威性而誉满全球。

　　智库以影响国家决策为目的,因此,对智库最终效果的评价往往是通过其思想、观点对政策决策的影响程度来衡量的。在这个资讯发达,"酒香也怕巷子深"的年代,思想、观点的及时传播就显得尤为重要。因此智库都极其重视对其思想、观点的宣传,开拓多种渠道,投入大量时间和金钱推广、宣传其思想、观点。智库作为独立的、非营利性政策研究机构,其

---

　　① 参见 https://www.clubofrome.org/strategy/。

生存和成功在很大程度上取决于其对自己思想、观点的推广和宣传能力。

2. 舆论引导机制

舆论引导机制形成社会影响力。学术影响力讲求研究成果的深度，而社会影响力讲求的是推广研究成果的广度，智库一般是通过将其研究成果广而告之的形式来培育预期社会影响力的。智库的研究成果被学术圈认可和接受之后，智库和学术界还会利用多种渠道将研究成果推广出去，在社会普通民众和政府官员之间产生影响力，借以对社会大众产生潜移默化的影响，对政策决策起到推动作用。

随着知识经济的发展，全球化趋势的加强，信息咨询网络的普及，智库之间的竞争也渐趋激烈。因此各个智库都在想方设法在思想市场上竞争，想方设法推广、宣传自己的研究成果，增强自己的社会影响力，影响社会舆论，最终影响公共决策。一般来说，智库采取的主要推广、宣传方式有人际传播、组织传播和大众传播三种，其中人际传播有助于智库的研究成果直接影响决策者，组织传播和大众传播担负着议题设置和塑造公共舆论的作用，从而间接影响决策者。

所谓人际传播，是指智库依靠个人关系网推广宣传其研究成果，其中美国的"旋转门"机制是人际传播最直观的一种表现形式。"旋转门"机制连接了智库与政府，在一定程度上实现了资源的共享，这一机制的重要功能一是构建人际关系网络，如直接在政府中任职，用电话、邮件与政府官员取得联系、与国会议员保持密切关系，直接参与政府决策听证、高层次决策者的咨询等；二是连接知识与权力，"旋转门"机制为研究者和官员提供了角色互换的机会，使他们有机会获得研究与现实的双重经验；三是推进"第二轨道"，官员与研究者身份的互换，可以为他们提供看问题的另一种角度，有助于他们在官方外交与民间外交之间找到另一种外交方式。我在布鲁金斯做研究时发现，布鲁金斯学会当时的200多名研究者中，有大约一半的人曾在政府工作过，其中还有6人直接出任过驻外大使。

组织传播的主要形式为会议或讨论会，智库一般借由讨论热点外交政策问题、宣布研究成果等召开会议或讨论会，邀请相关专家到会就相关问题发表见解。这一类型的讨论除了智库邀请的专家、学者、媒体之外，公众也可以参加，具体参加的人数因场地等因素而不同。当然，没有参加的人员也可以通过该智库的网站查找这些会议、讨论会的文字、图片或视频资料。此外，智库还会举办一些只针对特定人士的小型会议，因为会议的议题比较敏感，此类会议一般不接受公众参与，也不会在网上公布相关资料。举办短期培训项目也是组织传播的形式之一，短期培训项目可以帮助培训者对面对的问题与形势形成透彻的了解。布鲁金斯学会就会定期组织短期培训项目，而且还设立了专门的部门负责相关工作。

智库通过组织传播搭建的论坛研讨会等平台为研究者、社会大众、政府提供了交流思想、意见、建议的渠道，加强了他们之间的相互了解，有助于达成共识，推动问题的解决。美国的智库在这方面做得非常好，我在布鲁金斯学会做访问研究员的时候，发现几乎全年的 200 多个工作日每天都有研讨会或活动，研讨会向社会开放。

与以上两种传播方式相比，大众传播方式被重视的时间比较晚。它开始成为智库推广、宣传研究成果的一种重要方式始于 20 世纪 60 年代信息传播技术大发展的时候。但它的发展非常迅速，到现在基本上每家智库都有了自己的门户网站，有了专门负责大众传播的部门。大众传播可以扩大智库的影响面，营造公众舆论，对政府形成一定的影响，有助于实现智库影响国家决策的目的。网络新媒体兴起之后，因为具有操作便捷、传播快、范围广等特点，迅速成为智库宣传、推广的重要手段。因为网络新媒体的范围不局限于一国之内，就使得智库可以在全球范围内推广、宣传自己的研究成果，在全球范围内建立自己的影响力。

3. 研究输出机制

智库以高质量的研究引导并影响政策。智库的这种引导与影响作用主要是通过公开出版和发表有影响力的著作、论文、研究报告等研究成果来实现的，因为相关研究成果在向社会发布的同时，也会引起政府相关部门的关注。

　　如布鲁金斯学会在国际开发、健康政策、安全及国际问题、国内经济、国际经济、社会政策、创新政策等领域的研究成果,历来都受到美国政府和国会的重视;对外关系委员会在对外关系方面的研究成果,则深刻影响着美国的外交政策;而中国社会科学院的皮书系列,反映了中国经济社会各个领域的发展状况,为公众及政府了解相关领域的信息提供了不错的参考;北京大学中国经济研究中心出版的《经济学季刊》,一直积极关注中国经济问题,为中国经济学家的研究提供高水平的发表平台,也为中国经济学界的交流提供聚焦点,不仅在学术界备受好评,也引起决策者和舆论界的关注。

当代美国智库无疑具有超强的国际影响力。得益于强大的政治、经济、科技、军事实力以及完善的决策协商制度环境,美国智库获得了广阔的发展空间,而智库的充分发展,又反过来为美国国际地位的保持与提升提供了源源不断的智力支持……

第三章 美国一流智库与世界大国战略

一、美国智库提升大国战略

第二次世界大战后,美国成了西方智库的中心和现代智库的样板聚集地。由于战争的需要,美国政府组织大批专家、学者参与到相关的决策和研究中,同时由于远离世界战场,美国相对和平和一枝独大的政治经济优势,也使其成为世界各国专家学者的聚集地,客观上为智库的发展提供了大量的人力资源。

当代美国智库无疑具有超强的国际影响力。得益于强大的政治、经济、科技、军事实力以及完善的决策协商制度环境,美国智库获得了广阔的发展空间,而智库的充分发展,又反过来为美国国际地位的保持与提升提供了源源不断的智力支持。

根据美国宾夕法尼亚大学发布的《全球智库报告2020》,美国有2203家智库,稳居世界第一,占世界智库总量的约1/5。在最新一期全球智库排名中,美国智库处于绝对优势地位。排名前十的智库中,美国占据五席:卡内基国际和平基金会排名全球智库第一名,美国战略与国际问题中心排名第四,兰德公司排名第七,彼得森国际经济问题研究所排名第九,威尔逊中心排名第十。

在美国众多知名智库中,除了兰德公司以外,其他智库的常规人员规模都不大,基本都是在300人以下,大部分不到100人。美国智库非常注重自己的特色研究,例如布鲁金斯学会在中东政策上的研究在众多智库中独领风骚,兰德在军事、核武器研究方面一枝独大,美国进步中心在公共政策方面则让其他智库望尘莫及。

表 3-1　美国主要智库(2020 年排名前 20)基本情况

排名	智库名称	成立年份	常规机构人员规模	主要研究领域
1	卡内基国际和平基金会(Carnegie Endowment for International Peace)	1910 年	150 人左右	核不扩散、中国研究
2	战略和国际问题研究中心(CSIS, Center for Strategic and International Studies)	1962 年	250 人左右	国防政策、外交
3	兰德公司(RAND Corporation)	1948 年	1880 人左右	军事战略、政治经济
4	彼得森国际经济研究所(PIIE, Peterson Institute for International Economics)	1981 年	70 人左右	国际经济政策
5	伍德罗·威尔逊国际学者中心(Woodrow Wilson International Center for Scholars)	1968 年	150 人左右	区域研究、民主推广
6	美国进步中心(CAP, Center for American Progress)	1989 年	300 人左右	公共政策研究
7	传统基金会(The Heritage Foundation)	1973 年	300 人左右	税收政策、导弹防御
8	外交关系协会(CFR, Council on Foreign Relations)	1919 年	300 人左右	外交政策、国家安全
9	卡托研究所(Cato Institute)	1977 年	220 人左右	自由主义、放松管制
10	城市研究所(Urban Institute)	1968 年	600 人左右	国内公共政策研究
11	美国企业公共政策研究所(AEI, American Enterprise Institute for Public Policy Research)	1943 年	150 人左右	贸易、国防
12	贝尔弗科学与国际事务研究中心(Belfer Center for Science and International Affairs)	1973 年	60 人左右	核不扩散、恐怖主义、环保政策

排名	智库名称	成立年份	常规机构人员规模	主要研究领域
13	大西洋理事会（Atlantic Council）	1961 年	650 人左右	国际政策、外交政策
14	亚洲协会政策研究所（Asia Society Policy Institute）	2014 年	20 人左右	亚洲局势、外交政策
15	哈德逊研究所（Hudson Institute）	1961 年	100 人左右	国防、国际关系、经济
16	美国全国经济研究所（NBER，National Bureau of Economic Research）	1920 年	50 人左右	经济成长、经验研究
17	莫卡特斯中心（Mercatus Center）	1980 年	70 人左右	市场经济
18	胡佛研究所（Hoover Institution）	1919 年	200 人左右	国防政策、保守主义
19	芝加哥全球事务委员会（Chicago Council on Global Affairs）	1922 年	60 人左右	国际关系、外交政策、城市研究
20	跨美洲对话（Inter-American Dialogue，Washington）	1982 年	30 人左右	国际关系、拉美政策

注：其中，美国布鲁金斯学会连续三年入选全球顶级智库综合榜单第一位，被评为"卓越智库"，因此未被列入"2020 年全球顶级智库综合榜单"。

资料来源：美国宾夕法尼亚大学《2020 全球智库报告》，https://repository.upenn.edu/think_tanks/18/。

从地区分布来看，拥有 100 家左右智库的州有：马萨诸塞州、加利福尼亚州、纽约州、弗吉尼亚州。可见，美国智库主要分布在政治、经济和金融核心区域所在的东海岸地区，以及经济发达、开放和科技实力强的加利福尼亚州。

二、美国一流智库揭秘

美国智库众多，从总体上来看，彼此之间并没有严格的界限，民间智库构成美国智库主流阵营。

（一）美国主流智库探营

在众多美国智库中,最具国际知名度和世界影响力的大多是民间智库。最近这些年,我们 CCG 团队应邀走访了兰德公司、卡内基国际和平基金会、外交关系协会、传统基金会等几十家美国知名智库,通过实地考察和交流,以及后期的持续合作,大大加深了对美国智库的了解与认识。

1. 兰德公司

在西方一流智库中我们最先耳闻大名的就是兰德公司。我留学北美期间经常接触到兰德发布的信息,早年还结识了它的几位专家,但我们真正走进兰德,还是在 2009 年。

2009 年,全球化智库(CCG)代表团前往这个当今美国乃至世界最负盛名的决策咨询机构,对其坐落在洛杉矶圣莫尼卡的总部进行了访问。兰德公司高层管理人员和研究人员对我们进行了盛情接待,其工作人员包括著名的经济学家、兰德研究生院首任院长查尔斯·沃尔夫(Charles Wolf.Jr)专门为我们详细介绍了兰德公司的历史、背景、运作方式和近期的研究情况。

兰德公司占地面积很大,标记也很明显,大门却设计别致,若不是有人接待,很难找到进门的地方,这与其以军事研究作为研究领域有些许关系。一层楼内一进门的墙上挂满了兰德公司从 20 世纪 40 年代开始的创始人、捐赠者、历届主席、高级研究人员的头像,就是这些照片上的头脑集合成了影响世界的"思想库"。美国智库讲求历史和个人在机构发展中的重要作用,这在几乎每个我们访问的智库的空间展示上都得以体现。兰德公司的历史长廊和内部陈设简洁而具艺术气息,长廊里所挂的画具有东方情调。长廊里最引人注目的是一份珍贵的历史资料,即 1945 年年底,美国陆军航空队与道格拉斯飞机公司签订的一项 1000 万美元的"研究与发展"计划合同,这就是有名的"兰德计划"。

作为一个老牌智库,兰德正式成立于 1948 年,其历史可追溯至第二次世界大战。

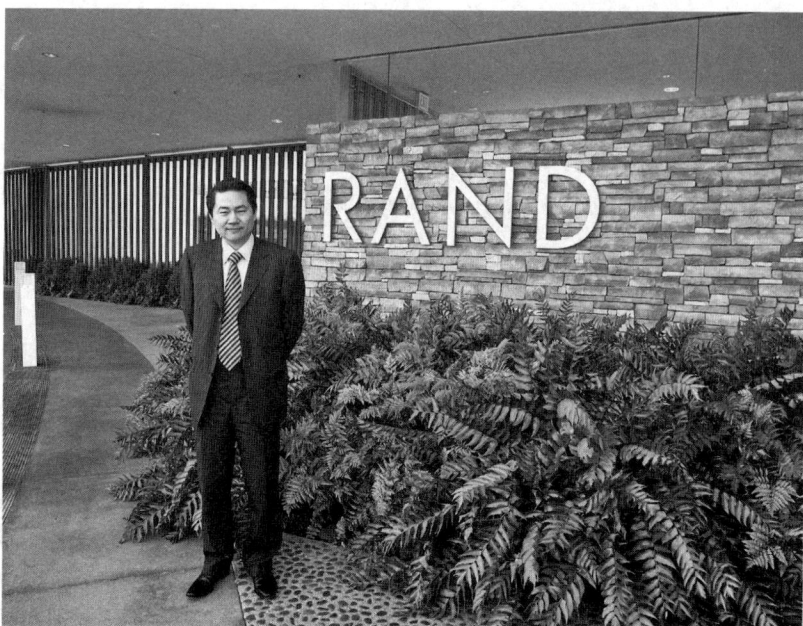

作者在兰德公司访问

第二次世界大战期间，美国一批科学家和工程师在情报分析和军事技术等方面发挥了巨大作用。美国明白，第二次世界大战一旦结束，这些人很可能会失去战争时期的工作岗位，如何让这批人战后能继续为美国的军事服务？1944年11月，当时陆军航空队司令亨利·哈里·阿诺德提出建立新的研究机制，让这些人独立客观地为战后军事战略提出建议。1945年年底，美国陆军航空队与道格拉斯飞机公司签署了"研究与发展计划"（Research & Development，兰德的名字就取自其英文缩写）。独立的兰德公司于1948年5月正式成立，其宗旨是："通过促进科学、教育和慈善的发展，维护美国的公共福利和国家安全。"

1952年，福特基金会向兰德公司发放一笔贷款，帮助兰德的研究团队从事非军事项目的研究。此后，兰德公司的研究扩展到国际关系、外交政策、卫星火箭技术等多元化方向。20世纪60年代，兰德公司参与了互联网浏览技术开发所需要的电信技术的研究。80年代，兰德公司开始尝试为私人部门提供长期服务。

长期以来兰德坚持做"独立的、介于官民之间进行客观分析的研究机构",受到世界同行的尊重,在兰德静谧而现代化的大院里,难以想象同时近两千人在这里办公,并持续以超大能量影响世界。

CCG 和兰德研究生院首任院长查尔斯·沃尔夫交流

兰德公司常影响和左右着美国的政治、经济、军事、外交等一系列重大事务的决策,被誉为"美国的智库"、"白宫第一智囊"、"超级智库"、"大脑集中营"。兰德公司是研究政治、军事、经济、科技、社会等各方面的综合性智库,更是世界智囊团的开创者和代言人。战略研究是兰德的核心,其提出的很多想法和预测在若干年后得到了证实。

兰德公司的研究人员在学术研究方面独树一帜,在社会上有"兰德学派"之称,仅是诺贝尔奖得主就不下五名。[①] 兰德不仅以高水平的研究成果和独创的见解著称于世,而且为美国政府和学术界培养了一批首屈

① 参见上海交通大学国家战略研究中心,http://www.cnss.sjtu.edu.cn/znhz.asp?id=363。

一指的人才。很少有人知道的是,兰德公司不仅是一个"智库"也是一个培养思想者的教育机构。创办于 1970 年的兰德研究生院,是当今世界决策分析的最高学府,其主要教学领域为政策分析和政策研究,培养了大量高级决策者。该研究院可以直接颁发相关领域博士学位,颁发了全球第一个决策分析博士学位,这为兰德公司储备了大量的博士生助手。接待我们的查尔斯·沃尔夫除了是蜚声国际的著名经济学家,还是兰德研究生院的创办者和首任院长。

兰德公司实行理事会领导下的总裁负责制。理事会(RAND Board of Trustees)是公司的最高决策机构,兰德理事会主席及成员定期更换。他们主要负责审核公司的经费预算和课题立项及研究成果的审查等。理事会成员主要是卸任政府官员、学术界和工商界知名人士等。

兰德的研究人员都可谓是多面手,除了研究能力上的保证,例如需要有较好的外语能力(兰德员工来自 50 个国家,共掌握世界上的 75 种语言,他们多数是双语者和多语者),能自行设计数学模型,会编制计算机程序并能上机操作,有较好的口头表达能力,等等,兰德还要求其具备良好的沟通协作能力,特别是与各种专家合作的能力。因为研究职位特殊的学术能力要求,研究人员学历普遍较高,兰德更是如此。截至 2020 年,兰德 55% 的研究人员拥有博士学位,38% 拥有硕士学位,7% 拥有学士学位。研究人员的专业背景多种多样,包括政策分析(13%)、社会学(12%)、经济学(11%)、国际关系(9%)、数学和统计(8%)等。多元化的专业能力、教育背景和文化背景,使兰德的研究团队可以在多种思维方式下碰撞火花。

兰德的人员来源,除少量从大学、企业聘请专家外,主要来自三个方面:第一,聘用来自政府部门的离职高官和专家。因为每届总统大选涉及数千官员的重新安排问题。兰德认为:"一个有过政府机构工作经历的人,往往较之高学历研究人员对政策问题有着更为深刻的洞察力。"第二,选用名校出身的年轻博士作为"新鲜血液"。第三,充分利用美国庞大的智库体系及其高度流动的研究人员,延揽其他智库的著名专家。与

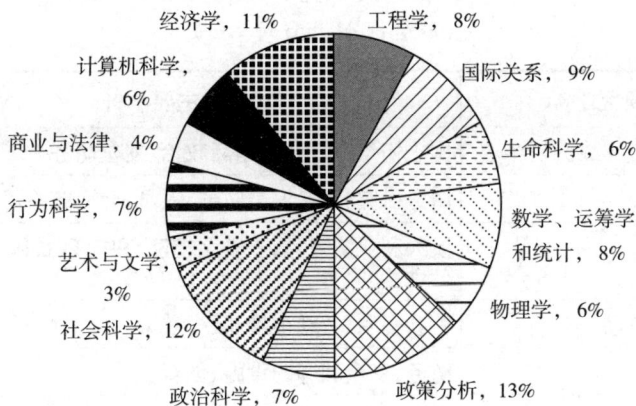

图 3-1　兰德公司研究人员的专业分布（2020 年）

资料来源：https://www.rand.org/about/staff.html。

此同时，兰德还聘任几百人规模的大批国内外著名学者当顾问。①

兰德为美国政府和学术界培养了一大批屈指可数的人才。如美国尼克松政府的国务卿基辛格，美国前国务卿赖斯，美国前国防部长拉姆斯菲尔德，前中央情报局长、国防部长詹姆斯·施莱辛格，里根政府的国防部部长弗雷德·伊克尔，战略问题专家赫尔曼·卡恩，数学逻辑学家兼经济学家、芝加哥大学教授艾伯特·沃尔斯蒂特，著名的未来学家康恩和布朗等。②

作为超级智库，兰德的研究领域堪称"大而全"。美国智库一般都是小而精型，人员规模不大，超过 100 人的就可以称为大型智库。2020 年，兰德公司正式雇员总数达 1880 人，堪称超级大智库。最初，兰德是以研究军事尖端科技和重大战略以及大国外交而著称于世，如与中国有关的包括 1999 年《遏制并接触中国》、2012 年的《2025 年的中国和印度：比较评估》等。从 20 世纪 70 年代开始，以《兰德健康保险实验》和《城市低收入人群住宅问题》为标志扩展到美国内政外交各个方面。

①　参见王继承、冯巍：《合格的政策分析家是怎样炼成的》，国务院发展研究中心，2013 年 2 月 15 日。

②　参见上海交通大学国家战略研究中心，http://www.cnss.sjtu.edu.cn/znhz.asp?id=363。

表 3-2　兰德公司各研究学部所涵盖主要学科
（截至 2021 年 6 月 1 日）

研究学部	涵盖的主要学科
国土安全作战分析中心	国土安全、政治学、国际政治、安全防务
军队研究	防务研究分析、安全防务、人员训练、策略研究
澳大利亚部	澳大利亚防卫、国土安全、健康和社会福利、教育和劳动
教育与劳动	社会福利、劳动市场、教育政策
欧洲部	防务,安全和基础设施、创新
健康	公共卫生、疫苗
国际	国际政治、全球安全、区域研究
国家安全研究	防务研究分析、网络战争、军队性骚扰
空军项目	安全防务、空军征兵、区域空军军力分析
社会与经济福利	残疾人研究、公民权利、气候适应力

资料来源:https://www.rand.org/research.html#research-programs。

　　兰德公司的经费主要来源于与客户签订的项目合同。2020 年,来自美国政府、主要是美国军方和联邦政府的研究项目收入金额占兰德公司全部收入来源超过 80%,其余主要来自慈善机构、基金会、私人部门和个人的捐赠。① 为感谢捐赠者,兰德为捐赠机构和个人提供冠名权,如前文提到兰德在 1970 年创建的研究生院(RGS)在接受弗雷德·帕迪教授一千万美元捐赠后更名为"帕迪—兰德研究生院"(PRGS)。②

　　如何在接受政府课题资助的情况下,保证兰德的独立性? 兰德公司在保持独立性上有三大规则——不许政府介入、董事会成员中没有政府官员、不接受政府的资金支持。虽然接受政府课题资助,但兰德不会固定地与某一党派合作,在政府内部也有不同的客户。

---

　　① 参见兰德公司年报,Rand Corporation,http://www.rand.org/about/annual_report.html。
　　② 参见刘静、曹兵:《揭开美国兰德公司的神秘面纱——透析兰德的军事研究价值》,《信息管理》2008 年第 4 期。

表3-3　2020年兰德公司收入来源结构

收入来源	金额（百万美元）	比例
美国卫生及公共服务部及相关机构	68.4	19.60%
美国国防部长办公室和其他国家安全机构	64.5	18.50%
美国空军	46.7	13.40%
美国国土安全部	46	13.2%
美国陆军	35.9	10.30%
其他联邦政府机构	17.9	5.10%
基金会	17.6	5%
非政府及国际非政府机构	13	3.70%
慈善捐赠	12.7	3.60%
其他非营利组织	9.4	2.70%
州政府和地方政府	8.5	2.40%
私人部门	4.7	1.30%
大学	1.3	0.40%
其他	2.4	0.70%

资料来源：https://www.rand.org/pubs/corporate_pubs/CPA1065-1.html.

兰德公司雄厚的人力资源支撑起几乎世界上最高产的智库集团。迄今为止，兰德已公开发表的研究报告、论文26000多篇，全部可以在兰德的网站上下载。兰德目前在研的项目有1740多个。2020年，兰德发布报告540篇，论文325篇，新开展项目数量达到900多个。

兰德公司也发行了非常多的出版物，主要包括：商业图书、年度报告、专题论文、研究简报、技术报告等。其中，《兰德评论》（*Rand Review*）是兰德公司的旗舰杂志，一年出版6次，提供符合公共利益的非营利性新闻并且报告兰德公司的最新研究成果。最畅销的书籍是《百万乱数表》（*A Million Random Digits*）。

作为国际型的顶级智库，兰德对内对外的交流合作非常广泛。在政府合作方面，兰德与美国国防部门的合作与往来最为密切，同时，兰德与教育部、农业部、外交部、能源部、国家情报总局、美国国家航空航天局、国家科学基金会等部门也保持密切联系。超过80%的课题收入来自政府，

从这里我们可以看出兰德公司与美国政府的密切合作关系。在国际交流方面,作为高度国际化的智库,兰德的研究成员来自世界各地,研究团队的国际化成为其对外交流与合作的重要优势;从其分支机构分布情况来看,兰德在欧洲建有德国柏林、英国剑桥等分机构,同时设有兰德海湾国家政策研究中心和卡塔尔政策研究所,是一个名副其实的跨国的国际性智库;从其公司业务往来来看,既有国外的政府机构,例如英国的国防部、国家审计局等,新加坡的精神卫生研究所和卫生局,卡塔尔的国家卫生局和最高教育委员会等;同时,也有国外的大学和科研机构:中国战略与国际研究中心、新加坡国立大学、英国的布鲁内尔大学、墨西哥联邦科学研究所和韩国科学研究与技术评估院等。

"大",赋予了兰德公司全方位、多领域、交叉研究等鲜明特色。也正是"大",兰德公司才能够在为政府和军方提供全方位的咨询服务和课题委托服务方面具备有利条件。但是,兰德公司与政府的密切合作关系,在一定程度上损害了其独立性,从而引起人们对其研究成果客观性的质疑。这对于兰德公司的信誉和公信力具有一定的影响。

兰德公司的研究成果对于美国社会甚至世界都产生了重要影响。1996年,卡内基梅隆大学的历史学家大卫·扎蒂尼,在他的博士论文中详细列出了从"研究与发展项目"到公司成立后,兰德所作出的巨大贡献,早已超出了它在军事领域的成就,无论是在太空空间系统,为美国太空研究项目奠基,还是数字计算机的诞生、人工智能(如包交换技术,参与建立互联网技术、一名兰德的员工甚至造出了世界上最早的一批计算机中的一台)。兰德研究人员为决策者如何应对不确定的情况提供理论和研究工具创新,为博弈论、线性动态规划、数学模拟与仿真,互联网理论,甚至为财务成本分析作出了奠基性的贡献。

如果用四个关键词概括兰德的突出贡献,那就是:宇宙飞船、系统分析法、计算机和互联网。

宇宙飞船。兰德公司成立后的第一份报告是《试验绕地飞船的初步构想》(1946年)。当时,火箭科学还处在初级阶段,世界上没有国家发射过人造卫星,兰德提出的绕地空间站是一种革命性的构想。兰德具有前瞻性地提出:掌握自然要素的能力是一个国家物质文明的重要指标,哪个国家第一个在航天领域作出非凡的成绩,哪个国家就会在那时被认为是世界军事和科技领域的头号强国。如果美国能够领先其他国家发射人造卫星,那世界将会多么惊愕从而佩服美国。这份报告预测了苏联发射卫星的时间,国防部以"人造卫星仅仅是科学幻想"、兰德公司初出茅庐、没有什么影响为名,将它长期束之高阁,不屑一顾。1957 年 11 月 4 日,苏联把一颗人造卫星送往太空,其实际发射的时间与兰德公司 10 年前的咨询报告中所预测的时间仅相差两周,这一消息震撼了美国朝野各界。① 但正是有了兰德的报告,才得以让美国在苏联先发制人后,拿出最快的反应速度,加强与苏联的太空竞赛。

系统分析法。兰德由一贯的跨学科研究法逐渐形成了一种分析方法——"系统分析法",该分析法最初被兰德用来描述分析过程,指出分析过程不只分析军事作战,应该是全面地分析军事作战过程中发生的全部活动,后来该分析法变成了兰德公司所有研究活动背后的核心方法论。20 世纪 60 年代初期,在这套方法基础上,形成了著名的"计划—规划—预算系统"(PPBS),作用主要体现在美国军事领域、政府部门和民间,如改善交通、通信、计算机、公共卫生设施的效率和效能;在消防、医疗、电网、导航等领域,系统分析方法也得到了广泛的应用。系统分析法演绎至今,成为了一种把要解决的问题作为一个系统,对系统要素进行综合分析,找出解决问题的可行方案的咨询方法。

计算机。对于兰德这样一个以分析为中心的智库来说,对分析工具实体的发明与他们的分析工作通常是并行的。由于系统分析法要求复杂艰深的数学计算,兰德公司数学研究部的三名成员自己动手,制造了一台名为"JOHNNIAC"的计算机。这台计算机被誉为当时最先进的冯·诺依

---

① 参见上海交通大学国家战略研究中心,http://www.cnss.sjtu.edu.cn/znhz.asp?id=363。

曼结构计算机中的"先驱",并且使用了 13 年多,被称作世界上最长寿的早期计算机。这台计算机现在被珍藏在美国加利福尼亚州山景城的计算机历史博物馆中。

互联网。军事思考也直接催生了兰德在互联网方面的发明创造。1955 年,休斯航空公司的青年工程师保罗·贝恩,被兰德的自由精神吸引而来,希望能研究出一套军事命令与控制系统,确保关键信息和命令能够在不同层级上有效传播。他将信息分散,并使用标准化的数据模块进行分节点传输,这是现在互联网数字科技的灵感起源。当时,整个世界还沉浸在模拟计算机的阶段,这样的数字空间简直超出人们的想象。美国最大的通讯公司美国电报电话集团甚至拒绝听取自己研究部门的意见,来向美国空军学习数字技术,美国空军继而使用了兰德的想法开始研究互联网技术。经历十年的时间,这项技术才逐渐摆脱军事倾向,形成了如今我们熟知的互联网。

兰德是一个不折不扣的智慧风暴中心,它的这些跨学科研究,显示出兰德强大的、对自然规律的探索能力,展现了对新知识、新原理、新方法的创新能力。它既是思想者,又是理论家,还是实践者,充当了推动人类社会进步的奠基人角色。

另外,通过自身特殊的独立性身份,充当国际交流的桥梁,也是兰德起到的重要作用之一。在中美外交方面,兰德就起到了很好的桥梁作用。2005 年,美国布什政府第二届任职初期,为了避免 2001 年南海撞机事件再次发生,中方官员寻找时任兰德公司亚太研究中心主任的威廉姆·欧文霍特(William H.Overholt)充当中间人,介绍中国负责外交政策的官员接触布什政府的决策者,相互交流协作,并且进行了为期三天的讨论。

兰德公司重视中国研究比如近年来发布的《中国研究精选 1999—2019》,其中收录了该智库二十年来的百余份涉华研究报告。兰德也是最早与国内智库和咨询公司"抢生意"的西方智库,在广州等地兰德智库的研究人员多次参与中国的研讨会。早在 20 世纪 90 年代初,兰德就在中国农村地区进行过首批医保试验,调查中国社区卫生服务供求,研究医保改革和医疗服务偿付水平。兰德致力于为美中政策创建全新的框架，为中国公众探索重大难题的解决方案。我们与兰德的相关人员保持了良好的沟通，比如威廉姆·欧文霍特担任兰德公司亚太政策中心主管和亚洲政策首席研究员多年，是我后来在哈佛肯尼迪学院时候的同事和好友。欧文霍特也是典型的兰德培养的高端智库人才之一，他长期研究亚太政策，所以熟悉中国政策，离开兰德后，又去了哈佛大学肯尼迪学院，后来又担任中国香港经纶研究院总裁。2014 年 4 月，CCG 还专门邀请他参加了我们主办的"智库与中国发展"研讨会。

2. 布鲁金斯学会

根据历年《全球智库报告》，美国著名智库布鲁金斯学会曾连续数年排名世界第一，足见其全球影响力。

2010 年 4 月 6 日，受布鲁金斯学会邀请，我参加了该学会约翰·桑顿中国研究中心在华盛顿举办的"中国海归——对未来中国影响"的研讨会，并在会上做了发言。那年的下半年，我作为访问学者再次来到布鲁金斯，在布鲁金斯做访问研究员的日子里，每天在布鲁金斯学会大楼的办公室里作研究、参加活动，比较深入地接触到了布鲁金斯许多知名学者，也加深了对这个世界知名智库的认识。

布鲁金斯学会是美国历史上第一个现代意义上的智库，其成立可以追溯到 1916 年，由圣路易斯市企业家、华盛顿大学董事会主席罗伯特·布鲁金斯创建。其后，经济研究所 1922 年成立，罗伯特·布鲁金斯研究院 1924 年成立，两者于 1927 年合并为布鲁金斯学会，总部位于美国首都华盛顿。布鲁金斯创立之初就宣称自己是"第一个致力于在国家层面分析公共政策问题的私人组织"，其愿景有三方面：捍卫美国民主；确保美国公民经济与社会福利、维护公共安全和社会机遇；推动构建一个更加开放、安全、繁荣和合作的国际社会。

2002 年，斯特罗布·塔尔博特（Strobe Talbott）成为布鲁金斯的主席后，开始注重国际化分支机构的拓展。布鲁金斯学会先后建立了萨本中东政策中心（Saban Center for Middle East Policy）和约翰·桑顿中国中心

作者在布鲁金斯学会举办的"中国海归——对未来中国影响"的研讨会上演讲

（John L.Thornton China Center），2006年又在北京建立了布鲁金斯—清华中心（Brookings Tsinghua Center），2007年7月建立了英格堡医疗保健改革中心（Engelberg Center for Health Care Reform），10月在卡塔尔又建立了布鲁金斯多哈中心（Brookings Doha Center）。

　　在组织结构上，布鲁金斯学会实行董事会负责制。董事会旨在为学会提供商业和学术治理，批准学术调查的范围以确保学术的独立性。布鲁金斯学会董事会成员，主要为著名的企业家、银行家、学者。现任董事会联席主席为格伦·哈钦斯（Glenn Hutchins）和苏珊·诺拉·约翰逊（Suzanne Nora Johnson）。

　　从人员组成来看，布鲁金斯学会现有400名来自全球的政界和学术界的专家。布鲁金斯学会的研究人员拥有极强的学术积淀，其思想、观点在学术界拥有极大影响力，学会也因此获得了"没有学生的大学"的美誉。

　　布鲁金斯学会的研究人员不仅具有极强的学术实力，很多人还经常出入于各个政府部门,官方背景深厚。奥巴马在竞选美国总统期间就在布鲁金斯学会寻找了诸多外交与经济幕僚,就任总统之后,也邀请了多位布鲁金斯学会成员加入奥巴马政府。苏珊·莱斯(Susan Rice)、杰弗里·贝德(Jeffrey Bader)就是比较有代表性的两位。布鲁金斯学会与政府的关系除了其研究人员会进入政府任职之外,还会有卸任的政府官员到布鲁金斯学会任职。克林顿政府时期的副国务卿塔波特(Strobe Talbott)卸任之后就加入了布鲁金斯学会,成为布鲁金斯研究所总裁。

布鲁金斯对重大新闻事件和世界热点问题的解读,颇受国际社会的关注和重视。每次发生重要事件之时,布鲁金斯学会的学者总会成为各大媒体争相采访的对象。例如,2011年12月朝鲜最高领导人金正日逝世消息一公布,《纽约时报》、《华盛顿邮报》、英国《金融时报》等多家知名媒体的记者就瞄准布鲁金斯学会,各显灵通找寻相关的研究员,想在第一时间内获得他们对金正日逝世会如何影响亚洲及世界局势的分析和看法。

近年来,布鲁金斯充分利用网络和多媒体的优势,大量的研究成果开始以评论、浏览式书籍、言论、活动等形式呈现给读者。布鲁金斯之所以具有超强的政策影响力,得益于学会与政府的良好关系,包括与政府成员建立非常密切的私人关系。

布鲁金斯学会作为美国政府的重要咨询机构,非常重视学会对政府决策的影响,直接参与了美国政府的众多决策过程。历史上布鲁金斯对美国历届政府、公共政策产生了巨大的影响。哈定总统时期,学会参与到了联邦政府预算草案的拟定,战争中债务政策、税务制度改革方案的制定等政府决策当中。胡佛政府时期,学会研究了圣劳伦斯航道的建设计划后,认为耗资巨大,帮政府取消了该计划。在美国大萧条时期,布鲁金斯的经济学家受总统罗斯福委托,开始大规模研究隐藏在经济萧条背后的根本原因。布鲁金斯的第一任主席和其他学者后来积极反对总统罗斯福的新政,因为他们认为这些政策将阻碍经济复苏。随着第二次世界大战的爆发,布鲁金斯将其注意力转移至通过一系列关于战时资源调动与组

织等研究来辅助政府部门。1948年,布鲁金斯被要求提交一份关于欧洲经济复苏计划的管理方案。而由此提出的组织制度和结构保证了马歇尔计划得以认真和务实地执行。肯尼迪总统时期,布鲁金斯学会为政府提供意见建议的领域更加广泛,空间研究计划、经济政策等无所不包。20世纪80年代,布鲁金斯学会在健康保险和税收方面有过突破性贡献。90年代将研究成果运用于美国的福利、公共服务和竞选财务方面。"9·11"期间,学会在更有效地组织美国政府和保卫国土方面做了大量研究。进入21世纪,布鲁金斯在美国州和地方各级政府的改造、联邦预算的重建、医疗政策改革和全球贫困等方面,也作出过重要贡献。

布鲁金斯还十分重视中国研究。专门设置了独立的中国研究机构——约翰·桑顿中国中心(John L.Thornton China Center),也于2006年10月起与清华大学合作建立了清华—布鲁金斯公共政策研究中心①(Brookings Tsinghua Center)。

约翰·桑顿中国中心是由高盛集团前首席执政官约翰·桑顿(John Thornton)捐资建立的。约翰·桑顿现在是布鲁金斯学会的名誉主席和亚洲协会联合主席,他也是2008年中华人民共和国友谊奖的获得者,作为非中国公民,这是最高荣誉。中国政府还将他列为在过去30年中对中国发展作出最重大贡献的15位专家之一。

我们与约翰·桑顿有过多次交流。2020年11月,在CCG第六届中国与全球化论坛上,我们曾经以"全球化的十字路口:美国大选及其对中国和世界的影响"为主题举办了线上研讨会②,约翰·桑顿,"修昔底德陷阱"提出者、哈佛大学肯尼迪政府学院的创始院长格雷厄姆·艾利森(Graham Allison),《世界是平的》作者、美国《纽约时报》专栏作家托马斯·弗里德曼(Thomas Friedman),CCG联席主席、恒隆地产董事长陈启宗(Ronnie Chan),CCG顾问、财政部原副部长朱光耀等参与研讨。约

---

① 2020年10月,这一伙伴关系以"清华—布鲁金斯中国办公室"延续。
② 参见全球化智库官网:http://www.ccg.org.cn/archives/60170。

翰·桑顿认为,中美两国领导人和人民之间的交流不仅对双方有益,更对21世纪有益。两国政府必须建立信任和互相尊重,展开大量对话,高层之间进行面对面高级别、深入的工作方针交流讨论谈判。拜登政府可以成为国际问题上积极参与者,积极寻求解决方式。美国政府也将把中美关系作为国际领域的第一要务。在CCG第七届中国与全球化特别线上论坛"中美智库对话"上,我们再次与约翰·桑顿,以及彼得森国际经济研究所所长亚当·波森(Adam Posen)、前美国驻华大使芮效俭(J. Stapleton Roy)还有财政部原副部长朱光耀就"全球挑战下的新竞合:中美关系去向何方"主题展开高端对话。

2022年6月30日晚,CCG专家团受邀出席纽约工商界为欢迎CCG访问特别举办的工商界CEO晚餐会议,我们与约翰·桑顿(John Thornton)在内的纽约20余位商界CEO就中美经贸、经济全球化及对华投资、人文往来等问题进行交流与探讨。我在晚宴上发表了主旨讲话,分享了CCG近年在中美经贸和中美关系等领域的研究成果及促进中美交流的建议。在此次工商界晚宴会议中,来自政、产、学、研界的代表与CCG进行了面对面的深度交流与对话。在充满不确定性的世界局势下,这是实现增信释疑、深度理解的重要举措。包括全球投资管理公司Sanders Capital、皮埃蒙特银行、摩根大通全球研究、百人会、德勤、美国甘维珍咨询公司、Outwater、美国投资管理公司Kingdon Capital Management、贝恩咨询、全球律师事务所、纽约卡内基大厦集团、美国经营性土地开发有限公司、Medical Excellence、博伊斯·席勒-弗莱克斯纳(Boies Schiller Flexner)律师事务所、和睦家医疗集团、美国彼得森国际经济研究所等在内的20多位CEO及高管参与此次晚宴。

2014年2月,我在布鲁金斯做访问研究时的同事、华裔学者李成被任命为布鲁金斯学会约翰·桑顿中国中心主任。作为在美国最主要的智库中担任中国研究方面主管的华裔学者,李成不仅是中国政治体制和领导层研究的专家,他还有丰富的横跨中美两国的生活、研究经验,将给中美关系和中美智库合作架起新的桥梁。李成担任中国中心主任后,国内

纽约工商界为欢迎 CCG 访问特别举办的工商界 CEO 晚餐会议

作者与约翰·桑顿(中)的合影

作者（左四）与约翰·桑顿（左五）共同出席会议

不少媒体更加关注李成领导的布鲁金斯中国研究中心，有很多报道。

当时，李成的研究中心的研究团队中包括曾任美国国家安全委员会亚洲事务主任的杰弗里·贝德、克林顿时期任国家安全事务总统特别助理的李侃如等。[①] 李成同时还领衔编纂桑顿中心中国思想家系列丛书。该丛书是向西方读者介绍中国杰出思想家的专著。李成在接受媒体采访时表示，中国智库的学者们要更多争取国际上的影响力和话语权，他说，中国经历了历史上最快速的发展，任何人，任何事件，即使是当前的房地产泡沫或金融危机，都不能阻止中国前进的步伐，"关键在于中国领导人如何抓住机遇"[②]。

2010 年 9 月，作为我在布鲁金斯学会访问的研究成果之一，布鲁金斯在华盛顿专门为我和几个学者举办了题为"全球背景下的中国人才新

---

① 参见《华裔学者李成任布鲁金斯学会约翰·桑顿中国中心主任》，《京华时报》2014 年 3 月 6 日。

② 《华裔学者李成任布鲁金斯学会约翰·桑顿中国中心主任》，《京华时报》2014年 3 月 6 日。

作者在布鲁金斯学会做交流

规划"研讨会。这次会议受到美国各界人士的高度重视,近100人出席了这场专门关注中国新人才规划的研讨会,这也是美国第一次举办有关中国新人才规划的研讨会。作为唯一来自中国的专家和正在布鲁金斯访问的研究员,我很荣幸参加并作了演讲。出席研讨会的美国学者还有时任美国布鲁金斯学会约翰·桑顿中国中心主任李侃如,中心研究主任李成,宾夕法尼亚州立大学中美技术经济商务中心主任西蒙教授,宾州大学印度研究中心主任卡贝尔教授,弗里德曼等知名专家。这也是我第二次在布鲁金斯做演讲交流,第一次做的交流是有关中国海归发展的专题。布鲁金斯学会对中国人才和海归研究的重视,使我体会到一个真正国际化智库所拥有的全球视野。

2019年12月,我们再次来到布鲁金斯学会,李成博士热情地接待了我们。李成还任美国国会美中工作小组学术咨询委员会成员、外交关系学会成员以及由杰出美籍华人组成的精英组织百人会会员,是资深的中国问题专家以及著名中美智库专家,他同时也是我们CCG的学术委员会专家。

在布鲁金斯学会交流后与弗里德曼和西蒙的合影

作者与李成的合影

　　在当时中美关系不确定性日益增长的关键节点,我们还有幸被邀请参加布鲁金斯学会特设的"Dollar and Sense"播客节目的专访。"Dollar and Sense"由约翰·桑顿中国中心和全球经济发展项目的资深研究员杜大伟(David Dollar)先生主持,就中国的经济发展、中国在国际多边体制发展中扮演的角色、中美关系等话题展开交流与讨论。我在节目中谈到,中国不仅是自由国际秩序的受益者,也是其维护者和贡献者。然而,这些"中国故事"并没有很好地传播到西方社会中。因此,我呼吁世界应该重新认识中国,拥抱多元化。

全球化智库访问布鲁金斯学会(右二为 David Dollar)

布鲁金斯学会在美国智库中的立场相对客观和中立。2019年到2020年，布鲁金斯学会发表的各种公开研究和分析中极端的声音出现较少。2020年2月，布鲁金斯研究员瑞恩·哈斯（Ryan Hass）在他的研究报告里对中国的实力、政策和未来发展进行了分析，提出："两国应不再寻求基于错误假设的政策，而需要重新发现如何共存和管理二者关系。两国都需要找到在竞争中约束竞争的办法。"在这个中国陷入新冠疫情冲击、美国和西方国家指责中国"传播"病毒的月份，布鲁金斯能够发出这样的声音，已经是难能可贵的。

3. 卡托研究所

作为一家非营利的以研究公共政策为主的智库，卡托研究所致力于"扩展公共政策辩论的角度"，讨论"有限政府、个人自由、自由市场以及和平的美国传统"，主张在美国和整个世界建立自由、开放的市民社会。长期以来，卡托研究所一直被认为是一个保守主义智囊，但卡托研究所一直拒绝承认，在他们看来"保守派代表了一种对改变的反抗，以及一种企图保持现状的心态"。而卡托研究所显然不是这样的。

2009年，我们曾应邀参观并访问了位于华盛顿特区马萨诸塞大街的卡托研究所总部。接待CCG一行的有该研究所对外联络主管Nicole Kurokawa先生、全球自由与繁荣中心主任Ian Vasquez先生、贸易政策研究中心副主任Daniel J.Ikenson先生、高级研究员Jagadeesh Gokhale先生等十人。

在工作人员的带领下，我们参观了卡托富有现代气息的大楼，了解了其相关情况。卡托研究所是由穆瑞·罗斯巴德（Murray Rothbard）、爱德华·克里恩（Edward Crane）以及查尔斯·科赫（Charles Koch）在查尔斯·科赫基金会（Charles Koch Foundation）的资助下于1974年成立的。"卡托"一词，源于一本论文集——《卡托的信函》（Cato's Letters），信函中的"卡托"指的是一位古罗马时代捍卫共和国制度的政治家。卡托研究所是拥有广泛国际声誉的奉行自由主义主张的智库，其研究理念与亚当·斯密、约翰·洛克的古典自由主义传统密切相关，而现代

著名自由主义大师哈耶克的自由秩序理念更是深刻地影响了卡托的众
多学者。

作者与卡托研究所的 Nicole Kurokawa 先生等人交流

目前,卡托研究所采取的是董事会管理制,取消了创立之初采用的股
权制。卡托创立之初,所有创始人都占有一定的股权。2011 年年底,威
廉·尼斯坎南(William Niskanen)去世之后,占有卡托一半股权的科赫兄
弟试图收购威廉·尼斯坎南的 25% 的股权,但最后与卡托研究所达成妥
协,将卡托研究所改制成了董事会管理制。总的来说,卡托研究所的领导
成员大多是企业的业主或高级主管,媒体专家或基金负责人。其成员大
多拥有丰富的阅历,如前总裁威廉·尼斯坎南,曾担任过美国联邦预算局
副局长、福特汽车公司经济学家部部长;研究员道格·班窦,曾在里根政
府中担任总统特别助理,还担任过美国著名政治杂志《探寻》的编辑,也
是 ABC、CNN 等美国知名媒体的权威评论员。

根据卡托研究所的年度报告,2020 年收入为 4852.2 万美元,其中,
个人捐款 3482.9 万美元,占比 72%;基金会 600.3 万美元、企业 129.6 万

美元、项目收入 39.2 万美元、投资收益等 600.2 万美元。支出总计 2882 万美元,其中项目研究支出 2347.4 万美元,占比 81%;管理支出 245.4 万美元;发展支出 289.2 万美元。①

卡托研究所每年出版十几本书,主要涉及领域为税收和支出、教育、言论自由、社会保障、法规、联邦制、个人权利、法治、全球化、国家安全和环境等。2021 年,卡托出版的新书有《医疗事故诉讼:它是如何运作的,为什么侵权改革没有帮助》(*Medical Malpractice Litigation*:*How It Works*,*Why Tort Reform Hasn't Helped*)、《一个病毒里的经济:以及通过新型冠状病毒介绍经济推理》(*Economics in One Virus*:*And Introduction to Economic Reasoning through COVID*−19)、《重新开放穆斯林思想:回归理性、自由和宽容》(*Reopening Muslim Minds*:*A Return to Reason*,*Freedom*,*and Tolerance*)、《发展维度:贸易中的特殊和差别待遇》(*The Development Dimension*:*Special and Differential Treatment in Trade*)等。

从其定位可以看出,卡托研究所宣传的价值理念与美国一直倡导的价值理念是一致的。从这个意义上说,虽然卡托研究所不是美国政府支持的一家官方的研究机构,但其仍然是美国价值理念的有力宣传者。当然,作为一个非营利性研究机构,卡托研究所经常针对美国政府的各项政策、决策发表评论,批评美国政府在伊拉克战争、公民自由、过度的政府开支、移民等议题上的政策。这为其赢得自由、独立的学术机构的名声赚尽了"眼球"。美国一名叫乔治·威尔的记者说:"给美国人自由,美国人将会开花;给卡托(自由),美国人民将确保自由。"

卡托研究所对美国政府政策有很大的影响力。例如,2003 年,卡托支持最高法院对劳伦斯诉得克萨斯的裁决,该裁决驳斥了少数州仍然视成人间自愿的、私人的、非商业同性恋关系为非法。卡托列举出第 14 条修正案,成为支持最高法院裁决的有力依据。2006 年,卡托发表了政策分析报告,指责联邦婚姻法修正案为"不必要的、反联邦的和反民主的",

---

① 　参见卡托研究所 2020 年年报,https://www.cato.org/about/annual-reports。

认为这个修正案会改变美国宪法，以禁止同性婚姻。这对于在国会两院挫败该修正案起了重要作用。

2010年夏，我们参加过卡托的一次关于移民的研讨活动，而且对此印象深刻。卡托研究所在移民研究上颇有建树，彼时正值美国联邦法院对亚利桑那州通过的新移民法进行审理，有指控认为其对移民有歧视，美国上下对此事件非常关注，我们正好参加了卡托专门围绕此事件召开的题为"政策与移民法案"的午间研讨会议。讨论会就在卡托研究所总部一间名为"哈耶克报告厅"的地方举行。如同卡托研究所的格言"个人自由、小政府、自由市场以及和平"，该研究所的学者一贯主张减少政府对国内社会和经济的干涉，主张公民自由。在去参会前，心中已经多少对卡托召开关于亚利桑那州移民法的观点有所猜度，一个主张古典自由主义的研究机构必然是支持人的自由流动，反对用强制手段压制非法移民的。

会议主持人是卡托的副总裁Gene Healy，主讲人有卡托贸易研究中心的主任Daniel Griswold、卡托司法公正研究项目主任Tim Lynch、移民研究中心主任Mark Krikorian。前三位都是卡托自己的研究员，言说的观点正如之前所料，坚决支持个人流动自由，主张减少出动警力干涉。认为移民劳工，即使是非法移民劳工为美国社会创造了众多经济利益，接受移民是美国价值观的一部分。而第四位主讲者Mark Krikorian来自其他研究机构，是该法案的坚定支持者。因为观点针锋相对，随后双方的辩论和提问异常精彩。去参会之前，我认为一个自由主义的智库必定只会宣扬一种观点。但是卡托却找来与自身观点完全相左的学者发言，你来我往的辩论中各自的观点得到更充分的展现。真正的学术精神本应该是兼容并包的，美国各大智库向公众开放的研讨会场出现这样激烈争辩的场景，思想的火花由此迸发。

卡托研究所这天的讨论会是向公众开放的，因为话题属于热点，其网站上早早就通知注册结束，200人的会场满满当当。很多人还在场外看现场直播。此话题主要有关拉美裔和其他种族移民，但现场几乎全是白人观众，美国公众对社会话题的关注可见一斑。

近些年来，CCG与卡托研究所保持着良好的交流与合作。卡托研究所经常参加 CCG 举办的活动,比如多年参加中国全球智库创新年会、中国与全球化论坛等。

2019 年 5 月,CCG 在赴美"二轨外交"期间,专门访问了卡托研究所华盛顿总部,同赫伯特·施蒂费尔贸易政策研究中心主任 DanielIkenson,贸易政策分析师 ColinGrabow,贸易政策研究中心助理研究员朱欢,外交政策研究主任 John Glaser 等 CATO 智库专家就全球治理、WTO 改革和高科技领域竞争等话题进行了充分的交流。

CCG 访问卡托研究所华盛顿总部

2019 年 12 月,CCG 专家团又再次应邀来到卡托研究所华盛顿总部参加中美贸易交流研讨会。会上,CCG 访美团与来自美中贸易全国委员会、全美制造商协会(NAM)、美国国务院、传统基金会、卡托研究所、WTO 上诉机构、佛罗里达大学全球经济与环境机遇中心、布鲁金斯学会和企业研究所(AEI)等美国政府、非政府组织和主流智库的官员和专家就中美经贸关系、自由贸易和 WTO 改革等话题展开了充分交流与研讨。美国主流核心智库作为美国政策决策的"智囊团",对于中美两国关系的推进和政策推动有着重要影响。卡托研究所、传统基金会、布鲁金斯学会、AEI

均是美国极具影响力的主流智库,在美国的政策制定、国际交流与合作等领域发挥着日益重要的作用。

在中美经贸关系不确定性日益上升的关键节点,CCG 在本次研讨会中作为唯一被邀请的中国智库,与美国各主流智库、商会和国务院代表展开交流,为扩大中美双方的理解和信任,促进中美关系的发展以及推动自由贸易、WTO 改革和反对贸易保护主义发挥了智库的积极作用。我在研讨会上谈到,当前中国在缓解中美贸易摩擦上面临着一些挑战,一方面中国在慎重权衡美方的诉求,另一方面美国还在指责中国的经济体系,中美经贸关系不确定性日益增长,但中国还是作出了很多积极的尝试并努力去实践。例如,中国于2020 年 1 月 1 日起施行《外商投资法》,这部作为中国外商领域的基础性法律,将对全球投资者在华经营中遇到的知识产权、技术合作等问题作出明确回应,也反映出了中国将进一步开放市场,主动扩大进口,持续改善营商环境,全面实施平等待遇,大力推动经贸谈判的决心。此外,中国还积极推动 RCEP谈判,并考虑加入 CPTPP,为推动开放型世界经济作出中国的贡献。

CCG 应邀到卡托研究所华盛顿总部参加中美贸易交流研讨会

我在研讨会上提出,中美贸易联系紧密,中美间有太多太广的共同利益,中美无法脱钩,但若保持现状,中美关系或将陷入恶性循环,双方需要转换思维方式重建互信。我们期待中美贸易谈判能够取得成功,中美能在未来展开更多合作,共享未来。

对此,美方专家学者也表示,美国社会因为一些负面消息和报道对中国产生了一定程度的误解,一些像外商投资法的实施等中方的积极努力并没有很好地被传播到美国社会。

作为世界经济发展的主要驱动力和重要的贸易伙伴,中美两国的经贸关系与中美大国关系的走向以及世界经济的发展都有着巨大且密切的联系。通过本次访问交流活动,CCG 再次为促进中美两国之间的全面对话以及双方经贸关系的健康发展,为中美关系稳定、均衡发展与实现合作共赢贡献了社会智库的力量。

4. 传统基金会

传统基金会由约瑟夫·库尔斯和保罗·韦里奇联合创建于 1973 年,总部设在美国首都华盛顿哥伦比亚特区。创始人之一库尔斯是科罗拉多州大啤酒制造商阿道夫·库尔斯公司总经理,里根"厨房内阁"的重要成员之一,约翰·伯奇协会也是他创立的。

1977 年,传统基金会发起了著名的保守主义运动,时至今日,传统基金会逐步发展成为美国最著名的保守主义智库。《纽约时报》称之为保守主义之中的"帕台农神殿"。传统基金会有十一名成员在里根政府中任过职,曾积极支持并影响过里根政府。美国内阁首位亚裔女性、第二十四任联邦劳工部长赵小兰(Elaine L.Chao)也来自传统基金会。传统基金会目前的会长埃德温·J.佛纳(Edwin J.Feulner),曾担任过里根过渡班子有关对外援助事务的负责人。

董事会是传统基金会的决策机构和管理机构,其余部门还包括交流部、发展部、研究部、运营部、政策推广部等。传统基金会目前有工作人员约 300 位,大约 1/3 为研究人员,每年都会有近百名志愿者加盟为其工作。另外,传统基金会采用开放式的人员招聘制度,根据研究需要,临时

聘请各领域专家参与专题研究。

传统基金会在研究方面主要关注短期和即时的公共政策议题,但是他们也会把大量的力量投入到基础研究中,原著和政策理论依然是他们的重要研究对象。传统基金会的研究领域比较宽泛,他们开展一些热门问题的研究,还有很多常规性研究。

表3-4　传统基金会主要研究领域
（截至 2021 年 7 月 1 日）

划分方式	研究领域
国内政策	农业、教育、政府监管、住房
政治思想	美国建国者、保守主义、进步主义、公共舆论、政治过程
国际	非洲、美洲、亚洲、欧洲、国际政治、中东
政府支出	预算和支出、债务、社会安全
能源和环境	煤,石油,天然气、能源经济、核能、可再生能源
法律和司法	法庭、犯罪和正义、选举诚信、宪法等
基础设施和技术	网络安全、太空政策、技术、交通等
国家安全	防卫、国土安全、移民、恐怖主义、军备控制、导弹防御
文化	性别、生命、婚姻和家庭、宗教自由
卫生健康	健康政策改革、医疗保险、医疗保障、公共卫生
贫困和社会福利	饥饿和食物计划、贫困和不平等、福利
经济	国际经济、市场和金融、税收、贸易、货币政策等

资料来源:https://www.heritage.org/about-heritage/mission。

经过 40 多年的发展,传统基金会已成为具有世界影响力的顶级智库,这与其发展理念是分不开的。

传统基金会倡导自由主义价值观,坚持超越党派,不受党派主观价值观影响;在研究内容和方式上:将政策研究与对国会志愿者和立法者培训、招募政府官员入会结合在一起,注重研究成果对政府和社会的影响力;在对外方面,注重营销自己,重视媒体宣传和电子网络的运用,提高自身的知名度。早在20世纪80年代,传统基金会就采取购买电视时段的方法进行传播。1982年,该智库从美国公共广播公司购买了90分钟的电视节目时段。20世纪90年代中期,基金会还专门设立了两个无线电播音室,并开设了政治新闻谈话节目在电视台播出。通过电视这一大众传媒,基金会的讲座、演讲、报告等得以传播到美国上万个家庭。近年来,基金会充分利用新媒体手段,在博客上开辟新闻调查专栏"Scribe"、创建微博"The Foundry"等,生产精致的图表、音频、视频产品,对公共政策发布评论。2014年6月3日,基金会投入年预算100万美元,由12位工作人员建立了新闻网站"The Daily Signal",发布"政策和政治新闻以及保守党的评论和政策分析",精准影响目标人群。此外,基金会还通过"脸书"和"推特"等社交网络平台向公众传播思想理念。①

CCG访问美国传统基金会

---

① 参见李凌:《传统基金会:保守主义阵营的思想库》,《光明日报》2017年1月26日。

近年来,传统基金会的影响力不断增强,已经成为美国最大、影响力最强的保守派智库之一。传统基金会与华尔街日报联合推出的《全球经济自由度指数》在业界具有相当的影响力,很多专家学者都以之为不可或缺的参考书,政府和企业也是对其"爱不释手"。美国2001年停止了贷款援助阿根廷,其主要依据是2001年阿根廷被传统基金会列为经济体制最不自由的地方。

传统基金会在美国有几十万的会员,对美国许多地区的选民有重大影响力。可以说保守派选民是2016年特朗普当选的重要票仓。传统基金会在特朗普竞选过程中发挥了重要作用,为特朗普政府输送了大约70位政府成员,对特朗普政府在对美投资、对外贸易、移民、国防政策等领域产生了巨大的影响力。

最近几年,我们与传统基金会进行过多次交流。2017年10月,CCG专程拜访了佛纳先生,围绕中美关系、中美基础设施合作、中国对美投资、中美人文发展等议题进行了卓有成效的交流。当时我跟佛纳谈到中国的基础设施建设时,他对中国在基建上的投资和成就感到相当惊讶,并说以后要向特朗普总统提出相关建议。佛纳是否向特朗普作出了相关建议我们不得而知,但我认为他还是做得到的。白宫曾经公开过一张特朗普和他的智囊一起用餐的照片,坐在特朗普左手边的第一个就是佛纳本人,体现出了佛纳跟特朗普之间极为紧密的关系。

传统基金会国际经贸研究中心主任、前美国驻联合国大使米勒(Terry Miller)与我们也有多次交流。在CCG访问传统基金会期间,米勒大使专门为我们举办了午餐研讨会,并邀请佛纳博士出席。

在2019年4月举办的CCG第五届中国与全球化论坛上,米勒大使专程从华盛顿赶到北京参加"大使圆桌"。他在发言中表示,"一带一路"是当今世界最重要的倡议之一,是中国对外开放的一个积极举措。当年5月,米勒大使在传统基金会华盛顿总部再次主持午餐会,招待CCG智库专家团一行,并邀请了传统基金会副总裁杰克·斯潘塞(Jack Spencer)

佛纳(左一)出席由特朗普主持的餐会

作者与传统基金会会长佛纳博士(左)和国际经贸中心主任、美国前副国务卿、美国驻联合国前大使米勒(右)交流

等就双方未来合作展开沟通,围绕中美经贸会谈及可能达成的贸易协议,美国如何参与"一带一路"等进行了深入交流。

5. 卡内基国际和平基金会

2009年,我们CCG代表团应邀参观并访问了坐落在华盛顿特区马萨诸塞大街的卡内基国际和平基金会总部。基金会的副总裁、著名中国问题研究专家包道格(Douglas H.Paal)先生及对外联络副主任Kathleen R. Gerard女士接待了我们。

作为美国历史最为悠久的基金会之一,卡内基国际和平基金会也是世界知名的外交与国际事务政策研究机构。

卡内基国际和平基金会于1910年成立,是美国最早建立的智库之一。成立之初,美国的钢铁大王卡内基希望能够促进世界和平。卡内基基金会的首任总裁是诺贝尔奖获得者、纽约市参议员、前战争部长依利胡·鲁特(Elihu Root)。第一届董事会有28名董事,均是美国企业界和公众生活中的领袖人物,如哈佛大学校长查尔斯·艾略特(Charles W. Eliot)、著名慈善家罗伯特·布鲁金斯等。

基金会总部坐落于华盛顿的中心地区,毗邻国会山、白宫、国际货币基金组织总部和世界银行,与布鲁金斯学会隔墙相望。基金会关切的范围遍及全球各个地区,致力于推进国家间合作,并积极推动美国参与国际事务。

基金会研究经费具有多元化特征,除本身的基金外,还接受外界提供的基金,主要包括洛克菲勒基金会和福特基金会。此外,基金会还会收到政府、企业、研究机构等资助的资金。

基金会的董事会主要由美国两大政党的领导人和在政界、商界、学术界、新闻界中有影响的人士组成。1997年,杰西卡·马修斯(Jessica T. Mathews)担任基金会总裁之后,更加明确了卡内基作为全球性智库的哲学理念,目前,基金会在北京、布鲁塞尔、莫斯科等都设有地区性中心,现任总裁为潘妮·普利茨克(Penny Pritzker)。

表 3-5　卡内基国际和平基金会研究项目及其研究主要内容
（截至 2021 年 7 月 1 日）

研究项目	研究主要内容
非洲	经济分析、政治分析、技术分析、影响非洲未来的跨国议题
美国治国之道	美国在世界的地位、美国的对外政策
亚洲	研究威胁亚太地区和平与增长的破坏性安全、治理和技术风险
民主、冲突和治理	研究全球民主、冲突和治理的关系,加强民主和治理、减少暴力和冲突
欧洲	欧洲政治和安全发展、欧洲国家之间关系、跨大西洋关系、欧洲全球地位
中东	研究阿拉伯世界的经济、社会政治、战略利益,重点关注埃及、伊朗、海湾地区、巴以冲突等问题
核政策	核威胁、核不扩散、核安全、核能
俄罗斯和欧亚地区	冷战以后亚欧大陆的安全、社会经济问题、俄罗斯对外政策
南亚	研究南亚区域安全、政治发展、印度国内政治经济、中印关系等问题
技术和国际事务	制定战略以最大限度地发挥新兴技术的积极潜力,同时降低大规模滥用技术以及技术造成伤害的风险
网络政策倡议	在关键领域制定战略和政策,并通过让政府和行业的关键决策者参与来促进国际合作和规范

资料来源:https://carnegieendowment.org/programs。

基金会研究成果众多,其 22 卷的《国际法》和 150 卷的《世界大战经济和社会史》被认为是世界性的权威学术成果。而《外交政策》被美国政治学会评为"国际关系领域的知名刊物",以英语、西班牙语、意大利语、土耳其语在 128 个国家内发行。

2006 年后卡内基国际和平基金会提出"全球性智库"的概念,希望从一个美国智库转变成一个全球性智库,希望其工作人员、学者,包括研究的问题都是从当地来的。虽然总部在华盛顿,但该智库同时在北京、莫斯科、贝鲁特以及布鲁塞尔均设有办公室,基金会希望建立一个全球性网

络,并不仅仅是华盛顿地区中心之间的网络,也意味着各个中心之间的这种联系,比如说像北京中心与莫斯科中心之间的联系;再比如卡内基国际和平基金会在布鲁塞尔中心有一个欧洲青年领导人的项目,这个项目在2003年就受邀到北京中心开展交流活动。

在全球化过程中,卡内基也在开展本土化研究。卡内基在华盛顿有很多研究项目,这些项目不仅仅是在华盛顿做研究,也在受研究的当地开展调查研究。卡内基在这些领域的专家很多都是当地的学者,能够熟练应用当地语言。而且其专家都是具有实际经验的实践者,部分来自政府,部分来自企业界,了解实际政策制定过程中的重要环节。

卡内基在全球化过程中也曾遇到一些机遇和挑战。主要挑战是资金方面的问题,由于卡内基致力于打造全球智库,在拓展全球性网络以及促进全球性网络的可持续发展过程中,需要更多的经费;另外,大部分地区性中心还是自己做自己的研究和业务,如何让它们之间能够更好地联系起来,也是严峻的挑战。

基金会重视中国研究和对华政策,亚洲项目(Asia Program)是其主要部门活动之一,研究重点是中国的民主与法制建设、政治和经济改革、经济发展和中国的对外关系等问题。卡内基和平基金会历史上不乏重要的中国研究专家,包括在中国工作过的裴敏欣、包道格等人。香港科技大学的丁学良也在卡内基担任过兼职研究员。

近年来,基金会对中国的研究更为广泛了,在对中国的研究方面,其主要观点有:在后疫情时代,中国的经济形势将持续稳定;中国的对外援助发展很快;国际发展合作署的建立将使中国的对外援助工作更高效和务实;"新冷战"不是对中美关系的恰当描述,中美"脱钩"已经毫无可能。

和卡内基和平基金会交流是很愉快的过程,与著名中国问题研究专家包道格先生的数次会面让我们印象深刻。包道格是著名的亚太研究尤其是中国研究专家,曾在美国前总统里根、老布什时期担任国家安全委员会亚太事务资深主任和国家安全事务特别助理,他还担任过美国在台协会主任，与何汉理等四人被称为"华府四人帮"，在美国政界一直被视为是对国务院最有影响力的人物之一。

作者在卡内基和平基金会和包道格交流

虽然早知道他通晓中文和日文，但他对中国文化和现实的了解程度还是出乎我们的意料。第一次和他交流的时候，我们谈到中国的国际人才现状，他对中国海归的情况很感兴趣，我们送给他一本我自己编写的《海归时代》，他流利地用普通话念出了书名，还附带"赠送"了闽南语的发音；后来，我们在他的办公室交流 CCG 的发展与卡内基的合作事宜，他看了苗绿名片，马上问她是不是山东人或者河南人，一般的苗姓人士都是这两个地方人。苗绿随后惊讶地说自己随母亲姓，她母亲确实来自山东。苗姓并不多见，包道格由姓氏判断中国人的家乡说明他很理解中国人的传统文化。由这些小小的细节可见，包道格这样的美国智库的中国研究专家对中国文化的了解非常细致和深入，美国智库对中国的研究可见一斑。

2019 年 5 月，在 CCG 的美国"二轨外交"之行中，我们再次见到包

道格,他在卡内基华盛顿总部热情接待了我们。除了包道格,我们还同卡内基国际和平研究院研究副总裁 Evan Feigenbaum,卡内基国际和平研究院亚洲项目资深研究员黄育川(Yukon Huang)等几位国际知名中美问题专家就中美关系、"一带一路"、多边贸易机制等话题展开智库学术交流。

CCG 拜访卡内基和平基金会

2022 年,我们拜访卡内基国际和平基金会时,再次见到了黄育川先生,我们就中美关系、亚洲区域合作与发展等问题进行了交流探讨。黄育川先生曾任世界银行中国局局长,也是世界银行、亚洲开发银行、亚洲基础设施投资银行以及各国政府和企业的顾问。他在专业期刊和公共媒体上发表了大量文章,是《金融时报》中国问题的特约评论员。

这些年来,我们在慕尼黑安全会议(MSC)、阿斯塔纳俱乐部(Astana Club)会议、美国百人会(Committee of 100)年会等很多国际场合,都有与来自卡内基的专家的深度交流,我们也一直坚信,在中美两国关系的特殊时期,对话和交流对于两国消除误解,增加信任,促进中美关系稳定健康发展将发挥积极作用。

作者与黄育川(中)的合影

6. 美国进步中心

美国进步中心前身是成立于 1989 年的美国进步政策研究所,是美国民主党领导委员会的政策咨询机构。美国进步中心在克林顿和奥巴马的竞选、执政过程中发挥了重要作用。我们在美国时也专门去访问过这个重要智库。这个智库虽然成立时间不是很长,但却十分有影响,特别是对民主党来说。我们在交流中发现,这个智库的核心优势就是能够直接影响美国民主党政府的政策。

克林顿担任民主党领导委员会主席期间,与美国进步中心关系紧密。进步中心的众多成员被吸收到克林顿总统竞选班子。克林顿入主白宫后,美国进步中心被观察家们公认为克林顿的私人智囊,中心主席约翰·波德斯塔被委任为克林顿政府白宫办公厅主任。

2008 年,在美国大选进入白热化阶段之时,美国进步中心帮助奥巴马竞选团队调整竞选策略,为其后期竞选提供了重要的支持力量,因此深受奥巴马的赏识。奥巴马成为首位黑人总统后,美国进步中心的多位

"高管"受到奥巴马政府重用。其中,中心主任波德斯塔被任命为奥巴马过渡事务主管,执行副总裁巴恩斯被任命为白宫国内政策委员会主任。奥巴马执政期间,对美国进步中心发表的研究报告和政策建议非常重视。

2012年2月,奥巴马政府发布了《美国创新战略:确保经济增长与繁荣》,提出了未来一段时期推动美国创新的战略规划和措施。① 新的创新战略提出了五个新的行动计划,即无线网络计划:在未来5年内使美国高速无线网络的接入比率达到98%,在10年内无线网络的带宽将达到550兆,使之能够适应商业的需求;专利审批改革计划:将专利的平均审批时间从35个月缩短到20个月;教育改革计划:要在未来10年内新培养10万名科学、技术、工程和数学教师;清洁能源计划:到2015年使美国成为全球第一个电动车数量过百万的国家,2035年使清洁能源发电占全国发电总量的80%;创业美国计划:要帮助中小企业创业并提高就业,使科研成果能尽快从实验室走向市场,从而增加新公司成功的机会。该战略以创新为目的,推动美国的人才培养和人才发展。这一系列政策法案的出台,采纳了2007年11月美国进步中心发布的《进步性增长:通过清洁能源、革新与机遇扭转美国经济》报告中的许多建议。如报告提出的促进美国向低碳经济的转变;促进改革,提升生产力,创造就业机会;创造一个良性循环,使得不断增长的全球中产阶级增收等建议。

作为奥巴马政府的重要智囊,进步中心非常重视中国研究,主席波德斯塔先生多次率团访问中国,曾受到我国领导人的接见,曾与中国人民外交学会、中国香港中美交流基金会等机构合作,连续几年在北京共同举办"中美对话论坛"。

美国进步中心曾撰文分析"中国的5个长处和短板",旨在应对中国经济的快速增长和在科技创新领域的巨大投入,对美国世界经济领头羊的地位构成的严峻挑战。如"进口——吸收——再创新"模式尽管对经济增长

---

① 参见美国白宫,http://www.whitehouse.gov/sites/default/files/uploads/Innovation Strategy.pdf,2011/02。

大有裨益,但并没在中国培养出原始创新氛围,美国应不断提升创新和竞争力。这些观点,是奥巴马总统 2011 年国情咨文部分的核心内容。

2017 年,我们再次拜访了美国进步中心华盛顿总部,与中心经济政策研究主任安迪·格林(Andy Green)、东亚与东南亚研究主任布莱恩·哈丁(Brian Harding)等多位专家进行了深入而富有成效的交流。中心专家向我们介绍了他们建议的旨在推动美国基础设施重建和中产复兴的"美国版马歇尔计划"。我们也介绍了 CCG 新近发布的"中美基础设施合作"报告。我们发现,两份报告有很多不谋而合之处,值得进一步交流,双方可以共同推动两国通过"一带一路"合作来实现中美在美国和第三国基础设施方面的合作。

CCG 专家团拜访美国进步中心

美国进步中心虽然成立时间不长,是个相对年轻的智库,但却对美国政府产生过重要影响。究其原因,中心的领导者发挥了关键作用,比如原总裁约翰·波德斯塔、现任总裁尼拉·坦登(Neera Tanden)都是优秀的智库人才。

7. 外交关系协会

在对外政策宣传与研究领域的美国智库中,外交关系协会备受瞩目。多年来,我养成了定期阅读《外交事务》(*Foreign Affairs*)杂志的习惯,对背后的主办智库外交关系协会早有耳闻。

外交关系协会亦被称为对外关系委员会,是美国外交政策方面最为著名的智库。它正式成立于 1921 年,总部设在纽约,在华盛顿特区设有办公室。其任务主要是广泛宣传美国的外交政策,对重大国际问题组织公众进行讨论,搜集民意,发表研究报告,以影响政策的制定。

外交关系协会现任总裁理查德·哈斯,曾先后就职于国防部、国务院。自成立以来,对外关系协会已拥有超过 5000 位杰出成员,其中包括7 位美国总统以及几十位国务卿、国防部长、财政部长、国家安全顾问、最高法院法官和诺贝尔奖获得者。[①]

外交关系协会的企业会员遍布各个领域,主要分布见图 3-2。

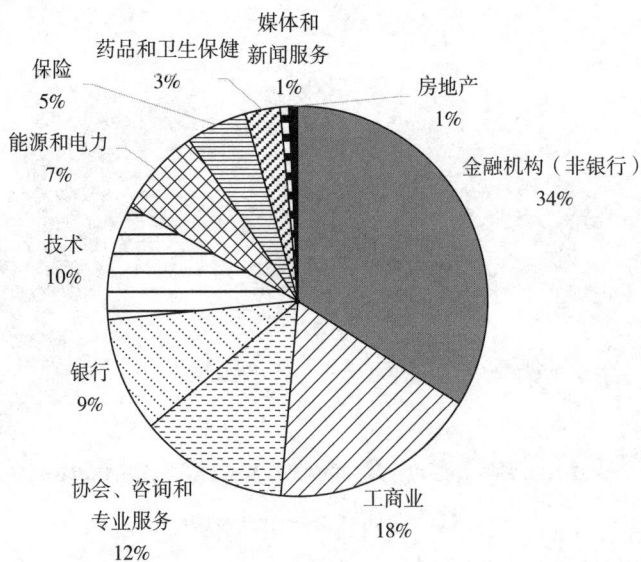

图 3-2　外交关系协会企业项目成员领域分布

资料来源:外交关系协会 2019 年年报, https://www.cfr.org/sites/default/files/pdf/CFR%202019%20Annual%20Report_2.pdf。

---

① 参见 CFR 官网, https://www.cfr.org/annual-report-2021#chapter-title-0-5。

外交关系协会的研究人员中,汇集了美国政府的众多要员,这些人员提升了协会的社会知名度和影响力。协会现有近百名专家,具体研究领域及人员分配情况如表3-6。

表 3-6　外交关系协会主要研究领域及人员分配
(截至 2021 年 7 月)

划分方式	研究领域	人数
从地区划分	美洲	1 人
	亚洲	10 人
	欧洲/欧亚地区	3 人
	中东/北非	17 人
	大洋洲	1 人
	撒哈拉以南非洲	5 人
	全球公地	2 人
按研究问题和方向划分	国防/国土安全	11 人
	外交与国际组织	4 人
	经济	9 人
	能源与环境	2 人
	人权	6 人
	健康	6 人
	政治与政府	12 人
	社会问题	8 人

资料来源:https://www.cfr.org/experts,各个领域人数研究存在交叉研究现象。

外交关系协会的主要资金来源是卡内基国际和平捐助基金、洛克菲勒、摩根等基金会和财团。同时,资金来源还有个人成员会费、公司成员会费、出版物、投资和出租收入等。2018 年协会总收入为 8585.24 万美元,[①]2019 年总收入为 8170.98 万美元。详见表 3-7。

———————————

① 外交关系协会的年度预算为每年的 7 月 1 日至第二年的 6 月 30 日。

表 3-7 2018—2019 年度外交关系协会的营收情况(万美元)

营收分项	2018 年	2019 年
会费	696	733.76
年度捐献	1060.05	1049.7
企业会员及相关收入	539.15	610.74
捐款和赠款	3152.67	2502.56
《外交事务》出版收入	948.98	923.82
当期投资回报	1941.51	2058.47
租金收入	197.91	196.71
杂项	48.97	95.22
营业收入合计	8585.24	8170.98

资料来源:外交关系协会 2019 年年报,https://www.cfr.org/sites/default/files/pdf/CFR%202019%20Annual%20Report_2.pdf。

外交关系协会自成立以来,秉持"眼光向外"的全球理念,为美国政府制定了许多外交政策,成为政府外交政策的权威,因此被称为美国的"无形政府"、"政治家的学校",《新闻周刊》曾称其为"美国外交政策的权势集团"。其有影响力的成果如:20 世纪 20 年代提出凯洛格公约;30年代提出要求美国反对日本在太平洋扩展的主张;40—50 年代提出建立联合国,参与设计联合国宪章的主要部分;提出遏制苏联的政策,参与制定马歇尔计划;为建立北大西洋公约组织协议奠定基础;为 1973 年美国撤出越南的谈判确立基本程序;80 年代,对美苏关系进行重新估计并参与设计诸如星球大战计划、和平演变计划等战略计划;90 年代,利用新自由主义思潮对东欧和中国进行影响,提出"全球经济一体化";进入新世纪以后,影响对阿富汗、伊拉克战争、推翻卡扎菲政权的决策。

外交关系协会编辑出版的著名双月刊《外交事务》(Foreign Affairs)杂志,自 1922 年 9 月创刊以来,成为美国重大对外和国际事务的权威观点发源地,在阐述各国外交进展及趋势方面具有非常大的影响力,该杂志经常刊登乔治·凯南、基辛格和斯坦利·霍夫曼等美国知名外交家、国际政治学者的论文。很多当代蜚声国际的外交观点都出自该杂志的文章。

外交关系协会非常注重同中国的关系,它曾是 20 世纪 70 年代美中关系解冻的重要中介力量,也积极主张 21 世纪同中国在经济、政治和文化上进一步发展关系。随着中国的和平发展与美国"重返亚太"战略的推进,外交关系协会近年来不断加大中国研究和影响对华政策的力度。从发布《中国的军力报告》到反对中国台湾"入联公投",从南海问题到钓鱼岛危机,从中国减持美债到中美贸易摩擦,从中美双边关系到东北亚局势,外交关系协会都经常发出自己的声音。

作者与《外交事务》(*Foreign Affairs*)的资深编辑及中国事务负责人交流

在中美新型大国关系的建构过程中,外交关系协会的意见有着很重的分量。2013 年 1 月 31 日,美国国务卿希拉里·克林顿在外交关系协会发表题为"美国的领导力"的"告别演说",用很大篇幅谈及错综复杂的中美关系,指出中美已建立具有足够广度和弹性的关系,称太平洋足够大容得下中美两国,美国将继续欢迎中国的和平发展。

很多年前,我们就曾访问过 CFR,记得当时在其纽约总部精致的办公楼里,外交关系协会国家项目和对外拓展副主席 Irina A. Faskkianos 女士

及其助手热情地接待了我们。最近这些年,我们与 CFR 的交流愈加频繁。

2017 年 9 月,在首轮中美社会和人文对话进行之际,CCG 前往纽约对美国对外关系委员会展开访问。我应邀在 CFR 发表了题为《中国与全球化:中美合作的机遇与挑战》的主题演讲,就中美经贸关系、全球治理和中美基础设施建设的合作阐述智库见解。交流会由 CFR 亚洲研究主任易明主持。美国国务院前副国务卿、基辛格事务所副主席罗伯特·霍马茨(Robert Hormats),以及来自政学商界近 50 位知名人士来到了现场。

CCG 与 CFR 共话中美关系

此后,我们与 CFR 一直保持着密切交流。以 2018 年为例,这一年的 3 月,伯纳德·施瓦茨项目(Bernard L.Schwartz Fellowship)高级研究员爱德华·奥尔登(Edward Alden)来到CCG北京总部,发表了"美国贸易政策及其对中国影响"的主题演讲。5月9日,在中美贸易战全面爆发的前夕,我们来到CFR的华盛顿办公室,出席了"从中国视角看中美贸易摩擦"CCG专场主题午餐会,数十名CFR资深会员、美国智库界、工商界、学术界资深人士出席会议。我作为唯一的主讲嘉宾介绍了CCG关于中美经贸和中美关系的最新研究报告,参会代表随后围绕中美经贸的诸多热点问题同我交流,分析当今世界局势和中美关系,并就促进中美经贸关系、经贸竞争与合作、"一带一路"倡议前景等提出观点及建议。9月25日,我们又一次赴美调研,并再次拜访了CFR,与美方专家学者就中美贸易战、全球价值链、多边贸易体系等问题展开了热烈讨论。我们的讨论围绕中美贸易战展开,对中美的下一步举措和后果进行了预测。美方学者认为当前中美贸易愈演愈烈的局势是美国贸易战略政策调整的必然结果,但中国不会答应美国的所有要求。我们彼此都认同的是,贸易战如果导致美国失去中国市场是美国的巨大损失,同时也会对全球价值链体系产生巨大的损害。我强调了协商是解决中美贸易摩擦的重要途径,美方智库人员也认为可通过双边谈判或通过WTO改革等多边形式的机制来改变两国贸易目前的情形。这样持续的沟通使我们更加互相了解对方的观点和看法,为中美各层次进一步深化合作奠定了基础。

当前全球政治经济环境错综复杂,人文交流较疫情前大幅缩减。CCG在国际上的艰难时刻积极走出去,开启"破冰之旅",发挥智库"二轨外交"的作用,在广泛倾听国际声音的同时,也向世界传递了中国智库的关切和主张。2022年6月30日,CCG智库代表团再次访问了CFR,会见了美国外交关系委员会高级研究员Ian Johnson,并与外交关系委员会主办杂志《外交事务》(*Foreign Affaires*)的资深编辑及中国事务负责人就中美关系的未来、后疫情时代世界政治经济格局等话题进行了交流探讨。

CFR 邀请 CCG 赴华盛顿特区办公室交流

8. 国际战略研究中心

美国国际战略研究中心,也称战略与国际问题研究中心,该中心是具有保守主义色彩的智库,素有"强硬路线者之家"和"冷战智库"之称,与美国石油财团保持紧密联系。2007 年,联合国第八任秘书长潘基文首次造访华盛顿的时候,即在国际战略研究中心发表了他上任之后的初次讲话。国际战略研究中心原是乔治城大学的一部分,由前海军作战部长阿利·伯克上将、乔治城大学的牧师詹姆斯·霍里根和保守派学者戴维·阿布希尔于 1962 年共同创建。

自 1987 年 7 月 1 日起,国际战略研究中心脱离乔治城大学,独立出来。2007 年,国际战略研究中心买下了华盛顿特区罗德岛大道 1616 号,作为该机构的研究中心。国际战略研究中心现有专职员工超过 170 人,外围有三四百名专家学者提供支撑。董事会是掌握国际战略研究中心总体发展方向、决定大政方针的最高决策机构,现任主席是托马斯·普利兹克(Thomas Pritzker)。

国际战略研究中心现任总裁是何慕理（John J.Hamre）。何慕理是美国国家导弹防御以及网络安全专家，曾在国会参众两院军事和预算委员会服务多年，1993—1997 年任国防部副部长，1997—1999 年任国防部常务副部长。他从 2000 年开始担任 CSIS 总裁至今。我们曾经就"智库在公共外交中的作用与交流"这一话题进行过云对话，在 2022 年 CCG 美国"二轨外交"期间，我们同何慕理就中美关系、美国对华关税政策、中美智库在公共外交中的作用等话题进行深入探讨。就在我们 2022 年美国行开展期间，包括何慕理在内的多位与 CCG 保持良好交流的有影响力的人士都在最新要求白宫减免对华关税的公开信中署名，表达了对重建中美关系的强烈支持。

作者与何慕理（John J.Hamre）合影

CSIS 早在成立时即定下一条规则：不接受中央情报局和国防部的资助，拒绝从事任何涉密研究，但却接受环保局、军备控制和裁军署等政府机构的研究合同，并且为捐款者保密。该中心的预算经费主要来源于基金会捐助资金、公司和个人捐赠。其中以洛克菲勒为首的 40 多个石油财

作者拜访美国国际战略研究中心

团是它较为固定的支持者和资助者。它的年度预算经费最初只有 12 万
美元,至 2019 财年已增至 4270 万美元,其中 30%来自公司,29%来自政
府,24%来自基金会,11%来自个人,3%来自捐赠,其他收入占 3%。其中
70%用于项目研究,24%用于管理,6%用于中心的发展。①

　　中心成立 50 多年来,网罗了大批国际关系学界泰斗和政坛精英,以
发挥政策影响力为宗旨,以战略问题为研究重点,致力于为世界各国领袖
提供战略观察、适应各国及全球问题的政策方案,并极力宣扬自身的研究
特色:经济和安全问题,进行政策研究和政治战略分析,其重点放在技术、
公共政策、国际贸易和金融、能源等方面。不仅关注当前具有紧迫性问题
的研究,也特别重视从发展的角度,提前进行潜在问题的分析和研究,并
给出预测性的研究结果,以显示在对外政策方面"走在形势发展的前头"

---

　　① 参见国际战略研究中心 2018—2019 年年报,https://csis-website-prod.s3.ama-
zonaws.com/s3fs-public/200420 _ AnnualReport _ 20182019. pdf? 7. 3dovSji8NKXD7xxjl
MK2EOApW7BqQx。

以及参与决策过程的独特性。

表 3-8　国际战略研究中心主要研究领域
（截至 2021 年 7 月 1 日）

划分方式	一级研究领域	二级研究领域
从地区划分	非洲	北非、撒哈拉以南非洲
	美洲	加勒比海、北美、南美
	亚洲	阿富汗、澳大利亚,新西兰和太平洋、中国、印度等
	中东	海湾、埃及和黎凡特、北非
	欧洲	欧盟、北约、后苏联时代的欧洲、土耳其
	北极地区	——
	俄罗斯和欧亚地区	南高加索、中亚、后苏联时代的欧洲、俄罗斯
从研究问题和方向划分	气候变化	——
	网络安全和技术	网络安全、数据治理、知识产权、智力,管控和隐私、军事技术、太空、技术和创新
	经济	亚洲经济、全球经济治理、贸易和国际商务
	国防和安全	反恐和国土安全、国防预算、国防工业,采购和创新、国防策略和能力、地缘政治和国际安全、长期未来、导弹防御、太空、大规模杀伤新武器的扩散
	能源和可持续发展	能源,环境变化和环境影响、能源和地缘政治、能源创新、能源市场,趋势和展望
	全球健康	计划生育,母婴健康和免疫接种、多边机构、健康和安全、传染病
	人权	文明社会、转型正义、人类安全
	国际发展	食品和农业、治理和法治、人道主义援助、人员流动、私营部门发展、美国发展政策

资料来源:https://www.csis.org/topics。

作为美国老牌保守派智库,其很多研究成果获得了决策层和公众的认可。2006 年国际战略研究中心成立了一个跨党派的"巧实力"委员会,

由前副国务卿理查德·阿米蒂奇（Richard L.Armitage）和软实力概念提出者哈佛肯尼迪学院的约瑟夫·奈领导。"巧实力"战略要求美国政府制定更为全面的大战略，将硬实力和软实力结合起来，即在用武力打击美国敌人的同时，通过威慑、劝说和吸引来减少敌人的数量，以此来应对全球恐怖主义的威胁。这一观念被奥巴马总统所采纳，他在竞选中和竞选获胜之后，主张在美国领导世界时，不仅要运用硬实力，而且还应更加重视运用软实力。"9·11"事件后，国际战略研究中心迅速向布什政府提出了"以阿富汗为中心，发动反恐战争"的建议，并提出了具体战略，事实证明，相关建议获得了布什政府的认可和采纳。

2012年，国际战略研究中心受国防部委托，撰写了一份针对奥巴马政府亚太地区军事政策的研究报告，认为美国战略重心向亚洲转移的计划若无改善，要变成现实可能困难重重。报告认为美国应努力加强在亚太地区的联盟和伙伴关系，并通过这样的关系推动共同的安全愿景。该报告对美国奥巴马政府寻求国防、外交和经济资源向亚太地区再平衡的政策，产生了重要影响。

面对特朗普时代的中美关系新形势，2017年开始，CSIS开展了"中国力量项目"（China Power Project），并以"中国力量：有待探讨"（China's Power：Up for Debate）为主题邀请中美顶尖专家学者就中国和平发展的核心问题展开讨论与交流，逐渐成为在国际包括美国主流社会具有较大影响力的中国问题辩论论坛。

2019年12月4日，我们曾受邀赴华盛顿参加CSIS第四届"中国力量"年会。随着中美贸易战愈演愈烈，加上中国香港问题受到美国各界广泛关注，当年的研讨氛围较往年更加负面，有不少对中国和平发展抱有偏见和误解的人士参与。会议由CSIS亚洲高级顾问兼"中国力量"项目主任葛来仪（Bonnie S.Glaser）发表开幕致辞，美国联邦参议员大卫·佩尔杜（David Perdue）发表主旨演讲，开展了以"中国是否会采取更激进的方式来应对台湾问题？""中国是否在输出自己的发展模式？""中美间的科技'冷战'是否会导致科技阵营的分裂？"及"美国经济状况相较于中国可以更好地平稳渡过持久的贸易摩擦吗?"等为主题的相当尖锐的辩论。

我作为中国智库的代表,与美国对外关系委员会亚洲研究高级研究员兼主任、斯坦福大学胡佛研究所客座杰出访问学者易明(Elizabeth Economy)就"中国是否在输出自己的发展模式?"议题展开了研讨辩论。针对"中国在对外输出发展模式"这一说法,我指出了国际社会在中国"模式"(model)与"道路"(path)区分上的误解。如果说"模式"是可以复制的社会构建,那么"道路"则是中国与中国人民自身"摸着石头过河"的发展路径,本质上不存在对外输出的自发性。此外,我还以客观数据为依据,指出中国对世界作出了巨大贡献,是全球经济复苏和可持续发展不可或缺的发动机和稳定器。

作者在美国 CSIS 参加"中国力量"辩论研讨

最近这些年,我们与 CSIS 有过多次交流合作。早在 2016 年,我们两家智库就共同举办了"WTO 与全球治理发展新趋势研讨会"。2018 年,在赴美"二轨外交"期间,我们专程拜访了 CSIS 高级顾问及中国商务和经济董事项目主任甘思德博士,他是研究中国经济政策的专家,曾出版多

部著作,经常在《纽约时报》、《华尔街日报》、《外交事务》等权威刊物上发表文章,我们就 CCG 的研究报告《中美贸易关系和挑战:过去、现在、将来与政策选项》进行了沟通。应甘思德邀请,我们还在"中美全球经济秩序对话"和"中美关系四十年"两场研讨会上做了发言。甘思德也曾到访过 CCG 北京总部,并发表了一次精彩的演讲,他认为,追求全球化的中国会更成功。在 2022 年的访美中,我们也再次拜访了甘思德,就中美经贸关系、美国对华政策等热点话题进行了深入的探讨交流。

作者与 Scott Kennedy 合影

9. 彼得森国际经济研究所

彼得森国际经济研究所(Peterson Institute for International Economics,PIIE)成立于 1981 年,是一家私营的非营利性研究机构。因为它正好坐落在马萨诸塞大道,与布鲁金斯学会和卡内基国际和平基金会正对面,所以我当年曾多次走访这家智库。作为一个起步较晚、规模较小但影响力很大的智库,彼得森国际经济研究所的发展模式颇具特色。它始终跟随世界重大、热点经济问题,先后提出"华盛顿共识"①、"G2(中美国)"等引起世界普遍关注的概念和话题。

研究所的创办人是美国著名经济学家弗雷德·伯格斯滕(C.Fred Bergsten),他曾在1977年至1981年担任负责国际事务的美国财政部部长助理,被美国媒体誉为"最能影响市场"的全美50名经济学家之一。

2006年,为了纪念其共同创始人彼得·乔治·彼得森(Peter G.Peterson),研究所更名为"彼得·乔治·彼得森国际经济研究所"(Peter G. Peterson Institute for International Economics)。

2013年1月1日起,经济学家亚当·波森(Adam Posen)接替创办人伯格斯滕,担任该研究所所长,伯格斯滕则担任资深研究员兼名誉所长。波森于1997年加入彼得森国际经济研究所,2007—2009年间担任该研究所副所长,曾任美国联邦储备委员会经济学家、英国央行货币政策委员会成员,是金融领域的专家。2021—2022年,我们两次邀请亚当·波森参加CCG第七、第八届中国与全球化论坛"中美智库对话"线上会议,与其他嘉宾围绕"全球挑战下的新竞合:中美关系去向何方"、"中美经贸关系再链接:通胀、关税和前景展望"等主题进行讨论。他认为,"我们不应该害怕专家之间的坦诚对话。我们有一个共同的敌人,就是阴谋论和虚假信息。我们智库应该团结在一起,强调客观分析和诚实坦率地谈话。"②

彼得森经济研究所的董事会由40多位名人组成,成员包括商界领袖、前政府高官、知名学者等,董事会的执行委员会由12人组成③,其成员来自董事会,其中包括董事会主席。董事会主席目前由 Michael A. Peterson 担任,他也是彼得·乔治·彼得森基金会(PGPF)④的主席兼首

---

① 华盛顿共识(Washington Consensus),是指20世纪80年代末,彼得森国际经济研究所的国际金融问题专家约翰·威廉森提出的一整套针对拉美国家和东欧转轨国家的、新自由主义的政治经济理论。

② 全球化智库官网:http://www.ccg.org.cn/archives/65021。

③ 参见彼得森国际经济研究所官网:https://www.piie.com/about/board-directors。

④ 彼得·乔治·彼得森基金会(PGPF)由彼得·乔治·彼得森创办于2008年,致力于传播对有关国家债务的财政可持续性问题、联邦赤字、社会保障政策、税收政策、提高公众意识。

席执行官。研究所现有员工 70 余人,大部分为研究人员。

彼得森国际经济研究所的发展曾经主要受惠于美国德国马歇尔基金会(GMF)的支持。该基金会于 1972 年成立,是美国无党派背景的公共政策研究和募款团体。2020 年,PIIE 全年的预算经费为 1300 万美元左右①,其资金来源主要来自慈善机构、私人企业、个人以及研究所的出版收入和投资基金收益等。研究所的运营经费总体规模,在美国智库中属于较少的,但因其人员规模较小,所以人均预算经费还是比较高的。同时,彼得森国际经济研究所为了维持客观性和中立性的宗旨,他们不接受对具体研究项目的赞助,只接受对该所整体研究的赞助,以保持智库运行的独立性,这点在美国智库中很常见。

PIIE 的研究领域主要是世界经济及相关问题,同时也涉及部分国内经济。注重热点跟踪研究是彼得森研究所的重要特点,这也是该所与其他大型综合智库的主要区别。例如:2008 年,世界经济出现金融危机,彼得森国际经济研究所率先在其网站上推出相关研究论文,就美国的次贷危机、金融监管体系改革和国际货币体系改革等研究领域发表论文,所长伯格斯滕的论文《美元与赤字:美国如何避免下一次危机》引起世界广泛关注。其日常主要研究内容见表 3-9。

表 3-9　彼得森国际经济研究所主要研究内容
（截至 2021 年 7 月 1 日）

研究项目	研究主要内容
国家和地区	阿根廷、巴西、缅甸、加拿大、中国、东亚和太平洋、埃及、欧洲和中亚、欧盟、苏联经济、法国
经济问题	新冠病毒、环境、劳动、经济预期、财政赤字、生产力、大流行时代的经济政策、性别、重建世界经济、教育、全球化、长期停滞、教育资源、经济成长、技术、不平等、新兴市场、通货膨胀、女性经济赋权研究动议、能源、基础建设
金融	银行、货币操纵、监管、资本市场、金融危机、税收、货币、货币政策

① 参见彼得森经济研究所官网,https://www.piie.com/sites/default/files/supporters.pdf。

研究项目	研究主要内容
国际组织	亚太经济合作、东盟、中央银行、欧洲央行、欧盟委员会、美国进出口银行、G20、G7、G8、国际货币基金组织、经合组织、中国人民银行、联合国、美联储、世界银行、世界贸易组织
政治经济学	腐败、政府、核能、财政政策、健康、政治、对外援助、人权、安全、治理、移民、华盛顿共识
贸易和投资	农业、生产、跨太平洋合作、商品、跨国公司、跨大西洋贸易和投资合作、竞争、保护主义、贸易争端、贸易制裁、中美贸易战、外商直接投资、服务、北美自由贸易协定/新版美加墨协定、自由贸易协定、贸易逆差、知识产权、贸易政策

资料来源：https://www.piie.com/research/topics-regions。

进入 21 世纪，随着中国的和平发展，该所开始关注中国的发展，热衷于研究和探讨中国经济问题。2006 年，研究所与 CSIS 联合出版《中国：决算表》一书，讨论中国和平发展和美国对策，引起世界关注。2010 年，研究所发布研究报告称，美元"被严重高估"，人民币则需升值 40% 以上，成为美国不断向中国施加人民币升值压力的幕后推手。所长伯格斯滕于 2011 年最早提出中美共同治理全球经济的 G2 概念，这一提法引起了学术界的广泛关注。而其高级研究员 Arvind Subramanian 甚至表示，未来世界将变成 G1，即一个由中国主导的世界经济格局，"美国在中国光芒下黯然失色"。

CCG 与 PIIE 保持了多年的良好交流，2020 年 4 月，CCG 曾举办"新冠疫情背景下，中美经贸的机遇与挑战"主题线上研讨会，邀请 PIIE 高级研究员、雪城大学经济学教授 Mary Lovely 等嘉宾，就中美如何落实第一阶段贸易协议，如何评估疫情爆发造成的中美间的紧张局势等话题展开研讨，增进了中美两国的人文交流，为全球共同抗疫关键时期的中美合作拓展机遇。2022 年 CCG 美国"二轨外交"期间，我们也专门拜访了 PIIE，与波森、WTO 前副总干事 Alan Wolff 等十余位该智库研究员进行了座谈交流。在最新有关美国对华关税政策走向的探讨中，PIIE 发布报告指出，如果取消对中国输美产品加征的关税，美国通胀率可降低约 1.3 个百

分点,亚当·波森本人也是支持美国减免对华关税的主力。2022 年 9 月 30 日,全球化智库(CCG)举办线上对话活动,我与弗雷德·伯格斯滕(C. Fred Bergsten)围绕中国和平发展背景下对全球经济治理领导力的重新审视、俄乌冲突对全球经济的影响、中美经济能否实现软着陆、中美"有条件竞争合作"的挑战与机遇等话题进行了深度对话。他提出,"根据历史经验,全球经济体系只能在拥有有效领导的情况下实现成功地运作。美国曾是占主导地位的经济体,在很长一段时间内确实提供了这种领导力。不过,美国无法再单独地这样做,甚至不能再与它的传统盟友这样做。中国现在必须成为主导的一部分。而这也是我强调的实用主义观点。这是世界经济面临的最重要的基本问题,也许是世界政治在未来几十年面临的最重要的问题。世界需要找到一种方法,将新的权力平衡转化为治理平衡,使中国能够在领导体系中发挥其应有的、合理的作用。"[1]

作者与 PIIE 所长 Adam Posen(左)、WTO 前副总干事 Alan Wolff(右)合影

---

[1] 王辉耀对话彼得森智库创始人伯格斯滕:全球经济治理领导力的未来,http://www.ccg.org.cn/archives/71910。

作者拜访彼得森经济研究所

与美国其他智库相比,彼得森国际经济研究所的主要特点是:机构规模小、人员少、领域窄、影响力大。该所在全球智库排名中超过了许多资金规模和机构规模远大于自身的智库,堪称美国智库阵营中的一支轻骑兵。在40年的发展历程中,该所坚持引进具有较高知名度和影响力的顶级专家,注重发挥媒体的积极作用,并通过媒体报道、出席国会听证会议和举办各种学术会议等形式,对全球最重要、最敏感、最具有吸引力的国际经济问题展开深度分析,通过其分析和解读来影响政府决策和社会舆论,极大地提高了自身知名度和影响力,从而确立了其在全球智库中的权威地位和声望。

10. 美国企业研究所

美国企业研究所又称美国企业公共政策研究所,原名美国企业协会(American Enterprise Association),成立于1943年,由摩根财团控制的约翰斯·曼维尔公司董事长刘易斯·布朗创建,1962年改为现名。

美国企业研究所是美国具有保守派性质的智库代表,因此又有人称之为"保守的布鲁金斯"。它与美国共和党有较深的渊源,特别是在共和党尼克松、福特政府下台后,许多政府要员加入该所,这一时期的企业研究所被外界称为共和党的"影子内阁"或"流亡政府"。在20世纪70年代,威廉·巴鲁迪继任所长,对企业研究所进行了改革。其改革的重点:一是扩大研究范围,从传统的以企业经济研究为主转为政治、经济、外交、国防、能源和公共社会治理等全方位、多领域;二是扩大与国内外合作,陆续与国内外几百所大学、科研机构建立联系;三是加大宣传力度,积极宣传研究成果,开展各种学术活动、举办电视节目,扩大社会影响力。这一时期,由于尼克松、福特政府内阁下台后而加入企业研究所的研究员,极大地增强了该所的实力,扩大了社会影响力,特别是1977年美国总统福特的加入。到20世纪80年代,企业研究所已成为华盛顿特区的重要智库,人数也扩大到100多人,其研究政策成果也越来越受到美国政府的关注。

1986年,克里斯托佛·德姆斯(Christopher DeMuth)担任所长,他曾在尼克松和里根政府担任要职,还在哈佛大学肯尼迪学院任过职。在担任企业研究所所长的 20 多年中,他进行了一系列改革,进一步提高了企业研究所在美国智库中的社会地位。其改革的主要要点为:增加对社会治理、公共服务、社会福利和文化等方面的投入,减少对传统国防、外交等领域的研究和投入。

2008 年,亚瑟·布鲁克斯(Arthur Brooks)担任总裁,他早年是个音乐家,曾在纽约的锡拉丘兹大学(Syracuse University)任教。主要研究方向为公共政策,主张自由经济,反对政府干预,著有《谁会真正关心慈善》一书。研究所现任总裁为罗伯特·多尔(Robert Doar),他于 2019 年 1 月被选为主席,于 7 月正式接替亚瑟·布鲁克斯担任总裁。加入美国企业研究所之前,多尔曾长期在纽约州和纽约市服务,在削减贫困和改善低收入等领域有着丰富经验。

研究所的最高决策机构是理事会,现有 30 名理事成员,大多数为美国大企业和金融机构的高层管理者,同时研究所还有 4 名退休的名誉理事。研究所的管理、财务、大政方针制定、年度预算、人事制度等都由理事会负责,理事会每年召开 4 次会议,理事会下设执行委员会、财务委员会、投资委员会、审计委员会等,这些委员会主要负责为理事会提供各种材料、报告和建议,报由理事会进行研究裁决。目前,研究所有正式员工 170 人,有 132 名专门从事研究的学者和研究人员。① 加上所外研究人员,访问学者,现有研究人员共 143 人。研究所研究人员在其擅长的领域从事研究、撰写报告,并通过公开出版或者所内外的讲演推介其研究成果,也组织和参与研究所会议、与所内外人员合作研究。

研究所设有学术顾问,主要负责研究议程、研究成果审核、人员选聘等。其组成人员主要由所外著名专家担任,他们大多是来自美国一些著

---

① 参见美国企业研究所 2020 年年报,https://www.aei.org/wp-content/uploads/2021/01/2020-Annual-Report-LR-Final-1.pdf。

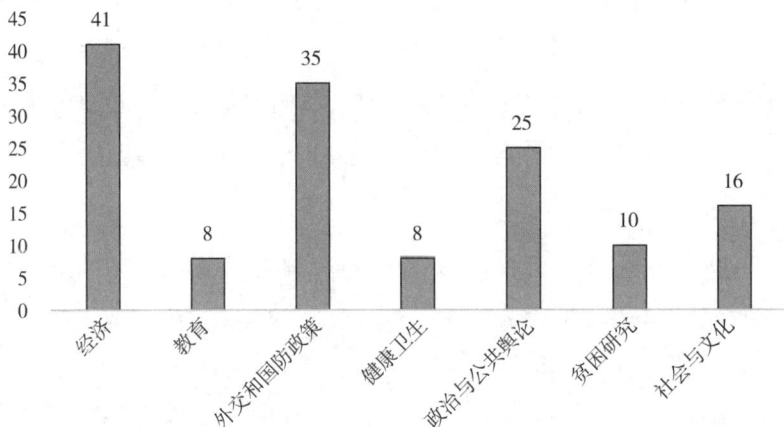

图3-3　美国企业研究所研究人员分布（截至2021年7月1日）

资料来源：https://www.aei.org/our-scholars/。

名大学的教授。同时，研究所全年为大学毕业生安排实习，并提供奖学金。从成立之日起，研究所就按照独立的、非营利原则经营，其运作经费主要来自基金会、公司、个人的捐款，也有部分来自内部出版物等其他方面的收益。

根据年报，研究所2020年的运营资金为4350万美元，其中约2300万美元来自个人捐赠，约1400万美元来自基金会，约400余万美元来自公司。2020年公司总支出为4780万美元。①

美国企业研究所主要有7个研究领域，见表3-10。经济研究一直是该所研究的重点，也是当初研究所成立的出发点，其主要观点是推行自由经济理念，主张市场竞争。外交与国防也是研究所的一个重点研究领域。1959年企业研究所出版了关于印度发展的研究专题报告。1970年出版了外援理论的小册子，2001年以来，研究所又开设了"亨利·温特国际发展讲座"，专门邀请国内外著名专家做国际问题方面的讲座。在健康卫生方面，2009年，研究所对当时的美国奥巴马政府的医疗改革方案进行

_____

① 参见研究所2020年年度报告，https://www.aei.org/wp-content/uploads/2021/01/2020-Annual-Report-LR-Final-1.pdf。

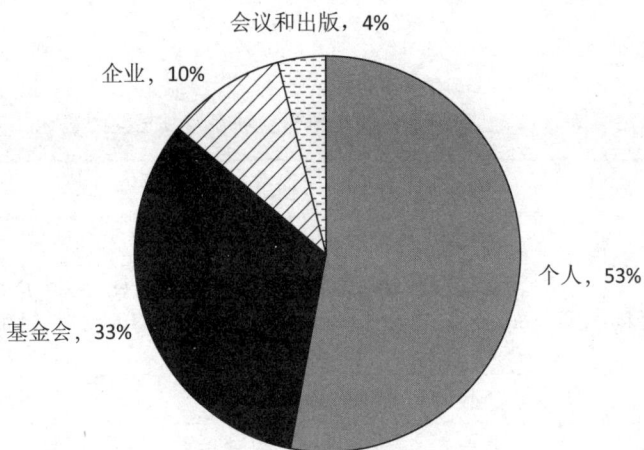

图 3-4　2020 年美国企业研究所收入来源

资料来源:研究所 2020 年年度报告。

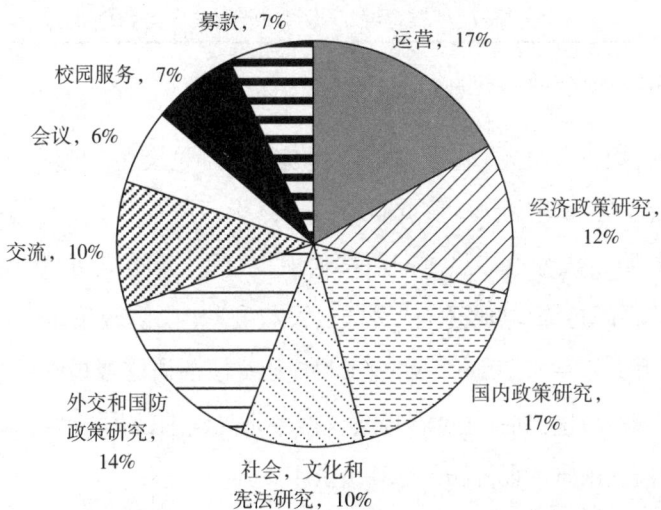

图 3-5　2020 年美国企业研究所经费支出情况

资料来源:美国企业研究所 2020 年年度报告。

了评估,并专门召开研讨会。在公共舆论与政治方面,研究所设有一个"政治角",每两年举行一次"选举观察"活动。在能源与环境方面,研究所紧跟世界热点进行跟踪研究。社会与文化研究可以追溯到 20 世纪 70 年代,研究所前任总裁亚瑟·布鲁克斯(Arthur Brooks)可以说是这方面

的专家,其《谁会真正关心慈善》一书就是这方面的杰作。教育是近年来新涉及的研究项目。

表3-10　美国企业研究所研究项目及其相关内容

研究项目	研究主要内容
经济	美国经济、税收改革、美国劳动市场、技术和创新
外交与国防政策	按区域划分:非洲、亚洲、欧洲和欧亚地区、拉丁美洲、中东、南亚;按政策领域划分:国防、经济、发展、恐怖主义、智能
健康卫生	健康经济
公共舆论与政治	选举财政改革、宪法、法院、选举
贫困研究	经济流动
社会与文化	公民权、公民权利、自由企业、移民
教育	高等教育、教育经济、K12教育、领导力和创新

资料来源:https://www.aei.org/policy-areas/。

同时,除了上面7个主要领域外,研究所也通过设立专题项目或者中心来研究世界一些热点和重点问题:如"巨大威胁项目"重点研究叙利亚、朝鲜、阿富汗等世界热点问题,"伊朗跟踪"项目重点研究伊朗的政治、外交、核问题等,同时还有"美国公民权利"、"国防政策研究中心"、"价值观和资本主义"等专门研究项目。研究所的研究成果既包括常规的期刊书籍等,也包括:通过召集会议推出研究成果、为国会立法起草法案、向政府提出研究报告和开展高级讲座。

近年来,研究所开始重视中国的研究,其立场比较保守,主张对中国"强硬",对中国国内的事务,多持批评态度。早在2005年,该所就提出:美国要设法抗衡中国崛起。2008年,该所又撰文分析中国的"太空野心"。近年来,在全球经济恢复乏力和中国经济地位在全球和平发展的情况下,研究所一直呼吁中国要担起世界大国的责任。

经过70年的发展,研究所通过自己的思想成果和决策咨询,深刻影响了美国政界及整个社会,其发展模式及运营模式对于现代智库的发展具有很好的启示性和示范性。我们记得,有一次在与企业研究所总裁的交谈中,他提到,美国企业研究所能在较短时间内声名鹊起,主要做了几件事情,他认为,"创造内容与传播内容对智库同等重要",所以研究所十分强调使用营销和公关战略。从 20 世纪 70 年代开始,他们每周都会举办"公共政策论坛"的电视节目,并在全国 600 多个电视台、广播电台进行播放。进入互联网时代后,他们又积极利用新媒体传播,通过新媒体平台展现专家风采,凝聚网络人气,网罗新生代用户。此外,多年米,研究所始终秉承企业自由、增加个人机会、保障社会自由的宗旨,在管理模式上坚持"扁平化"管理,行政部门小而精干,直接面对研究人员,为研究的开展提供极为便利务实的服务。这些对于研究所的生存和发展都具有重要意义。

2017 年 5 月,在"习特会"后,中美紧张关系出现了积极的氛围,我们也邀请了 AEI 访华,并联合主办了"中美智库中美经贸发展研讨会",深入探讨"习特会"及特朗普执政百日后中美经贸情况和未来方向,研判中美经贸的机遇和挑战,共同为决策制定提供参考。

AEI 与 CCG 联合举办"中美智库中美经贸发展研讨会"

在当时最大的一个话题是特朗普宣誓就职后立刻签署行政命令,退出《跨太平洋伙伴关系协定》(TPP)。中美智库纷纷聚焦这一话题。① 与会的 AEI 高级研究员卡琳·鲍曼(Karlyn Bowman)是一位研究政治舆情数十年的资深学者。她表示,虽然特朗普不支持 TPP,但与克林顿相比,美国民众看好他在国内创造就业的做法,75%的美国人赞成他"把工作带回美国"的政策。显然,当时刚刚入主白宫的特朗普在贸易保护主义等问题上已经具有相当深厚的民意基础。鲍曼认为,在外交政策方面,美国一直以来都不愿去做国际主义者。虽然国际贸易对全球是有利的,但是自身也要作出很多贡献和牺牲。对此我表示,特朗普重振美国、创造就业、吸引投资的"让美国再次伟大"的战略规划的最好的合作伙伴就是中国。对于美国来说,退出 TPP 很有可能是个错误。事实上,特朗普任期的四年内,美国学界和媒体界批评美国退出 TPP 是个"错误"的声音不绝于耳。

2017 年 10 月,我们前往美国华盛顿回访 AEI。AEI 在特朗普政府中的代表人物是凯文·哈塞特。CCG 与哈塞特很早就有联系,可以上溯到 2014 年 8 月 CCG 举办的"战略思维高层论坛暨中国与全球化智库月度研讨午餐会"。当时我们邀请到了哈塞特与来自中共中央党校、全国人大法律委员会、国务院发展研究中心等二十余位专家学者展开交流,就未来中美双方在经济改革、企业合作、技术引进、国际关系等领域的战略发展议题展开探讨。

此次回访 AEI,鲍曼女士热情接待了我们,并和 CCG 代表团分享了有关共和党内派系、税改、拉斯维加斯惨案②引发的枪支管制等美国内政热点的观点。

---

① 中方关注 TPP 的原因是它可能通过设置高标准门槛对中国的准入设置障碍,从而将中国排除在新的贸易体系之外。美国方面对 TPP 关注的原因则是其条款会导致美国的利益损失过多。尽管奥巴马时期力推 TPP,但从特朗普到民主党重量级人物如希拉里·克林顿均反对推进 TPP。

② 拉斯维加斯枪击案发生在 2017 年 10 月 1 日,总共造成包括凶手在内 61 人中弹身亡,411 人受伤,另有 456 人在逃离时因踩踏受伤。此案在美国引发了关于控枪问题的大讨论。

CCG 举办"战略思维高层论坛暨中国与全球化智库月度研讨午餐会"（2014 年）

CCG 拜访美国企业研究所

11. 尼克松和平与自由中心

20 世纪 90 年代至今,美国出现了一批政治家后援型智库,主要由具有政治雄心的人物、离任后着力进一步推进其政治和意识主张的前总统创办。这类智库的典型代表是:尼克松和平与自由中心（Nixon Center for Peace and Freedon, 2003 年更名为 The Center for the National Interest）与卡特中心（The Carter Center）。

尼克松自由与和平中心由美国第38届总统理查德·尼克松于1994年1月20日建立,成立之初是尼克松基金会的附属机构。中心旨在继续推进"尼克松主义"。中心不接受任何政府拨款,主要资金来源于尼克松基金会和部分企业、社会团体的捐助。我们访问该中心期间,同尼克松中心主任进行了交流。

尼克松中心现任主任迪米特里·赛姆斯(Dimitri K.Simes),是美国著名外交政策专家和学者。中心专职研究员很少,不到20人,多以兼职研究员和研究顾问为主。

中心研究方向集中在对外关系领域,主要反映在六大项目课题上:中国和太平洋(China and the Pacific)、能源与环境(Energy and Climate)、中东(Middle East)、国家安全(National Security)、区域安全(Regional Security)、美俄关系(U.S.-Russia Relations)。中心定期出版的外交刊物《国家利益》季刊,具有较强的专业影响力和一定的国际影响力。

作者访问尼克松中心和主任合影

中心秉持尼克松主义的思想理念,主张接触主义,反对按美国模式来改造世界的外交思维。在访问中,尼克松中心主任迪米特里·赛姆斯认为,俄罗斯仍然是一只熊,美国必须加强与其对话,并把它作为一个重新崛起的世界大国与平等对手,试图强行按照自己的意愿去改造它是徒劳的。

因为尼克松与中国的特殊渊源,中心重视对华关系,中国研究是其核心工作之一。前中国项目主任唐安竹曾在接受新华社记者专访时指出,中美关系平稳发展,符合两国共同利益。中美战略与经济对话的一大关键词是战略性,双方存在很多共同关切的长期性、战略性问题,要进一步加强多部门、多机构的对话机制。

2013 年 5 月,为纪念尼克松诞辰 100 周年,中心和尼克松基金会组建了一个 45 人的代表团进行"中国遗产之旅"的访问活动,沿着尼克松当年访问的路线重温中美"破冰之旅"的历史时刻。时任国务委员杨洁篪在北京人民大会堂接见了代表团。

12. 卡特中心

卡特中心是由美国前总统吉米·卡特和前第一夫人罗莎琳·卡特于 1982 年建立的非营利性组织,总部位于美国佐治亚州亚特兰大。中心成立的宗旨是致力于促进解决国际冲突,推动民主和人权,帮助发展中国家消灭贫困、饥饿和疾病。

作为一个具有平民主义和理想主义的政治家,卡特在总统任期内的一些政治和外交抱负都因种种客观限制而未能实施。在卸任之后,他与夫人共同筹建卡特中心,其实就是要建立一个实现其政治抱负并教育下一代的重要平台。借助这个平台,卡特联合了一群来自商界、教育界、慈善界的杰出人士以及前政府官员,宣扬其和平主义思想,并在包括中国在内的 70 多个国家推行政治改革、公共健康、教育和研究等多个项目,倡导慈善、民主和人权等多方面的事业。他也因此于 2002 年获得诺贝尔和平奖。在卡特总统及卡特中心相关专家的推动下,卡特中心在民间外交和人道主义等方面的影响越来越大。

自 1992 年起,中心曾长期由约翰·哈德曼(John Hardman)医生领导。现任总裁佩吉·亚历山大(Paige Alexander),于 2020 年 6 月加入卡特中心。Alexander 在政府和非营利部门拥有超过 20 年的工作经验,她

曾在美国国际开发署(USAID)的两个地区局担任高级领导职务。

卡特中心与中国的交流非常频繁。自卸任以来,卡特总统先后10次访问中国。自1998年开始,应中国民政部的邀请,卡特中心发起了一个观察和研究中国村级选举的联合项目,并与民政部和全国人民代表大会建立了长期合作关系。2002年,卡特中心设立了中国项目,关注和研究中国国内政府管治、法律法治、社会公平、公民教育等方面的发展和问题,并与中国国内很多研究机构、高校和智库建立学术交流与合作关系。此外,卡特中心从2012年开始组织美中关系高端论坛,近年来还组织了美中关系青年学者论坛等。

卡特中心中国项目的负责人刘亚伟是华裔政治学学者,在智库运营方面很有经验,同中国有很多合作,多次陪同卡特访问中国。2011年辛亥革命100周年纪念之际,CCG与卡特中心合作在北京共同举办辛亥革命100周年国际学术研讨会,来自世界各地的多位学者参加了研讨会。卡特中心十分活跃,经常在美国举办各种研讨会。我记得2010年深秋卡特中心在亚特兰大卡特中心举办卫生公共政策与国际发展研讨会,我在会议上见到了老朋友杜克大学的史天健教授,他在会上的发言十分精彩。他在会后约我们去他在纽约的家里做客,但当时因为其他事情耽误,未能成行。结果到了年底,传来了他突然去世的消息,我们很是震惊,感慨国际上失去了一位优秀的华裔学者。

2015年8月10日,卡特中心首席发展官Curtis Kohlhaas与刘亚伟博士曾访问CCG北京总部,我们就相关研究工作展开对话与交流。

受新冠疫情影响,最近几年,我们经常与刘博士在线上会议中碰到,多次就中美化解分歧,加强合作,增进互信等话题展开交流。比如2020年,CCG应邀参加了卡特中心与全国友协举办的中美关系线上会议,刘亚伟是那场会议的主持,卡特中心首席执行官佩吉·亚历山大、美中关系全国委员会主席斯蒂芬·欧伦斯,中国人民对外友好协会会长林松添等中美两国学界、商界、媒界、非政府届代表参加了会议。2021年4月,苗绿博士应邀参加由卡特中心主办的"中美民间交流"线上研讨会,再次与

卡特中心到访 CCG

刘亚伟等中美知名人士就民间交流是否能挽救中美日渐衰退且走入危险境地的双边关系等话题展开交流。9月,我们与佩吉·亚历山大、刘亚伟就"卡特总统给中美交往带来的积极变化,中美如何化解分歧,加强合作以共同应对全球挑战,如何加强中美双边对话,消除误解以增进双方的理解与信任"等议题进行了深度探讨。

13. 艾思本人文中心

CCG 在美国考察的智库还包括艾思本人文中心（The Aspen Institute）位于华盛顿特区的总部。艾思本人文中心的非营利研究项目主任 Rachel Mosher 先生、高级项目助理 William Nell 先生等近十位相关负责人接待了我们。

创建于 1949 年的艾思本人文中心，是美国一个国际化的非营利型智库，致力于建立启蒙性的领导力和开放思想的对话，通过研讨会、政策项目、会议等提供无党派性的具有前瞻性价值的调查和研究。国际知名学者、哈佛大学燕京学社前主任、新儒学代表人物杜维明曾主持美国艾思本人文中心"全球社群中的华人"研讨会，相关成果具有一定的国际影响力。

艾思本人文中心的国际合作伙伴和分支机构遍及柏林、罗马、东京等地，在非洲、中美洲和印度均有领导的项目。在访问艾思本人文中心期间，他们表示非常希望加强和中国智库的合作。

我还两次参加了印度艾思本中心在新德里参与举办的 Growth Net 国际会议。艾思本印度中心从新兴市场国家角度出发，希望和 Smadja 国际会议机构打造一个关于金砖五国和其他新兴发展中国家的论坛，而不是希望所有的国际主要论坛都是发达国家在主导。中国其实也可以通过智

CCG 在艾思本人文中心访问交流

库举办国际论坛,推广和宣传中国发展的影响力,这比政府直接对外宣传效果要好很多。

14. 东西方研究中心

美国东西方研究中心(East and West Center)全称"东西方文化技术交流中心",于 1960 年 5 月 1 日成立于夏威夷州,总部毗邻夏威夷大学的迈诺阿校园,占地面积为 21 英亩。它既是一个东西方知识分子的交流平台和东西方文化交流的国际中心,也是美国具有官方背景、对政府决策有重要影响力的智库之一。

中心是根据参议院多数党领袖林登·约翰逊的倡议和美国总统艾森豪威尔签署的有关法案而成立的,其宗旨是"通过合作研究、培训和探索,促进美国与亚太地区国家之间的关系和相互了解"。其资金主要来源于美国国会的拨款,以及从 20 多个亚太地区国家的政府、私人机构、基金会、公司以及"东西方研究中心基金会"(成立于 1983 年)获得资助。

中心主要研究亚太地区的人口、国际经济与政治、能源与矿产资源、环境、通讯及文化等领域的重大问题,聚焦亚太事务。

该中心的国际专家们与世界各国的专家们积极合作,就上述问题、各个问题之间的联系及其发展趋势开展研究。其研究成果则通过学术专著、文章、电子数据服务系统以及新闻媒介广泛传播。

作者在美国东西方研究中心访问交流

2012 年 10 月,四年一度的美国大选在完成了三次总统电视现场辩论后进入了冲刺阶段。两党候选人奥巴马和罗姆尼都不约而同地抛出中国话题,从人民币汇率到贸易赤字,从人权、中国台湾问题到中东的中国角色问题。在第一场辩论中,罗姆尼三次提到中国;第二场辩论全程双方提到中国达 20 次;最后一轮辩论中,"中国的和平发展对美国的挑战"甚至成为一个单独的辩题。正值此时机,当年 10 月 29 日,全球化智库(CCG)举办了"美国总统选举对中美关系的影响"研讨会,邀请时任东西方研究中心副总裁方大为(David Firestein)先生对美国总统大选作了精彩的演讲和分析。

CCG 和东西方研究中心举办美国大选对中美关系影响研讨会

作为美国资深外交官和中美关系问题专家,方大为从美国政治、经济和选民的角度对总统大选进行了解读。他认为美国总统竞选的实质是交流,成功的竞选者需要成功地与美国民众交流。决定总统大选胜负的不是竞选者对各种问题的看法和他的执政理念,而是在选民中建立起认同感,让民众相信竞选者代表自己的观点,相信竞选者可以带给他想要的生活。2000 年美国总统大选,在 20 个民众关心的问题上,戈尔在 17 个问题上和民众的观点一致,而小布什只有 3 个,然而最终小布什胜出,其关键原因是小布什和选民进行了有效的交流,让选民认识到他作为总统将会带领美国走向他们想要的明天。美国的总统竞选体现了美国宪法中所强调的自由以及与生俱来的追求幸福的权利。总统竞选的实质是给每个美国人更多选择的机会:通过教育让美国的孩子受到良好的教育从而有选择未来的权利;通过医疗改革使美国人民获得好身体从而有选择好工作的权利。

方大为对不同的选民团体进行了分析,他指出西班牙裔选民更倾向

于支持奥巴马,古巴裔选民更倾向于支持罗姆尼。由于就业和经济问题成了这次大选的关键,而妇女群体是这次经济衰退的主要受害者,因此,女性选民团体成了这次大选中两党争夺的对象。同时,美国的犹太选民对总统大选起着重要作用。美国有600万犹太人口,占选民总数的2%,如果80%以上的犹太选民投票给奥巴马,奥巴马就会连任;如果只有75%的犹太选民投给奥巴马,罗姆尼就会获胜。

方大为从中美关系的角度分析了2012年三轮总统大选电视辩论,他认为本次电视辩论与以往相比有三个不同点:一是把中国作为竞争者,而不再关注中国的人权;二是中国已成为关系到美国经济发展的重要国内问题而不是外交领域的国际问题;三是本次美国大选总统辩论的重点是与中国大陆相关的经济问题,而较少提到欧洲、日本、中国台湾、南海和东海等传统话题。

2014年2月,中心向美国决策部门递交了一份名为《穿针引线》的政策报告,建议"精确调整对台出售武器规模",并提出"默契的同时单边主义"这一战略外交新概念,首次把针对中美核心问题的具体政策建议公布于众。

2021年是基辛格秘密访华50周年,也是中国恢复联合国合法席位50周年。8月30日,在CCG全球对话系列中,我们与美国前总统老布什的第三子、乔治布什美中关系基金会的创始人兼主席尼尔·布什(Neil Bush)以及方大为进行了云对话,方大为现在是美中关系基金会的首席执行官兼总裁。我们围绕中美经贸合作前景、中美人文交流、病毒溯源、抗疫和公共卫生合作等话题展开了深入交流。方大为谈到,目前华盛顿官方甚至民众中有很大一部分人认为,中国是美国的敌人。他认为,这种想法的根源在于对中国意图的两个错误评估。第一,中国寻求取代美国成为世界上唯一的超级大国,这是对中国实际想要做的事情的绝对根本性误读。第二,中国寻求在全世界复制它的体系,并创造一批与中国一模一样的国家,在全世界输出它的体系,这样就会有更多的国家像中国的体系了。他认为这些都是对中国实际追求的不正确的理解,美国对中国政策的基本前提是错误的。由此产生的旨在解决这些问题的政策会偏离方向。他认为,在政策制定和政策执行中需要排除情绪化的因素,就像老布什总统那样,关注国家的长期利益,这样做才可能使中美关系回到正确轨道上来。

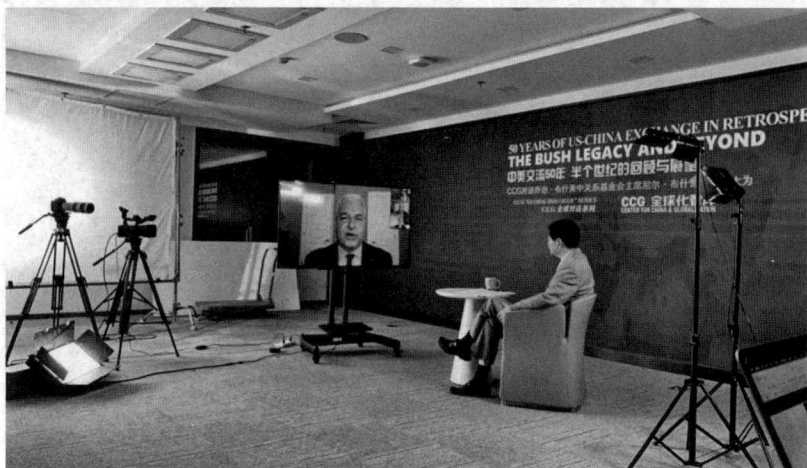

作者对话方大为

15. 美国移民政策研究所

美国移民政策研究所(Migration Policy Institute,MPI),是独立、无党派、非营利的研究机构,也是一个专门研究世界移民问题和美国移民政策的独立智库,总部设于华盛顿,我们曾多次访问这家智库。

作为世界上最大的移民国家,美国社会普遍关注移民问题。研究所聚焦于移民领域,主要针对国际移民趋势、美国移民构成、非法移民、移民执法、移民遣返、移民认证、移民权益、移民法规等问题进行研究与分析,对美国制定相应移民政策影响颇大。

2013 年,MPI 曾发布研究报告,当时美国华人人口近 430 万,出生于中国内地和中国香港的华人占 180 万。华人是受教育程度较高的族群,但总体英语水平偏差。中国内地和中国香港来美移民中,2001 年到 2010 年间有超过 70 万人获得了美国绿卡。

2013 年 8 月,作为中美两所最具影响力的人才和移民研究智库,MPI

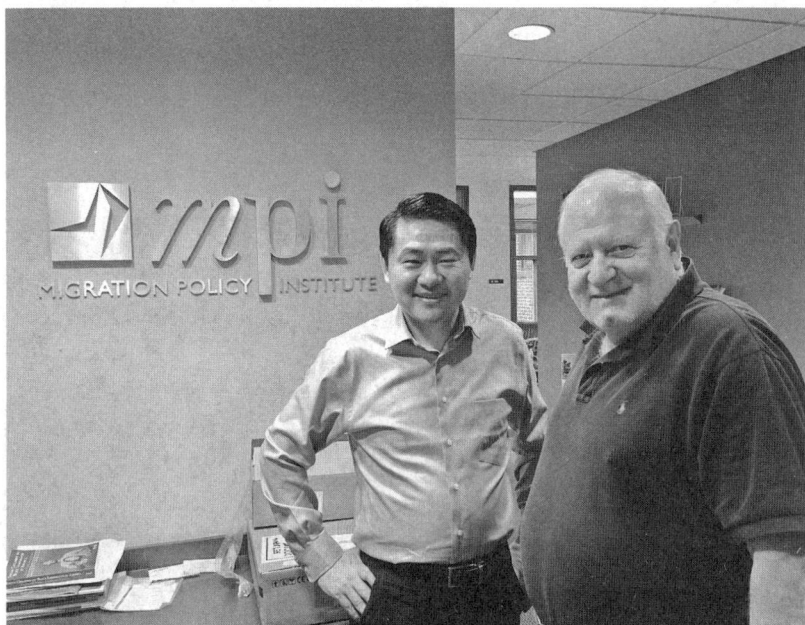

CCG 访问 MPI 总部并和 MPI 总裁交流

和 CCG 合作举办了中美首次国际人才流动研讨会，围绕中美国际人才流动、中美移民政策的影响等问题展开了深入对话和探讨。MPI 总裁帕帕德·美特里欧（Papade Metriou）先生在研讨会上阐述了美国移民法案改革的最新动向，提出政府在吸引人才中不可能起到主要作用，更多的是为人才发展提供良好的环境。他认为人才的界定并不应该以高学历为衡量标准，而是应该具有积极的事业心和进取心，能够将所学、所长应用到社会实践与建设当中去。他主张，一个国家或地区应该根据自身经济发展情况的变化，改革高等教育的学科设置，使人才结构更好地适应国家和地区的发展，做到人尽其才。企业在社会人才资源配置中，应该起到主导作用。

CCG 在研讨会上提出，中美两国是国际上的人才流动大国，应该加强合作，努力建立一个国际人才流动的新秩序，促进中美两国在人才流动、移民、留学、资格认证和免签互惠等多方面的合作。

近年来，从欧洲到美国，移民问题已成为一个全球热点，CCG 与 MPI

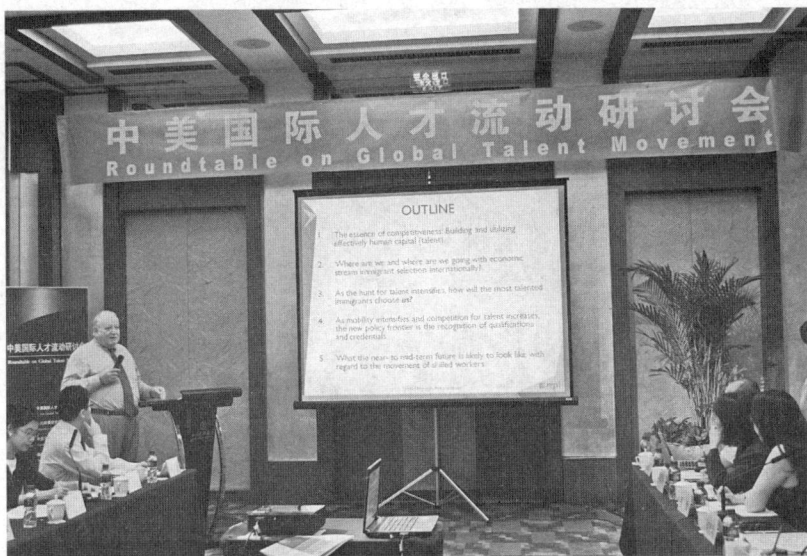

CCG 和 MPI 在北京举办中美国际人才流动研讨会

的交流也更加频繁。

2017 年 10 月,在 CCG"二轨外交"美国行期间,我们与移民政策研究所在其华盛顿总部进行了研讨交流,针对全球移民发展趋势,特朗普政府的移民政策、国际间的人才流动和双方未来在移民问题研究上的合作等话题举办圆桌研讨会。2019 年 5 月,CCG 第四届中国全球智库创新年会在北京举办,包括 MPI、美国卡托研究所、美国皮尤研究中心、英国皇家国际事务研究所等在内的几十家全球知名智库参会,针对全球化 4.0 时代呈现的关键特点、智库的创新性发展路径、国际智库发展经验以及中国智库的发展方向等话题进行讨论,为中国智库探索未来创新发展方向提供了宝贵建议。新冠疫情发生后,我们还多次参加 MPI 举办的线上会议,比如 2021 年 1 月 28 日,我们应邀参加了 MPI 的跨大西洋移民政策委员会和联合国国际移民署联合举办的"移民政策研究所流动和边境工作组首届高级别圆桌会议"。

随着货物流动,资本流动,移民与人才流动成为推动全球化的新趋势、新动力。通过与 MPI 的交流,有助于通过移民的角度加强对美国政

治尤其是美国的移民人才制度的了解,从而为中国在吸引国际人才方面提供借鉴。

CCG 拜访美国移民政策研究所

16. 亚洲协会

亚洲协会(Asia Society)由洛克菲勒家族创立于 1956 年,现已成长为美国最权威的亚洲政策民间研究机构之一,在纽约、香港和休斯敦设有主要中心,其全球网络遍布澳大利亚、法国、印度、日本、韩国、菲律宾、瑞士等国家。

亚洲协会名誉主席卜励德(Nicholas Platt)是美国著名外交专家,曾任美国国家安全委员会亚洲事务官员、国务院行政秘书长等政府要职,曾于 1972 年陪同尼克松总统访华,见证了中美建交的历程,堪称"亚洲专家"。2011 年,亚洲协会确立了联席主席制度,首次任命的亚太地区和美国的第一任联席主席分别是美国前高级政府官员、美国国际发展局主席Henrietta Holsman Fore 女士和中国香港恒隆集团主席陈启宗先生。陈启宗先生热爱公益事业,同时在国际智库和公益组织兼任多项职务:他是全球化智库(CCG)联席主席,也是美国对外关系委员会、美中关系全国委员会、百人会等机构成员,还担任了香港明天更好基金执行委员会主席、香港中国文物保护基金会创办人兼会长、北京故宫文物保护基金会发起理事等。亚洲协会现任董事会联席主席分别为:前新加坡驻美大使陈庆珠(Chan Heng Chee)和约翰·桑顿(John L.Thornton)。

亚洲协会现任总裁与首席执行官是 2021 年 1 月上任的陆克文(Kevin Rudd),上任会长是施静书(Josette Sheeran)女士,她是原世界经济论坛副主席,曾是负责经济、商务和农业事务的美国副国务卿,支持阿富汗和中亚地区的经济转型与重建工作,并领导与亚太经合组织和东盟相关的计划。亚洲协会高层和专家顾问中,有不少是白宫及国务院的退休高官或大使参赞。

亚洲协会宗旨是促进美国与亚洲之间的民间交流,增进亚太地区民众、领袖和机构之间的相互了解,致力于在政策、商业、教育文化和艺术等诸多领域加强对话、鼓励创新,寻求不同文化之间的对话,鼓励创造性地表达,并产生跨越政策、教育、商务、文化等领域的新思想。

作为美国与亚洲之间最主要的民间社团组织,亚洲协会也是美国对亚洲交往的最佳平台。美国对亚洲政策的一些重要变动,都会在亚洲协会的活动中放出探测球。2013 年 2 月 13 日,美国国务卿希拉里·克林顿在出访亚洲前,特意安排了一次在美国亚洲协会的演讲。也正是在那次演讲中,她引用了成语"同舟共济"来表述当时的中美关系,并被视作奥巴马政府对华政策的一个风向标。

亚洲协会曾常年主办专注于研讨美国与亚洲关系的智囊论坛——威廉斯堡会议,在亚太地区具有很强的影响力。亚洲协会还定期组织多样化的商业活动,如自 1989 年起每年在亚太区主要城市举办的"亚洲企业年会",2008 年 5 月,亚洲协会第十八届企业年会在天津召开,时任国家副主席习近平参加,并发表讲话,赞扬了亚洲协会在中美交流与合作方面做出的贡献。

亚洲协会的中国研究具有一定的权威性和影响力。其 2011 年提出:中国海外投资将呈指数级增长,美国应向中国投资敞开大门。新兴

大国也许会为世界带来一定危险。中国应坚持早前提出的"和平崛起"道路。它还认为：如果中国想要拥有真正的软实力，就得进一步放开，让民间来发挥作用。中国人是一个很有创造力的民族，应该做得更好。

2013 年，美国亚洲协会美中关系中心创始主任夏伟（Orville Schell）和副主任德勒里（John Delury）出版《富强：迈向 21 世纪的长征》（*Wealth and Power：China's Long March to the Twenty-first Century*），指出：中国在过去所遭受的屈辱是把整个国家凝固在一起的法宝，各个时期的中国人坚持民族复兴的梦想，成就了中国现在的辉煌。该书还比较了中国梦与美国梦，认为中国梦讲的是整个民族、整个国家的梦想，总是围绕着国家的统一、富强，以及更令人尊敬等目标，而美国梦说的是个人的梦，是个人实现未来的可能性：更富有，更好的教育，更好的生活。

1990 年成立的亚洲协会香港中心，可以说是亚洲协会海外分会中最重要的分支机构之一。特殊的地理位置，让中国香港中心成为中国内地与美国之间沟通的纽带，同时由于香港国际中心的地位，香港中心还是国际交流的重要平台。2012 年 7 月 5 日，时任中国外交部副部长崔天凯曾在香港亚洲协会发表演讲，鼓励中美在亚太的良性互动。

2014 年，亚洲协会政策研究所（Asia Society Policy Institute）成立，该研究所致力于为政策发展提供一个独特的平台——同时从亚洲和美国的视角激发对国际问题的创新思维。该研究所是关注亚洲崛起的一个独特智库，目标是将亚洲国家的声音带到全球讨论的中心地位，在各国间架起沟通的桥梁，共同寻找全球性挑战的解决之道。亚洲协会政策研究所首任所长由陆克文担任。

CCG 与亚洲协会、亚洲协会香港中心及亚洲协会政策研究所都保持着长期的交流与合作。近年来，亚洲协会多次访问 CCG 总部，我们也曾多次到访亚洲协会总部，推动中美二轨交流。

2015 年 6 月，亚洲协会执行副主席 Tom Nagorski 曾经率领美国媒体团"了解中国行"走入 CCG，媒体团成员包括美国广播公司、全国公共广播电台、《洛杉矶时报》、《外交》杂志等知名媒体资深记者。就在此前一天,时任外交部部长王毅还在北京接受美国亚洲协会"了解中国"媒体团采访,就中美关系、南海问题、网络安全、朝鲜半岛局势、如何认知中国等回答记者提问。2019年12月9日,亚洲协会"了解中国"媒体代表团连续第五年到访CCG北京总部,《商业内幕》主持人Charlie Herman、《哈佛商业评论》编辑Maureen Hoch、彭博社"观点"专栏作家Shira Ovide以及《外交事务》杂志编辑Laura Secor等亚洲协会媒体团成员与CCG专家学者展开交流,意在更全面深入地了解中国,为中美两国搭建交流互动的长效机制和平台。

亚洲协会了解中国行连续五年走入CCG

2016年9月10日,CCG联合亚洲协会与美中公共事务协会在美国华盛顿国会山举办交流会,这是我们践行智库走出去,推动中美对话交流、深化两国各领域合作的重要活动,当天,美国前副国务卿罗伯特·霍马茨(Robert Hormats),亚洲协会政策研究所副主席、前美贸易副代表温迪·卡特勒(Wendy Cutler),约翰霍普金斯中国问题专家大卫·兰普顿(David Lampton),布鲁金斯研究所高级研究员李侃如(Kenneth

Lieberthal）等 20 余位美国白宫前国务院高级官员、资深智库专家与会并就中美经贸关系与中美形势进行了深入交流。

CCG 与亚洲协会、美中公共事务协会联合举办会议

近年来，随着中美经贸局势持续紧张，我们的交流更为频繁。2019年，我们邀请了陆克文到 CCG 北京总部演讲，陆克文先生就中美关系发展的机遇与挑战、中美关系走势、中美贸易协定、中欧合作、中澳合作等问题与我们进行了深入研讨，并就如何缓解中美贸易争端发表了建设性意见。两国智库之间的交流，有利于扩大中美双方的信任和理解，形成良性互动，为两国政府的政策制定建言，为中美投资与经贸合作发展创造良好的条件。

2022 年 7 月 1 日，CCG 专家团访问了亚洲协会并与亚洲协会政策研究所副会长、美国国务院前助理国务卿丹尼尔·罗素（Daniel Russel）就中美关系、中美贸易的问题和趋势、多边贸易体系、美国印太战略等进行了交流与探讨。丹尼尔·罗素（Daniel Russel）是亚洲协会政策研究所负责国际安全和外交的副会长。他曾任美国国务院助理国务卿，还曾任国家安全委员会（NSC）亚洲事务高级主任。在

陆克文到访 CCG 北京总部

白宫任助理国务卿期间，他是奥巴马政府"转向亚洲"战略的重要人物，帮助制定了奥巴马任期内的亚太战略再平衡，包括努力加强联盟、深化美国与多边组织的接触、扩大与该地区新兴大国的合作，以及跨太平洋伙伴关系协定（TPP）等。他倡导维护以美国为主导的世界秩序，同时支持中国在地区和全球事务中发挥建设性作用，与中国管理分歧、开展合作。

在 ASPI，我们还见到了温迪·卡特勒女士，就中美贸易、美国对华关税政策、亚太地区贸易改革等问题进行了充分探讨。她有近三十年的外交和谈判经验，曾担任美国贸易代理副代表和 TPP 谈判首席代表，致力于中美贸易关系，具有丰富的多边贸易经验，曾参与亚太经合组织（APEC）论坛、美印贸易政策论坛、WTO 金融服务协议和多次乌拉圭回合协议谈判。我们与卡特勒女士保持着长期友好的交流关系。2018—2020 年，温迪·卡特勒曾代表 ASPI 多次到访 CCG 北京总部联合举办主题研讨会。在 2019 年 CCG 访美期间，温迪·卡特勒曾主持华盛顿智库早餐交流会，并出席在美国国会大厦举办的"第三届 CCG

作者拜访亚洲协会（右二为 Daniel Russel）

中美经贸圆桌研讨会"。疫情期间，她应邀参加 CCG 第七、第八届中国与全球化论坛，不久前还与美中贸易全国委员会会长克雷格·义伦（Craig Allen）、彼得森国际经济研究所所长亚当·波森（Adam Posen）和美国商会副会长兼中国中心主任杰里米·沃特曼（Jeremie Waterman）等专家学者共同参加了 CCG 举办的"中美经贸关系再链接：通胀、关税和前景展望"主题线上研讨会。此外，她还曾为我们主编的"中国与全球化"图书系列之 *Consensus or Conflict? China and Globalization in the 21st Century*（《共识还是冲突？——21 世纪的中国与全球化》）供稿，她认为，自美国于 2017 年退出 TPP 以来，亚太地区稳步推进签署新的贸易协定，而美国都没有参加。如果这一趋势持续下去，美国就可能失去在这个全球规模最大、增长最快的地区制定贸易规则和规范的机会。美国必须找到新的有效方式来全面参与亚洲经济格局。

作者与 Wendy Cutler（中）交流

17. 美国大西洋理事会

美国大西洋理事会（Atlantic Council）成立于 1961 年，是美国东部传统"大西洋主义者"重要的民间政策研究和协调机构，由前国务卿迪安·艾奇逊（Dean Acheson）和克里斯蒂安·赫特（Christian Herter）与威尔·克莱顿（Will Clayton）、威廉·福斯特（William Foster）、西奥多·阿基里斯（Theodore Achilles）等发起和创建。

大西洋理事会现任主席由弗雷德里克·肯普（Frederick Kempe）担任。肯普具有 25 年以上在《华尔街日报》任职编辑和记者的经历，曾获哥伦比亚大学新闻研究生院的顶级校友成就奖和犹他大学的杰出校友奖，在其领导下大西洋理事会在包括国际安全、商业和经济、能源、环境以及跨大西洋利益的全球问题等领域扩大了人员和影响力。

10 多年前，我们就曾拜访过大西洋理事会，在华盛顿期间，也参加过该智库举办的研讨会。最近这些年，我们也经常在各大国际会议上进行

作者与大西洋理事会主席 Frederick Kempe 合影

过交流。记得 2019 年,在第 55 届慕尼黑安全会议(MSC)上,我曾与大西洋理事会全球顾问委员会主席史蒂芬·哈德利(Stephen Hadley)共同参与由宝马基金会主办的"再洗牌:建立新的多边秩序"主题研讨会,围绕"世界需要什么样的多边秩序"、"美国、欧洲与中国在多边秩序中的角色"和"怎样再建新秩序"三个话题进行了深入的交流。

2020 年,大西洋理事会常驻高级研究员 Lan Brzezinski 出席 CCG 与慕安会联合举办的主题晚宴"中美冷战? 迷思与现实",并参加讨论。同年,大西洋理事会高级研究员 Emma Ashford 出席 CCG 第五届中国全球智库创新年会。2021 年,我们与时任大西洋理事会执行副主席达蒙·威尔逊(Damon Wilson)共同出席 GLOBSEC2021 年论坛。

2022 年 7 月 8 日,CCG 智库专家团在华盛顿再次访问了大西洋理事会总部,并与主席弗雷德里克·肯普(Frederick Kempe)、全球中国中心(Global China Hub)高级主任大卫·舒尔曼(David Shullman)和斯考克罗

作者受邀参加"重组国际秩序：建设新多边秩序"专题研讨（右三为 Stephen Hadley）

CCG 专家团拜访大西洋理事会

夫特战略与安全中心(Scowcroft Center for Strategy and Security)副主任彼得·恩格尔克(Peter Engelke)围绕中美、中欧等热点话题进行了深入的探讨。作为大西洋理事会全球中国中心的高级主任,大卫·舒尔曼(David Shullman)重点关注中国外交政策和大战略、美中关系、中俄关系以及中国和平发展对全球秩序和民主未来的影响,他曾担任美国中央情报局高级分析师和美国国际共和研究所高级顾问。彼得·恩格尔克(Peter Engelke)主要工作领域为全球和区域未来、创新和技术、地缘政治、气候变化和自然资源以及城市化,曾任日内瓦安全政策中心驻地执行官,其文章常于《华盛顿邮报》、《洛杉矶时报》、《国家利益》等刊物上发表。

除了全球中国中心与斯考克罗夫特战略与安全中心外,大西洋理事会还设有自由与繁荣中心(Freedom and Prosperity Center)、数字取证研究实验室(Digital Forensic Research Lab)、非洲中心、欧亚中心、全球能源中心等在内的共16个项目与中心。

作为华盛顿对华研究的主流智库之一,大西洋理事会曾为美中关系的改善发挥过重要作用。CCG专家团此次访问大西洋理事会,旨在搭建中美智库沟通的桥梁,推动中美关系重回健康稳定发展轨道。

18. 威尔逊国际学者交流中心

为了纪念美国第28届总统伍德罗·威尔逊,美国国会于1968年在华盛顿哥伦比亚特区建立了威尔逊国际学者交流中心,作为一个附属于国会的智库机构。与其他以影响决策为目的的智库不同,它更像是一个不同背景的学者、官员和商界人士交流的平台,对决策的影响是间接的。但另一方面,通过学者间的思想交锋来影响政策,这种影响又是长期的。

由于威尔逊国际学者交流中心本身不以影响决策为目的,因此其政治倾向并不是很明显,往往随着访问学者的研究方向而变化。

威尔逊国际学者交流中心重视中国研究,研究成果主要分布在亚洲研究项目和中国环境论坛。其中,中国环境论坛协调人是詹尼弗·特纳,致力于积极制定项目,推进中美学者、政策制定者、非政府组织以及企业在环境和能源领域的交流和合作,是在中国研究中比较独特的一个板块。

作者和芮效俭大使合影

威尔逊中心经常举办各种研讨会。我在布鲁金斯学会担任访问研究员期间,曾有机会多次参加该中心举办的研讨会,我感觉多一些中美之间的这种人文和学者交流非常好,特别是中美之间关系处在不稳定时交流更加有必要。记得有一次见到前来参加研讨会的中国发展研究基金会秘书长卢迈以及副秘书长汤敏。还有一次是见到原来社科院美国研究所研究员陶文钊和清华大学国际问题研究所孙哲教授来交流。我也曾经和美国前驻华大使芮效俭有过交流,芮效俭大使当时是威尔逊中心基辛格中美关系研究所所长,他对中美关系和交流非常积极,近两年受疫情影响,我们还邀请他参加过 CCG 的线上研讨会,芮效俭大使认为,中国和美国的关系处于非常关键的转折点,应该多一些互信。中美必须保持对话,保持沟通,这样才能够互相理解,才能打造

持续的互信。①

作者与芮效俭大使的云对话

　　近年来,我们多次赴美进行"二轨外交",也多次拜访威尔逊中心。威尔逊中心基辛格中美关系研究所主任戴博是有名的中国问题专家,2016 年美国总统大选激战正酣之时,我们曾经邀请戴博到 CCG 总部作了一次演讲,他对当年大选与历届总统选举的差异性,对两位总统候选人的情况进行了深刻剖析,对美国政治和社会的分裂表达了忧虑。2018 年 9 月,我们收到戴博先生的邀请,访问威尔逊中心,与美国财政部原经贸事务副助理部长、原美国驻 IMF 执行主任、威尔逊中心公共政策研究员 Meg Lundsager、时任中美"乒乓外交"口译译员、威尔逊中心基辛格中美关系研究所前副主任史伯明博士(Douglas G.Spelman)等人士就中美关系的发展和未来进行交流。2019 年 5 月,在戴博先生的热情邀请下,我们再次拜访威尔逊中心,就中美关系发展与未来展开讨论。在一轨外交面临挑战时,"二轨外交"发挥了不可替代的作用。

---

① 　参见全球化智库(CCG)官网 http://www.ccg.org.cn/archives/64788。

CCG 拜访威尔逊中心

作者在威尔逊中心交流

19. 世界资源研究所

世界资源研究所(World Resources Institute,WRI),由詹姆斯·古斯塔夫·斯佩斯(James Gustave Speth)创立于1982年。美国卡特总统时期,斯佩斯曾任总统行政办公室环境质量委员会主席,是总统环境事务首席顾问,负责制订和协调总统的环保计划。卡特总统任期结束后,面对日益复杂的全球环境问题,斯佩斯决定成立世界资源研究所,通过研究和政策分析,推动变革,在不损害自然资源和环境整体的基础上,满足人类的基本需要和促进经济增长,以帮助政府、环境保护和开发组织制定适当的政策和发展规划。

世界资源研究所的总部设在美国华盛顿,成立以来的近40年间,在中国、巴西、欧洲、印度、印度尼西亚、墨西哥等国家和地区均设立了办公室,1000多名员工和专家遍布全球50多个国家。世界资源研究所的研究工作按地域分为5个方向,非洲、亚洲、欧洲、拉美和北美;主要围绕粮食、森林、水、海洋、城市、能源和气候等7个目标,通过商务中心、经济中心、金融中心、治理中心4个中心来运行。①

表3-11 世界资源研究所研究方向及内容

一级研究领域	二级研究领域	研究内容
按地域划分	非洲	以区域战略为指导,该战略由驻肯尼亚内罗毕的区域主任领导
	亚洲	与中国、印度、印度尼西亚这亚洲三大经济体的领导人合作提出政策建议,还研究包括越南和菲律宾在内的东南亚国家的能源问题
	欧洲	与欧盟委员会、各国政府、公司和民间社会组织合作,支持欧洲在气候、发展和环境方面的全球领导地位
	拉美	主要研究巴西、哥伦比亚和墨西哥的可持续发展、环境问题、气候变化和城市发展
	北美	与美国联邦、州及地方政府合作解决最棘手的环境挑战

① 参见世界资源研究所官网,https://www.wri.org/。

一级研究领域	二级研究领域	研究内容
按研究方向划分	粮食	致力于解决世界粮食挑战,确保到2050年世界可以养活100亿人,同时减少排放、遏制森林砍伐和减轻贫困
	森林	发展数据驱动的研究,与全球合作伙伴一道保护、维护和恢复森林
	水	帮助公司、城市和国家了解用水相关的危险,并投资解决未来用水安全的问题
	海洋	致力于海洋保护、可持续生产以及保护各国都可以通过海洋达到经济繁荣的机会
	城市	帮助将城市转变为对人类和地球更有弹性、更包容和更低碳的地方
	能源	与世界各地大的能源消耗者、公共单位、政策制定者、发展机构和城市领导者合作,加速向清洁且可负担得能源过渡
	气候	评估气候行动的技术、经济和社会效益,与各国政府合作,设计符合目标的气候政策
按研究中心划分	商务中心	将研究、分析、工具以及与企业的直接合作结合起来,创造出促进环境可持续发展并产生价值的解决方案
	经济中心	帮助决策者找到机会采取具有成本效益的行动来保护或改善自然资源,并确保提供重要的生态系统服务
	金融中心	旨在调动公共和私营部门投资,促进可持续发展——特别是在发展中国家
	治理中心	致力于提高人们的能力,并支持机构作出促进社会公平和对环境友好的决策

资料来源:世界资源研究所官网,https://www.wri.org/research。

多年来,世界资源研究所与联合国开发计划署、联合国环境规划署和世界银行合作,组织世界各地的科学家对世界范围内的环境及环境对社会和经济发展的影响进行全面调查和分析。1986年首次出版《世界资源报告》(*World Resources* 1986),此后定期出版,成为研究所的旗舰产品,通过对人类健康与环境、气候变化、生态系统等问题进行深入分析,帮助决策者评估和实施有效解决方案。世界资源研究所每年还举办近百场学术

活动,其中比较有代表性的活动包括,绿化治理系列研讨会、转变交通方式大会、城市研究系列研讨会。①

CCG"构建零碳社会"座谈会

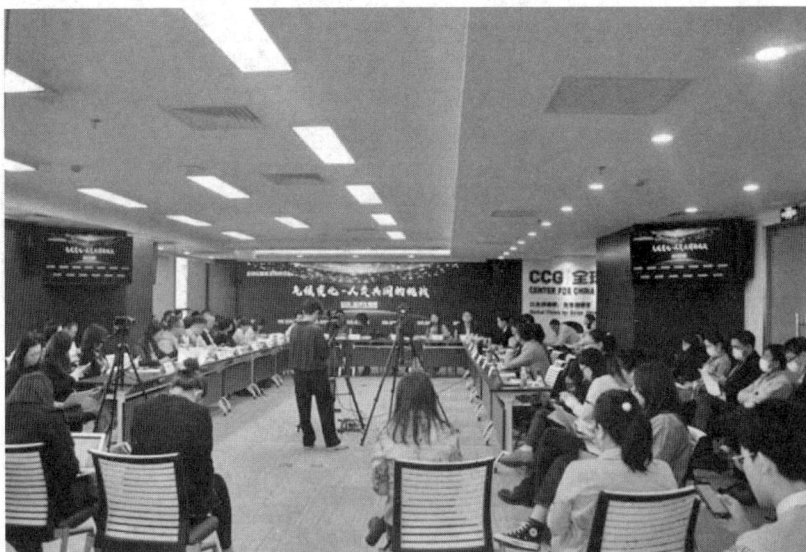

CCG"气候变化—人类共同的挑战"圆桌研讨会

① 参见孟磊:《世界资源研究所运行机制和发展动态研究》,《智库理论与实践》2020 年第 5 期。

世界资源研究所的资金来源主要有政府、企业、基金会和个人,接受捐赠、发展会员以及政府捐助是主要渠道。研究所每年的年度报告中,都会公布详细的资金来源、总额以及所资助的项目。WRI 的 2020—2021 年报数据显示,年度总收入为 1.49 亿美元,其中,96% 来自捐赠,联邦拨款约占 2.5%,其他营收约占 1.4%。在支出部分,项目支出占总支出的 91.1%,行政费用占总支出的 8.03%,自身发展费用占总支出的 0.9%。①

世界资源研究所充分利用数字信息技术和数字媒介,通过互联网平台传播自己的声音,以扩大影响力。研究所官网设立了博客板块,供研究所专家及时分析和评论环境与人类发展之间的关键问题,并建立原创播客,定期进行更新,公众可在 iTunes 上订阅收听或直接从研究所网站查阅。网站还向访问者提供了由专家介绍其研究和研究成果的演示文稿,这是对研究报告的可视化呈现,让访问者更加清晰直观地了解研究所的成果。同样地,研究所还制作了短视频来传播其研究成果,给访问者更多的视觉展示。②

早在几年前,青岛市实施国际城市战略专家咨询委员会邀请我担任咨询委员会专家,其他受聘成员包括外国驻青领事馆总领事、世界 500 强企业高管及国内知名专家学者等共 39 名,世界资源研究所也参与到了智囊团之中,负责气候变化、低碳发展、城市交通领域。

2020 年 11 月,联合国前副秘书长、世界资源研究所高级顾问 Erik Solheim 与世界资源研究所北京代表处首席代表方莉一行访问 CCG 北京总部,同我们就气候变化、可持续发展、绿色供应链、推动中国 2060 碳中和的实现进行了交流。

世界资源研究所经常参加我们智库的活动,尤其是在环境、资源和气候等议题上。在 CCG"构建零碳社会"、"气候变化——人类共同的挑战"等座谈会上,均能看到世界资源研究所的参与。

----

① 参见世界资源研究所 2020 年年报,World Resources Institute.WRI ANNUAL REPORT | 2020–2021[EB/OL].https://files.wri.org/s3fs-public/wri-2020-21-annual-report.pdf。

② 参见孟磊:《世界资源研究所运行机制和发展动态研究》,《智库理论与实践》2020 年第 5 期。

世界资源研究所访问 CCG

世界资源研究所通过政策研究、研究产品发布等多种方式为环境资源问题提供有力支持。比如对奥巴马总统宣布的《美国气候行动计划》、巴黎气候变化协议通过等都发挥了重要作用。经过近 40 年发展，世界资源研究所已成为美国颇具影响力的环境资源类智库。

20. 史汀生中心

史汀生中心（Stimson Center）是一个非营利、无党派的全球安全智库，由巴里·布莱奇曼（Barry Blechman）与迈克尔·克雷朋（Michael Krepon）成立于 1989 年，因纪念亨利·刘易斯·史汀生（Henry Lewis Stimson，1867—1950）而得名，坐落于美国华盛顿特区。史汀生中心主要研究范围是国际冲突，安全以及和平等议题。2013 年，史汀生中心获得了麦克阿瑟创新和有效机构奖；在宾夕法尼亚大学 2018 年全球智库报告中，史汀生中心排名全美智库第 19 名。

亨利·史汀生是一名律师和政治家，从塔夫脱到杜鲁门时期，他曾长期在美国政府任职。他被认为是美国最伟大的政治家之一，以制定和实施超脱党派的解决方案的能力而闻名。他曾两次担任战争部长，最初服务于塔夫脱总统,后来,又被富兰克林·罗斯福总统在珍珠港被偷袭之前再次任命为战争部长,以帮助两党做好准备以应对战争。他也曾在赫伯特·胡佛总统手下担任国务卿。他的无党派遗产也在史汀生中心的工作中得以延续。

30多年来,史汀生中心一直处于全球问题研究的前沿领域。成立之初,正值冷战末期,中心专注研究在一个充满危险与变数的世界中实现稳定和安全的应用性策略。时至今日,权力的变迁和技术的变化为国际秩序带来了新的挑战,中心也更加着力于通过新型技术和现代方法来开展维护世界和平与安定的研究。

作为一家全球安全智库,中心主要关注对区域安全、全球安全、环境安全、核保障措施以及大规模杀伤性武器控制等方面的研究,并寻求就一系列全球问题向决策者提供务实的解决方案以及与政策相关的信息和分析,向媒体、学术界和普通公众提供专业知识。

表3-12 史汀生中心主要研究方向

研究方向	主要研究内容
防止扩散研究	安全、保障措施、法律、监管框架以及国际法和惯例研究,旨在减少生化核放(CBRN)材料武器化使用风险
科技与贸易	规范技术的使用、控制和贸易,以及利用技术增进安全、繁荣和正义的规则和工具
资源与气候	安全、人类如何使用自然资源以及气候危机对国际安全的影响之间的交集部分
国际秩序	塑造国家在和平与冲突中如何对待其他国家、非国家行为者以及人类个体的规范、法律和机构
亚洲	关于印度—太平洋国家的研究和分析
美国外交政策	美国力量和价值观在世界上的作用和目的
关键地点	针对伊朗、伊拉克、俄罗斯等美国重点关注的其他国家开展的研究项目

资料来源:史汀生中心官网 https://www.stimson.org。

具体而言,史汀生中心目前共有23个研究项目,包括:北纬38度(朝鲜问题),实践中的区块链,中国,传统防御,东亚,能源、水源与可

持续性,环境安全,食品安全,全球治理中的司法与安全,日本,中东与北非,核保障措施,核安全,防止扩散伙伴关系,维和行动,保护冲突中的平民,俄罗斯,南亚,东南亚等。① 史汀生中心近年来的研究成果有书籍《军事胁迫与美国外交政策:战争之外的武力使用》,根据后冷战时代(1991—2018)的经验教训,研究美国军事力量作为胁迫工具的使用情况;报告《维持和平的政治实践》,分析了联合国如何通过维和手段干预政治冲突,并采用严格的方法评估联合国干预的影响;政策备忘录《全球武器贸易:为负责任的政策树立模范》,探索负责任的武器转让政策,以支持稳定和安全,同时维护人权、保护平民和多边合作的价值观。②

史汀生中心现任董事会主席为退役美国空军上将赫伯特·卡莱尔(Herbert J.Carlisle),副主席为苏珊·乔达克维茨(Susan Chodakewitz)。史汀生中心的现任首席执行官为布莱恩·芬利(Brian Finlay),有高级研究员24人、研究人员72人、高级顾问26人、职能团队10人。③

根据史汀生中心的财报,其2020财年运作的经费收入为860万美元,相比2019财年增长了将近100万美元。经费中有35%来自美国政府,24%来自基金会,20%来自国外政府,10%来自国际或合作机构,5%来自个人,2%来自实物收入,2%来自企业,另有2%的其他收入。④

2022年7月6日,我们访问了史汀生中心,并与布莱恩·芬利就全球安全、区域冲突及国际合作等问题进行了交流。芬利在加入该中心之前,曾担任布鲁金斯学会的研究员,在反贩运、供应链安全等领域有着丰富的研究。此次CCG智库专家代表团访问史汀生中心,积极进行交流沟通,旨在促进中美智库间的"二轨外交",为增进中美双方接触对话、加强国际合作贡献智库力量。

---

① 参见 https://www.stimson.org/about/programs/。
② 参见 https://www.stimson.org/2020/20-20/。
③ 参见 https://www.stimson.org/about/people/stimson-staff/。
④ 参见 https://www.stimson.org/about/transparency/financial-information/。

CCG 访问史汀生中心(左二为中心首席执行官 Brian Finlay)

21. 美国信息技术与创新基金会

信息技术与创新基金会(Information Technology and Innovation Foundation, ITIF)是一家位于美国华盛顿特区的非营利性公共政策智库,该智库主要关注与工业和技术有关的公共政策,曾被宾夕法尼亚大学评为科技领域最为权威的智库。ITIF 成立于 2006 年,是一个独立的非营利、无党派的智库研究和教育机构。它的资金来源广泛,包括企业、慈善基金会和个人捐赠者,以保证其研究的独立性。ITIF 的使命是促进有关技术驱动的生产力、竞争力和全球化的新思维方式,评估和推广能够加速创新和

提高生产效率的政策方案,以推动人类发展和进步;目标是为世界各地的政策制定者提供参考信息、分析和建议。

ITIF 创始人兼总裁罗伯特·阿特金森(Robert D. Atkinson)之前供职于小布什和奥巴马两任政府,曾任美国进步政策研究会(PPI)技术、创新和新经济项目小组主任、美国国家创新和竞争力战略顾问、白宫科学和政策办公室中美创新政策联合专家组组长等职。著有《美国供给侧模式启示录:经济政策的破解之道》《创新经济学:全球竞争优势》等作品,有较高的国际影响力。《新共和》杂志将他评为“三个最重要的创新思想家”之一;《政府技术杂志》也将他列为二十五位“信息技术的实干家、梦想家和驱动者”之一。他还曾为我们主编的“中国与全球化”图书系列之 *Consensus or Conflict? China and Globalization in the 21st Century*(《共识还是冲突?——21 世纪的中国与全球化》)供稿,文章介绍了各国当前的数据监管框架的优劣,认为中国要发挥数字技术优势,需要建立透明、开放、创新友好型的数据治理框架。

ITIF 的政策分析师和研究员团队包括了一批专攻技术和创新政策相关问题的知名专家。由苏珊·戴维斯(Susan Davis)与菲利普·英格里什(Philip English)共同担任董事会主席。①

ITIF 目前有五个较为重要的研究中心与项目,其中,数据创新中心享有国际盛誉,该中心研究和推广政策思想,提倡利用数据创新产生的巨大经济和社会效益;清洁能源创新中心旨在加快美国国内和全球能源体系向低碳资源的转型;此外还有“创新经济竞争政策熊彼特项目”,该项目推进了动态竞争政策,将创新提升为反垄断执法的中心问题。ITIF 还发起并牵头成立了全球贸易与创新政策联盟(Global Trade and Innovation Policy Alliance),这是一个由 30 多个智库组成的国际网络,对能够促进进一步贸易自由化、遏制“创新重商主义”并鼓励各国政府刺激创新和提

---

① 参见 https://itif.org/about/。

高生产率的政策进行循证研究。①

表 3-13　美国信息技术与创新基金会研究中心与方向

按研究中心划分	清洁能源创新中心	致力于寻求加快国内和全球能源体系向低碳资源的转型方法
	数据创新中心	制定和促进务实的公共政策,旨在最大限度地提高公共和私营部门数据驱动创新的效益
	生命科学创新中心	倡导加速生物制药创新,认识到公共和私营部门都可以发挥重要作用
	汉密尔顿产业策略中心	倡导实用的竞争力政策,以确保美国的技术在全球市场上处于领先地位。
	竞争政策熊彼特项目	推进动态竞争政策,将创新作为反垄断执法的核心关注点而非次要考虑点。
按研究方向划分	清洁能源创新	寻求加快国内和全球能源体系向低碳资源的转型方法
	创新与竞争力	通过刺激公共和私人投资于研究、技能和基础设施等基础领域,确保企业和国家经济能够成功竞争
	信息技术与数据	倡导的政策不仅刺激 IT 创新的发展,更重要的是需要在整个经济运行过程中发挥作用
	生命科学与农业生物科学	创新对于人类健康、农业生产力和生态可持续性至关重要
	电信行业	互联网的发展导致了一系列复杂的政策挑战,必须加以克服,以确保未来的网络能够充分发展其潜力
	贸易与全球化	发展创新经济需要全球市场深入一体化,必须伴随着开放的、以市场为导向的国家政策,而不是贸易保护主义的市场扭曲

资料来源:https://itif.org/centers/;https://itif.org/issues/。

ITIF 通过主办活动、发表演讲、发表专栏文章以及在新闻媒体中担任专家问题分析员来扩大影响力。此外,ITIF 还积极在华盛顿以及其他国

① 参见 https://itif.org/about/。

家和地区的首都进行交流访问,分析人员曾前往五大洲的 30 多个城市参与政策制定论坛。近年来,ITIF 为政策制定者提供了多篇政策建议,其关注的重点问题之一就是美国国内的信息创新体系正不断恶化,呼吁政府出台措施,对特朗普政府与拜登政府的科技政策产生了一定程度的影响。

CCG 代表团访问 ITIF

2022 年 7 月,我们在美国"二轨外交"之行期间也拜访了 ITIF,与智库贸易政策副主任奈杰尔·科里(Nigel Cory)会面交流,就全球数据治理、美国对华科技政策、科技创新全球化、全球数字经济政策等问题进行了沟通探讨。

(二)美国高校智库管窥

1. 从"普林斯顿计划"说起

2006 年 9 月底,美国普林斯顿大学的威尔逊公共与国际事务学院发表题为《铸造法治之下的自由世界——21 世纪美国国家安全策略》(即著名的"普林斯顿计划")的国家安全报告,引起了国际社会的极大关注,并对后来奥巴马政府的外交政策制定产生了重要影响。这正是美国高校智库影响美国政策的一个很好事例。

威尔逊公共与国际事务学院并非真正意义上的智库,却很好地承担了部分智库功能,这也是美国高校智库的典型特点。一直以来,该院都有学者频繁进出学界—政界的传统,该院经济学教授伯南克后任美联储主席,该院前院长安玛丽·斯劳特离任后成为奥巴马政府的国务院政策规划室主任;而负责东亚与亚太事务的前助理国务卿柯庆生则从政界返回学院继续任教。学者进入政界,经过一段时间的公共服务,再返回课堂时有助于把现实经验带进课堂,给课堂带来鲜活的例子,同时相关经验经过讨论,得到进一步理论升华;同时,由于学者具有不同学科背景和研究优势,其到政府任职将有利于优化政策制定。

事实上,在美国数千家智库中,超过半数为依托大学的研究机构。20世纪70年代以前,美国大学一直发挥着智库职能。随着国家决策咨询服务的专业化,社会性的独立智库产生并有选择地替代了高校智库职能。如今,高校智库仍然是美国智库的重要组成部分。

美国知名大学尤其是研究型大学的研究机构相当多,包括隶属于各大学的研究中心、研究所和院系,仅哈佛大学与中国有关的研究机构就有十多个,但这些机构真正属于智库的其实并不算多。美国高校智库一般都附属于常青藤高校等著名高校,像斯坦福大学的胡佛研究所、宾夕法尼亚大学的外交政策研究所这种致力于产生决策影响力的纯粹意义上的高校智库,并不多见。

虽然美国这些大学研究机构本身并非智库,但它们却为决策发展提供了重要的人才来源。尤其是部分研究机构的研究人员为政策经验丰富的前政府官员,同时,这些机构的代表人物也常常有机会直接进入政府决策层,相关研究成果往往能对政府和社会公众产生间接的、长期的、根本性的影响,因此在一定程度上为政府储备和培养了专业人才。从这个角度上看,这些机构不再是纯粹的学术研究机构,而是可以看成是学术型的

高校智库。另外,很多大学研究机构热衷于演讲、讲座、沙龙、研讨、培训、出版和接受采访等智库活动,因此带有浓厚的高校智库色彩。

2. 哈佛大学:领跑中国研究

"先有哈佛,而后有美利坚",世界上几乎还没有哪一所大学对一个国家有如此大的影响力。而哈佛与中国也有颇深渊源:130 年前,哈佛最早邀请中国人去执教;最近 30 年,哈佛一直领跑美国大学和智库对中国的研究,当年为恢复美中关系也发挥过重要作用。如今,哈佛有近百位中国问题学者,有关中国话题的讲座几乎每天都有。在号称"美国智库一条街"的马萨诸塞大道,也许不经意间就会碰见一位有哈佛背景的"中国问题专家"。一位美国研究生说:"过去哈佛研究中国是出于好奇,但现在不同了,中国经济在发展,地位也提高了,我们要找到其中的原因。"但不管怎样,哈佛引领着美国的中国研究,并长期潜移默化地影响着美国政府的对华政策,却是不争的事实。

哈佛的中国研究项目或机构不断涌现,其中最著名的就是费正清中国研究中心和 1997 年成立的亚洲中心。哈佛肯尼迪政府学院则是近几年崛起的一支重要力量。

(1)费正清中国研究中心

费正清中国研究中心(Fairbank Center for Chinese Studies)设于哈佛文理学院,是美国东亚研究、近现代中国学研究的先驱,现在已发展为以历史为主干的多学科综合研究机构。由于有着学术研究与现实政治挂钩的研究方向,加上其良好的学术声誉,使其在美国对华决策上具有非同寻常的影响。

中心成立于 1955 年,由美国中国学研究先驱、著名汉学家费正清(John King Fairbank)在哈佛大学和福特基金会的资助下创建,最早称为"东亚研究中心"(Center for East Asian Studies),费正清任该中心主任直至 1973 年。1977 年费正清退休时,该中心改为费正清东亚研究中心。2007 年更名为"费正清中国研究中心"。作为现代中国学的开拓者、西方世界中国通之前辈,费正清影响了一代甚至几代美国的中国问题专家,同时也对美国的对华政策产生过深远影响。

中心为中美关系正常化的进程作出了不懈努力。早在尼克松访华前,保守派就称哈佛的中国通为"绥靖派"。这些学者长期以来都主张中美之间应该用政治、经济、文化竞争取代军事上的冲突。

该中心对东亚的政治、经济、历史和社会都有深入的研究,对中国的研究几乎涵盖了社会科学的各个方面:不仅研究中国的政治、经济、外交、历史、社会的大方向,而且还对其中所涉及的细节和边缘化问题进行了深入细致的研究,包括海峡两岸关系、中国外交史、少数民族问题、海外移民、中国的文化遗产等。该中心的学术讲座尤其多,每周近20场,几乎每天都有。讲座内容十分丰富,从中国古代史到中国当代问题,从国内家庭社会问题到海峡两岸关系、国际关系问题,从考古探讨到戏剧、电影、小说,无所不包。

该中心主要研究中国问题的专家有:伊恩·约翰斯顿、罗伯特·罗斯、默尔·戈德曼、保罗·柯文、伊丽莎白·佩里、李欧梵等。每年来自美国各大学在费正清中国研究中心任兼职研究员、研究中国问题的学者多达100多名,其中仅研究中国外交的学者就有数十位。苗绿博士也曾在费正清东亚研究中心做访问学者。

除了出版大量有关中国问题的论著,中心还创办了《哈佛东亚丛书》、《哈佛东亚专题文集》、《中国论文集》等。此外,一批在哈佛就读的中国学生还办有《哈佛中国评论》。在"哈佛看中国"的哈佛学者访谈中,对于中国的关注也涉及方方面面。

(2)哈佛大学亚洲中心

为了更进一步地加强哈佛大学在亚洲问题上的研究,以确保其在这一领域不可动摇的权威地位,哈佛大学于1997年成立了亚洲中心。傅高义教授是亚洲中心的第一任主任,James Robson 教授是亚洲中心的现任主任。

亚洲中心和费正清中国研究中心提供了众多的中国研究项目,给哈佛大学的师生们提供了一个非常宝贵的机会来学习、了解和研究改革开

放中的中国。时任国务院总理温家宝在哈佛的演讲活动就是由这两个中心联合主办的。

过去,学究气很重的哈佛侧重研究中国古代历史文献,使用的语言也是英文,但现在,中国访问学者在哈佛同一些研究中国文学的学者交流时,彼此可以用中文交流。哈佛的中国学者几乎都有一个好听并地道的中文名字,如孔飞力、史华慈、傅高义、宇文所安、包弼德、安守廉、柯伟林、伊维德等。

中心资金主要来源于联邦政府、基金会、社团和私人基金,其资金与费正清中国研究中心和朝鲜研究所的资金由一个办公室统一管理。

2011 年,我们在哈佛做访问学者期间,访问了费正清中国研究中心和哈佛大学亚洲中心。

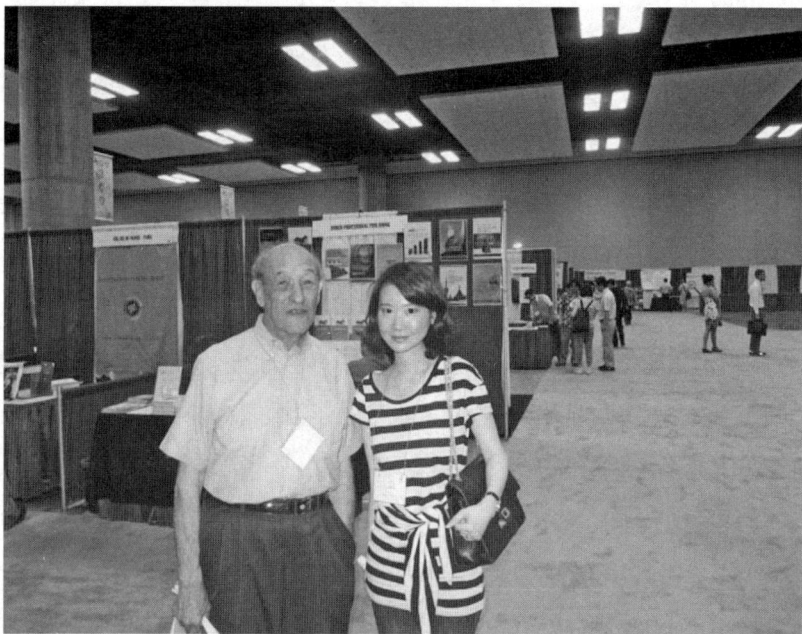

作者与哈佛大学亚洲中心前主任、著名的亚洲问题研究学者傅高义合影

(3)哈佛肯尼迪政府学院

我在 2011 年年初来到哈佛大学肯尼迪学院做高级研究员。约翰·F.肯尼迪政府学院(John F.Kennedy School of Government)位于美国名城

波士顿西北部的卫星城剑桥,属于马萨诸塞州,原先是哈佛大学的公共管理学院,始建于 1936 年。1966 年,为纪念不幸遇刺身亡的肯尼迪总统,哈佛成立了政治学院,1978 年,两学院合并,改称现名。

如今,肯尼迪政府学院已成为哈佛大学最优秀的学院之一,其一直致力于公共政策领域的研究,承担了大量的政府研究课题,对美国社会发展和政府决策产生了巨大的影响;同时,该院在建立公共领导者的培养体系方面是一个开创者,已成为美国重要的公职人员培训基地和政府问题研究机构,为美国培养了一大批优秀的公职领导人员。一定程度上说,肯尼迪政府学院具有国家智库的功能与作用。

如果说哈佛大学是世界知识精英屹立不倒的精神殿堂,那么肯尼迪政府学院则是国际公共管理精英人才的聚集地和培养基地。肯尼迪政府学院有超过 63000 名校友,分布在全球的 200 多个国家和地区。无论联合国秘书长潘基文、前世界银行行长佐力克、达沃斯论坛创始人施瓦布,还是前墨西哥总统卡尔德龙、新加坡总理李显龙、中国香港前特首曾荫权等都从这里接受了系统的公共管理培养,更不用说肯尼迪政府学院还拥有一批国际知名的教授,因而肯尼迪政府学院不愧于世界公共管理人才摇篮之称。其公共管理人才的培养模式获得了全世界的推崇。

哈佛大学肯尼迪政府学院也像很多美国智库一样,每周都举办各种论坛活动,其中最为著名的是肯尼迪论坛,经常邀请美国和世界各地的领导人、知名学者专家和企业领袖进行对话交流,讨论近期发生在世界各地的公共事件,其中包括乔治·布什、戈尔巴乔夫、凯萨·查韦斯、贝蒂·弗莱顿、屠图大主教、埃伦·约翰逊·瑟利夫、比尔·克林顿、南希·佩洛西、杰拉尔德·福特、戈登·布朗和康多莉扎·赖斯等。肯尼迪政府学院信奉学术必须与实践结合的信条,将知识广泛地传播是这一信条的主要体现。

肯尼迪政府学院拥有自己的刊物,从而可以将学院的老师、学生和校友的研究成果及时地向全球发布。肯尼迪政府学院有三种院级刊物:《哈佛肯尼迪政府学院期刊》(*Harvard Kennedy School Magazine*),主要以

新颖生动的方式介绍肯尼迪政府学院师生的工作、学习和生活;《哈佛肯尼迪政府学院新闻透视》(*Harvard Kennedy School Insight*),主要通过专家的采访来介绍肯尼迪学院的最新研究;《影响力》(*Impact*)是一本肯尼迪政府学院的季刊,主要是全面地介绍肯尼迪政府学院知名教授的研究。肯尼迪政府学院遍布世界的校友网络可以为学院在了解和解决相关地区的公共问题上提供强有力的支持和帮助,使其能作出快速反应。肯尼迪政府学院的校友都非常珍视校友身份,他们以能成为校友社团的一员而骄傲,而且他们坚信,随着校友社团的人数不断扩大,它对肯尼迪政府学院和学院校友的帮助会越来越大。

2011 年秋正值哈佛大学 375 年诞辰,肯尼迪政府学院诞生 75 周年,我在哈佛大学前校长、现任肯尼迪政府学院教授劳伦斯·萨默斯的办公室与他进行了长时间交流。我曾请教他,肯尼迪政府学院的最大优势到底是什么? 他回答说:"选择了一批优秀的人才集中在一起,并发挥他们的集中效应","如果当我们已经有了一批精英,就可以招募到更多的精英,精英吸引精英,人才是关键,把精英集中在一起自然会做得更好"。[1]我想这也是肯尼迪学院受世人瞩目的原因——聚集和培养精英。

2019 年 3 月 22 日,我们曾专门邀请劳伦斯·萨默斯与格雷厄姆·艾利森到 CCG 北京总部,他们在当天分别发表了演讲,还与到会政商学界精英深度剖析了全球贸易局势和中美关系,探讨全球经贸政策和对外关系的发展。

格雷厄姆·艾利森是著名的"修昔底德陷阱"的提出者,也是哈佛肯尼迪政府学院创始院长。我们还曾专门就中美该如何避免"修昔底德陷阱"这一话题进行过云对话,艾利森提出,中美应在竞争中寻求合作,尽可能地避免陷入修昔底德陷阱,以避免冲突和战争。

作为培养政治精英的摇篮,肯尼迪政府学院在重视学术研究、职业培训的同时,也十分重视其研究成果对政府决策的影响。肯尼迪政府学院

---

① 王辉耀、张晓萌:《哈佛肯尼迪政府学院的精英课》,中信出版社 2013 年版。

作者访问哈佛大学前校长劳伦斯·萨默斯

劳伦斯·萨默斯到访 CCG 北京总部

拥有 12 个专门的研究中心和 90 个研究计划,主要研究国际、国内以及地区性的公共政策和公共管理问题。其中,爱什民主政府与创新研究中心

格雷厄姆·艾利森在 CCG 发表演讲

作者对话格雷厄姆·艾利森

和贝尔弗尔科学与国际事务研究中心,带有浓厚的高校智库色彩。

I 爱什民主政府与创新研究中心

爱什民主政府与创新研究中心(Ash Center for Democratic Governance and Innovation)是一个致力于推动现代政府公共治理的公共管理研究机

构,其目标是"通过研究、教育和公共讨论,促进管理和国家政策的卓越和创新"。肯尼迪政府学院和中国有相当长的合作史,许多中国的政府官员、学者和专业人士通过参加爱什研究中心的新世界学者项目(New World Fellows Programs)和 Rajawali 学者项目(Rajawali Fellows Programs)来到肯尼迪政府学院。在过去的 20 年间,大约有 1000 多名中国学员参与了这些项目。

为了招收更多中国学员来肯尼迪政府学院学习,2008 年 7 月,肯尼迪政府学院的亚洲项目并入爱什研究中心。亚洲项目是一个整合了哈佛大学全校范围内涉及亚洲地区的研究项目。扩大后的爱什研究中心充分利用了科研队伍、高层经理培训和学生支持三方的优势。2010 年 1 月 1日亚洲项目改名后正式成为 Rajawali 基金会亚洲研究所的一个项目。它将世界范围内针对亚洲地区的重大事件的学术研究和实践研究整合起来,用于提高亚洲地区的公共政策和公共管理领域的研究、教学和培训水平。

肯尼迪政府学院曾经最为重要的三个与中国相关的研究项目均由爱什研究中心承担,它们是中国公共管理高级培训班、中国危机管理培训班和上海高级管理层培训班。

【案例】中国公共管理高级培训班

2001 年,哈佛肯尼迪学院启动了有史以来最大规模的官员海外培训项目——"中国公共管理高级培训项目"(China's Leaders in Development Program),由国务院发展研究中心下属的中国发展研究基金会联合清华大学和哈佛大学共同举办,项目主要负责人为肯尼迪学院爱什中心主任托尼·塞奇(Anthony Saich)教授。塞奇被誉为"中国通",常年负责中国官员在哈佛的培训项目,对中美关系有十分深入的研究。在 CCG2021 年4 月份举办的名家对话中,我还与塞奇教授探讨了中美关系未来发展,两国在外交、经济、地缘政治、技术、气候等领域的竞争与潜在合作。

中国公共管理高级培训项目是一个主要面向中央政府和地方政府高

CCG 名家对话：中美关系能否重回正轨？

级官员的培训课程，目标是提高他们的水平以应对中国在改革开放中出现的问题的能力。项目最初为3个月，后压缩为8周，其中前半期在清华大学接受课程培训，后半期飞赴肯尼迪学院进修课程并进行实践调研。在清华的课程主要包括公共管理、政策改革、公共金融、经济发展和全球化。课程由肯尼迪政府学院和清华大学的老师来共同讲授。课程包含50个案例，使他们从专业理论和实践上更好地了解公共管理发展的前沿和趋势，了解肯尼迪政府学院先进的思想和理念。肯尼迪政府学院的教学内容主要包括四个方面：一是公共管理的战略性分析，即如何围绕目标安排财政预算和各部门合作等问题；二是改革过程中政府职能的转型问题；三是公共财政问题；四是城市信息化问题。

　　肯尼迪政府学院为中国官员培训班安排的豪华教师阵容创下了学院历史上的一项纪录。授课教师不仅有来自哈佛大学的知名教授，还有很多来自政府机关、研究机构和非政府组织等机构的专家和高级官员。其中包括肯尼迪政府学院教授约瑟夫·奈，他曾经出任肯尼迪政府学院院长、卡特政府助理国务卿、克林顿政府助理国防部长，提出了著名的"软实力"理论。同时，奈还是中国公共管理高级培训项目的发起人之一，曾代表肯尼迪政府学院于 2002 年在中国人民大会堂签订合作协议。我记得十一二年前，我访问哈佛大学肯尼迪学院的时候，奈就接受过我们的采访，至今 CCG 还有一本有他作序介绍肯尼迪学院的图书。

作者在哈佛大学时与约瑟夫·奈教授合影

我们与约瑟夫·奈教授有很多交流。在 2021 年 4 月 CCG 名家对话中，我们曾围绕"软实力"这一核心观点，就中国如何提高"软实力"，中美关系未来十年的走势等话题进行过深入讨论。他认为，中美之间注定存在紧张关系和竞争，但是两国应该明白双方可以从合作中获得更多利益。如果两国对良性竞争和开展合作的潜力持乐观态度，就可以展望更美好的未来。

讲授美国政治的教授罗格·波特（Roger Porter）有超过 20 年的白宫服务经历，曾是里根总统和福特总统的主要幕僚。哈佛大学费正清中国中心主任、素有"中国先生"之称的傅高义教授也担任了培训班的主讲教师。

这个项目国际培训规模之大、官员级别之高当属首次，因此这个培

作者对话约瑟夫·奈教授

训项目也成为社会与媒体广泛关注的热点。对此,哈佛大学肯尼迪政府学院中国项目部主任助理爱德华·康宁(Edward Cunning)曾表示,"我们认为,在中国这样一个大国,在传统的计划经济向市场经济转轨过程中,政府官员的素质和能力将起到至关重要的作用"。他强调,哈佛将帮助受训者"丰富经济管理方面的最新知识,扩展他们的战略远见,以便使他们有效地应对变动中的公共政策环境"。按照原国务院发展研究中心主任陈清泰的说法,"入世之后,如何能让官员在短时间之内增加必要的知识,开阔视野、更新手段、转变观念,我想这是一个非常现实的问题"。

2020年7月,爱什民主政府与创新中心的三位专家发布了《理解中国共产党韧性:中国民意长期调查》,这份报告基于作者于2003至2016年间在中国进行的8次调查得出,作者曾经与超过3.1万名中国城乡居民进行了面对面的谈话,以追踪中国公民在不同时期对中国各级政府的满意度,之后完成了这份调查报告。报告得出的结论是,2003年以来,中国民众对政府的满意度几乎全面提升,尤其是内陆及贫困地区的民众的满意度提升较大。

作者给哈佛大学燕京图书馆馆长捐献自己所著图书

Ⅱ 贝尔弗尔科学与国际事务研究中心

贝尔弗尔科学与国际事务研究中心（Belfer Center for Science and International Affairs）主要关注和研究国际安全问题，特别重视科技在政府决策过程中所扮演的角色和发挥的作用。旨在加强哈佛大学对国家发展的使命感和责任感，保障在国际化接轨的过程中国家的安全需要。在美国宾夕法尼亚大学"智库研究项目"（TTCSP）研究编写的《全球智库报告》中，该中心连续多年居高校智库首位，在很多关键性问题上对美国国内和国际政策决策产生了重要影响。

该中心整合了社会科学学者、自然科学家、技术专家，以及具有行政、外交、军事经验的实际工作者的经验和智慧，为应对那些来自国际安全领域的重要挑战提供具体政策建议。贝尔弗尔中心既有卸任前政要在此从事研究工作，又有中心研究员到政府任职，如曾任奥巴马政府国防部副部长的艾什顿·卡特曾长期在中心从事预防性国防项目的研究。

2012 年,该中心研究员贝克利(Michael Beckley)的一项研究报告受到中国媒体不少关注。报告题为《中国世纪? 美国为什么仍然有优势》(*China Century? Why America's Edge Will Endure*),内容着墨甚多的是经济领域。他指出,舆论普遍相信中国高速发展并且很快会超越美国的想法,存在很大的误区,对"美国衰弱"的忧虑是错误的。质疑者可以轻易从反华或唱衰中国的角度看待这样一份报告,但他认为驱动中国经济快速发展的优势正逐步消失,中国发展将面临很多隐忧,这是我们不得不承认的事实和值得思考的问题。

该中心在很多关键性问题上的研究和分析,都曾对国家和国际政策产生了重要影响。例如,中心的国际气候协议项目在全球气候变化谈判中具有重要影响,为 2015 年巴黎气候大会取得成功作出了重要贡献。中心的原子能管理项目的专家在规划和落实奥巴马总统于 2010 年启动、2016 年结束的 4 次核安全峰会中发挥了重要作用。①

中心主要承担的研究项目有:国际安全项目(ISP),主要就美国国家利益和面临的国际安全威胁进行分析研究,如:核武器的流失危险、国内种族问题等;科学、技术和公共政策项目(STPP),分析科技政策对国际安全、资源、环境和发展的影响,现主要研究军、民用核技术和材料的管理,国家科技政策的动态问题等;强化民主法规项目(SDI),主要是针对加强国际关系中合并等问题开展研究工作,例如:专门为俄小型政党进行政治领域培训,深入研究安全政策问题等。

贝尔弗中心的期刊《国际安全》主要聚焦风云变化的国际关系,经过几十年的发展,已经形成了以国际安全为主要方向的研究特色,并成为全球国际安全研究领域的顶级刊物之一,期刊影响因子长期位于全世界 50 个国际关系类期刊的前 5 位。

Ⅲ其他智库类研究中心

除了上述两个研究中心,肯尼迪政府学院的主要研究中心还有卡尔

---

① 参见徐婧、张志强、唐川:《哈佛大学贝尔弗科学与国际事务研究中心:全球一流高校智库》,https://www.secrss.com/articles/26257。

人权政策中心(Carr Center for Human Rights Policy)、国际发展研究中心(Center for International Development)、公共领导力研究中心(Center for Public Leadership)、政治研究所(Institute of Politics)等。

例如,妇女和公共政策项目研究中心(The Women and Public Policy Program)就是致力于努力减少男女不平等的研究中心,它通过与世界妇女领导人理事会(Council of Women World Leaders)和世界经济论坛等组织的合作来实现男女在经济、政治和教育医疗方面上的平等。妇女和公共政策项目研究中心举办名为"从哈佛广场到总统办公室"政治选举的实习培训项目(Harvard Square to the Oval Office),这个培训项目的目标是促进女性进入政府部门,从而实现政府人员中男女比例的平等。

其他还有:琼·肖瑞斯坦媒体、政治和政府政策研究中心(Harvard's Shorenstein Center on Media Politics and Public Policy),主要研究新闻出版物和政治之间的各种关系;住房研究合作中心,研究有关改善美国人民生活质量的住房问题;阿·艾尔弗雷德·陶博曼州和地方政府研究中心,研究州和地方政府的教育、运输、公共安全、住房、控制污染和种族隔离等问题;马尔科姆·威纳社会政策研究中心(Malcolm Wiener Center for Social Policy),研究改进医疗保险、教育和劳工方面的政策问题。

依托这些研究中心,肯尼迪政府学院在国际研究领域获得惊人发展。从印度尼西亚到巴基斯坦、南非、智利,员工们进行研究、向官员咨询,并为外国培养领袖。在新加坡、迪拜、越南等地,肯尼迪政府学院为当地公共政策项目作出了卓越贡献。

全球化智库(CCG)与哈佛肯尼迪政府学院爱什研究中心是战略合作伙伴,开展了人才培养的合作研究。2013年1月,CCG出版了专著《哈佛肯尼迪政府学院的精英课》,详尽分析了哈佛大学肯尼迪政府学院的国际化师资力量、国际化生源构成等参与主体,以及课程设置、案例教学、活动会议、毕业走向、中国官员培训,生动而全面地展示了其形象与风采。

时任哈佛大学肯尼迪学院院长大卫·埃尔伍德（David Ellewood）、时任爱什中心主任托尼·塞齐教授和执行主任张伯赓等都亲自来北京出席了该书的发布会议。

哈佛大学肯尼迪学院院长 Ellewood 在哈佛图书首发式上

此外，发布会还举办了哈佛校友公共政策研讨会，邀请了时任国务院法制办副主任甘藏春、时任中国人民银行副行长潘功胜、时任国务院发展研究中心副主任刘世锦、时任国家新闻出版广电总局副局长邬书林、时任国家外专局副局长刘延国、时任全国人大常委朱永新、时任新华社副社长周树春、时任清华大学公共管理学院院长薛澜、中国人事科学研究院院长吴江等参加。中信出版社社长王斌还在发布仪式的致辞中对该书给出了积极肯定的评价。

3. 南加州大学美中研究院

作为美国"中国学"研究的南部重镇，南加州大学美中研究学院（US. China Institute，USC）的中美关系研究，在美国高校智库中独树一帜。

作为一家主要研究中国和中美交流的智库，该学院致力于通过前沿的社会学研究、培养创造性的本科生和研究生、出版有影响力的著作，来

如果说哈佛商学院是制造"商界老板"的"工厂"，
哈佛肯尼迪政府学院则是培养公共领域领导型人才的圣地。

Experiences of Harvard Kennedy School and
the Revelation of Its Talents Training Success
THE PATH OF PUBLIC MANAGEMENT ELITE AT HARVARD

哈佛肯尼迪政府学院
的精英课

王辉耀　张晓萌　著
(Wang Huiyao)　(Zhang Xiaomeng)

哈佛大学前校长、前奥巴马政府美国国家经济委员会主任
前克林顿政府美国财政部部长　劳伦斯·萨默斯亲笔题词

"软实力"概念提出者、哈佛大学肯尼迪政府学院前院长约瑟夫·奈
哈佛大学肯尼迪政府学院艾什中心主任托尼·赛奇　　| 隆重推荐 |
清华大学公共管理学院教授兼院长薛澜
国务院发展研究中心中国发展研究基金会秘书长卢迈

收录哈佛大学肯尼迪政府学院院长大卫·埃尔伍德等知名专家珍贵访谈

中信出版社 CHINACITIC PRESS

增强 21 世纪的多边世界关系的理解和交流，从研究内容来看可以将其归为专业化的学术型智库。

2009 年，CCG 曾应邀拜访该学院的副院长杜克雷（Clayton Dube）教授、东亚研究中心主任同时也是著名中国问题研究专家骆思典教授、王坚教授、李静教授等。他们在中美交流研究方面有非常独到的见解。

除此之外，中国研究方面比较著名的美国高校智库还有密歇根大学的中国研究中心和哥伦比亚大学的东亚研究所，它们既是美国颇具影响的中国研究重镇，也能在美国对华政策上施加一定影响。这些与中国有密切关系的美国高校智库，对中美关系的走向具有无形而巨大的影响力。

CCG 访问南加州大学中国研究中心

美国还有一些很活跃的和智库很相近的研究机构。我们曾多次应邀参加过美国米尔肯研究所（Milken Institute）在洛杉矶圣莫尼卡的盛大年会，Milken Institute 的高级经济学家 Perry Wong 接待了我们。这个研究所不大，其注意力主要集中在三个方面，即人力资本、金融资本和社会资本。而其活动主要包括提出各类能付诸实施的政策性的建议和意见，发布相关的研究报告和举办各种各样的论坛和研讨会。特别是每年举行一次的 Global Conference，吸引两三千人参加，可以算得上是美国的达沃斯论坛。

我们参加过几次该研究所组织的论坛，深切感受到 Milken Institute 作为一个智库在活动举办上的影响力。该研究所是无政治倾向的、独立的智库，主要是为了帮助商界和公共政策制定者及政府官员发现和实施各项有创新性的建议，以改善美国和世界各国人民的经济生活状况，共享繁荣。

2019 年 9 月，在新加坡举办的淡马锡基金会亚洲领袖联席会议（Te-

作者在美国米尔肯智库年会参加研讨

masek Foundation Asia Leaders Connect 2019）上，我们还与 Milken Institute 主席迈克尔·米尔肯（Michael Milken）进行了当面交流。

美国还有一些组织也具有一定的智库功能，如美国美中关系全国委员会（National Committee on United States-China Relations）。委员会由研究中国问题的著名学者和来自企业界、劳工界、宗教界、学术界和非政府机构的人士组成。领导机构为理事会，日常工作由会长、副会长主持。美中关系全国委员会是致力于促进美中两国民间交流与贸易合作的非营利性组织，也是美国重要的对华友好团体。委员会与美中两国高级官员及两国各界知名人士多年深入交往的经验，使其成为一个极其独特的美国机构。在1972年接待了具有历史意义的中国乒乓球队访美之后，委员会成为美中两国政策交流方面的首要组织。

很多年前我们在美国期间也曾拜访过美中关系全国委员会，时任主席卡拉·希尔斯（Carla A.Hills）热情接待了我们，她对中国很友好，曾当过美国司法部助理部长、住房与城市发展部长、美国贸易代表、美国对外

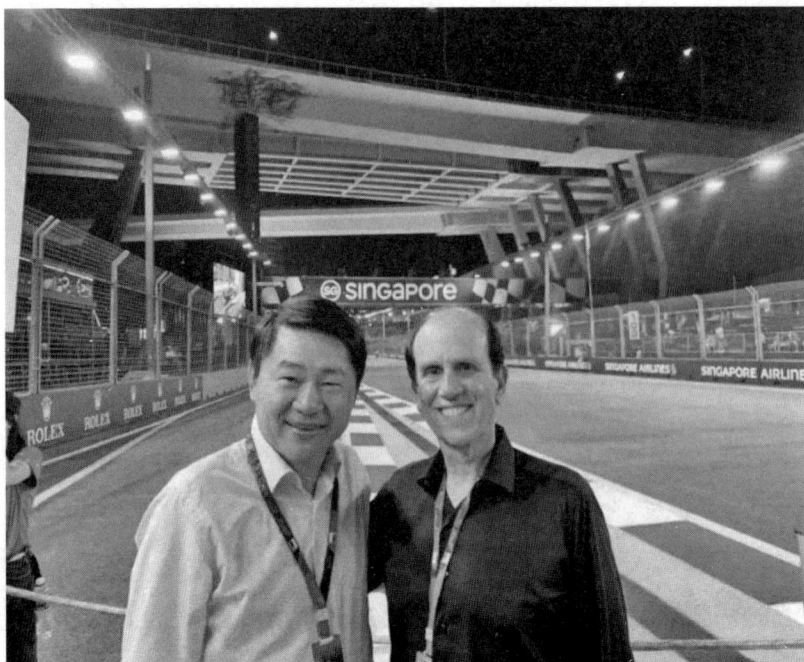

作者同 Milken Institute 主席迈克尔·米尔肯（Michael Milken）在淡马锡基金会"2019 亚洲领袖联席会议"的合影

关系委员会共同主席等，她丈夫曾任美国证券交易委员会主席，对中国也非常友好。

美中关系全国委员会现任会长是史蒂芬·欧伦斯（Stephen A. Orlins），他是一个中国通，数年间，我们进行过多次交流。

早在 2016 年，CCG 和美中关系全国委员会曾联合举办"中美双边直接投资 25 年"研讨会，欧伦斯作为嘉宾参与研讨。2017 年 9 月，在中美两国领导人于华盛顿进行首轮中美社会和人文对话之际，CCG 在纽约曼哈顿举办了以"中美关系：双赢合作的未来"为主题的午餐会，欧伦斯当时应邀出席。欧伦斯也曾访问 CCG 北京总部，同我们就中美关系的走向、未来如何进一步促进中美贸易磋商、加强中美合作等方面进行探讨。

2022 年，我们在赴美调研之际，再次见到了欧伦斯先生，我们就如何推动中美后疫情时代重建人文往来、加强双方在可持续发展等全球性议

作者和时任美中关系全国委员会主席卡拉·希尔斯合影

题上的合作、经贸问题话题进行了交流。美中关系全国委员会长期致力于促进美中往来，包括他们做的一些研究，在中美政府之间也促进了沟通，起到了一定的智库功能。

商会作为美国民间非政府组织，在促进中美经贸交流方面发挥着重要作用，是中美经贸的桥梁与企业合作的纽带，在中美关系发展过程中扮演着十分重要的角色。2022 年美国"二轨外交"期间，我们还专门拜访了美中贸易全国委员会（US-China Business Council, USCBC）与美国总商会（US Chamber of Commerce）。

USCBC 是美国极具影响的有关美国企业在华投资和贸易的组织，拥有包括可口可乐、波音公司在内的 200 多家在中国经商的大型美国企业会员。该委员会成立于 1973 年，在中美没有正式外交关系的情况下，为两国早期经贸交往进行过积极的推动工作。两国建交后，USCBC 继续协助美国公司进入中国，同时利用其良好业务关系向在华美资企业提供服务。USCBC 总部位于华盛顿，并在北京和上海分别设有办事机构。目

作者拜访美中关系全国委员会(前排左三为 Stephen A.Orlins)

前,USCBC 共有会员公司 260 余家,以美国大企业为主,近年来中小企业的数量也明显增加。现任会长克雷格·艾伦(Craig Allen)长期深耕于美国公共服务领域,曾在美国商务部和外交部供职,并在台湾、北京、东京等地工作,曾担任美国驻文莱大使。

CCG 曾多次访问 USCBC,与克雷格·艾伦会长有着密切的交往,双方共同对中美贸易关系保持持续的关注与追踪,积极致力于以民间外交促进中美沟通。2019 年,CCG 曾在美国国会大厦举办"第三届 CCG 中美经贸圆桌研讨会",邀请包括克雷格·艾伦在内的各方专家学者就贸易摩擦对中美两国企业界的影响、中美在科技竞争方面面临的新挑战等话题展开研讨。2020 年,克雷格·艾伦作为商会领袖参加 CCG 举办的"新冠疫情背景下,中美经贸的机遇与挑战"主题线上研讨会,分析探讨如何评估疫情爆发造成的中美间的紧张局势等话题。2022 年,CCG 新书《商界领袖看中国发展新机遇》发布,克雷格·艾伦作为供稿人在书中围绕中美"脱钩"对美国就业的影响分享观点。

在国际冲突不断,国际格局出现重大调整的今天,经贸合作作为中美关系的压舱石,其对于国际和平和国际关系的稳定有着重要意义。USCBC长期关注中美经贸关系,一直游说美国政府发展中美经贸合作,经常代表美国商界在国会或其他场合作证,帮助美国国会议员正确认识中美经贸关系现状。此外,USCBC通过媒体及出版物帮助美国商界了解中美经贸关系的发展现状,该会出版的主要刊物包括:《美中商贸评论》、《中国市场信息周刊》以及侧重于某些共同关注行业和领域的研究报告。

作者拜访美中贸易全国委员会(左三为 Craig Allen)

美国商会是世界上最大的企业联合会组织,成立于 1912 年,总部位于华盛顿。商会代表超过 300 万家不同规模、行业和地区的美国企业和贸易协会。美国商会是美国国内最大的游说团体,在促进中美经贸关系方面,特别是在美国制定对华政策方面有着重要影响力。美国总商会主席 Thomas Donohue 曾多次公开表示对美国针对中国征收高额关税的决定表示强烈反对。Thomas Donohue 还在公开信上签名,支持减免对华关税。

作者拜访美国总商会（US Chamber of Commerce）

　　CCG 多次与美国总商会交流互访。2019 年，CCG 智库专家团应邀到美国总商会华盛顿总部，与美国总商会亚洲事务高级副总裁 Charles Freeman 和中国中心主席 Jeremie Waterman 等就中美经贸发展现状及美国总商会与 CCG 的未来合作展开交流。2022 年，在 CCG 第八届中国与全球化论坛举办的"中美智库对话"中，Jeremie Waterman 参与智库研讨对话，并表示期待中美两国政府能够合作，改善两国的商业环境，找到处理关税问题的理性的解决方案。Jeremie Waterman 曾率先提出一些以中国为重点的商会商业倡议，如美中 CEO 对话和成立中国中心。在加入商会之前,Jeremie Waterman 在美中贸易理事会工作了 5 年,曾担任政府事务主任。

作者与 Jeremie Waterman 合影

2022 年,在 CCG 美国"二轨外交"之行中,美中公共事务协会(America China)专门为我们访美举办了午餐会。美中公共事务协会是一个致力于加强改善美中关系的美国民间组织,致力于研究分析美中争议热点问题,加强美中两国互相了解和交流,促进美国各州与中国的双边贸易,提升美国华人政治地位等。在当天的午餐会上,我们与中国驻纽约总领事馆副总领事李仕鹏及沈希领事、美国外交政策全国委员会(NCAFP)总裁兼首席执行官,前美国驻塔吉克斯坦大使 Susan Elliot、美中公共事务协会执行会长滕绍骏(Fred Teng)、美国华裔精英非营利组织百人会创始人之一唐骝千(Oscar Tang)等来自中美双方的政、产、学、研界代表就中美间人文交往的重要性、智库该如何在中美相对紧张的大环境下发挥作用等话题进行了探讨。

美中公共事务协会（America China）专门为 CCG 访美举办午餐会

三、美国智库：大国智库借鉴

现代智库的原型起源于美国，就连其别称"影子内阁"、"影子政府"、"第四部门"、"第五种权力"也均来自美国。美国一流智库几乎具备现代智库的所有要素和特质，堪称大国智库最好的样板。

在美国政治、经济、社会发展的每一步中都可以看到美国智库的影子，它们在美国高层决策中起到过举足轻重的作用，常常影响与左右着美国政治、经济、军事、外交等一系列重大决策。可以说，美国智库是美国这个世界第一强国强势崛起的重要支撑和大国战略的幕后推手。

（一）美国智库与美国的崛起

从 19 世纪末 20 世纪初至今，美国一直保持着其世界领先大国的地位,对于美国国际地位长久兴盛的原因,各方众说纷纭。法律学者认为完善的现代法律制度是美国制胜的法宝,政治学者则认为三权分立的政治机制是美国长盛不衰的精髓,而经济学家则认为持续的经济增长是美国霸气的基础。说法众多,且各自成理,一时难下定论。而思考荷兰、英国、法国、德国这些国家的先后崛起与衰落则给了我们一些启示,这些国家的先后衰落不是因为政治、经济政策上的差距,更多的是缺少整合、调整这些因素的幕后推手。而在美国,智库则承担了这一责任,对各方因素进行整合、调整,为政府决策提供科学、专业的参考,以维护美国国际地位的长久与稳固。为了对国际智库,特别是美国智库进行系统的研究,我们在这些年走访了多家美国智库,并与许多美国智库专家、学者进行了交流。通过交流,得到了一个结论:当今世界每个强国崛起的背后,都必然存在着强大的智库。

美国世界政治地位确立的标志被公认为是美国总统伍德罗·威尔逊的《十四点和平原则》,而影响、推动这一原则面世的正是美国著名的智库——卡内基国际和平基金会。美国走向国际舞台的初期,在美国国际战略制定的过程中,智库扮演着至关重要的角色。兰德公司对于苏联卫星发展状况的预测给美国政府提供了重要的启示和参考,美国国际战略研究所鼓励和欢迎日中发展双边关系的建议则直接推动了 20 世纪 60—70 年代中美、中日关系的顺利开启。

表 3-14　美国重大内政和外交战略与美国智库

智库名称	美国重大战略和政策
卡内基国际和平基金会	《十四点和平原则》、《非战公约》
兰德公司	预测苏联发射第一颗人造卫星
布鲁金斯学会	肯尼迪"新边疆"、约翰逊"伟大社会"、"高边疆"(太空领域)、星球大战
国际战略研究所	"美国应该欢迎日本努力打开同中国进一步接触之门……美国不应对日本施加压力,也不应回避同中国进行战略物资的贸易"
传统基金会	"高边疆"(太空领域)、星球大战

智库名称	美国重大战略和政策
对外关系委员会	该所著名《外交事务》杂志首次提出了"遏制"这一概念
企业研究所	共和党的"流亡政府"、"影子内阁"
彼得森国际经济研究所	"华盛顿共识"、"G2"强烈施压人民币升值

资料来源:笔者根据公开资料整理。

从尼克松政府、福特政府、奥巴马政府到现任的拜登政府,智库作为美国政府的外脑,一直在影响政府决策方面发挥着不可替代的作用。美国知名智库对当时社会、经济发展的预测和引导,深刻影响了美国在内政外交各方面的决策。

表 3-15　美国部分智库及影响的政府和主要思想

智库名称	影响的政府	主要思想及问题
企业研究所	尼克松政府和福特政府	自由市场思想
胡佛研究所	里根政府	公共政策
传统基金会	里根政府	《领导人的职责》"终结了盛行 48 年的自由政策"
大西洋理事会	里根政府	《今后十年的对华政策》
进步政策研究所	克林顿政府	《变革方案》复苏美国经济方案,多次被采纳
国际战略研究中心	小布什政府	"以阿富汗为中心,发动反恐战争"
美国进步中心	奥巴马政府	被称为"首席智囊团"

资料来源:笔者根据公开资料整理。

要促进国家经济、社会的发展,国际地位的"历久弥新",需要完善的法律制度、成熟的政治体制、科技的创新以及时代机遇等各种因素的相互协调,共同发力。要实现这些因素的适时整合与运用,需要一个强有力的幕后推手。在美国,智库就很好地充当了这一角色。智库研究的专业性与科学性,使美国政府制定和出台的各项内政外交策略具有前瞻性和预见性,智库研究的独立性则使美国的各项政策具有广泛性和实用性。

美国的崛起和世界大国地位稳固,离不开美国智库的无形力量。反过来,美国的强势崛起和大国地位又为美国智库的国际发展提供了空间和话语权,两者相辅相成、相互影响、共同发展。可以说,美国智库值得全球现代型智库参考。

(二) 美国智库的力量之源

智库的目的是影响政府决策,那么推动智库影响力发展的因素又是什么呢? 全球智库研究专家詹姆斯·麦甘教授给出的答案是:政治体制、公民社会、言论环境、经济发展程度、慈善文化、大学的数量和独立性等。[①] 对此,美国布鲁金斯学会国际顾问委员会主席 Antonie Van Agtmael 将之更简洁地概括为:需求、人力与资金。他认为:"因为政治的去中心化和多元的政治文化使得智库有机会影响政策,很多学者希望通过自身对信息和知识的掌握帮助政府制定更好的政策,而美国的慈善传统和基金会文化则为他们提供资金支持。"[②]而美国智库的幸运就在于,美国社会完全具备了詹姆斯·麦甘教授提到的要素,这为智库的发展提供了坚实的土壤。

1. 独特的政治文化

所谓"政治文化"指的是一个民族在特定时间内对政治潮流的态度、信念和感情的总和,是政治体系的基本倾向。[③] 任何政治体系或国家都有自己独特的政治文化,它通过各种途径直接决定着每个社会成员的政治态度,也影响着政治体系中每个政治角色的功能。[④] 美国的政治文化

---

① See James G.McGann,Comparative Think Tanks,Politics and Public Policy,Edward Elgar,2005.

② 王莉丽:《旋转门——美国智库研究》,国家行政学院出版社 2010 年版,第128 页。

③ 参见阿尔蒙德、小鲍威尔:《比较政治学》,曹沛霖等译,上海译文出版社 1987 年版。

④ See Gabriel Almond,Comparative Political systems,The Journal of Politics,vol.18, pp.391-409.

表现为个人主义、实用主义和不信任政府,这为美国智库的蓬勃发展提供了足够的空间。

个人主义的核心观念认为,个人先于社会而存在,也就是说个人是本源,而社会是派生出来的。个人主义表现在政治方面就是有限政府,因为个人是本源,而政府存在的意义在于保障个人的自然权利,所以,政府的权力需要受到限制。这些观点为智库的产生与发展提供了宽松的外部环境,为个人的建言献策与政府的从谏如流,奠定了思想基石。

实用主义强调实践对于社会发展与人类生存的决定性意义。"有用即真理,真理即工具"的思想构建了美国人价值观念的基础,也俨然成为"美国精神"的代名词之一。正是由于这种"求实、求利、求效"的价值观念的盛行,美国智库才获得了存在并被认可的机会,并进一步发挥作用搭建起了沟通"知识"与"权力"的桥梁。

美国人对于政府与政客抱有一种天然的不信任感,因此格外重视通过制度设计避免私人空间受到政府权力的挤压以及官员腐败现象的产生。美国民众的这种心态,使独立于政府之外的"第五种权力"——智库更容易获得一般民众的信任,某种程度上来说也满足了美国公众监督政府的需要。当然,这也使民众对智库的独立性与权威性提出了更高的要求与期待。

2. 开放的政治体制

欧美国家政治体制的特色在于三权分立(三权分治),即立法权、行政权和司法权互相独立、互相制衡。立法和行政部门之间的竞争,使得总统和国会需要大量的参谋人员,以便在决策中获得优势地位。正如学者所说:"尽管看起来国会和行政部门内不断增多的专业人员及在政府内建立政策研究机构将会减少对智库的需求,但事实恰好相反。"①

---

① Donald E. Abelson, *American Think-Tanks and Their role in U.S. Foreign Policy*, New York, NY: St Martin's Press, 1996, p.47.

美国属于两党制国家,两大势均力敌的政党——共和党与民主党,通过总统与议会竞选轮流执政。两党议员以及总统候选人为赢得竞选,需要研究机构来充当智囊,但两党都没有自己正式的政策研究机构(附属于民主党领导人委员会的进步政策研究所是唯一的例外)[1],这就促使他们会向智库政策专家咨询,听取他们的专业意见。而且总统组阁时一般都会考虑各个智库政策专家的意见,特别是在过渡时期,总统施政对智库的依赖性尤为明显。

3. 雄厚的资金支撑

中国有句古话"一分钱难倒英雄汉",离开资金的支持,智库的生存都受到威胁,更不用谈发展了。曾有学者提出这样的观点:"影响美国智库媒介曝光率的一个重要因素就是资金,美国影响力排名前五位的智库运营资金都不少于 1000 万美元。"[2]雄厚的资金支撑是美国智库维系正常运转与扩大影响力的物质基础。

大多数美国智库的资金主要来源于:基金会、企业、个人捐款和政府合同。其中,基金会是一种相对稳定和长期的资金来源。据 2000 年版美国《基金会年鉴》提供的数据,2000 年资产在 300 万美元以上,年捐款在 20 万美元以上的基金会共有 10492 家,而这还不到当时美国基金会总数的 1/4。这些基金会控制着多达 3000 亿美元的资产。[3] 20 世纪 80 年代,基金会对政策研究机构的大规模资助,促成了当时美国智库数量激增局面的出现。1982—1987 年间,美国基金会对智库的资助总额从 5.2% 上升到 10%,具体而言就是从 7000 万美元增加到 2 亿美元。[4]

---

① See Michael Kramer, *The Brains Behind Clinton*, *Time*, 5/4/92, vol.139 Issue 18, p.45.

② 王莉丽:《旋转门——美国智库研究》,国家行政学院出版社 2010 年版,第139 页。

③ 参见王莉丽:《旋转门——美国智库研究》,国家行政学院出版社 2010 年版,第140 页。

④ See Diane Stone, *Capturing the Political Imagination*: *Think Tanks and the Policy Process*, London: Frank Cass, 1996, p.46.

企业和个人的捐款也是智库的主要资金来源。比如布鲁金斯学会，2020 财年总收入中，个人和企业捐款占到了 82%，①再比如，美国企业研究所也有丰厚的个人捐赠与基金会收入，2020 财年的 4350 万美元收入有 53% 来自个人捐赠，33% 来自基金会收入。② 多元化的资金来源不仅为智库的正常运营提供了物质支撑，也有利于智库保持和坚守其独立性。

4. 完善的法律法规

美国的慈善传统和基金会文化为智库的发展提供了有力的物质基础，而美国慈善传统和基金会文化的形成在一定程度上受益于其完善的法律法规。美国的法律法规对形成这种环境起到的促进作用主要体现在以下两方面：

其一，相关免税待遇。

美国税法 501（c）3 规定，符合下述三个条件的组织可以享受免税待遇：一是该组织的运作完全是为了从事慈善性、教育性、宗教性和科学性的事业，或者是为了达到该税法明文规定的其他目的；二是该组织的净收入不能用于使私人受惠；三是该组织所从事的主要活动不是为了影响立法，也不干预公开选举。③ 因此，在美国，智库在注册为非营利的免税组织后，只需要再成立一个以宣传各种政策为内容的教育组织，就可以取得非营利机构的法定资格，并在税收制度上获得免税的优惠待遇。

其二，慈善捐款制度。

美国慈善税法通过捐助慈善，减免税收的方式，鼓励美国富豪们创立基金会。此外，高额的遗产税也是美国富人倾向于将财产捐赠给社会的重要因素。

5. 便利的"旋转门"机制

"旋转门"机制是美国智库独有的特色，它实现了智库研究人员和从

---

① 参见布鲁金斯学会 2020 年年报，https://www.brookings.edu/wp-content/up-loads/2020/12/2020-annual-report.pdf。

② 参见企业研究所 2020 年年报，https://www.aei.org/about/annual-report/。

③ 参见美国税务局网站，www.irs.gov/charities/charitable/index.html。

政人员的自由和双向流动,进进出出的流动有利于提升智库的社会影响力。

　　早在 20 世纪初期,美国的"旋转门"机制就发展成熟了。美国前总统威尔逊是美国第一位从学界进入政界的总统,在就任美国总统之前,他曾在普林斯顿大学任校长。在奥巴马的执政团队中,副国务卿詹姆斯·斯坦伯格就曾经多次通过"旋转门"实现身份的转换。詹姆斯·斯坦伯格曾在伦敦国际战略研究所和兰德公司研究多年,之后成为克林顿政府外交团队的重要一员。克林顿政府任期届满后,他又进入布鲁金斯学会,之后效力于奥巴马政府。①

　　要说旋转门机制最明显的,首推里根政府时期。在里根的 8 年任期里,他共聘请近 200 名智库成员到政府任职或担任政府顾问。这近 200 名人员中,55 名来自胡佛研究所,36 名来自传统基金会,34 名来自企业研究所,32 名来自当前危机研究委员会,18 名来自国际战略研究中心。

　　2009 年,奥巴马入驻白宫之后,邀请了 32 名布鲁金斯学会的成员进入其执政团队,其中比较著名的有:担任驻联合国大使的苏珊·赖斯(Susan Rice)、担任白宫国安会亚太资深主任的贝德(Jeff Bader)、担任国家经济委员会主任的萨默斯(Larry Summers)以及担任副国务卿的斯坦伯格(Jim Steinberg)等。对于总统邀请智库人员进入其执政团队的原因,美国前总统小布什接受《纽约时报》采访时说的一段话,可以给出一个答案,他说:"我也许不能告诉你东帝汶的情况,但我会请那些有经验的人,比如赖斯(胡佛研究所)、沃尔福威茨(1994 年开始担任约翰斯·霍普金斯大学高级国际问题研究学院院长)、切尼。我的高明之处在于我知道自己哪些不懂,但却有极好的判断力,判断哪些信息是正确的,哪些是错误的。"

---

　　①　参见祁怀高:《奥巴马外交团队:"旋转门"的解读》,《世界知识》2009 年第 17 期。

旋转门机制，为美国智库的研究成果提供了影响国家、政府决策的最便捷通道。智库研究人员长期专注某一领域的研究，一旦成为政府政策的制定者或执行者，他们在政治、思想、经济等方面的理念便更容易得到贯彻实施。而政要加入智库，则增加了智库与政府的联系，为智库产出更多被政府采纳、影响政府决策的研究成果，提供了更多的可能。

6. 多元的政府沟通机制

在美国，智库和政府的交流方式众多，智库通过派人参加政府的听证会和国会举行的各种活动来及时了解政府政策的变化和走向。同时，智库还举办各种培训会，对政府人员进行培训，或邀请政府人员与智库成员一起做课题、搞研究，让政府了解自己的研究领域与研究成果。这增进了双方的了解，同时也提高了智库自身的影响力，提升了政府人员的理论水平。

美国知名智库，如传统基金会、企业研究所、胡佛研究所、外交关系委员会、兰德公司、卡内基国际和平基金会等，都有类似活动和交流项目。如，国际战略研究中心和布鲁金斯举办的"加迪斯—开普"中东问题论坛就邀请了美国政府官员参加，有力地影响了美国的中东政策。布鲁金斯学会东北亚政策研究中心、大西洋理事会亚太地区高级学者研讨班，每年专门从美国国务院、国防部等部门招聘人员一同开展研究。通过共同研究，学者既了解到了美国现行的各项政策、主张，也把自己的思想理念传递给了政府，从而影响政府的政策制定。

（三）美国智库影响力分层

智库的影响力表现为其对政府决策的影响程度，而在实际的决策过程中，不同的参与者对决策的影响程度是不同的。

决策者处于核心地位，他们掌握最终决策权，并对决策起决定性作用。社会精英（媒体、学术、企业界）处于决策过程的中心层，可以影响决策，但不起决定性作用。普通大众处于决策过程的边缘层，信息闭塞，影响决策的能力较弱。

据此,可将智库的影响力按其对不同的决策参与者的影响分解为三个层次:决策影响力、精英影响力和大众影响力。

1. 决策影响力

在任何国家,能够进入决策核心的永远都是权力的核心。在三权分立的美国,国会、总统和政府部门这些掌控决策权的机构、个人和部门都是决策的核心,对于政府决策有着举足轻重的影响力。因此,美国智库的决策影响力主要就表现为对这三者的影响。

(1)对国会的影响

美国智库影响国会的主要途径有三种:其一,在参众两院设立联络办公室,随时向两院议员和他们的顾问阐述对某项提案的支持或反对;其二,关注各类议会委员会组织的听证会,通过在听证会上作证来向有影响力的议员传播思想。其三,加强与国会议员的沟通。美国智库会定期邀请重要的国会领袖到智库作报告,邀请国会议员参加私人研讨会和相关会议,并通过这种方式与议员交换意见、实现信息共享。

(2)对总统以及总统班子的影响

美国智库对总统及总统班子的作用体现在以下两个方面:第一,总统上台后往往通过向较为固定的顾问班子和智库团队咨询获得各类政策建议。第二,总统候选人通过智库了解华盛顿政治圈的内部规则,同时获得大量的专业知识,加强对政治问题的认识,提升自己的知识深度,强化其政策思想的理论基础。

(3)对政府部门的影响

美国智库对政府部门的影响主要体现在对政府决策和政府人员的影响上。一方面,美国智库通过承接政府课题,代替政府进行某些工作,来影响决策。另一方面,美国智库还注重与政府部门开展人员的交流与培训,实现自身与政府决策层的对接。下面这段话形象地描述出了美国智库是如何影响政府部门的:"在某种程度上,政府运转基于备忘录。如果国务院官员、国防部官员或中央情报局的分析家拿着你的研究报告,在他写备忘录给国务卿、国防部长或总统本人时,就会用你的主张、分析报告,

你就有了影响力。如果你的报告不能放在他的面前，或者更糟的是，你不知道谁是负责的官员，那么你就没有影响力。"①

2. 精英影响力

精英虽然并不处在决策的核心，对决策没有直接的影响力，但精英的社会地位和影响力决定了他们对于决策的间接影响力是巨大的。美国智库对这些精英的影响主要是通过在学术刊物发表学术论文、出版著作、召开研讨会等形式来实现的。

在著作出版方面，各智库大体都形成了自身的特色。国际战略研究中心隔年出版的《世界各国实力评估》、布鲁金斯学会出版的年度《东北亚调查》、东西方中心出版的年度《亚太安全展望》和传统基金会出版的年度《全球经济自由指数》等都是这些智库定期出版的非常有影响力的著作。②

杂志、期刊和通讯也是美国智库发挥精英影响力的重要途径。对外关系委员会著名的《外交》杂志，在全世界范围内都非常有影响力，被看作是反映美国外交政策的非官方喉舌。还有传统基金会的《政策评论》，布鲁金斯学会的《布鲁金斯评论》，美国企业研究所的《美国企业》，哈德森研究所的《美国展望》等，都是在精英阶层非常有影响力的杂志。

3. 大众影响力

美国智库影响民众的途径是多样的，但按其手段可以分为两种。一是利用自身的宣传手段传播自己的观点。传统基金会曾经发行过"每月简报磁带"，借以宣传他们内部政策专家的发言和知名意见领袖的讲话。③ 同时，美国智库也开始利用视频、博客和网站这些新的网络传播形式，提升自身的影响力。几乎所有的美国智库都已经全面利用互联网来

---

① 中国现代国际关系研究所：《美国智库及其对华倾向》，时事出版社 2003 年版，第 56 页。

② 参见中国现代国际关系研究所：《美国智库及其对华倾向》，时事出版社 2003 年版，第 61 页。

③ 参见唐纳德·E.埃布尔尔森：《智库能发挥作用吗？公共政策研究机构影响力之评估》，上海社会科学院出版社 2010 年版，第 78 页。

宣传他们的工作。比如传统基金会创建了一个网站，为持保守主义思想的青年人提供具体建议，告诉他们如何在华盛顿找到一份政策研究工作。[①] 二是利用大众媒体提供的平台宣传智库及研究成果。很多美国智库倾向于通过电视、报纸或网络媒体公开发表自己的观点，引导大众对于某个政策的认识。智库内的专家和研究人员也比较愿意接受公众媒体的采访，就热点问题发表自己的看法，影响大众舆论。

（四）美国智库的管理运行

美国智库的规模有大有小，人员从几十人到上千人不等，但总体来看，美国智库还是以小型智库为主，这一特点带来的优点就是管理的灵活与研究的高效。此外，美国智库还在资金来源与用人管人方面形成了自己特点，保证了智库运营的稳定与影响力的提升。

1. 组织扁平化

所谓组织扁平化是指组织通过减少管理层次、压缩职能机构，使组织的决策层和操作层之间的中间管理层变少，权力下放，从而提高组织效率。[②] 对于组织扁平化，管理大师德鲁克曾有一个生动的比喻，他说，几百名音乐家能够与他们的首席执行官一起演奏，是因为大家共同使用着同一张总谱。组织扁平化的优点就在于优化了中间的管理层次，减少了决策层和操作层之间的环节，提高了效率。

美国智库既是企业扁平化的受益者，又是企业扁平化的推动者。美国智库的管理一般采用理事会的形式，理事会下设顾问委员会（或者其他，如所长制、办公室制等）、执行总裁。委员会根据需要和董事会的计划，合理确定每月开会的次数，监管智库的日常运行。执行总裁负责管理智库的日常项目。

---

① 参见唐纳德·E.埃布尔尔森：《智库能发挥作用吗？公共政策研究机构影响力之评估》，上海社会科学院出版社 2010 年版。

② 参见陈兴淋、陈烨：《浅析扁平化组织结构的风险》，《商业时代》2006 年第34 期。

美国智库保证其研究质量和管理效率的关键就在图3-6当中,主要表现在三点上:一是压缩决策层和操作层之间的距离,使智库高层和基层员工之间的距离尽量短,层级尽量少,保证信息的及时传递;二是秉承独立、自由、公正的研究精神,虽然美国智库的经费来源于政府和企业,但是智库的研究是独立的,不受政府和企业的限制和制约,甚至一些报告本身就是对政府的批评和指责;三是严谨和自由自主的研究环境,经理人、业务主管和总裁在得到研究项目和经费后,往往大胆让下面的人进行独立自主的研究,不会任意干涉,这被认为是智库获得高质量研究成果的重要保证之一。

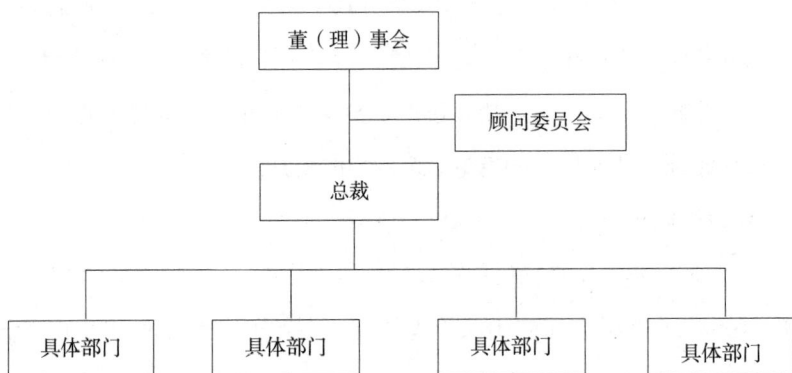

图3-6　智库组织管理

2.资金来源多样化

资金是智库运营的生命线,强大的筹款能力是美国智库得以成长和发展的基石。美国智库的运作资金主要来源于创始人的专项资金、大公司和个人的捐助、政府的资助和拨款。创始人的专项资金虽然金额有限,但是相对稳定。而来自企业、个人和政府的捐助的多少则要视智库的影响力而定。智库影响力培养主要是通过其研究成果的质量来实现的。与大学学院式的研究不同,智库的研究都是来自现实需求,以解决问题为目的的,现实需求和责任压力保证了智库研究的价值与质量,也为智库赢得了声誉,带来了利益,为智库的筹款能力打下了基础。

因为美国智库坚持独立、自主、公正的理念,输出科学的管理思想,很多大公司和政府机构对智库都非常仰仗,也乐于为智库提供捐款,但智库并非对捐款来者不拒。美国智库都声明不接受具有附加条件的捐款,不从事已经规定了结论或者限制自己独立性和自主性的研究,以维护智库自己的声誉和形象。

虽说美国智库的经费来源比较多元,但支出相对比较单一,主要用于研究。当代社会科学,尤其是经济学、社会学、政治学以及历史学中的许多重要研究成果都来自智库的研究。这些成果是在有充足经费的支撑下做出来的,而这些研究成果引起的反响又提升了智库的声誉,为智库获得资金捐助打下了坚实的基础。

除了有多元化的资金来源外,美国智库还在税收方面享受优惠待遇,这也为美国智库的发展壮大起到了添砖加瓦的作用。根据美国国内税收法,非营利性科学研究组织,税收可被减免,智库享有这样的待遇。虽然受历史因素的影响,兰德公司的名字中带有"公司"两个字,但它并不是真正意义上的法人公司,而是属于独立的非营利性研究机构。根据美国国内税收法和加州法律的相关规定,对兰德公司免征所得税。

3. 秉持科学、灵活的用人原则

美国智库研究人员既有政府退休高官、大学教授,也有企业高管等,他们大都具有高学历,往往是某个领域的资深专家,享有较高的知名度。美国智库在强调研究队伍的专业化、多元化的同时,还特别注重人员搭配的合理性和科学性。美国智库的研究人员有三类:高级研究员(senior fellow)、研究员(research associate)和助理研究员(research assistant)。研究员承担了智库的大部分工作,但单凭研究员的努力也难以完成智库的全部工作,因此,通过研究人员与辅助人员的合理配置来提高研究工作的效率就显得尤为重要。在这方面兰德公司的经验是"两个研究员不如一个研究员加半个秘书的效率高"。而布鲁金斯学会专职研究员与辅助人员(秘书和研究助手等)的配置比例是 1:2,这一比例在胡佛研究所更高,为 1:25。[1]

———————

[1] 参见中国社会科学院青年人文社会科学研究中心:《美国思想库的运行机制及其启示》,《科学时报》2003 年 7 月 28 日。

美国智库在用人制度方面的另一个突出特点就是灵活性。美国智库大多是通过合同制和聘任制录用研究人员,合同制和聘任制的好处就是能够保持人员的流动性,避免人员和思想的固化。美国智库中人员的流动不仅限于一般员工,少数骨干也会有流动,一般是到其他研究机构交流、工作一段时间。在一些美国智库中,即使是业务主管或所长也会定期轮换。

尤其值得一提的是,美国许多知名智库坚持不拘一格用人才的原则,在录用人才的时候并不在意其党派、宗教信仰、观点异同等。比如,兰德公司,其研究人员的党派倾向、宗教信仰、思想观点等各不相同,不管是亲共和党,还是亲民主党,支持以色列,还是倾向阿拉伯国家,都不妨碍他们在兰德共同工作。

四、美国智库引领中国研究热

美国智库的中国研究开始于新中国成立之后,直接动力来自对"我们为什么失去了中国"的反思。

在推动美国智库兴起中国研究的过程中,哈佛大学的著名中国问题专家费正清教授作出了巨大的贡献,为美国智库的中国研究奠定了基础。

费正清在1955年成功游说福特基金会和卡内基基金会后,于1956年在哈佛大学建立了东亚研究中心,该中心是当时世界研究中国的两大基地之一,另外一个是哈佛—燕京学社,该学社专注汉学研究。

20世纪60、70年代,新中国政权愈加巩固,美国的对华研究也开始出现升温的趋势。外交关系协会的《国际事务中的美国和中国》系列课题,对中美关系、中国人民解放军等作了比较系统的研究,在美国学界产生了重要的影响。这一时期,美国还出现了哥伦比亚大学创办的"当代中国研究项目"、柏克利分校的"东亚研究中心"等专门从事中国研究的智库项目和机构。

20世纪80年代,涉足中国研究的美国智库规模和数量都有了大幅的提高,它们或扩大规模,如哈佛大学东亚研究中心;或者建立新的研究中心,如加州大学的东亚研究所,开始关注中国的状况。此外,斯坦福大学、密西根大学等中国研究的大本营也继续扩大了有关中国的研究项目。这一时期,还出现了一些中美联合的项目,其中最著名的是南京大学—约翰霍普金斯大学中美文化研究中心。这些机构的建立,大大加深了中美之间的学术交流和往来。

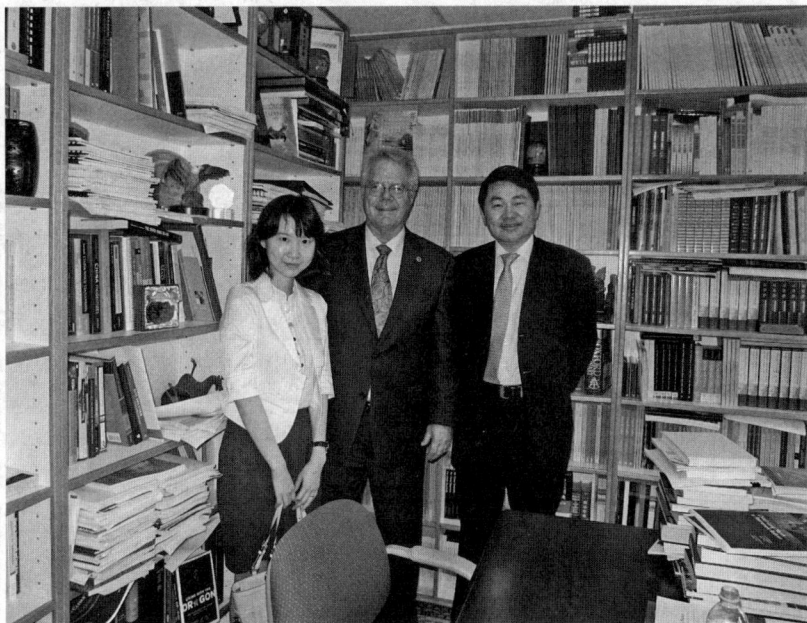

作者与约翰霍普金斯大学国际关系学院兰普敦教授合影

总体来说,在 20 世纪 90 年代之前,美国对中国的研究主要依靠的是依附于大学的研究机构。进入 90 年代以后,随着中国改革开放成效的不断扩大,国际地位的进一步上升,关注中国的美国研究机构日益多了起来,中国也开始成为美国智库的研究热点。这一时期,美国知名智库不仅加大了对中国的研究,还开始在中国设立各自的研究中心。如布鲁金斯的约翰·桑顿中国中心(John L.Thorton China Center)、卡内基国际和平基金会在中国设立的中国研究中心、布鲁金斯—清华中心(Brookings Tsinghua Center)等。

表 3-16　美国主要智库的中国研究状况

智库名称	涉华研究机构	研究特色
布鲁金斯学会	东北亚研究中心、约翰·桑顿中国中心、布鲁金斯—清华中心	中美关系、美台关系、中国经济、东北亚安全
外交关系协会	亚洲项目	中国军事、两岸关系、对华政策等
卡内基国际和平基金会	中国研究项目、中国研究中心	中国政治、中国军事、中美关系、中国台湾问题
战略和国际问题研究中心	亚洲研究项目、费和中国研究中心	中美关系、中国台湾问题、中国政治、中国安全等
兰德公司	国家安全研究项目	中美关系、中国安全战略、中国政治决策、中国台湾问题
卡托研究所	防务和外交政策研究部	中美战略关系
传统基金会	国际研究所亚太研究中心	中美关系、中国台湾问题、美台（中国台湾）关系、两岸经贸
伍德罗·威尔逊国际学者中心	亚洲研究项目	中国政治、中国军事、中国台湾问题
太平洋理事会	大西洋—太平洋项目	中美关系、中国台湾问题、不扩散问题等
美国和平研究所	亚太研究中心	中美关系、中国台湾问题、南中国海问题等
美国企业公共政策研究所	亚洲研究项目	中国台湾问题、中国内政、中国人权、中美关系
史汀生中心	中国项目	中美军事关系、不扩散问题
彼得森研究所	东亚研究所	中国台湾问题、中国内政、中美军事
海军分析中心	战略研究中心亚洲项目	中国台湾问题、中国环境问题、中国政治、中美关系
尼克松中心	中国研究部	中美关系、美国对华战略
太平洋论坛	美中研究项目	中国台湾问题、中美关系、中国与亚太安全
胡佛研究所	东亚图书馆等	中美关系、中国台湾问题、中国政治和经济

资料来源：根据公开资料整理。

2008 年,世界经济危机的冲击,使西方传统大国的经济地位受到动摇,而中国的地位则得到进一步提升,美国智库的"中国热"开始出现。G2 和"中美国",都成为美国智库和媒体上热议的概念和话题,美国智库进一步加深了对中国的研究。

综上所述,我们完全可以期待,随着中国国际地位的不断提高,"CHINA"将成为美国智库的讨论和研究成果中高频率出现的单词之一。

五、比较视野:加拿大智库

在美洲智库中,除了美国智库之外,加拿大智库也颇值一提,加拿大不仅拥有一批具有国际影响力的优秀智库,而且还形成了比较完善的智库体系。

(一)加拿大亚太基金会

加拿大亚太基金会(Asia Pacific Foundation of Canada,APF)成立于 1984 年,是遵照加拿大国会法案(Act of Parliament)成立的融知识、技能和人才为一体的综合性研究机构。其宗旨是"研究加拿大与亚洲关系,促进加拿大与亚洲地区的对话、交流,为安全、政治和社会问题提供重要政策支持"。

亚太基金会的启动资金为 5000 万加元,来源于加拿大联邦政府,之后其他联邦政府机构、地方政府机构和工商机构又先后出资捐助亚太基金会。亚太基金会在海外加侨统计与研究(Canadians Abroad)、加中经济关系与战略(Canada China Economic Relations)和亚太门户走廊(Asia Pacific Gateway and Corridor)等领域的研究成果颇受加拿大政府的重视。

我曾连续多年担任加拿大亚太基金会的高级研究员。亚太基金会是加拿大最重要的智库之一,尤其是在对亚洲的合作及研究方面。加拿大

亚太基金会在中加合作领域有一定影响力。2012 年,该基金会曾就加拿大政府与中国签署自贸协定的问题展开过一项民意调查,调查结果显示:47% 的受访者认为加拿大政府应该首先同中国签署自贸协定,选择日本和印度的仅占 16% 和 15%。近四分之三的受访者认为,加拿大政府与中国签署自贸协定可以获得先发优势,可以更早进入中国市场。还有三分之二的人认为签署自贸协定将会有助于提升他们在中国的业务水平。亚太基金会以此次调查为依据批评加拿大现在的政策致使中加关系冰冷,不利于两国经贸领域关系的发展。

全球化智库与亚太基金会一直有很好的交流与合作。2010 年 5 月,CCG 和 APF 在北京举办了题为"千才汇聚,让人才在国际上流动起来"的圆桌论坛。时任加拿大不列颠哥伦比亚省省长 Gordon Campbell,加拿大驻中国大使马大维,加拿大亚太基金会总裁胡元豹等加方专家和中方专家一起参加了研讨会。会议开启了中加两国人才流动的深入直接的对话,对两国人才交流方面发挥了积极影响。

2011 年 11 月,在 CCG 的牵头下,亚太基金会、人社部中国人事科学研究院、国家外专局和 CCG 主办了"中加人才流动与合作开发研讨会"。研讨会上签订了两国四家机构共同开展中加人才交流与合作项目的长期框架协议。四方将充分发挥自身优势和特色,通过项目加强国际人才双边流动领域的学术交流与合作,为国际双边国家人力资源管理的实践和研究开辟新的模式,为国家国际人才合作建言献策。

2017 年,加拿大亚太基金会联合加中贸易理事会(CCBC)、阿尔伯塔大学中国学院、BC 大学亚洲研究学院及多伦多大学蒙克全球事务学院共同成立并启动"中国研究伙伴"门户网站。据悉,"中国研究伙伴"将致力于对中国的研究,搭建一个传播和共享有关中国信息的平台,网站信息将包括新闻、分析、评论、统计、报告、活动公告以及合作机构 56 位专家的数据库,服务于政策制定者、学术界、媒体和学生。

中加人才流动研讨会在北京举办

（二）弗雷泽研究所

弗雷泽研究所又名菲沙研究所（The Fraser Institute）成立于 1974 年，总部在温哥华，美加地区共有 4 个分所，是加拿大最知名的智库之一。弗雷泽研究所主要研究世界经济与贸易、经济政策等，致力于测量、研究和宣传市场竞争与政府干预对个人福利产生的影响。

研究所成立 40 多年来，形成了自己的影响力，每年都会发布"弗雷泽自由经济指数"等报告，该报告在世界范围内都非常有影响。同时，研究所在改变公共观点思潮方面也取得了很多显著的成果，研究所成立之初，很多加拿大人认为政府是最主要的经济发展源泉，研究所经过不懈的努力，改变了人们的这种思维方式，使他们对政府和市场的作用有了清晰的认识。研究所追求自由和繁荣的世界，在这样的世界里每个人都能通过更多的选择、竞争市场以及个人责任获利。①

① 参见弗雷泽研究所官网，https://www.fraserinstitute.org/。

该智库也很有特色,属于中小型智库。为此我们还专门参观并访问了坐落在加拿大温哥华的弗雷泽研究所。

作者访问加拿大菲沙研究所

(三) 贺维学会

贺维学会(C.D.Howe Institute)总部设在多伦多,历史起源比较复杂,最早可以追溯到 1958 年。1973 年,创立于 1958 年的加拿大私人规划协会与贺维纪念基金会合并,成为贺维研究所。8 年后,该研究所解散,贺维纪念基金会成为单独的实体,而改组后的加拿大私人规划协会更名为贺维学会。贺维也成立过公司,曾经被全球最大的工程项目管理咨询公司SNC—兰万灵公司拥有,当年我曾在加拿大 SNC—兰万灵公司担任亚洲董事经理,还帮助过贺维公司的业务。

贺维学会以研究加拿大在经济、社会、贸易方面的政策见长,该学会在呈现研究成果时并不热衷于数百页的专著,而是主要运用简短的研究报告和评论表明对政府某些政策的看法。学会推出的数百份研究报告,几乎囊括了联邦和省级政府的所有重大政策方案。

贺维学会十分重视研究工作,每年有超过 90% 的预算都投入到了研究工作当中。与之相应的,贺维学会的研究成果也为其赢得了良好的声誉。贺维学会不但为政策制定者提供具体研究结果,还举办论坛为双方搭建可以进行互动和激烈讨论的平台。近年来,在加拿大,很少有智库能够获得像贺维学会这样的媒体关注和政策制定者的关注。

(四)国际治理创新中心

国际治理创新中心(Center for International Governance Innovation, CIGI)成立于 2001 年,创始人是吉姆·巴尔西利(Jim Balsillie),他是加拿大黑莓公司(BlackBerry)的前任董事长和联合首席执行官。CIGI 致力于解决技术和国际治理交叉领域的重大全球问题,通过研究和分析为数字时代提供创新的政策解决方案,改善世界各地人们的生活。CIGI 总部位于加拿大滑铁卢,得到加拿大政府和安大略省政府的支持。①

智库创始人吉姆·巴尔西利除了具有深厚的科技背景,还拥有丰富的智库管理经验,他是巴尔西利国际事务学院(Balsillie School of International Affairs, BSIA)、数字权利中心(Centre for Digital Rights)和北极研究基金会(Arctic Research Foundation)的创始人,以及纽约新经济思想研究所(Institute for New Economic Thinking, INET)、加拿大创新者理事会(Council of Canadian Innovators, CCI)和 CIO 战略理事会(CIO Strategy Council)的联合创始人,并在美国商务委员会(US Business Council)、美国竞争力委员会(US Council on Competitiveness)和联合国秘书长可持续发展高级小组(UN Secretary Generals High Panel for Sustainability)中任职,这些经历在一定程度上影响着 CIGI 的

---

① 本章资料参见 CIGI 官网,https://www.cigionline.org/。

发展。

　　CIGI 董事会由 9 人组成,创始人吉姆·巴尔西利担任董事会主席。2019 年以前,国际治理创新中心主要有三大研究主题,分别为全球经济、全球安全与政治、国际法研究。在 CIGI 2020—2025 战略规划中,数字治理成为中心最核心的研究议题。

　　国际治理创新中心资金来源多元,并保持着透明,从 2014 年开始,就在资金透明度方面被美国的"透明化"(Transparify)组织评为五星,中心通过公开资金来源,很好地提升了智库的公信力。CIGI 的核心资助机构主要包括加拿大政府、安大略省政府、滑铁卢市,核心资助个人及家族包括:吉姆·巴尔西利(Jim Balsillie)、迈克·拉扎里迪斯(Mike Lazaridis)、维尔纳家族(The Woerner Family)、迈克尔·巴恩斯汀(Michael Barnstijn)和路易丝·麦克卡伦(Louise MacCallum)。受新冠疫情影响,国际治理创新中心 2020 财年的收入和支出都大幅减少。2020 财年收入 694.6 万美元,较 2019 年的 1021.4 万美元有很大缩水。2020 财年支出 1190.7 万美元,比 2019 财年的 2074.3 万美元少了几乎一半。CIGI 的主要收入来源是投资收入和政府资金,2020 财年收到的政府资金大量减少,因此造成收入下降。国际治理创新中心 60% 的预算投入到研究和会议举办。

　　2017 年 3 月 9 日,CIGI 曾到访全球化智库(CCG)总部,与 CCG 举行了中加合作专题圆桌会。加拿大国际治理创新中心高级研究员帕特里克·勒布朗表示,加拿大非常看重加中合作,对缔结加中自贸协定十分积极,呼声早已有之。勒布朗认为,在人文交流领域,中加还有很多合作空间。中国是加拿大国际留学生主要生源国之一,但加拿大来华留学生数量较少,加拿大还需要对中国加深理解,加大力度宣传,这样才能加强人文交流。我在会议中提出,中加在当前国际形势下有着非常大的合作空间。此外,我们还商讨了"一带一路"存在的巨大发展潜力,以及中加开拓"一带一路"合作的广阔前景。

CCG 举办中加经贸专题圆桌会

（五）美加智库比较

由于地缘因素和美加两国在政治、经济、军事、文化等方面的密切联系，加拿大智库受美国智库的影响较大。因此，两国智库在某些方面十分相似，这使得两国智库之间的合作交流十分频繁，研究人员同时在两国多个智库兼职并自由流动的现象也比较普遍。

但由于美加两国在政治、经济、文化和社会环境方面的不同，两国智库在发展模式上还是存在较大差异。相较于美国智库，加拿大智库还有一些明显的不足。首先，加拿大智库与政府的关系更密切，独立型智库发展不充分。其次，加拿大智库的旋转门机制还没有发展成熟，智库与政府之间的流动机制并不像美国那样发达。再次，加拿大智库缺乏美国智库那种制造媒体和公众关注度的能力，缺乏持久的社会影响力。最后，加拿大智库的政策参与度和对政府决策的影响力，远远不及美国智库。

第四章

欧陆变迁中举足轻重的欧洲一流智库

　　20 世纪最后 30 年全世界智库蓬勃发展，欧洲智库也迎来了发展最迅速的时期，有一半智库都是在这一时期成立的。由于欧洲国家众多且多为发达国家，整体来看，欧洲智库实力仅次于美国，分开来看，欧洲各国智库各有其特色和优势，可谓各有千秋……

一、欧洲智库:各有千秋

20 世纪最后 30 年全世界智库蓬勃发展,欧洲智库也迎来了发展最迅速的时期,有一半智库都是在这一时期成立的。由于欧洲国家众多且多为发达国家,整体来看,欧洲智库实力仅次于美国,分开来看,欧洲各国智库各有其特色和优势,可谓各有千秋。

欧洲智库按其形成和发展状态,一般可以分为西欧和东欧两个部分。

西欧是美国之外拥有智库数量最多的地区,不少优秀智库也是蜚声世界。在《全球智库报告 2020》中,欧洲智库占据世界前 20 强智库排名中的 6 位,基本上与美国的 7 位平分秋色,在全球还是具有一定的优势地位。

欧洲智库虽然数量很多,但本质差别并不大,绝大多数智库一直以来都与政治政党有着正式的关联。较之于其他地区而言,欧洲智库的优势在于它们与政策制定者有着颇为密切的联系,而且其中一些智库还在试图将它们的听众拓展到商业、媒体和公众领域,从而可以让这些领域的人们更多地参与到公共事务的讨论中来。

随着欧洲一体化的不断发展,研究欧洲和欧盟面临的问题方面的智库正在增多,欧盟本身的智库也开始出现,如欧盟安全问题研究所、欧洲亚洲事务研究所以及欧洲政策研究中心、欧洲政策中心,均较有名气。随着欧洲各国政府及欧盟机构的日益重视,智库在欧盟内、外决策中发挥的作用日益重要。同时,为了更直接影响欧盟决策机构,把握欧盟的最新政策需要,提升自身影响力,欧洲各主流专业智库纷纷在欧盟核心机构所在地布鲁塞尔设立分支机构,或把主要活动的举办地选在布鲁塞尔。①

《全球智库报告2020》西欧前30强智库中,英国有10家智库入围,其中前十名中有2家,分别是排名第五的查塔姆社、排名第八的英国国际战略研究所。德国有7家智库进入前30强,其中前十名的有排名第六的弗里德里希·艾伯特基金会和排名第七的德国阿登纳基金会。比利时由于拥有欧盟主要三大机构,集聚了布鲁盖尔研究所和欧洲政策研究中心这2家排名前10强的著名智库。其中布鲁盖尔更是排名全欧第一。法国排名相对落后,仅有3家智库入围前30强榜单。(见表4-1)从这份排名上看,英国依然是西欧智库实力最强的国家,德国其次,比利时的智库发展迅速,依靠欧洲十字路口的"地利",比利时智库近年展现了很强的发展潜力。

表4-1　西欧主要智库的2020年排名

排名	智库名称	所属国家	基本情况
1	布鲁盖尔研究所(Bruegel)	比利时	成立于2005年,立足经济学,通过政策研究和探讨提升欧洲经济政策的质量,主要研究领域包括欧洲治理、银行与资本市场、全球经济与贸易、绿色经济、数字经济与创新等
2	埃尔卡诺皇家研究院(Elcano Royal Institute)	西班牙	成立于2001年,研究内容包括能源和气候变化、安全和国防、全球经济、国际恐怖主义、西班牙在国外的形象以及人口和移民等
3	荷兰国际关系研究院(Clingendael, Netherlands Institute of International Relations)	荷兰	成立于1983年,研究议题包括安全和防卫、欧洲与世界、欧洲与欧盟、贸易与全球化、移民、可持续性、外交政策、新冠疫情、中国研究、俄罗斯和东欧研究等

① 参见潘忠岐:《欧洲智库的最新发展及其对华研究》,《现代国际关系》2010年第10期。

排名	智库名称	所属国家	基本情况
4	法国国际关系研究所（French Institute of International Relations，IFRI）	法国	成立于1979年，研究领域包括政治与战略问题，尤其是跨大西洋关系，欧洲建设问题、世界经济与全球化动力机制、安全与不扩散问题、区域研究等
5	查塔姆社（Chatham House）	英国	成立于1920年，主要研究包括能源、环境与资源治理、卫生治理、国际经济、国际安全、地区研究和国际法等领域
6	弗里德里希·艾伯特基金会（Friedrich-Ebert-Stiftung，FES）	德国	成立于1925年，主要关注社会民主、欧洲政治、教育政策、公民社会、金融危机、经济危机与欧元危机、女性与性别政策、世界工会、媒体和极右主义等问题
7	康拉德·阿登纳基金会（Konrad-Adenauer-Stiftung，KAS）	德国	1964年成立，以巩固民主、促进欧洲统一、加强跨大西洋关系及与发展中国家政治合作为宗旨
8	国际战略研究所（International Institute for Strategic Studies，IISS）	英国	成立于1958年，研究领域涵盖政治、经济和和平等问题，研究地域包括北约防区、中东、非洲及世界其他热点地区，军事战略研究是其特色
9	欧洲政策研究中心（Center for European Policy Studies，CEPS）	比利时	成立于1983年，研究领域包括经济政策、金融市场和机构、能源与气候变化、贸易发展和政策等
10	丹麦国际问题研究所（Danish Institute for International Studies）	丹麦	成立于2003年，研究外交、安全和发展政策，具体包括移民与全球秩序、全球安全与冲突、可持续发展与治理等
11	国际政治研究所（Institute for International Political Studies，ISPI）	意大利	成立于1934年，提供关于国际政治和社会经济趋势和动态的分析，具体包括亚洲研究、中东和北非研究、俄罗斯研究、高加索和中亚研究、非洲研究、拉丁美洲研究、网络安全、欧洲和全球治理等
12	巴塞罗那国际事务中心（Barcelona Centre for International Affairs，CIDOB）	西班牙	成立于1973年，主要负责分析从国际到地方影响政治、社会和治理动态的全球问题，具体包括全球地缘政治与安全、移民、全球城市与大都市、可持续发展等

排名	智库名称	所属国家	基本情况
13	德国发展研究所（German Development Institute, DIE）	德国	成立于1964年,德国发展研究所关注国际政治、社会、经济、生态问题（如国家政权、地区治理、社会冲突、种族关系、城镇关系、气候变化）,通过研究分析确定与政策相关的概念术语、规范、指南,为各部门、政府和国际组织提供参考建议
14	德国生态研究所（Ecologic Institute）	德国	1995年成立,致力于环境政策、可持续发展和社会生态研究,具体包括可持续性转变的社会生态研究;环境改善政策和战略;自然资源的使用以及生物多样性;区域、国家和超国家层面的公众治理和参与等
15	亚当·斯密研究所（Adam Smith Institute, ASI）	英国	成立于20世纪70年代,研究领域包括银行业、公民自由与正义、经济与税收、教育、环境与运输、欧洲、政府与政治等
16	国际事务研究所（Instituto Affair Internazionali, IAI）	意大利	1965年成立,研究领域包括地区研究、安全与防御、不扩散与裁军、欧盟、政治和机构、能源、气候和资源、国际经济、全球治理、意大利外交政策等
17	伦敦政治经济学院外交智库（LSE IDEAS）	英国	成立于2008年,在外交、外交政策和跨地区问题上进行研究,具体包括中欧研究、东南欧研究、中国研究、欧洲研究、冷战研究等
18	卡内基国际和平基金会欧洲中心（Carnegie Endowment for International Peace Europe Center）	比利时	作为欧洲外交和安全政策分析的可靠来源,卡内基欧洲学院提供了独立见解和跨学科专业知识,将国家、地区和全球观点结合在一起。具体研究领域涵盖欧洲的全球和地区角色、欧洲的治理挑战、欧洲的未来等部分
19	国际特赦组织（Amnesty International, AI）	英国	成立于1961年,是一个人权监察的国际性非政府组织,主要由全世界的社会学教授组成,研究领域集中在人权领域
20	财政研究所（Institute for Fiscal Studies, IFS）	英国	成立于1969年,研究领域包括英国脱欧、权力下放和地方政府;消费者行为与间接税;教育、技能和人力资本;就业和薪酬;卫生保健等

第四章　欧陆变迁中举足轻重的欧洲一流智库

大国智库2.0

Global Think Tanks 2.0

排名	智库名称	所属国家	基本情况
21	法国国际战略关系研究所（Institute de Relations Internationales et Strategiques，IRIS）	法国	创立于1991年，研究领域包括经济、能源/气候、空间、地缘政治、移民、健康、安全、地区国别研究等
22	雅克·德洛斯研究所（Notre Europe Jacques Delors Institut）	法国	成立于1996年，研究领域包括能源与气候、欧洲研究、劳动力与社会事务、民主与公民权、法律与宪法、经济与金融等
23	透明国际（Transparency International，TI）	德国	1993年成立，是一个反贪污的全球性公民组织，每年会公布腐败感知指数和国际贪污状况列表，也会跟政府合作打击贪腐
24	德国对外关系委员会（German Council on Foreign Relations，DGAP）	德国	成立于1955年，致力于在德国和欧洲层面上促进有影响力的外交和安全政策，以促进民主、和平和法治，研究领域覆盖气候、欧盟研究、地理经济学、2021年德国联邦议院选举、国际秩序与民主、移民、安全、数字化等
25	皇家联合研究所（Royal United Services Institute，RUSI）	英国	成立于1831年，主要的关注点是英国的国防、安全和国际事务，以及如何改善英国以及北约和欧盟合作伙伴的安全
26	斯德哥尔摩国际和平研究所（Stockholm International Peace Research Institute，SIPRI）	瑞典	成立于1966年，致力于全球安全研究，具体领域包括军备和裁军、冲突、和平与安全、和平与发展等
27	德国国际政治与安全研究所（Stiftung Wissenschaft und Politik，SWP）	德国	成立于1962年，致力于为德国联邦议会和联邦政府以及经济工作者和公众提供外交政策问题分析。研究所最初主要应对裁军问题，现在研究领域已拓展至从传统安全政策，到气候变化及能源短缺带来的政治挑战等
28	海外发展研究院（Overseas Development Institute，ODI）	英国	成立于1960年，是英国从事国际发展研究及人道主义研究的独立智库
29	英国经济政策研究中心（Centre for Economic Policy Research，CEPR）	英国	成立于1983年，研究范围涵盖宏观经济和贸易政策，具体包括经济问题、政策问题、发展研究、产业政策等

排名	智库名称	所属国家	基本情况
30	欧洲对外关系委员会(European Council on Foreign Relations,ECFR)	英国	成立于2007年,旨在对欧洲外交和安全政策进行前沿的独立研究,具体研究领域包括气候、地缘政治、健康治理、地理经济、人权、移民、多边主义等

资料来源:美国宾夕法尼亚大学:《全球智库报告2020》,https://repository.upenn.edu/think_tanks/18/,2021年1月28日。

中东欧智库的产生和发展略逊于西欧,大多是伴随着东欧剧变之势,在过去的十多年间出现并逐渐发展起来的,现已成为地区政治和经济转轨的一部分。在自由之屋(Freedom House)发布的《中东欧智库:全面目录》显示,101家智库中,名字中含有"自由市场"、"自由"、"民主"、"市民"、"改革"字样的有31家。不难看出,这一地区后社会主义时代的智库更像是民主化和市场改革的实验室。智库也成了学术难民保护所,容纳了很多中青年研究者,其中一些人有比较丰富的政治经验。

相比于西欧地区,东中欧地区的智库具有很大的政策导向性,一部分原因是这些智库进入国际市场的时间较晚。东中欧智库得到了西欧、北美和亚洲资金支持,支持者希望在这一地区进行民主改革。当地政府也需要一些非政府的智库进行更加活跃的政策导向型研究,可以为改革者提供更多的理论和支持。

最近几年,中东欧国家智库实力呈现多元发展趋势,在《全球智库报告2020》东中欧前30强智库中,俄罗斯、捷克、斯洛伐克、波兰和塞尔维亚等多达15个国家的智库入选,其中,俄罗斯占据6个席位。

总的来看,欧洲智库的主体,还是各个欧洲国家自己的智库。其中,以英国的底蕴最为雄厚,但随着战后德国的迅速崛起,德国智库发展迅速,影响力有显著提升。法国智库相当长时间内与英、德差距较大,但近年来亦开始发力。随后是颇具特色的俄罗斯智库。比利时由于地理位置优越,得益于欧洲一体化进程,其智库近十年来发展较快。其他如北欧的

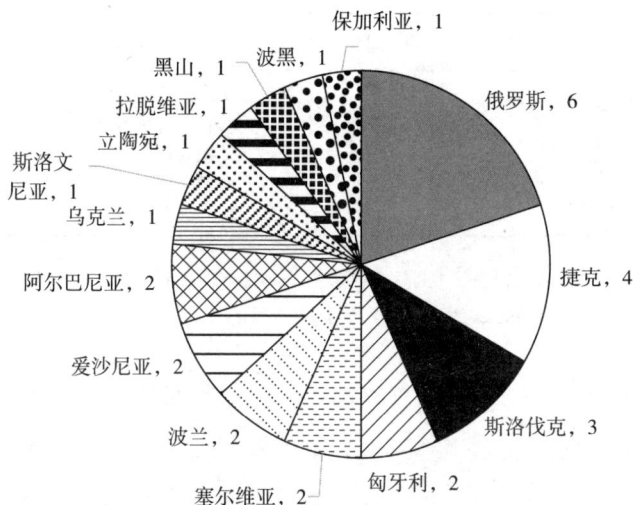

图 4-1　中东欧前 30 强智库国家分布情况

资料来源：美国宾夕法尼亚大学：《全球智库报告 2020》，https://repository.upenn.edu/think_tanks/18/，2021 年 1 月 28 日。

瑞典、中欧的捷克、斯洛伐克和东欧的波兰，智库也有一定发展。

二、欧洲智库面面观

（一）官方背景浓厚

　　欧洲国家的智库通常有强烈的党派倾向，具有浓厚的官方背景，与政府的关系较为密切。一方面，智库经常根据政府行政管理的需要，对各自专业领域所发生的问题进行深入研究，提出研究结论和对策思路，供决策者参考。另一方面，智库与政府的关系又促进了智库的发展，为智库提供了发挥影响力的舞台，同时也更能确保政府出台的各类政策有利于国计民生。[①]

　　如英国智库大多依附政党或政府存在，具有鲜明的党派色彩。在

---

　　① 参见《与政府关系密切的法国智库》，中国经济新闻网，http://www.cet.com.cn/wzsy/gysd/778186.shtml，2013 年 2 月 27 日。

德国,智库的经费绝大多数来自于联邦政府和各级政府的财政支持,或是通过法律规定的财政拨款,或是通过政府研究委托合同的方式支付。在法国,政府主要部门都建立了研究中心,从事本领域的中长期趋势研究,①进行与本部门业务有关的经济、政治、国际、贸易、财政、税收、城市、社会、人口等问题的研究,目的是促进国家的社会、经济现代化,提供决策参考,减少决策失误。这些研究单位都与本部门的专业发展任务紧密结合,是部门内的"思想库",如外交部建立的分析预测中心和法国现代中国研究中心,法国计划总署建立的前景研究与国际信息中心。

表4-2 拥有官方背景的欧洲知名智库

名称	所属国家	官方背景
查塔姆社(皇家国际事务研究所)	英国	1919年5月凡尔赛和会期间,经英美代表商定成立了英国国防事务研究所。第二年,该所一分为二,一个设在纽约,即"对外关系委员会",一个留在伦敦,1926年获得皇家许可证,即"皇家国际事务研究所"
国际关系研究所	法国	1979年,在法国总理雷蒙·巴尔的支持下,时任法国外交部分析与预测中心主任蒂埃里·德蒙布里亚尔在当时的"外交政策研究中心"基础上改组成立的智库。
国际政治与安全研究所	德国	首要任务是为德国议会和联邦政府服务
斯德哥尔摩国际和平研究所	瑞典	由瑞典议会批准成立,主要经费于瑞典政府的年度拨款
俄罗斯科学院世界经济和国际关系研究所	俄罗斯	隶属俄罗斯科学院,资金主要来源于联邦政府财政预算、俄罗斯联邦规划和国家科学基金
乌克兰国际政策研究中心	乌克兰	为总统秘书处以及乌克兰部长内阁提供长期预测、激励和推动国家改革,帮助国家制定政治、经济、社会和文化等改革发展蓝图

资料来源:根据各智库官网资料整理。

---

① 参见田蕾:《欧美智库强在哪里》,《学习时报》2013年3月25日。

（二）走"高端"宣传路线

与美国智库主动开发各种业务不同,欧洲智库更喜欢走"高端路线"。它们举办各种论坛和活动,以提高自身的知名度和影响力。如查塔姆社每年举行多达 100 多场国际会议,每年举办的活动中,重要的两个就是重要人物演讲会和专题讲座。前者主要是请来英国访问的外国总理、部长等就国际问题发表演说,时任中国外交部部长的钱其琛、杨洁篪曾分别于 1995 年和 2007 年在该所发表演说;后者主要请国际问题专家就当前国际热点问题进行分析、讨论和讲解。

法国国际关系研究所于 2005 年在布鲁塞尔成立了分支机构,每周二在布鲁塞尔举行活动,把它作为该中心与世界要人的联络中点站。① 而作为《全球智库报告 2020》西欧第一智库的布鲁盖尔(BRUEGEL)更是这方面的代表,它们利用身处被称为欧洲政治中心的"布鲁塞尔"这一有利位置,主动和欧洲甚至世界各国政坛要人保持良好的双边关系,打造自己世界一流的国际平台,把世界各国名人、要人等作为自己推销产品的主要客户。

（三）国际化视野相对狭窄

欧洲智库数量在近年来增长非常迅速,但数量的增加,并没有使其在欧盟决策方面造成更大的影响。根本原因在于,相比较欧盟地区的一体化,欧洲智库还处于"四分五裂"状态,大多数的研究以国家发展为导向,而将整个欧洲的安全发展列为研究对象的还很有限,大多数智库研究的侧重点在于国家决策和部门前景上,对于欧盟整体利益,则涉及不多。

冷战后,欧盟一体化趋势明显加快,欧盟作为世界独立的一极越来越被世界认可,但是,由于欧盟国家众多,内部的问题和矛盾也越来越多。近年来,出现过"新欧洲"和"老欧洲"在伊拉克问题上的对立,也出现过

---

① 参见王佩亨、李国强:《海外智库》,中国财政经济出版社 2014 年版。

面对希腊、意大利债务危机的束手无策,还出现过面对欧洲难民危机和英国脱欧时各国乱作一团的现象。这本是欧洲智库大显身手的时候,但是没有听到太多欧洲智库应有的声音。而形成鲜明对比的是,过去十几年,美国经历了世界经济危机、中美关系变化以及美国的社会矛盾尖锐化和政权更替,美国智库的言论天天见诸报端媒体。

欧盟的出现以及欧盟的战略,客观上要求欧洲智库的欧盟化和世界化,但显然欧洲智库目前还没有跟上时代的步伐,国际化视野仍有待提升。

(四) 学术氛围浓厚、商业气氛不足

秉承着优厚的文化和思想传统,欧洲智库出版了全世界最多的研究书籍,这与政府的大力资助以及智库丰富的学术资源密不可分。

相对来说,欧洲智库的商业氛围不像美国那样明显。一个智库的运营除了要有较高的学术研究水平外,还需要适当地推销自己的产品和服务,否则,智库的发展将会受到制约。在欧洲,很多规模较大的智库都面临着资金不足的现实困难,被迫千方百计筹集资金,否则很难生存下去。所以,那些活跃的大智库不得不依附于政府或某个主流政党,政府控制智库的现象普遍存在。①

欧洲政策中心主任 Stanley Crossick 认为,欧洲的智库过于依赖政府和欧洲委员会,因为其资金来源大多出自政府,因此欧洲智库的未来发展应该从更多的私人基金获得资本,就像美国一样。

三、欧洲知名智库及其战略影响

欧洲知名智库虽然不及美国的智库那样多,也不及美国智库的实力

---

① 参见《英国智库概论》,新华网,http://gb.cri.cn/27824/2009/06/25/1965s2545177.htm,2009 年 6 月 25 日。

雄厚，但在某些特定领域，也有一些世界知名的智库。通过欧洲的代表性智库，可以了解欧洲智库的特定政策影响力。欧洲智库总体上来看可分为两大类，一类是欧盟智库，也称"泛欧智库"，另一类是欧洲各个国家的智库。

欧盟智库或"泛欧智库"的研究侧重于从欧盟到欧洲再到世界的宏观政策领域。为了实现"通过建立无内部边界的空间，加强经济、社会的协调发展和建立最终实行统一货币的经济货币联盟，促进成员国经济和社会的均衡发展"，"通过实行共同外交和安全政策，在国际舞台上弘扬联盟的个性"的宗旨，扩大其影响力，获得与世界重要一极地位相匹配的话语权，欧盟创立了一系列自己的智库。

这类智库中，欧洲对外关系委员会、欧洲政策研究中心、欧洲政策中心是其中的佼佼者，也是欧盟的主要智囊机构。

（一）欧洲对外关系委员会

欧洲对外关系委员会（The European Council on Foreign Relations，ECFR）成立于 2007 年 10 月，总部坐落于英国伦敦。作为一家独立非营利性智库，ECFR 抓住欧盟将自身定位为"规范性力量"的时代机遇，聚焦欧洲外交政策的研究，力图在变革的世界格局中打造一个强大而团结的欧洲。

ECFR 具备明显的"泛欧"特征：

第一，泛欧理事会（pan-European Council）。理事会由 300 多位来自欧洲的杰出研究者与政策实践家组成，理事会每年举行一次会议，为ECFR 研究团队提供政策方面的建议与反馈。理事会中超过半数具有官方背景的成员结构，是欧洲对外关系委员会得天独厚的优势。

第二，欧盟成员国设有实体办公网络。在欧洲，一个成功的智库必须是"欧洲的"，而不应具有某种强烈的国家认同或国家形象。[①] ECFR 最

---

① 参见詹姆斯·麦甘、安娜·威登、吉莉恩·拉弗蒂：《智库的力量》，北京：社会科学文献出版社 2016 年版。

重要的实体机构是其遍布欧洲 7 个国家首都的办公室,包括柏林、伦敦、马德里、巴黎、罗马、索菲亚和华沙,这些办公室是 ECFR 的日常运营机构,承担着智库的主要研究项目。ECFR 认为,这种分布结构有助于整合欧洲不同国家的多样化视角,从而准确反映欧洲复杂的政治与决策现实。ECFR 的核心创新在于使用远程合作等技术手段,将分散在各国的办公网络进行整合,从而产生富有价值的研究成果。

第三,与众不同的研究和政策开发进程。欧洲对外关系委员会从全欧洲招揽优秀的研究人员和实习生,以此来实现其泛欧洲的发展目标。[1]

在 ECFR 的理事会成员中,现任或前任政府高官占据了半壁江山,在他们强大的社会影响力与知名度下,法国的《世界报》、《解放报》,英国的《金融时报》、《经济学人》、《卫报》,德国的《明镜周刊》,比利时的《欧盟观察家报》,美国的《纽约时报》、《华尔街日报》等全球知名媒体都抛来了"橄榄枝",委员会通过与知名媒体的深度合作,很好地提高了自身的社会传播力与影响力。

研究成果的传播上,ECFR 在充分利用了论坛、研讨会、出版物等传统传播渠道的基础上,还善于利用新媒体,比如在推特、脸书、谷歌、YouTube、soundcloud、scribd、RSS、领英等网站开设账号,以英语、法语、德语、西班牙语以及意大利语等 5 种语言进行广泛传播。对互联网技术的娴熟掌握与高效运用,助力 ECFR 研究成果及智库品牌被广泛关注。

近年来,欧洲对外关系委员会对中国的关注程度也在明显提高。2020 年 9 月 7 日,欧洲对外关系委员会发布报告《新的中国共识:欧洲如何对北京越来越警惕》。[2] 报告阐释了自新冠疫情爆发以来欧洲和中国在经贸、投资、社会思潮及民间交流等层面出现的新冲突,并分析了欧洲

---

① 参见欧洲对外关系委员会网站,http://www.ecfr.eu/content/about/。

② 参加欧洲对外关系委员会官网,https://ecfr.eu/publication/the_new_china_consensus_how_europe_is_growing_wary_of_beijing/。

主要国家与中国的竞争和合作前景。2021年4月22日,欧洲对外关系委员会发布报告《欧盟的印太战略:向中国和欧洲盟友发出明确信息的机会》。① 报告显示欧洲应该加强与印太地区盟友如澳大利亚、印度、日本和韩国的关系,并同时帮助这些盟友避免与中国在这一地区发生直接冲突,但欧洲也应该考虑结束西方长期在印太地区与中国"战略模糊"的策略,而是更加清晰地向中国释放压力,制约中国在印太地区的力量壮大。

(二) 欧洲政策研究中心

欧洲政策研究中心(Center for European Policy Studies,CEPS)是一个独立的欧盟政策研究机构,成立于1983年,总部位于欧盟总部所在地——布鲁塞尔。现有60多名专职研究人员,来自20多个不同国家。根据中心2020年年报显示,其资金主要来源于欧盟委员会(约占43%)和会员费(包括企业会员和机构会员,会费收入约占18%)。它的主要任务有欧盟政策研究,组织学者、政策制定者和企业家之间的合作网络,出版研究报告和书籍,召开专题研讨会和年会等。

欧洲政策研究中心的研究领域十分广泛,涉及欧盟经济政策、能源和气候变化、金融市场与机构、对外关系、欧盟制度、就业和技能、司法与内务、全球治理、数字经济、农业政策和食品安全等方面。根据欧洲政策研究中心2021年年报②,中心根据新的挑战,将未来几年的研究优先领域放在三大主题上,分别为新冠肺炎疫情危机管理和疫情后的恢复、欧盟内部治理、在竞争更激烈的世界中欧盟的角色。

CEPS Ideas Lab 是 CEPS 年度最高端、最引人关注的活动,汇集了欧洲最高决策者和世界顶尖思想家,为解决欧盟所面临的最紧迫问题出谋

---

① 参见欧洲对外关系委员会官网,https://ecfr.eu/article/the-eus-indo-pacific-strategy-a-chance-for-a-clear-message-to-china-and-europes-allies/。

② 参见 https://annualreport.ceps.eu/wp-content/uploads/2022/01/CEPS-Annual-Report-2021.pdf。

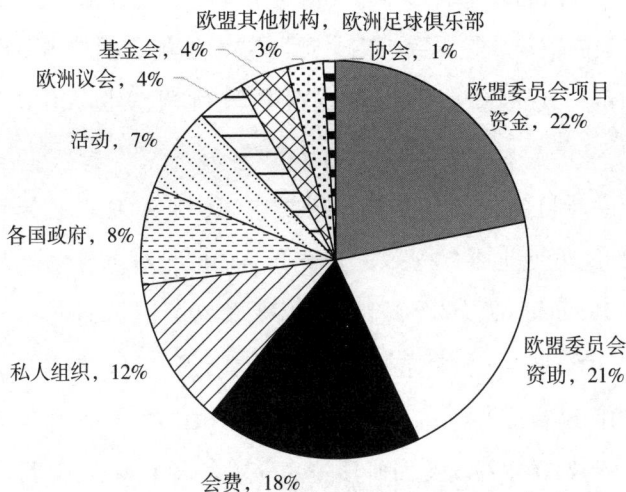

图 4-2   2020 年欧洲政策研究中心收入构成

资料来源:欧洲政策研究中心 2020 年年报,https://www.ceps.eu/wp-content/uploads/2021/06/Annual-Report-2020-10-compressed_compressed.pdf。

划策。我们曾受邀参加 2019 年度的会议,那届会议研讨形式多样,包括全体大会、思想实验室、特别讨论、早餐会、政要对话和学术讲座等在内的多元研讨模式。各国嘉宾围绕议题在研讨会上进行了充分的交流和辩论,为欧洲下一步的政策选择提供了宝贵意见与建议。

　　2019 年会议以"欧洲的选择"为主题,汇聚了欧洲各国政府、智库、企业和非政府组织等机构近两百余位代表。会议由罗马尼亚国家银行行长 Mugur Isărescu 致开幕词,欧盟委员会副主席 Frans Timmermans 出席开幕论坛。与会嘉宾还包括意大利前总理 Paolo Gentiloni,瑞典前总理 Andreja Metelko-Zgombić,斯洛伐克副总理兼财政部长 Peter Kažimír,立陶宛前总理 Andrius Rubilius,几内亚比绍前首相 Umaro Mokhtar Sissoco Embaló,波兰投资与经济发展部部长 Jerzy Kwieciński 和罗马尼亚前欧盟事务部长 Victor Negrescu 等政要,WTO 前总干事 Pascal Lamy、CEPS 主席 Joaquin Almunia 以及来自联合国、德国对外关系委员会(DGAP)等国际组织、智库的专家和世界知名高校教授等。

在为期两天的会议中,我们参加了以"贸易"为主题的全部三场专题研讨,就"美中贸易战是否会走向全球"和"欧盟能否拯救 WTO"进行主题发言和辩论,以及参与"投资和国家安全:欧盟、美国和中国"的专题讨论。

在会议开幕当天的首场贸易研讨中,我与 WTO 前总干事 Pascal Lamy、欧洲汽车工业协会秘书长 Erik Jonnaert、约翰霍普金斯大学教授 Michael G.Plummer 以及欧洲政策研究中心高级研究员 Jacques Pelkmans 同台研讨,我针对中美贸易摩擦现状,贸易摩擦及其导致的对外贸易政策的风险,如何遏制贸易战,欧洲在中美贸易摩擦中的得失,中美贸易摩擦是否会破坏 WTO 体系以及如何预防等问题发表了观点,得到了现场嘉宾的高度关注和积极回应。

作者在 CEPS Ideas Lab 讲述中国在全球贸易发展中的角色

在"欧盟能否拯救 WTO"的会议中,我与欧洲大学学院全球经济舒曼高级研究所主任 BernardHoekman,Georgetown 法律中心教授 Jennifer Hill-man 同台研讨。欧洲政策研究中心研究员 Guillaume Van der Loo 担任主持。我针对欧盟提出的 WTO 改革方案的平衡性和可操作性发表了看法，并对中国提出的 WTO 改革立场与主张进行了解读。

作者应邀参加 WTO 专场研讨会

此外，我们还应邀参加了"投资和国家安全：欧盟、美国和中国"专题讨论。围绕会议主题针对中国国有企业在欧美地区的投资潮是否会破坏市场公平竞争原则和中国企业对交通、公共设施、重机械和高科技等重要领域的投资是否会危害欧洲国家安全两个主要话题进行辩论。参与这场思想实验室的嘉宾还有比利时泽布吕赫港管理局副总裁 Vincent De Saedeleer、美国驻欧盟使团高级贸易代表 Kate Kalutkiewicz 和商务部国际贸易经济合作研究院欧洲和欧亚研究所主任姚铃等。

CEPS Ideas Lab 以互动性和非正式研讨为特色，不仅鼓励以最开放和最具建设性的方式发表观点，还致力于将这些想法转化为建议并且应用于实际的政策制定中。在全体会议上，欧洲政策研究中心主席 Joaquin Almunia 和意大利前总理 Paolo Gentiloni 分别就"对下一届欧盟

委员会的展望"和"在锡比乌峰会上能否达成欧洲共识"进行了主题演讲,来自欧洲各国的政要参与了会后研讨。本届会议为欧洲政治领导人提供了一个与泛欧的公众广泛联系并表明其政策亲民的平台,对欧洲未来的政策选择具有重要的建设性意义。全球化智库(CCG)可以受邀参与 CEPS Ideas Lab 会议,表明了欧洲对中国声音的重视,是中国能够在全球治理中发挥更大作用的有力见证,同时也说明中国民间智库的重要性。

(三)欧洲政策中心

欧洲政策中心(European Policy Centre,EPC)由欧洲著名律师和政治家斯坦利·克罗希克,欧盟委员会首届秘书、佛罗伦萨欧洲大学学院(EUI)创始主席马克斯·科恩斯塔曼(Max kohnstarnm)及欧盟新闻机构的先驱约翰·帕尔默(John Palmer)三人创立于 1996 年①,并于 2003 年成为根据比利时法律确定的国际非营利组织。成立以来,EPC 在促进不同成员国之间平等对话、提升欧洲经济和社会生活质量以及推动欧洲一体化进程方面发挥了重要作用。

欧洲政策中心每年都要举办各种活动,鼓励欧盟内不同利益集团之间进行公开、平等的讨论,并将这些讨论结果转交到欧盟政策制定者手中。欧盟委员会委员、欧洲议会议员和欧盟各机构的高级官员以及各成员国的部长、各国在欧盟和世界事务方面的高级专家等都是 EPC 所举办的各种活动的常客,因此,EPC 一定程度上可以影响涉及成员国利益的欧盟决策。欧洲政策中心虽然成立时间相对较短,但表现非常活跃,影响力与日俱增。2019 年,中国国务委员兼外长王毅还曾在欧洲政策中心举办的欧洲智库媒体交流会上发表过演讲。②

---

① 参见欧洲政策中心,http://sinology.cssn.cn/xryjg/201605/t20160510_3311786.shtml。

② 参见王毅在欧洲政策中心举办的欧洲智库媒体交流会上的演讲,https://m.the-paper.cn/baijiahao_5260840。

EPC 由战略委员会(Strategic Council)、理事会(Governing Board)和大会(General Assembly)组成。战略委员会汇集了来自不同背景和国家的思想领袖和专家,他们为欧盟面临的主要挑战带来了新的见解和前瞻性的观点。他们每年与政策中心的专家会面一次,以思考欧盟的战略重点及其对欧洲政策中心的工作和战略方向的影响。理事会负责欧洲政策中心的管理监督,并拥有所有的相关权力。理事会将日常管理委托给首席执行官,首席执行官担任中心的法定代表,并向理事会负责。大会每年举行一次会议,根据比利时法律正式批准年度账目并通过来年的预算。

欧洲政策中心由五个内部团队和外部专家团队组成。五个内部团队分别为分析团队(Analysts)、活动运营团队(Events & Administration)、管理团队(Management)、对外交流团队(Communications)和会员管理团队(Membership)。其中,分析团队由 37 位专家组成,主要负责中心的日常研究工作。

目前,欧洲政策中心的研究主要有七个大的项目,分别为:欧洲政治和机构(European Politics and Institutions),欧洲移民与多元化(European Migration and Diversity),欧洲政治经济学(Europe's Political Economy),欧洲的可持续繁荣(Sustainable Prosperity for Europe),欧洲在世界(Europe in the Wolrd),欧洲的社会福利(Social Europe Well-Bing)以及连接欧洲(Conneting Europe)。① 可以看出,欧洲政策中心的研究重点围绕着欧洲重要的政策问题展开,其中不乏欧洲的移民问题这样敏感而热点的议题,中心对欧盟的持续繁荣、欧洲对联合国可持续发展目标(SDGs)的贡献、欧盟各国的社会福利问题等都有长期的追踪。欧洲政策中心的研究紧密服务于其推进欧洲一体化的宗旨,力求全面和深入地为欧洲的政策制定者们提供参考。

欧洲政策中心追求研究的独立性,因此致力于确保资金来源的多

————————

① 参见欧洲政策中心官网,https://epc.eu/en/。

样性。2020财年中心总收入约为336万欧元,主要收入来源是欧盟拨发的研究经费以及各类政府及企业项目经费,占到了2020年收入的42%;第二大收入来源是中心会员的会费,占到2020年收入的21%。①

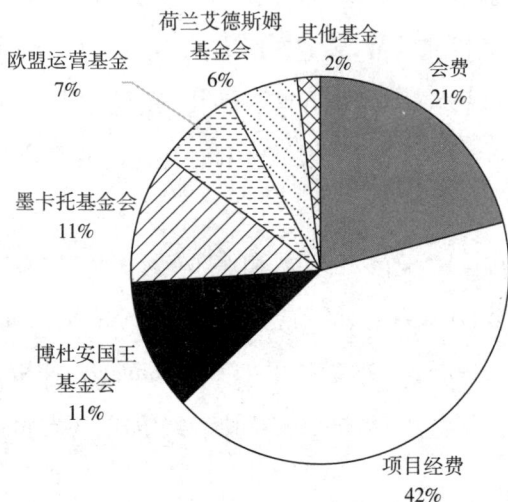

图4-3　欧洲政策中心2020年经费来源
资料来源:欧洲政策中心官网。

2021年年初,全球化智库与欧洲政策中心通过欧盟委员会的"中欧智库交流"项目开展了合作。为期三年的"中欧智库交流(EU & China Think-Tank Exchanges)"项目在欧盟委员会指导下开展,旨在鼓励具有政策影响力的欧洲智库与中国智库就全球和区域在经济、安全、贸易、科技、社会发展等领域所面临的挑战和机遇建立长期有效的交流机制和系统的合作,为中欧政策决策者提供全面多元角度的分析和建议,以推动欧盟和中国相关政策的发展与创新。

参与此项目的中方机构为我们全球化智库和中国国际问题研究院(CIIS),欧洲方机构为欧洲政策中心和比利时皇家国际关系研究所(EGMONT-The Royal Institute for International Relations)。在2021年到

---

① 参见欧洲政策中心官网,http://epc.eu/en/。

2024 年,CCG 将与欧洲政策中心联合举办一系列线上/线下"二轨对话"活动,并发布相关报告。

2021 年 2 月 5 日,本项目第一次执委会召开,我们与欧盟驻华使馆的项目负责人、比利时皇家国际关系研究所"世界中的欧洲"(Europe in the World)项目总监 Sven Biscop,中国国际问题研究院欧洲研究所所长崔洪建,欧洲政策中心副主任兼中心"世界中的欧洲"项目主管 Ricardo Borges de Castro,欧洲政策中心首席执行官 Fabian Zuleeg、项目管理执行官 Ivanina Valeva 等,就 2021 年的项目计划与安排进行了交流。

2022 年 7 月,我们拜访了 EPC 位于布鲁塞尔的总部,并举办了联合课题研讨会:"站在十字路口的中欧关系:寻找新的妥协方式"(EU-China relations at a crossroads:Looking for a new modus vivendi)。本次研讨会是"中欧智库交流"项目的活动之一,会议由比利时皇家国际关系研究所研究员 Tobias Gehrke 主持,欧洲政策中心副主任兼中心"世界中的欧洲"项目主管 Ricardo Borges de Castro 致欢迎辞,我们与法国国际关系学院亚洲研究中心主任 Françoise Nicolas、比利时皇家国际关系研究所研究员 Tobias Gehrke 等共同围绕中欧关系、当前世界局势、未来合作领域以及存在的分歧与风险展开研讨。

作为最大的发展中国家和最大的发达国家联合体,中欧是维护世界和平的"两大力量";作为世界上两个重要经济体,中欧是促进共同发展的"两大市场";作为东西方文化的重要发祥地,中欧是推动人类进步的"两大文明"。中欧合作远远超出双边范畴,具有全球性意义。该项目的开展,对于中欧加强合作,共同维护多边主义,抵制单边主义和保护主义,更加有效地应对各种全球性挑战有着重要的促进作用。CCG 成功申请欧盟委员会"中欧智库交流"项目并受邀加入项目执委会,将为进一步促进中欧合作与交流、提升全球治理、更好地推动全球化,贡献智库智慧,发挥国际化社会智库的独特性优势和作用。

CCG 与 EPC 举办联合研讨会

CCG 智库代表团拜访 EPC

（四）布鲁盖尔研究所

布鲁盖尔（BRUEGEL）研究所是欧洲国际经济学领域的顶尖智库，2005年在布鲁塞尔成立，旨在通过开放的、以事实为基础的、并与政策密切相关的研究、分析与讨论，提升欧洲的经济政策决策水平。很多欧盟国家政府和跨国大公司都是其会员，政府会员包括奥地利、比利时、丹麦、芬兰、爱尔兰和英国，公司会员包括微软、德意志银行、高盛、谷歌和三星电子等。

2008年，布鲁盖尔被评为全球"发展最快智库"，在2012年西欧智库排名中，布鲁盖尔研究所更是一举夺魁，成为欧洲影响力最大的智库。在此后的西欧智库排名中，布鲁盖尔研究所长期在榜单的前几名中拥有一席之地。

布鲁盖尔之所以能在如此短时间内取得如此上佳表现，首先，是得益于它较好的地理位置。布鲁盖尔研究所位于比利时的布鲁塞尔，这里是欧洲事务的中心，为其获得一手的资料信息，建立与欧洲甚至世界要人的关系网，获得媒体宣传平台等提供了优越的"地利"条件；其次，该智库借鉴其他智库的经验，运营模式有一定的创新，在其治理和融资上可以平衡公共投入和私人投入，专注于国际经济领域，为欧洲经济政策讨论带来了新的声音。

更重要的是，布鲁盖尔研究所顺应了全球化和欧洲一体化的趋势，自成立伊始就采用了一条泛欧洲的发展途径，其成员来自包括很多非欧盟国家的整个欧洲，相比传统欧洲智库，起点站得更高，视野更广阔，根基更扎实。欧洲一体化本来为欧洲智库的发展壮大提供了很好的条件，而很多智库却没能很好地利用这一条件，依然把研究集中在本国的一些领域，这就在很大程度上桎梏了其思想的进步和发展，布鲁盖尔研究所则很好地摒弃了这一点，积极利用这一优势充实壮大了自己。它既重视欧盟事务的研究与对话，也关注各个单一国家所面临的政策责任，同时积极与欧洲及欧洲以外的各种各样的参与者开展工作关系。作为一个开放的经济

体,并且作为世界经济的主要参与者,欧盟必须丰富其政策讨论,积极与其他国际经济的参与者展开政策探讨,但这些讨论通常被内向型政策偏见所阻碍。布鲁盖尔为人们提供了分析欧洲事务的全球视角及分析全球事务的欧洲视角,加强了人们对全球化背景下欧洲所面临的经济挑战和所担负的全球责任的理解。

布鲁盖尔的团队中,有富含经济决策经验的实践者,也有对政策事务感兴趣的专业研究人员。其管理团队具有丰富经验,股东经历具有多样性。以主要股东为代表的委员会负责制定工作规划,综合考虑来自不同背景的实践者所关心的问题。在管理上,既重视内部关系的协调和与社会各界的联系,也积极与欧洲智库及其他国际一流研究机构展开合作。[1]其研究团队善于挑战传统观念和挖掘新的观点,同时关注相关性和可行性。其开展的研究,包括内部研究及与其他研究机构的合作,主要是利用科学的分析对经济改革进行评估,讨论政策选择并提出建议。

布鲁盖尔并不代表任一特定的政策学说,它为不同背景的人们之间展开以科研为基础的讨论提供了一个广阔的论坛。尽管其研究的问题由委员会设立,问题的答案却由研究者得出,而且所有的出版物只有经过作者署名方可发行。[2] 此外,布鲁盖尔杜绝各种行政指令,其股东也不能干预研究的开展与发布。

不难看出,布鲁盖尔很好地发挥了欧洲地区智库发展的优势,同时也摒弃了一些传统的弊端和劣势,这些都使得布鲁盖尔迅速地成长为世界级的智库。

随着布鲁盖尔的迅速崛起,它在欧洲事务中表现得越来越活跃,特别是在涉及欧洲经济、欧盟机制、欧元区改革等重大问题上,开始掌握了一定的话语权。在2009年《里斯本条约》生效前夕,布鲁盖尔研究所增设

---

① See"European and Asia Perspectives on Global Balance", Asia Europe Economic Forum, Beijing, 2006.7.pp.13-14.

② See"European and Asia Perspectives on Global Balance", Asia Europe Economic Forum, Beijing, 2006.7.pp.13-14.

"新委员会备忘录"项目,出版政策报告《2010—2015 年欧洲经济的优先议程:新委员会备忘录》,结果在第一时间成功地影响了欧盟新机制的决策。2011 年 12 月 9 日,欧元区领导人为达成欧元区主权债务和银行问题的全面解决方案再次会晤,但仍未能提振市场。布鲁盖尔研究所的高级研究员 Zsolt Darvas 就此撰文,深刻分析了导致危机久拖不决的根源,针对性地指出了欧元区存在的十大根深蒂固的问题,为危机的解决提供了全新的视角,在整个欧洲社会引起了巨大反响。①

近年来,布鲁盖尔研究所发布多篇研究报告或政策建议,主要分析影响欧洲经济的大事,包括英国脱欧、新冠疫情造成的经济冲击、半导体产业的产业链结构调整和中欧投资协定等。如 2021 年 5 月 20 日,布鲁盖尔研究所发布报告《新冠疫情导致的分歧:欧盟管理可持续和公平的社会复苏》②,报告对欧盟委员会及欧洲各国政府如何利用公共权力和财政政策防止疫情和经济萧条的进一步恶化提了许多具体的政策建议,取得了较大的社会反响。

布鲁盖尔研究所经常参加 CCG 组织的活动,比如参加我们的中国全球智库创新年会。我们也经常会在国际会议上与他们同台。2020 年底,我还曾受时任布鲁盖尔总裁 Guntram Wolff 的邀请,为他们做了一场关于后新冠疫情时代绿色多边主义的内部演讲。③

2022 年,CCG 智库代表团拜访了布鲁盖尔研究所总部,研究所负责人 Maria Demertzis 女士热情接待了我们,她曾在欧盟委员会和荷兰中央银行研究部工作,一起参与接待的还有 Giuseppe Porcaro、Alicia García Herrero,其中,Giuseppe Porcaro 主要负责研究所的外联工作,包括传播、

---

① 参见《欧洲知名智库布鲁盖尔研究所总结欧元危机的十大根源》,亚太财经与发展中心, http://www.mof.gov.cn/preview/ytcj/pdlb/yjcg/201201/t20120117 _ 623727. html,2012 年 1 月 12 日。

② 参见布鲁盖尔研究所官网,https://www.bruegel.org/2021/05/the-grand-covid-19-divergence/。

③ 参 见 https://www.bruegel.org/events/towards-post-pandemic-green-multilateralism/。

媒体、活动和出版物,以及会员关系和对组织治理的相关支持,他也是前欧洲青年论坛秘书长。

作者访问布鲁盖尔研究所(右二为 Maria Demertzis、右四为 Giuseppe Porcaro)

(五) 皇家国际事务研究所

皇家国际事务研究所(Chatham House,又称查塔姆社),其前身为英国国防事务研究所,是目前英国规模最大、世界最著名的国际问题研究中心之一。

查塔姆社成立于 1920 年。1919 年 5 月凡尔赛和会期间,经过第一次世界大战的人们认为,对国际问题进行研究非常有必要。经美英代表商定,英国成立了国防事务研究所。第二年,该所一分为二,其中一个为皇家国际事务研究所,即查塔姆社。查塔姆社于 1926 年获得皇家特许证,其办公地点位于圣詹姆斯广场的查塔姆大厦。查塔姆大厦是英国前首相的宅邸,曾经居住过三位首相。

查塔姆社是英国最大的国际问题研究机构。它与政府、企业、媒体和学术界均保持着广泛联系,并在工作上接受英国外交部的指导,对英国外交政策具有很大影响力。说到查塔姆社,不得不提的便是世界著名的查塔姆准则。查塔姆社 1927 年提出了一项关于自由演讲和保密会议的准则:如果一个会议,或会议的一部分,是按照查塔姆规则进行的,则与会者可自由使用在会议中获得的信息,但不得透露演讲者及其他与会者的身份及所属机构。这条规则让人们在会议上自由地发表自己的观点而不是所属机构的观点。如果不公开姓名,他们就不必担心自己的言论会影响到声誉,这样可以促进讨论的自由。

查塔姆社的组织结构主要包括:主席、理事会、行政领导、高级顾问小组、青年顾问小组、会员等部分。为保证独立性,学会的主席设有 3 个席位,理事会择优从学会会员选出,顾问小组是查塔姆社的高端外部智力支持单位,也是建言献策的重要渠道部门。

查塔姆社的主要研究领域涵盖国防与安全、经济和贸易、大国关系等。查塔姆社非常注意与议会议员保持良好关系。比如会定期为议会议员提供有关英国及其他地区有关国际问题的研究成果,还通过议会简报会(Parliamentary Briefings)为智库专家与议会议员搭建对话平台,这种与决策层面对面的交流,在传播研究观点的同时,充分了解议员的态度与观点,做到了知己知彼,为智库发挥政策影响力打下了基础。

表 4-3　查塔姆社研究领域
（截止日期:2021 年 7 月 1 日）

研究领域	细分领域
国防和安全	武器控制、毒品和有组织犯罪、欧洲防务、北大西洋公约组织、维和和调停、恐怖主义
经济和贸易	英国脱欧、金砖国家经济、"一带一路"、循环经济、毒品和有组织犯罪、G7 和 G20、国际金融系统、国际贸易、非洲投资、世界贸易组织
环境	农业和食物、循环经济、气候政策、能源转移、自然资源管理

研究领域	细分领域
健康	获得医疗健保、新冠应对、健康策略、联合国、世界卫生组织
制度	非盟、欧盟、G7 和 G20、北约、联合国、世界卫生组织、世界贸易组织
大国关系	美国的国际地位、中国的"一带一路"、中国国内政治、中国对外关系、美国国内政策、美国外交政策
政治和法律	英国脱欧、民主和政治参与、人口统计和政治、虚假信息、性别和平等、人权和安全、国际犯罪正义、难民和移民、美国国内政治
社会	英国脱欧、循环经济、文明社会、数字和社会媒体、虚假信息、毒品和有组织犯罪、未来工作、性别和平等、人权和安全、激进化、难民和移民
技术	网络安全、数据治理和安全、数字和社会媒体、虚假信息、未来工作、激进化、技术治理

资料来源：https://www.chathamhouse.org/topics。

查塔姆社的研究出版物主要包括：《今日世界》(*The World Today*)、《国际事务》(*International Affairs Journal*)、《网络政策》(*The Journal of Cyber Policy*)等,其中《今日世界》侧重于当前的国际问题,《国际事务》侧重于国际问题的回顾和综合,在国际上影响较大,已成为国际关系领域的顶尖杂志。《网络政策》的主题主要包括网络犯罪、互联网治理和新兴技术,已成为该领域增长最快的期刊之一。

查塔姆社为世界领导人、决策者以及舆论提供在公正环境中倾听和讨论的论坛。查塔姆社的活动主要包括：重要人物演讲会——邀请来英国访问的外国总理、部长等;专题讲座——邀请外部重要人物进行演讲和交流;其他形式的活动还有秘密讨论会（召集成员讨论,为政府提供看法或发表文章做准备）、小组会议①、年会等。查塔姆社的国际活动是保持其研究生命力的保证。它每年举行 100 多场国际会议,中国前外交部长杨洁篪,前外交部长钱其琛曾分别于 1995 年和 2007 年在该所发表

---

① 参见王佩亨、李国强：《海外智库》,中国财政经济出版社 2014 年版。

演说。2014年6月,时任国务院总理李克强访英期间曾面向英国两大智库——皇家国际事务研究所和国际战略研究所发表了题为《共建包容发展的美好世界》的演讲。演讲强调:"发达国家和发展中国家是推动世界经济发展的'双引擎'。实现发达国家与发展中国家互利共赢的包容发展,应成为世界各国重建金融危机后全球经济秩序的共同任务和责任。各国应继续发扬同舟共济精神,大力实施改革创新,加强宏观政策协调,消除保护主义壁垒,推动建立公平竞争的市场秩序,不断扩大利益共同点,共享全球化发展成果。"并认为:"面对发展变化日新月异的世界,中国与英国,东方与西方,发展中国家与发达国家要抓住机遇,加强战略合作,推动共同增长,分享创新经验,携手建设一个包容发展的美好世界。"

2019年10月23日,在英国脱欧、欧盟领导人变更及即将到来的美国大选背景下,CCG与查塔姆社在北京联合举办研讨会,探讨中国、英国、欧盟、美国如何在维护全球治理、世界经济繁荣及区域安全等问题中发挥积极作用。来自 Chatham House、哈佛肯尼迪学院穆萨瓦-拉赫马尼商务与政府研究中心(Mossavar-Rahmani Center for Business and Government)、美国战略与国际研究中心(CSIS)、英国皇家联合研究院、法国国际关系研究所的智库专家,多国驻华使馆官员,国际媒体人,来自英国谢菲尔德大学、中国清华大学的学者等参与研讨。

Chatham House 所长 RobinMiblett CMG 表示,英国皇家国际事务研究所一直在寻求更多的与国际声音沟通的平台,非常感谢 CCG 提供这个机会。本次在北京举办的圆桌研讨会可以为智库群体注入国际化元素。他强调,在当下的困难且复杂的经贸摩擦之下,美国、欧洲及中国的三边关系应是国际关系发展和国际治理进行中的重要因素。目前英国面临着困境,即英国既是美国的盟友,同欧盟的其他国家也有着密切的联系,英国如何能够在脱离欧盟之后继续保持成功? 这种困境也意味着欧洲面对着倾向美国还是中国的抉择。在接下来的新型经济"冷战"中,英国如何发展多边经贸关系将对其自身发展非常重要。关于中欧合作的前景,他认

为,欧洲至少会从气候变化、高科技合作、帮助非洲等欠发达国家发展经济等方面考察同中国的合作。

CCG 与查塔姆社联合举办中美欧与全球治理研讨会

（六）国际关系研究所（法国）

自 200 多年前法国大革命以来,从人权宣言到孟德斯鸠的三权分立,从多次举行世博会到文学艺术领域的辉煌,法国对世界政治、经济、文化乃至社会制度等方面贡献良多。但是,第二次世界大战后期,法国智库发展较为缓慢。20 世纪 70 年代后,才开始蓬勃发展。法国的大部分外交政策的研究被纳入了政府体系之中,政治领导人和政党是外交政策研究的主要推动人。因此,法国外交部承担了国际问题和战略研究的职能。从 20 世纪末冷战结束,特别是"9·11"事件以来,世界格局发生了重大变化,法国许多政治家和学者认为,面对世界形势的变化,法国必须综合研究分析当今世界的新趋势,提出有利于法国国家利益的安全战略,有效运用国家各种力量实现国家目标,这一时期法国智库发展相对较快,智库的数量也越来越多。

法国国际关系研究所(French Institute of International Relations)是法国智库中历史最为悠久、影响力最大的智库。① 研究所于 1979 年在法国"外交政策研究中心"的基础上改组而成,宗旨是促进研究人员、分析者、政策制定者,在国际层面上就针对当前主要国际问题的、深度的、独立的研究成果开展建设性的对话。

研究所现在已经成为一个独立性机构,不附属于任何政府机构。理事会是其最高决策机构,其理事会成员中,不包含政府官员。研究所设有战略发展委员会,主要核定研究的内容和方向,以及对研究成果的评估,其组成人员主要来自于国内外权威学术科研机构。

根据研究所年报显示,2019 年法国国际关系研究所的运行经费约为678 万欧元,其中 78%来自私营机构资金(为企业或相关私营机构提供咨询和专题研究),22%来自政府补贴(法国政府补贴为主,少量由欧盟资助)。

法国国际关系研究所拥有强大的国际合作网络和宣传能力。2005年,研究所布鲁塞尔的办公地点建成后,已经成为少有的在"欧洲心脏"建立实体办公地点的法国智库。布鲁塞尔分支机构成了研究所与世界各国在欧洲的重要联络点,每周二在布鲁塞尔举行活动。研究所通过每年100 多场专题研讨会,10 场大型国际活动,邀请来自欧洲和世界各国的约100 多名前元首、政要、及政界知名人士访问。② 同时,研究所还建立了一个辩论和讨论中心,为法国和外国政府以及私营机构的决策者、公民社会代表、国际问题观察员和专家等提供一个非官方的讨论平台,以利于相互间的交流和沟通。

研究所的研究活动主要围绕着两个主轴进行:一是从事国家关系的地区研究;二是新兴学科的研究。

---

① 参见应强:《法国智库要重新发力誓言再铸法兰西世界影响力》,《瞭望(新闻周刊)》2010 年 9 月 21 日。

② 参加法国国际关系研究所官网,https://www.ifri.org/en/missions-ifri。

表4-4　国际关系研究所的研究方向及内容

研究方向		主要研究内容
地区研究	撒哈拉以南非洲	中非和南非观察、非洲国家的选举,治理和变化、国际场景下的非洲、安全问题、非洲的社会经济变化、非洲的能源挑战
	德国	法德未来对话、德国国内政治—2021年选举、丹尼尔·韦尔内集团、世界舞台上的德国
	北美	美国、加拿大
	亚洲	东南亚、中国、印度与南亚、日本、朝鲜半岛
	欧洲	The Austro-French Centre for Rapprochement in Europe(ÖFZ)
	中东/北非	Ifri-Policy Center for the New South
	俄罗斯/独联体	俄罗斯经济和社会、俄罗斯任北极理事会轮值主席国、新独立国家、俄罗斯能源政策、俄罗斯安全和外交政策、俄罗斯国内政治
	土耳其	法土关系、土耳其观察
学科研究	经济	全球经济系统的改变、治理和系统、不同经济区域的贸易和动态
	能源和气候	化石燃料的地缘政治、欧洲电力系统分析、欧洲能源政策、欧洲气候政策和能源转移
	太空	欧洲太空治理倡议
	技术的地缘政治竞争	新技术能源、主权、治理、社会
	移民和公民权	公民权,本土主义和归属感、欧洲移民政策、移民和政治庇护观察
	健康	传染病动态、卫生系统的防疫能力、政府,国际组织和非政府组织的角色
	安全和防务	核威慑与核扩散、防务研究单位、未来争端研究、欧洲战略自主、法国国土安全防御

资料来源:笔者根据公开资料整理。

　　*RAMSES*和《外交政策》是法国国际关系研究所两项重要出版物,其中,《外交政策》是法国历史上最悠久的有关国际关系的专业杂志,创刊于1936年,由"法国国外政治研究中心"主编,后由法国国际关系研究所接手出版发行。*RAMSES*作为年度报告,主要内容是对过去一年外交事务的回顾和新一年的展望,该报告发行量大,在欧洲和世界范围内具有一

定影响，是观察和探索世界格局走向的重要参考资料，它提出的观点以及评判标准是国际问题研究者的重要参考。

2018 年，我们在法国参加巴黎和平论坛时，当时的大会研讨环节，就是由法国国际关系研究所主席兼创始人 Thierry De Montbrial 主持的，我与美国对外关系委员会国际机制与全球治理项目主任 Stewart Patrick、俄罗斯外交部政策制定主任 Oleg Stepanov、新西兰国际事务学会前执行主任 Maty Nikkhou-O'Brien、德国外交部政策发展主任 Sebastian Groth 共同参与了讨论。

作者参加巴黎和平论坛大会研讨

2020 年 4 月 23 日，CCG 以中欧合作的全新视角举办相关主题的线上研讨会，邀请了中欧知名权威专家学者、商界精英围绕中欧如何合作抗击疫情展开研讨，提供疫情下中欧关系走向的新视角，进一步增进中欧关于抗击疫情的合作与交流。法国国际关系研究所高级研究员和亚洲研究中心主任 Francoise Nicolas 认为，欧洲内部面临着公共卫生和经济上的双重危机。整个欧洲的团结程度受到了考验，因为欧盟内部一直以来都存

在着不同的声音,所以并不太可能有让所有人都满意的抗疫方案。但同时,此次危机也给欧盟的发展提供了注入新动能的机会。她认为,欧洲内部最终会达成一致方案,通过合作渡过难关,"欧洲因危机而和"。此外,她也指出,尽管中欧在沟通方面仍存问题,但危机给中欧提供了深层次合作的机会,这会更好地推进多边主义的发展。

（七）文明对话研究所

文明对话研究所（Dialogue of Civilizations Research Institute，DOC）是一个独立的智库,其使命是以非对抗和建设性的精神汇集发达世界和发展中世界的各种观点,通过对话形成共同的世界观,并为公平、可持续与和平的世界秩序作出贡献。① DOC 总部位于德国柏林,在莫斯科和维也纳设有代表处。

弗拉基米尔·雅库宁到访 CCG

文明对话研究所的诞生与弗拉基米尔·雅库宁博士的努力密不可分。雅库宁博士是俄罗斯商界领袖和慈善家,俄罗斯铁路公司前总裁,莫

---

① 参见文明对话研究所官网,https://doc-research.org/about-us/。

斯科国立大学罗蒙诺索夫政治科学系国家治理系主任。他的职业生涯始于外交使团,1985 至 1991 年期间,他在该国驻联合国代表处任职。此后,在商业和公共服务领域担任了多个职位,包括俄罗斯联邦总统府的高级职位、交通部副部长和铁道部第一副部长。

2002 年,雅库宁与印度企业家和未来学家贾格迪什-卡普尔(Jagdish Kapur)、希腊裔美国商人尼古拉斯-帕帕尼科拉乌(Nicholas F.S.Papanico-laou)携手,作为联合创始人发起了"文明对话"国际方案。2003 年,他们共同创立了世界公众论坛"文明对话"(WPFDC),并于 2016 年,将 WPFDC 转变为文明对话研究所(DOC),雅库宁博士担任研究所监事会主席。①

DOC 致力于对有关国际关系和国际安全的问题进行研究,了解当前国际社会面临的关键挑战、分析紧张态势的产生原因、确定解决冲突的机会并提出与政策发展相关的建议,旨在为共同的全球问题提供创新的解决方案,弥合知识鸿沟。② 它重点关注三个领域:第一是文化与文明领域,努力促进各国人民、文化和文明之间的理解与合作,促进超越差异的和谐;第二是经济领域,研究适用于所有人的包容性、创新性和公正的发展模式;第三是全球治理与地缘政治领域,为国际行动者制定政策建议,探索新的外交途径。

文明对话研究所的创始人认为,对话可以将不同的文化观点结合在一起,从而创造一个没有冲突的公平和可持续的世界,因此该机构也致力于为不同文明提供平等交流的机会,为解决世界性问题寻找解决方案。罗德岛论坛作为文明对话研究所最主要的年度论坛,便发挥了这样的作用。该论坛的全称为"罗德文明对话论坛"或"文明对话——世界公众论坛",其内容涉及经济可持续发展、全球结构以及地缘政治、数字化时代下的伦理规范以及文明复兴三大方面。罗德岛论坛强调国际民间交流的作用,旨在凝

---

① 参见文明对话研究所官网,https://doc-research.org/author/vladimir-yakunin/.,2021.9.22。

② 参见 https://doc-research.org/about-us/,2021.9.22。

聚国际社会各种力量,推动世界各种文明之间的建设性对话,共同捍卫人类的精神和文化价值,积极应对世界新挑战,解决全球性问题。

该论坛的第一届会议于 2003 年 9 月举行。这场会议是在伊拉克战争这一艰难的国际政治条件下进行的,这场战争被许多国家视为基督教世界和穆斯林世界之间的战争。与会者得出的结论是,全球不同文明的代表之间的相互理解仍有许多不足之处。因此通过了《罗德岛宣言》,呼吁保持关于人类命运的对话,并表达了将这种公开对话作为国际合作实质性因素的雄心。宣言通过后,一个倡导对话的网络社会开始形成。自 2003 年以来,罗德岛论坛每年都在召开会议,这些会议有助于建立一个国际专家网络。经过 10 多年的发展,罗德岛论坛已成为有较大国际影响的民间对话机制。

2019 年,柏林墙倒塌 30 年后,高涨的民粹主义情绪弥漫于很多国家,冷战后盛行的西方自由民主受到前所未有的冲击。这年 10 月份,受雅库宁博士之邀,CCG 赴希腊参加了罗德岛论坛,作为唯一来自中国的智库代表在开幕式研讨会上发言。在罗德岛论坛即将结束时,我和雅库宁一起参加了由中国国际电视台(CGTN)和希腊公共电视台联合制作的"对话世界"中外专家电视辩论。

作者在罗德岛论坛开幕式研讨会上发言

作者参加中希电视台联合举办的电视研讨会

第四章　欧陆变迁中举足轻重的欧洲一流智库

2019 年 10 月 31 日,雅库宁博士到访 CCG。面对当时复杂多变的世界局势,雅库宁博士分享了对国际形势的见解。他认为,中国、俄罗斯以及美国对于构建国际秩序以及维护世界稳定有着重要作用。自冷战结束以来,中俄同美国的关系在曲折中发展。近年来中美贸易摩擦为世界经济发展前景蒙上了阴影,同时中俄频繁的合作则巩固了两国的伙伴关系。此外,他还就国际秩序的文明维度、"一带一路"下的亚欧大陆发展机遇、未来国家地区的发展挑战以及新世界秩序中的核稳定等话题发表了演讲,为应对新型国际秩序下国际合作与区域经济发展新挑战提供了独特视角。

(八)透明国际

不同于多数智库为政府提供公共管理政策咨询的角色,智库中也存在以宣传和监督为定位的研究机构。此类智库往往专注于对某一领域或各个领域中的相同问题进行研究。透明国际便是这一类型的智库,它以反腐败为主要的研究和宣传对象,虽然设立在德国,但透明国际的决策支持并不局限于德国,其在世界反腐研究和政策制定范围内都发挥着不可小觑的作用。

透明国际(Transparency International),简称 TI,总部位于德国柏林,由德国人彼得·艾根于 1993 年 5 月创立,从一个由政府官员、有关专家和商人组成的志愿组织发展成为一个监察贪污腐败的国际非政府组织,现在 100 多个国家设有分支机构。[①]

透明国际的资金几乎全部来源于捐赠。2020 年,透明国际总收入 2239 万欧元,其中捐赠占 99%。捐赠来源包括德国政府基金,活动经费通常由活动发起国和某些国家政府、私人企业等征集,每年的活动经费大约 2230 万欧元[②]。同时,为保持独立性,捐款人或机构不允许参与透明

---

① 参见《透明国际》,《青年参考》2004 年 4 月 6 日。

② 参见透明国际 2020 年年报,https://images.transparencycdn.org/images/TI_AnnualReport2020_v10@ 72ppi.pdf。

国际的决策制定。

透明国际致力于在社会各个部门、各个层次上阻止腐败、增加工作透明度、加强责任心、促进廉洁行为的发生,包括确定明确的财产权,审查法律标准和商业惯例。作为一家智库,透明国际不亲自参与反腐工作,但会与政府合作参与制定反腐政策,并建立自己的网站,发布有关反腐败的信息。作为国际组织和非营利性机构,透明国际在政府界别之外开辟了客观的、公正的、安全的反腐败通道。例如,2003 年,透明国际建立了宣传和法律咨询中心(Advocacy and Legal Advice Centres, ALACs),实际上为各国公民提供了一个腐败举报和投诉的平台。ALACs 一定程度上鼓励了腐败投诉,同时也帮助透明国际识别了世界上的腐败热点问题,是透明国际的研究数据来源之一。

将透明国际定义为智库,主要因为其主要工作还是研究,每年发布的"全球腐败指数"已经成为世界范围内权威反腐研究的参考。同时,透明国际定期出版《透明国际通讯》等刊物,并通过组织活动,加强国家、政府和部门之间的反腐合作。

透明国际主要通过"全球腐败指数"来衡量和评估世界各国和地区的腐败状况。指数越高,说明腐败程度越小;指数越低,说明腐败程度越高。1995 年,透明国际公布了第一份清廉指数报告,此后,这一年度报告结果经常被其他权威国际机构反复引用。

"透明国际"2021 年 2 月 18 日公布 2020 年度《清廉指数》报告,丹麦和新西兰两国均获得 88 分,共同排名第一。排名前十的国家还包括芬兰(85 分)、新加坡(85 分)、瑞典(85 分)、瑞士(85 分)、挪威(84 分)、荷兰(82 分)、德国(80 分)、卢森堡(80 分)。垫底排在 179 位的两个国家均只获得了 12 分,为索马里和南苏丹。

中国于 2008 年正式加入透明国际,作为其正式会员,在年会的各项决策和选举中,拥有建议权、表决权和选举权。中国在全球《清廉指数》历年报告中的排名整体稳定,自 2012 年反腐运动开展之后,中国的排名稳步提升。如今,透明国际在国际政治和社会生活中的影响越来越大。

它不仅在国际社会价值观念体系中确立了透明与监督概念,而且在促进落实国际多边公约等方面也取得了不少成就。

(九) 世界经济和国际关系研究所(俄罗斯)

俄罗斯具有现代意义上的智库组织产生于20世纪50年代的"解冻"时期。由于长期受困于教条僵化的官方意识形态,当时的苏共领导层对外部世界尤其是西方世界的认知严重不足,客观上要求对世界各国经济和政治进行全面深入的研究,苏联科学院旗下的一系列智库机构由此应运而生。世界经济和国际关系研究所随即于1956年成立,隶属于科学院体系。① 世界经济和国际关系研究所由政府组建,一直以来以为苏联政府和俄罗斯联邦政府提供政策建议为宗旨,是典型的官方智库。其基础研究和应用研究的实力很强,对国际形势发展能作出独到的分析和预测,在俄罗斯国内学术界和政界以及国际上都具有相当的影响力,其定位和作用都类似于中国社会科学院的世界经济研究所。

世界经济和国际关系研究所主要从事社会经济、政治和战略方面的综合性研究,其主要工作有:对俄罗斯立法、政府政策、创业战略的咨询、世界市场进行研究,为俄罗斯行政机构提供咨询、组织会议和研讨会,执行国际研究项目,与国际和外国研究机构建立并保持联系。在美国宾夕法尼亚大学的《全球智库报告2020》中,俄罗斯世界经济和国际关系研究所排名第33位,是俄罗斯本土智库中排名最靠前的。

历史上,有许多政界要人和著名学者曾担任该所所长。第一任所长A.A.阿尔祖马尼扬曾多次参与苏共和国际共产主义运动纲领性文件的起草工作。第二任所长 H.H.伊诺泽姆采夫院士是原苏联国际关系问题领域的专家。第三任所长 A.H.雅科夫列夫曾任苏共中央宣传部长和主管意识形态的书记处书记。第四任所长中东问题专家 E.M.普里马科夫后担任苏联中央情报局局长、俄罗斯对外情报局局长、外交部长和俄罗斯政

---

① 参见李铁军:《俄罗斯智库的发展历程和现状》,《学习时报》2013年2月25日。

府总理。目前,研究所所长为前政府主席经济顾问 Dynkin Alexander 先生。世界经济和国际关系研究所在政治人物的领导下,对俄罗斯政策施加的影响力是其他智库无法比拟的。

研究所无论在基础设施、人员配备上,都堪称俄罗斯一流。目前,研究所有 20 个科研分支机构。研究工作的决策与指导机构是学术委员会,有 60 名委员。研究人员超过 330 人。历史上有许多政界精英和著名学者曾在该所工作,其中包括俄罗斯联邦安全委员会秘书 И.С.伊万诺夫(1998—2004 年间曾任外交部长),前俄罗斯驻美国大使、亚博卢党领袖之一、俄罗斯联邦人权事务高级专员 B.П.鲁金等。①

研究所的研究成果亦十分丰富。2020 年,研究所共发表文章、专著186 篇/本,出版图书 15 本。研究所旗下期刊包括《世界经济与国际关系》月刊、《俄罗斯与欧亚新兴国家》季刊、《地球年》年刊、《通往和平与安全之路》公报、《俄罗斯经济晴雨表》季度公报、《俄罗斯与相邻国家政治与经济》月刊等,均为俄罗斯知名期刊。

俄罗斯与中国相互接壤,两国历史关系源远流长。中国在俄罗斯地缘政治中处于重要地位。研究所对中国的研究从未停止,也一直与中国保持良好的合作关系。Е.М.普里马科夫、В.А.马丁诺夫、Н.А.西蒙尼亚,都曾访问过中国。该所学者与中国国务院发展研究中心东亚社会发展研究所、中国现代国际关系研究所、中国人民大学、华东师范大学等机构的研究人员进行了多次交流。2012 年 10 月,俄罗斯科学院世界经济和国际关系研究所所长、俄罗斯科学院院士邓金(Дынкин)率俄罗斯智库代表团访华,出席中国社会科学院主办的"智库:面对变化中的世界"国际研讨会。

俄罗斯世界经济和国际关系研究所凭借雄厚的研究实力,在亚太地区以及世界范围内,都产生了较大的影响。2011 年,该所邓金院士与十余位专家学者联合完成并发布了《2030 年全球战略预测》报告,从全球治

①　参见李铁军:《俄罗斯智库的发展历程和现状》,《学习时报》2013 年 2 月 25 日。

理、经济、社会和国际安全体系等角度预测未来 20 年世界发展趋势,指出过去 10 年中,中国的市场改革是世界发展中的重要因素,而在未来 20 年,中国将继续推进改革,增强综合国力并加入全球领袖俱乐部,将对世界政治格局和经济发展产生重大影响。这些预测目前看来不失合理性。

(十) 斯德哥尔摩国际和平研究所

斯德哥尔摩国际和平研究所成立于 1966 年,为纪念瑞典 150 年的和平,瑞典前首相塔格·艾兰德尔 1964 年 8 月倡议建立国际和平研究所,以阿尔娃·米尔达夫人为首的一个皇家委员会起草了成立章程,米尔达夫人担任第一任理事会主席。

斯德哥尔摩国际和平研究所基于开放型资源向政策制定者、研究者、媒体和相关公共部门提供数据分析和建议。其研究经费主要来源于一些独立基金会的捐助以及瑞典政府。2019 年瑞典政府(瑞典议会授权外交部)向研究所提供资金 2840.2 万瑞典克朗(约 330.47 万美元),其他捐助机构提供资金 5905 万瑞典克朗(约 684.24 万美元)。① 如工作需要,在符合章程的情况下,也不拒绝其他财政来源。

研究所致力于探索世界稳定和平的先决条件与和平解决国际冲突的方法,就有关对国际和平与安全产生重大影响的国际冲突与协调活动展开独立研究,内容涉及军事武器的发展、军火交易和生产以及裁军和非军事化等。这就要求研究所专注于军备问题的研究,包括军备问题的局限性、缩减情况与武器控制等。1966 年 7 月 1 日,瑞典议会决定给予研究所独立基金会的法律主体地位,自此,研究所建立了良好的声誉并依靠竞争力、专业技术、硬件数据收集等建立核心优势。

斯德哥尔摩国际和平研究所管理机构包括理事会、主任、副主任、研究执行委员会、研究人员及其他员工,目前总计 124 人。其理事来自西

---

① 参见斯德哥尔摩国际和平研究所 2019 年年报, https://www.sipri.org/sites/default/files/Annual%20Review%202019_Revised_0.pdf。

欧、东欧和不结盟国家,研究人员来自不同地区和不同政治与经济制度的国家,均为科学专家或对国际事务有实际经验的人。斯德哥尔摩国际和平研究所十分注重国际研究合作。它与不同国家的研究学者建立合作关系,定期邀请访问学者和实习生参与研究项目。同时与其他全球研究机构保持联系。

在过去的 50 年中,研究所对诸如技术军备竞赛、武器扩散等军备和裁军等重要问题进行研究。并对全球安全问题独立性进行评估。每年出版多种研究刊物,其中《SIPRI 军备、裁军与国际安全年鉴》是军控领域最有国际影响力和最具权威性的资料,被翻译成中文、俄文、阿拉伯文等语言。① 研究所成立以来,集中对军备和裁军问题进行了研究,而且所有研究根据和来源完全开放,并一直与各国研究机构以及联合国、欧盟等国际组织保持着良好稳定的合作关系。其成果成为瑞典和国际政治界以及研究人员、新闻记者和学者经常使用的权威性资料来源。研究所的出版物每年都会分送各国政府和联合国代表团以及许多非官方组织、决策人、专家和新闻机构,并向世界所有国家的图书馆免费赠送。

研究所每年关注各国国防支出、武器生产,并发布全球武器转让年度报告。在军事活动发生后或国际冲突引起世界人民关注的时候,研究所的数据分析或研究报告总被引用。另外,研究所以其对全球安全问题权威性的评估而享誉世界,现已成为瑞典研究和平与安全等重要问题的学术机构。它制定的国家战略规划和安全政策,提供的建议和咨询报告,在关键问题上的研究分析具有权威性,对北约的战略决策具有相当的影响力。斯德哥尔摩国际和平研究所的研究议程设定十分灵活,它们的研究具有影响力,也是由于这种与时俱进的研究态度和前瞻性的研究成果。

(十一) 贝塔斯曼基金会

1977 年,欧洲传媒巨头贝塔斯曼集团掌门人莱茵哈德莫恩创建了贝

---

① 参见瑞典斯德哥尔摩国际和平研究所,网易,http://news.163.com/09/1118/。

塔斯曼基金会,现为欧洲最具影响力的非营利性企业组织、最大的计划性运作企业基金会之一。

基金会现由莫恩先生的妻子莉兹·莫恩掌控,主要资金来源于其在贝塔斯曼集团的股份收益。基金会热心公益慈善,致力于教育、健康卫生、经济与社会事务、国际关系、社团文化等社会事业的发展,这在很大程度上是基于贝塔斯曼集团的企业文化信仰:所有权、经济成效以及传媒业务性质带来的是对社会的特殊责任。

近年来,基金会投巨资重点研究德国的社会和经济问题。例如对德国医疗保险制度入不敷出的状况立项研究,提出预防为主,减少就医的方案,并在各个社区进行宣传,获得公众认同和医疗保险公司的欢迎。① 针对德国学生学习成绩与国际水平相比出现下滑的现象,基金会提出对儿童进行早期智力开发的方案,并在人口密度最大、学生最多的北威州进行试验,取得了很好的效果。基金会发布的《2020 年全球化报告》,分析了新冠危机后的孤立主义倾向如何影响每个人。报告认为,放慢全球化步伐将熄灭许多发展中国家的追赶引擎。基金会专家 Thomas Rausch 警告称:政商界人士应"进一步努力改善全球化的框架条件和标准""试图遏制全球化将导致所有国家与繁荣失之交臂"。

基金会还十分重视和其他国家的合作,在美国华盛顿还专门设立了分支机构,并且每年在华盛顿举办大型国际智库研讨会。2011 年,我在哈佛大学肯尼迪学院担任高级研究员时,贝塔斯曼基金会还曾邀请我参加它们在华盛顿举办的大型论坛并作为研讨嘉宾发言。当天的论坛研讨嘉宾云集,包括世界银行行长,国际货币基金会主席,哈佛大学前校长,美国制造业协会主席等,足见该德国智库在美国的号召力。

贝塔斯曼基金会视中国发展为机遇,也积极推动中欧友好关系的发展,并于 2003 年 8 月正式登陆中国并同中国国际经济交流中心保持良好

---

① 参见柴野:《取之社会,回报社会——访德国贝塔斯曼基金会》,《光明日报》2004 年 5 月 21 日。

作者参加贝塔斯曼举办的年度国际论坛

合作关系,并与中国共同举办过论坛。2012年基金会发布调查报告称,中国正在越来越强地成为德国产品的竞争对手,同时对近年来迅速增长的中国对德直接投资给予积极评价,并认为中德两国应为相互扩大投资增加便利。基金会相信,德中贸易关系可能发生转型,中德务实合作在中欧关系中发挥着重要引领作用。[1]

(十二)阿登纳基金会

康拉德·阿登纳基金会(德语:Konrad-Adenauer-stiftung,简称KAS)是一个1964年成立的德国政治基金会。基金会的总部位于柏林以及波恩附近的圣奥古斯丁。基金会在全球拥有78个办事处,在100多个国家开展项目。现任主席是德国联邦议院前议长诺伯特·拉默特(Norbert Lammert)。2020年,阿登纳基金会在宾夕法尼亚大学的全球智库排名中

----

[1]　参见《德国贝塔斯曼基金会积极评价中国在德投资》,新华网,2013年4月22日。

位列第 15 位。

阿登纳基金会的前身是 1955 年成立的"基督教民主教育工作协会",自 1964 年以来一直以联邦德国第一任总理康拉德·阿登纳的名字命名。康拉德·赫尔曼·约瑟夫·阿登纳(1876 年 1 月 5 日—1967 年 4 月 19 日)是第二次世界大战后德国重要的政治家,1949 年至 1963 年担任联邦德国首任总理。阿登纳是基督教民主联盟(Christian Democratic Union of Germany)创始人之一,从 1946 年到 1966 年,他也担任基督教民主联盟主席。在他的领导下,该政党成为西德的主导力量。阿登纳是一位虔诚的罗马天主教徒和天主教中心党的成员,他曾在魏玛共和国中发挥重要作用,曾担任科隆市长(1917—1933)和普鲁士国务委员会主席(1922—1933)。在担任联邦德国总理期间,他将注意力从去纳粹化转向复苏,领导德国从第二次世界大战的废墟上重新发展起来。在他执政期间,联邦德国实现了一定程度上的民主、稳定、经济繁荣。

在第二次世界大战后为了减少纳粹影响,推动民主制度建设,联邦德国成立了六个民主基金会。康拉德·阿登纳基金会与弗里德里希·艾伯特基金会是其中规模最大的两个政治基金会。阿登纳基金会继承了阿登纳本人的使命和承诺,在政治上与基督教民主联盟有一定联系,但在财政和组织上保持独立。阿登纳基金会凭借其影响力对德国政府的长期政策制定与战略规划产生了大量影响。

根据官方网站,阿登纳基金会的目标是通过"进一步促进欧洲统一,改善跨大西洋关系,深化发展合作"来"促进和平、自由与正义"。通过对当前政治趋势的研究和分析,为公民参与政治行动提供参考。阿登纳基金会每年在全球范围内举办约 7500 场会议和活动①,并通过奖学金项目以及多方面的研讨会项目,积极支持青年的教育和政治参与。基金会目前有 1600 名员工,其中 650 人在德国工作,主要分布在柏林以及圣奥古

---

① 参见 https://www.kas.de/c/document＿library/get＿file? uuid = a5d6ddc9 - 1470-4600-42f9-360a9f4446dd&groupId = 252038。

斯丁总部;在世界各地的办事处也拥有超过 100 名派遣员工以及 900 多名当地员工。① 与德国其他政治基金会相同,阿登纳基金会的资金主要来自于德国联邦政府,根据 2021 年财报,其总收入的 95% 来自联邦赠款。② 作为主要依靠公共资金的基金会,阿登纳基金会的研究成果对所有公众开放。

目前,阿登纳基金会主要由会员大会、理事会和董事会三个机构进行整体的规划统筹。会员大会是最高决策机构,可以选举理事会和董事会;理事会是最高领导机构;而董事会的则负责协调监督基金会的工作。在三个领导部门下则是职能部门和业务部门。职能部门包括人事处、行政事务处、财务处和信息中心,对基金会研究和业务工作的开展起保障作用。业务部门则有欧洲与国际合作部,通过基金会在约 120 个国家的 200 多个项目参与国际交流合作;政治与咨询部,主要进行政策研究与意见指导工作;公民教育部主要培养并号召公民积极参与政治活动;学术推广文化部和研究院为 2000 多名学生提供资金和精神上的支持;基督教民主政治档案馆则记录和研究了基督教民主的历史发展。③

阿登纳基金会在世界各地有着广泛的联系活动,拥有两个会议中心和遍布全球的众多办事处。基金会尤其重视与中国的交流,为更好地促进中德双边关系对话,于 1996 和 2001 年在北京和上海分别设立办公室。阿登纳基金会在中国拥有三个主要合作伙伴,分别为中国人民对外友好协会、中国社科院以及全球化智库(CCG)。④

我们与阿登纳基金会保持着长期的交流合作,基金会代表也经常参加 CCG 举办的活动。2022 年 7 月,我们在柏林访问了阿登纳基金会总部,与东南亚政策顾问伊莎贝尔·韦宁格(Isabel Weininger)、中国业务负责人大卫·默克勒(David Merkle)会面,就后疫情时代国际交流与合作、

①　参见 https://www.kas.de/en/organisation。

②　参见 https://www.kas.de/en/annual-reports/detail/-/content/annual-report-2020。

③　参见段美珍:《康拉德·阿登纳基金会的运行机制与发展态势》,《智库理论与实践》2018 年第 2 期。

④　参见 https://www.kas.de/zh/web/china/ffc9078c-f6be-4ee3-9b47-a9d14e0707bb。

CCG 访问阿登纳基金会总部

全球治理挑战与中德经济合作等话题进行了深入探讨。CCG 此次访问深化了双方友好合作，进一步推动了两国间的人文交流与互动。

四、欧洲知名智库的中国研究

近年来，随着全球化、欧洲一体化进程的加快和中国的迅速发展，欧洲智库纷纷加强了中国研究，在欧盟对华决策过程中发挥着越来越重要的作用：一是为欧盟机构提供决策建议；二是为欧盟机构提供政策咨询；三是为欧盟对华政策提供论证；四是为促进双边往来提供支持；五是为增进中欧认知提供渠道。

欧洲主流智库对中国及中欧关系的研究主要聚焦于中国和平发展的影响、欧盟对华战略选择、中欧战略伙伴关系及具体双边问题。如英国前首相布莱尔建立的智库——欧洲研究中心，其前任欧洲外交关系协会执行主任马克·莱纳德 2009 年发表了研究中国的专著《中国怎么想》，引起西方的国际战略家的高度重视。欧洲对外关系委员会先后发表了《中国和平发展和国际秩序中游戏规则的改变》、《中国和平发展:欧盟、俄罗斯和美国的对策》等政策报告。2009 年,欧洲对外关系委员会和巴黎政治学院亚洲中心联合推出的《欧中关系的权力审视》,提议要将欧盟对华无条件接触战略调整为对等接触,引起欧方高度关注和各界热烈讨论。德国对外关系委员会发表的《欧盟与中国:欧盟对华外交与安全政策的制定》也颇值得关注。有关中欧关系以及各种双边或多边问题的政策报告包括:欧盟安全研究所的《危险的交易? 欧盟、中国与两用技术》,欧洲政策研究中心的《合作的气候:欧盟、中国与气候变化》、欧洲对外关系委员会的《在中国问题上进行抉择:欧中在能源和气候方面的合作》、欧洲改革中心的《再平衡中国经济》等。①

此外,欧洲专业智库还研究与中国有关的其他问题。例如,欧洲对外关系委员会发表的《中国对中美集团(G2)的反应》、《中国与印度:长期对手、偶尔伙伴》,专门介绍中国智库政策研究的《中国分析》系列报告,欧洲改革中心发表的《中国自由主义的退却》,斯德哥尔摩国际和平研究所发表的《中国不断扩大的维和作用》,国际危机集团发表的《中国在联合国维和行动中日益重要的角色》,荷兰国际关系研究所发表的《中国、哥本哈根及其他》,等等。

智库在欧盟委员会的对华政策方面起着重要的作用。智库研究和活动关注点,通常成为欧盟委员会改变对华政策的依据。欧盟委员会的对华政策出台后,也会有智库对其"评头论足",发表自己的意见,成为欧委会政策优化的动力。同时,制定和调整政策过程中,智库的意见也不可或缺。1997 年,为整合分散在欧洲各国的当代中国研究力量,使之能更好地为欧盟制定对华政策提供专业知识和政策建议,欧委会还全力支持成立了一度十分活跃的欧中学术网络。同时,欧洲主流专业智库也越来越

① 参见潘忠岐:《欧洲智库的最新发展及其对华研究》,《现代国际关系》2010 年第 10 期。

重视与中国研究机构的合作交流。中欧相关智库每年都会在中欧领导人会晤前后就中欧关系联合举办研讨会，在为领导人峰会提供支持的同时，促进双边人员和思想的交流。

欧洲高校智库也开始越来越多地把研究焦点转向中国和中欧关系。2003年，英国诺丁汉大学成立中国政策研究所；2006年比利时成立了布鲁塞尔当代中国研究所；2007年，牛津大学、布里斯托尔大学和曼彻斯特大学联合成立英国校际中国中心。已经开展的以中欧关系为主题的科研课题如西班牙圣巴布罗大学主持的《迈向更紧密的中欧联合：寻找机遇之窗》、英国爱丁堡大学主持的《中欧信息技术标准研究的伙伴关系》、英国诺丁汉大学主持的《分析中国对欧盟的认知及其对欧盟对华政策的影响》等。与专业智库主要关注短期发展不同，高校智库重点研究长期趋势。譬如，英国伦敦经济学院著名国际关系理论家布赞2009年发表演讲《国际社会中的中国：和平发展能否成功？》，从英国学派的理论视角肯定了中国改革开放以来的外交转型，并从多方面证明中国的和平发展不仅是可以实现的，而且开辟了一条大国发展的新路。依托布鲁塞尔自由大学的布鲁塞尔当代中国研究所的青年学者豪斯拉格发表的《捉摸不定的轴心：评估欧中战略伙伴关系》、《理解中国的全球安全志向》、《欧盟与中国在气候变化问题上的合作》，一时间引起强烈反响。意大利欧洲大学学院的罗伯特·舒曼高级研究中心发表《中国的对欧战略：既促进统一又利用分裂》。比利时欧洲学院的欧盟与中国关系研究项目出版《欧盟—中国观察家》系列，围绕中欧关系进行全方位探讨。

中国研究项目的增多，一定程度上推动了中欧学术科研合作。例如，复旦大学和中国人民大学参加了西班牙圣巴布罗大学主持的莫内项目《迈向更紧密的中欧联合：寻找机遇之窗》，华东师范大学参加了法国国家科学研究院主持的第七框架项目《欧盟与世界：外界的认知》，中国社会科学院和中国人民大学参加了诺丁汉大学中国政策研究所主持的项目《分析中国对欧盟的认知及其对欧盟对华政策的影响》，复旦大学参加了英国爱丁堡大学主持的项目《当代全球秩序中的多边主义与欧盟》，中国科学院和清华大学参加了英国爱丁堡大学主持的项目《中欧信息技术标准研究的伙伴关系》等。①

中国学者与欧洲智库的互动中,也主动直接申请课题,一方面加强了欧洲高校对中国的了解;另一方面增强了中国学者国际学术合作的能力,了解到欧洲智库对华研究的状况与思路,便于中欧学术界交流,也为我国智库发展积累经验。复旦大学和中国人民大学申请到《莫内卓越研究中心行动计划》;中国已有超过10人获得莫内教授称号,其中,复旦大学戴炳然教授荣获欧盟2008年度唯一的莫内奖,中国人民大学王义桅教授荣获2017年的莫内奖,该奖项是欧盟为支持和发展欧洲一体化领域研究与教学而设置的最高荣誉称号。②

总体看,欧洲智库对中国的研究起步较晚,但进展迅速,且潜力无限。欧盟的发展和中国的和平发展使中国问题和中欧关系成为重要研究主题。欧洲学者在研究与中国相关的各种问题时,对中国智库的合作需求较为强烈,欧盟各种研究项目纷纷向中国开放。这些都为中国学者影响欧洲智库的中国研究提供了机遇,也为中国智库加强对欧洲的研究创造了空间。

---

① 参见潘忠岐:《欧洲智库的最新发展及其对华研究》,《现代国际关系》2010年第10期。

② 参见潘忠岐:《欧洲智库的最新发展及其对华研究》,《现代国际关系》2010年第10期。

第五章

『亚洲世纪』中亚洲智库的机遇与挑战

在亚洲崛起的过程中,亚洲智库开始迅速成长,但至今尚没有真正长大。亚洲各国想要解决快速发展过程中遇到的种种问题和挑战,就需要借助亚洲智库的力量,同时亚洲智库有责任贡献自己的智力,推动"亚洲世纪"成为现实……

第二次世界大战后,亚洲的日本、新加坡、韩国、中国台湾和中国香港纷纷崛起,随后中国东南沿海和菲律宾、越南、印尼等东南亚国家的经济也开始迅猛发展。经济的发展为本地区智库的出现奠定了经济基础,也为本地区智库的发展提供了平台。

进入21世纪以后,随着世界经济发展重心开始向亚洲转移,中国、日本、印度、韩国与东盟国家的经济实力与发展速度有了质的飞跃。甚至有学者提出,21世纪的主角将属于亚洲国家,世界将迎来"亚洲世纪(Asian century)"。

在亚洲崛起的过程中,亚洲智库开始迅速成长,但至今尚没有真正长大。亚洲各国想要解决快速发展过程中遇到的种种问题和挑战,就需要借助亚洲智库的力量,同时亚洲智库有责任贡献自己的智力,推动"亚洲世纪"成为现实。

一、尚未长大的亚洲智库

虽然亚洲的经济水平有了突飞猛进的发展,但学者们断言的"亚洲世纪"尚未来到。一方面因为亚洲还存在着许多世界政治的热点问题,很多国际争端矛盾纠结于此。朝鲜核问题、印巴问题、中国台湾问题、领海权纠纷问题,中日韩几十年的历史问题使得亚洲各国家间的关系相当微妙,同时也引起了世界各国的关注。另一方面,亚洲经济的迅速发展也带来了许多的问题:环境问题、能源问题、社会问题等,都亟待解决。亚洲发展过程中面临的这些地区问题、社会问题、环境问题等,都是亚洲未来发展的障碍,是亚洲各国必须解决的问题,也是亚洲智库研究的重点。

亚洲人口密集、发展迅速、政治复杂,面临着很多问题和挑战,这客观上使得亚洲对智库有更大的需求,然而亚洲智库长期在数量和影响力上不能满足这一需求。不过,最近十年,亚洲智库有了飞速发展,《全球智库报告2020》显示,亚洲智库共有3389家,已经远高于欧洲的2932家,也高于北美的2397家。尽管在数量上已取得领先,亚洲智库的专业水准和研究水平与世界最高水平还存在较大差距。

与欧美智库相比,亚洲智库的发展尚不成熟,也还有很长的路要走,中国智库的发展在亚洲各国中总体占有优势,但近年其他亚洲国家智库发展很快,尤其是印度和日本。《全球智库报告2020》针对亚洲中国、日本、韩国、印度四国智库的排名显示,中国在前10强中占据了3个席位,分别是排名第四的中国现代国际关系研究院、排名第八的国务院发展研究中心、排名第十的全球化智库(CCG)。除了中国,前10强中,日本占3席,印度占3席,韩国占1席。

表5-1　2020年亚洲(中国、日本、韩国、印度)智库20强

排名	智库名称	所属国家	简　介
1	日本国际问题研究所(Japan Institute of International Affairs,JIIA)	日本	成立于1959年,研究方向包括印度—太平洋、中国、朝鲜半岛、美洲、欧洲等
2	印度观察研究基金会(Observer Research Foundation,ORF)	印度	成立于1990年,关注印度国内改革,以及建构全球伙伴关系
3	韩国对外经济政策研究院(Korea Institute for International Economic Policy,KIEP)	韩国	1989年成立,研究对象包括中长期贸易战略、战略性地区研究、官方发展援助政策研究、全球战略研究、中国研究等
4	中国现代国际关系研究院(China Institutes of Contemporary International Relations,CICIR)	中国	成立于1980年,研究领域包括地区与国别研究、世界政治、世界经济、国际安全、科技与网络安全等

排名	智库名称	所属国家	简 介
5	政策研究中心（Centre for Policy Research，CPR）	印度	成立于 1973 年，关注对印度未来至关重要的话题，包括经济政策、环境法和治理、国际关系与安全等
6	印度国防分析研究所（Institute for Defense Studies and Analyses，IDSA）	印度	成立于 1965 年，是一家位于新德里的军方智库，致力于研究国家安全和国防政策对国家经济、安全和社会生活的影响问题
7	日本防卫省防卫研究所（National Institute for Defense Studies，NIDS）	日本	1952 年成立，是日本防卫省政策研究的核心，主要就安全和战争历史进行政策导向的调查研究
8	国务院发展研究中心（Development Research Center of the State Council，DRC）	中国	1985 年成立，主要研究中国国民经济、社会发展和改革开放中的热点、难点问题
9	亚洲开发银行研究所（Asian Development Bank Institute，ADBI）	日本	1997 年成立，旨在帮助建设与减贫和其他领域有关的能力、技能和知识，以支持亚洲及太平洋发展中经济体的长期增长和竞争力，研究对象涉及亚洲经济发展的各个领域
10	全球化智库（Center for China and Globalization，CCG）	中国	成立于 2008 年，致力于全球化、全球治理、国际经贸、国际关系、人才国际化和企业国际化等领域的研究
11	中国社会科学院（Chinese Academy of Social Sciences，CASS）	中国	成立于 1977 年，研究领域包括：经济、哲学、世界宗教、考古、历史、近代史等
12	德里政策集团（Delhi Policy Group，DPG）	印度	成立于 1994 年，研究领域主要分为三个方面：战略和地缘政治议题、地缘经济、防务和安全议题
13	日本贸易振兴机构经济研究所（Institute of Developing Economies，Japan External Trade Organization，IDE-JETRO）	日本	具体研究对象包括出口业务、海外扩张、对日投资等

排名	智库名称	所属国家	简 介
14	佳能全球研究所（Canon Institute for Global Studies）	日本	主要关注全球经济；能源与环境；外交和国家安全等领域
15	Institute of Foreign Affairs and National Security（IFANS）	韩国	成立于1965年,研究内容包括国家安全与统一、美中关系、国际法、国际经济与贸易、全球问题、外交史、韩中日合作等
16	民间社会中心（Centre for Civil Society,CCS）	印度	成立于1997年,研究领域覆盖教育、环境、治理、谋生等
17	地面作战研究中心（Centre for Land Warfare Studies, CLAWS）	印度	研究内容包括国家安全、地区安全、全球安全、军事理论、军事技术、常规军事行动和次常规战争
18	中国国际问题研究院（Institute of International Studies,CIIS）	中国	建于1956年,研究领域集中于国际关系和国际热点问题,包括美国研究、亚太研究、欧洲研究、发展中国家研究等
19	清华—卡内基全球政策中心（Carnegie Endowment for International Peace）	中国	成立于2010年,研究对象包括不扩散核军控、中国外交关系、国际安全挑战、国际经济与贸易、"一带一路"倡议等
20	峨山政策研究院（Asan Institute for Policy Studies, AIPS）	韩国	成立于2008年,研究对象包括安全、核问题、对外关系、全球治理、国际法、科技、经济、民主等

资料来源：美国宾夕法尼亚大学《全球智库报告2020》,https://repository.upenn.edu/think_tanks/18/,2021年1月28日。

在除中国、日本、韩国、印度四国的其他南亚（印度除外）、东南亚和澳洲国家排名中,新加坡排名较好,前5强中占据两席。前10强中,印度尼西亚占据2个席位,马来西亚占据2个席位,澳大利亚、新西兰、泰国和中国台湾各占1个席位。

表 5-2　2020 年南亚（印度除外）、东南亚和
澳洲其他国家或地区智库前 10 名

排名	智库排名	所属国家或地区	简　介
1	新加坡国际事务研究所（Singapore Institute of International Affairs，SIIA）	新加坡	成立于 1961 年，围绕以东盟为重点的主题，旨在对国际事务和推动环境可持续性的问题进行政策分析。具体研究领域包括东盟、东盟伙伴和地区、中国、欧盟、日本、朝鲜、美国、"一带一路"等
2	印尼战略和国际问题研究中心（Centre for Strategic and International Studies，CSIS）	印度尼西亚	成立于 1971 年，研究领域包括经济学、灾害管理、政治和社会变革及国际关系等
3	拉惹勒南国际关系研究院（Institute of Defence and Strategic Studies，IDSS）	新加坡	成立于 1996 年，研究范围涵盖反恐和极端主义、国家安全和国防问题、传统和非传统安全问题、宗教间研究、经济多边主义和区域经济一体化。此外其研究越来越深入具有战略影响和潜在破坏性国家和国际安全影响的新兴交叉问题和技术发展中
4	马来西亚战略及国际研究院（Institute of Strategic and International Studies，ISIS）	马来西亚	成立于 1983 年，研究领域涵盖经济、外交政策、战略问题、社会政策、环境与可持续性研究
5	Economic Research Institute for ASEAN and East Asia（ERIA）	印度尼西亚	2007 年成立，旨在深化经济一体化，缩小发展差距，以及实现可持续经济发展。研究项目涵盖多个政策范畴，包括贸易及投资、全球化、中小型企业推广、人力资源及基建发展，以及能源及环境
6	新西兰战略研究中心（Centre for Strategic Studies，CSS）	新西兰	成立于 1993 年，是新西兰在战略、外交政策和安全问题研究和公众参与方面的领先机构。该中心通过媒体评论、研究、公共活动和外联活动，力求促进关于新西兰安全利益以及区域和全球安全挑战的公众讨论

排名	智库排名	所属国家或地区	简 介
7	马来西亚公共政策研究中心（Centre for Public Policy Studies，CPPS）	马来西亚	该中心的目标是建立一个有凝聚力、有竞争力和成功的多种族马来西亚,研究领域覆盖经济、社会和文化诸多部门,具体包括民族团结、女性和性别平等、国家竞争力、教育、透明度和善政、可持续性发展
8	泰国发展研究院（Thailand Development Research Institute，TDRI）	泰国	成立于1984年,主要向各公共机构提供经济领域的技术分析,以帮助制定政策,支持泰国的长期经济和社会发展
9	中国台湾民主基金会（Taiwan Foundation for Democracy，TFD）	中国台湾	2003年成立,研究对象主要是民主发展、民主化、民主品质、民主教育、人权发展
10	战略与国防研究中心（Strategic and Defense Studies Centre，SDSC）	澳大利亚①	成立于1966年,致力于分析在其政治背景下使用武力的情况,专注于战略和国防领域。具体研究对象包括:澳大利亚国防、军事研究和亚太安全

二、亚洲智库面面观

亚洲地区在经济、政治、文化和社会等方面的特点,赋予了亚洲智库自己的特点。亚洲大多数国家是在"二战"后建立或独立的,亚洲智库是伴随着国家的发展而发展起来的,因此亚洲智库的历史并不长。亚洲地区独特的经济、文化,与国家发展相依存的成长方式赋予了亚洲智库一个重要特色:对政府的依附性较强,研究具有很强的政策导向性,独立性相对较弱。

（一）政府背景下的官方"智囊"

与欧美智库相比,亚洲智库的政府背景更为明显,他们甚至直接向政府内政和外交机构提供咨询服务。

———————

① 在国际智库排名地区划分中,澳大利亚和新西兰被划在亚洲区。

曾被称为"亚洲第一智库"的——中国社会科学院,在中国的经济社会发展中一直发挥着高级"智囊"的作用。韩国发展研究所也是如此,它隶属于国务院,其地位相当于中国的国务院发展研究中心。

日本的国际问题研究所在 1996 年成立裁军和核不扩散研究中心(Center for the Promotion of Disarmament and Non-Proliferation,CPDNP)就是出自日本外务省的授意,日本内阁府的"经济社会综合研究所"、央行的"日本银行金融研究所"以及经济产业省的"经济产业研究所",这些为日本政府部门的经济社会、金融和产业政策提供政策参考的智库都隶属于政府。

负责印度尼西亚内政和外交等重大政策研究和咨询的印度尼西亚国际战略研究中心,同样具有极深的政府背景,它是由时任总统苏哈托的亲信玛尔达尼(Sudjono Humardani)将军与莫特波(Ali Murtopo)创立的。

印度的防务分析研究所被称为印度第一个独立于政府和高校的研究所,但是其一直在扮演着重要的官方"智囊"的角色,与印度政府有着千丝万缕的联系。该研究所的理事会主席一直由国防部长担任,其理事会成员主要是退休的高级将领。该研究所在其成立后的 50 多年(1965 年成立)里,对印度的对外安全政策,包括核武器、军队支出、对印度的传统威胁和非传统威胁等方面,都起着非常重要的作用。

(二) 习惯于"命题作业"

不同于西方智库,亚洲智库在课题研究、前沿关注方面一般不会主动出击,习惯于"命题作业"。亚洲智库的这种运作方式与东方文化重社会、重和谐、重情、重义的文化底蕴有很大的关系。东方文化是建立在服从的基础之上的,儒家文化教化民众服从政府,稳定公序良俗。亚洲正是儒家文化盛行之地,服从思想自然也就成为亚洲各国文化的主流。存活于这种文化中的智库也不可避免地要受其影响。因此智库在选择研究课题,关注前沿问题的时候多少都会对政治系统运行和决策过程作出一定的妥协,研究成果在一定程度上要服从政治的需要。

例如,我国很多智库,主要以国家重大课题为主。而这些国家、政府的课题,具有很强的政策倾向,也就是所谓的"命题作业"。智库很多时候只是去证明这些"命题的正确与否",自由发言的空间很少。同样,在日本、韩国、印尼和马来西亚等国家也一样,这些国家的智库很少会主动关注和研究国家、甚至世界当前的热点和重点问题,只有当政府有需要时,他们才会进行研究和跟踪。

(三)关注本国本地区,欠缺国际视野

目前多数亚洲国家的智库还习惯于"自扫门前雪",研究课题、研究方向都围绕本国的发展进行,仅对解决本国的问题感兴趣,而对全球性问题和国际事务则少有问津,因此甚少有机会针对全球性问题和国际事务发表自己的观点,难以形成国际影响力。在全球性战略议题的研究上也大多是拾人牙慧,失了先机和在这些问题上的话语权和国际影响力,因此在某些政策方面受制于人也就在情理之中了。在这方面,印度尼西亚就是一个很好的例子,印尼智库的研究基本都是以印尼的内政外交为主,以印尼的国际战略研究中心为例,详细情况见表5-3。

表5-3 印尼的国际战略研究中心的研究领域

一级领域	二级领域	备 注
经济学	宏观经济学	主要目标是为印度尼西亚经济的可持续发展提供可靠的政策和建议,保证国内经济平稳、较快增长
	产业和贸易政策	主要是研究印尼的国内产业和贸易的政策以及区域性、全球性的贸易、产业结构升级和转移
	金融和银行学	主要是针对1997年亚洲金融危机之后,如何保证印尼金融和银行部门正常运作,构建一个健康和良性发展的金融体制
	制度经济学	在国内现有的政治体制之下,通过健全社会法律、法制等系统,实现社会与经济的和谐运作
	劳工、社会、性别与环境政策	重点是:贫困、平等、性别等方面的研究,现在更侧重于全球变暖和气候变化、能源需求、环境治理等方面的研究

一级领域	二级领域	备 注
政治和 国际事务	政治	主要是关注印尼国内的政治和社会变化的发展和未来趋势,包括政治制度、民主化,司法和立法改革等,同时还有教育、性别、婚姻等社会问题
	国际事务	主要关注印度尼西亚的国际安全问题,印尼与东盟、东南亚、中国、日本和亚太的关系。研究领域包括:区域研究、战略安全、国际政治经济、非传统安全

资料来源:印度尼西亚国际战略中心官网,http://www.csos.or.id/Research.php。

(四) 新型智库异军突起

近年来,随着亚洲经济、社会迅速发展,传统官办智库越来越难以满足经济、社会发展对智库的需求,因此,更多新型智库开始涌现。其中附属于大型企业的智库,企业自己创办的智库以及私人智库都是新型智库中非常有代表性的力量。

附属于大型企业的智库或大企业自己创办的智库,都对企业的发展承担着责任,其目的是充当企业的"大脑",为企业的研发和市场营销出谋划策,为企业创造盈利,日本和韩国的大型企业都有自己的研究所。丰田研究所、索尼研究所、松下研究所、三星研究所、现代研究所、LG研究所等等,就属于这一类的智库。

近年来私人智库的发展引人瞩目,成为智库军团中的一匹黑马。这类智库一般由大企业或公共财团(如基金会)出资建立,强调研究的公益性、独立性,而盈利不是其最重视的因素。私人智库重视国家利益,因此它们的研究多是为国家经济、社会发展服务的,它们通过研究国家重大公共政策,包括外交政策,来为政府提供解决问题的参考。目前,私人智库已经发展成为影响各国内政外交政策决策的重要力量,并日渐得到政府的青睐。韩国的峨山政策研究院就是其中的佼佼者。峨山政策研究院是韩国非常知名的私人智库,成立于2008

年,其将"促使半岛和平与统一、东北亚地区的和平与稳定"视为智库宗旨。

三、亚洲知名智库及其战略影响

亚洲地区的智库虽说还处在发展阶段,但还是涌现了一些具有一定国际影响力的知名智库。日本的国际问题研究所和韩国的峨山政策研究所在国际问题研究上表现不俗,在《2019 全球智库报告》和《全球智库报告 2020》中,都跻身亚洲地区智库排行榜前列,可以算是亚洲最有代表性的杰出智库。因为中国智库将另辟章节专门论述,所以在本章就没有提及。

(一) 日本国际问题研究所

1959 年,在日本前首相吉田茂的强力推动下,日本国际问题研究所(The Japan Institute of International Affairs,JIIA)成立,吉田茂本人出任了研究所的第一任会长。JIIA 以促进国际问题的研究、知识普及、推动海外交流为目的,是一家无党派政策研究型智库,主要研究方向为外交事务和安全问题。2012 年,为表彰日本国际问题研究所对公共利益的贡献,时任首相野田佳彦认证其为公共利益财团。经过多年的发展,日本国际问题研究所已经具有了相当的声誉和影响力,《全球智库报告 2020》中,该智库在世界智库中排名第八,亚洲智库中排名第一。

JIIA 由评议会、理事会、会长、理事长、所长、顾问以及研究部门组成。具体研究由所长领导下的研究部进行。而评议会、理事会等则为研究所的运营提供强大的社会支持。评议会评议员及理事会理事主要由大公司会长、商社、银行等的特别顾问、大学教授、研究机构理事长等组成。历任会长除了首任会长吉田茂出身政界以外、基本由日本经济团体联合会(日本最大的经济团体之一)名誉会长、各银行会长等经济界、财界的知名人士担任。这种组织架构使该研究所通过评议会及理事会获得社会各

界强有力的人力、财力等各方面支持。①

日本国际问题研究所的研究领域囊括了世界全区域的安全保障、经济、领土与历史、裁军、科技等领域。同时,通过发行《国际问题》(月刊、1960年创刊)、《战略年度报告》(年刊)、《Japan Review(日本评论)》(季刊)以及各种出版物等提高研究所的学术及国际影响力。目前,该研究所的研究领域具体划分为印太、中国、朝鲜半岛、美国、欧洲、俄罗斯及独联体、中东与非洲、安全保障、经济及全球问题、领土与历史、裁军与科技等。此外,还成立了太平洋经济合作理事会秘书处(1981年)、亚太安全合作理事会秘书处(1994年)、促进裁军与不扩散中心(1996年)。对于事关日本外交的重大问题和政策,该所会组织讨论组,邀请外务省官员、国际问题专家、学者共同探讨,并在探讨的基础上提出研究报告。基本上日本外交上的所有重大问题,该研究所都参与研究。而对于一般性国际问题,该研究所通常会采取在长期观察的基础上进行系统的、动态的研究,并形成一系列的研究成果。

研究所研究经费主要来自政府补贴、合同研究收入、公司会员和个人会员捐赠等,同时还有部分来自于图书馆会员捐赠、出版物。其主要开支为:研究支出、公司员工支付、管理和出版等。研究所2018财年总收入为11.52亿日元,开支为11.45亿日元,详细收支情况见图5-1和图5-2。

日本国际问题研究所十分重视对外交流,始终保持与外国相关研究机构的合作关系,这也是研究所在国际智库中具有较高知名度的重要原因。它与美国的布鲁金斯学会、兰德公司、外交关系协会,英国的伦敦国际战略研究所,法国的国际关系研究所,印度尼西亚的战略国际问题研究所等保持着良好的合作关系。此外,还与联合国、经合组织(OECD)、世界银行等多个国际组织构建了合作关系网络。在全球化的今天,这种全球研究网络的建立,对于智库的发展意义重大。

---

① 参见《日本国际问题研究所的运行机制及研究特色》,https://www.essra.org.cn/view-1000-2051.aspx。

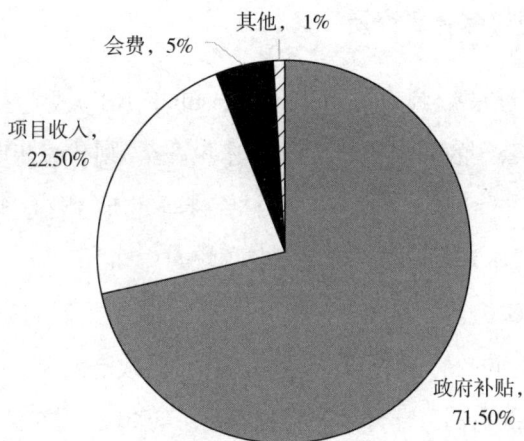

图 5-1　2018 年日本国际问题研究所收入来源

资料来源：Annual brochure 2018, http://www2.jiia.or.jp/en/pdf/AnnualBrochure/AnnualBro-chure2018r1.pdf。

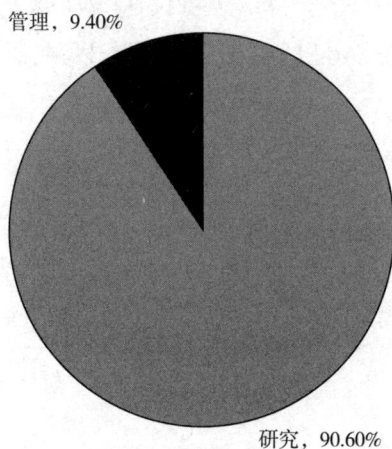

图 5-2　2018 年日本国际问题研究所支出情况

资料来源：Annual brochure 2018, http://www2.jiia.or.jp/en/pdf/AnnualBrochure/AnnualBro-chure2018r1.pdf。

日本国际问题研究所虽然是一个相对独立的研究机构,但其官方背景十分浓厚,其外交政策建议对日本对外战略具有很大的影响,加强与之交流和合作,增加对日了解,对于处理复杂的中日关系具有重要意义。

（二）野村综合研究所

野村综合研究所(Nomura Research Institute, NRI)成立于 1965 年,前身是野村证券公司的调查部,号称是日本第一个"现代思想库"。不论它是不是日本第一个"现代思想库",野村综合研究所的历史、规模、研究实力及影响,在日本乃至世界上都是不容小觑的。

与普通意义上非营利性的智库不同,野村综合研究所具有营利性、企业性的特点,它向政府、国内外企业、社会团体、政治家提供研究、咨询服务并收取相应的费用。野村综合研究所已于 2001 年在东京证券交易所上市,这也从一个侧面反映了其营利性、企业性的特点。

野村综合研究所成立之初就非常重视国际化发展。成立不到两年,研究所就成立了以美国的经济、军事、政治为主要调研对象的野村纽约办事处,之后又利用伦敦世界金融中心地位,成立了收集欧洲和中东的政治与能源信息的野村伦敦办事处。进入 21 世纪以来,研究所加快了在中国的布局,比如 2002 年一年内,就在上海和北京分别成立了野村综研(上海)咨询有限公司与野村综研(北京)系统集成有限公司。2007 年,在清华大学联合设立清华大学·野村综研中国研究中心,对中国的经济、社会及产业政策进行研究的同时,加强与中国的政策制定者和研究者的交流。目前,NRI 在亚洲、美国、欧洲均设立了分公司,全面掌握海外市场动向,为客户提供调查、研究、咨询、IT 解决方案等服务,以支持在全球开展业务的企业。

野村综合研究所还非常重视信息技术和 IT 传媒,建立了自己的"信息银行",专门收集日本经济、产业方面的情报资料,领域广阔,规模宏大。近年来,为了实现与时俱进,更好地为客户服务,野村综合研究所提出"野村综研的 DNA"。通过预测、分析、政策建言献策等方式发现问题,导入解决策略的导航阶段,即利用野村全球信息网络,细致分析与研究,对经济发展、产业和社会变革进行中立、全面的判断。继而步入解决方案阶段,即适应顾客的现实需要,以适应社会变化的解决方案为导向,特别是在管理技术和信息技术方面,提供切实可用的全套解决办法。两个机能有效结合,相辅相成,共创野村综研的新未来。①

野村综合研究所是日本智库中的佼佼者,其研究成果对日本政府的战略、政策制定产生了重大的影响。它曾深度参与了日本政府制定 ICT 国家战略的研究中,深刻影响了日本政府的决策。此外,日本政府在对外贸易及国家安全方面的决策也深受野村综合研究所的影响。1977 年,日本政府接受野村综合研究所的建议,鼓励电视机出口,从对外贸易中获利颇丰。后来,野村综合研究所的"综合安全保障"战略也得到了日本政府的认可,对日本扩大自卫力量,增强海上供应线的政府的决策产生了重要影响。

(三) 日本三井物产战略研究所

三井物产战略研究所是日本最大综合商社三井物产株式会社的"调研与开发部门",主要作为独立的智库来解决阻碍公司经济发展的问题,该研究所分别在美国、英国、比利时、新加坡和中国设置了多个分支机构。它的前身是三井物产的"情报调研部",1991 年 10 月独立升格为"三井物产贸易经济研究所",1999 年更名为"三井物产战略研究所"。

三井物产战略研究所主要由董事会、社长、副社长、业务统括部、科技 & 创新情报部、技术展望中心、产业情报部、国际情报部、在外研究员九个部分组成。② 主要业务包括事业的调查和研究、新模式和新事业的开发、各种合作和组织服务三个方面。

在日本,智库按经费来源主要分为三类③,一类是直接为政府服务的智库,如防卫研究所(NIDS)。第二类是非营利性非政府组织,如上文中的日本国际问题研究所(JIIA),属于财团法人组织(Foundation)。最后一

---

① 参见野村综合研究所,http://www.nri.com/jp/company/dna.html。

② 参见日本三井物产战略研究所官网,https://www.mitsui.com/mgssi/en/company/organization/index.html。

③ 参见郭周明:《日本智库为何能产生"经世之学"》,https://finance.sina.cn/zl/2020-04-09/zl-iirczymi5379797.d.html? vt=48 8ccid=79615。

类就是株式会社类(Corporation),如上文中的野村综合研究所,以及三井物产战略研究所,这类智库一般为公司制营利性智库。三井物产战略研究所主要依托三井物产遍布全球的商业、情报据点,凭借其在物流领域、信息资源、统和能力等方面的独特经验,对全球汇集来的大量情报进行分析研究,并在三井财团内企业群间共享,用信息为三井财团谋划发展及布局战略。

除了促进三井物产的发展,三井战略研究所的信息资源和研究成果对日本决策也有很大的贡献。作为民间研究机构,从研究的深度、广度和企业的接受程度来看,都比政府的研究机构更有效率。特别是宏观经济研究领域,三井物产战略研究所的成果更是被日本企业界认为是经济变化的风向标,就连日本政府也经常利用它的信息。除此之外,日本的外务省国际情报局还经常与商社驻外办事处互通情报,并为商社的情报活动提供指导与帮助。商社则利用其在全球众多的分支机构、雄厚的奖金、先进的设备与专业人员为外务省国际情报局的情报活动提供有力的支持。

为了更好地了解"一带一路"发展状况,加强第三方市场共建和智库交流,共同开拓中日两国在"一带一路"国际合作领域的新机遇,2019年5月15日,三井物产株式会社到访全球化智库(CCG)北京总部,并就"一带一路"倡议与中日合作的发展前景等议题展开交流。

三井物产战略研究所表示,三井物产作为日本企业,十分关注"一带一路"倡议的动态,如何充分利用该倡议扩大第三方市场投资与合作将是今后的研究重点,并强调了三井物产在钢铁、机械、化工、能源、粮油食品、医疗健康等方面的优势,表达了与中方以及"一带一路"沿线国进一步合作的意愿。在交流中,CCG回应了三井物产的研究员们关注的"一带一路"资金方面的可持续发展以及中欧班列的发展情况等,双方还交流了各国对"一带一路"态度的变化以及日本企业对CPTPP与RCEP的看法等。此次交流促进了中日智库的沟通,加深了两国的相互理解与友好合作,在可预期的未来能够促进两国在贸易、投资和文化交流等领域的合作潜力,为中日关系发展创造更多信任和更广阔的合作空间。

三井物产株式会社到访 CCG

（四）峨山政策研究所

作为亚洲四小龙之一,韩国自 20 世纪 60 年代开始,逐渐甩掉了贫穷落后的标签实现了经济的快速腾飞。经济基础坚实起来之后,韩国开始谋求上层建筑的发展,谋求在国际事务中的话语权和影响力。在韩国政府寻求国际地位提高的过程中,韩国涌现了很多智库,为政府排忧解难、出谋划策、聚集国际人脉、形成国际影响力。在应运而生的众多智库当中,峨山政策研究所的规模和影响力都是值得称道的。①

峨山政策研究所位于首尔,是由现代重工集团总裁,同时也是韩国最大财阀之一的郑梦准在 2008 年成立的。峨山政策研究所虽然成立的时间不长,但因其实力雄厚,在招揽人才、研究成果、成果宣传方面都做得很到位,而赢得了良好的声誉,其影响力已经冲出韩国,在整个东北亚,甚至

---

① 本章相关资料参考峨山政策研究所官网,https://tcs-asia.org/jp/cooperation/links.php。

是欧美也声誉渐盛。

虽然峨山政策研究所在财政上依赖现代重工集团,但它却并没有唯企业马首是瞻,而是保持了学术上的独立性。该研究所的研究范围并没有囿于企业经营领域,而是一直秉持推动半岛和平统一的立场,重视公共政策方面的研究,致力于影响政府决策。峨山政策研究所的研究方向是公共政策和东北亚,为方便研究,研究所还下设了多个子机构,如全球政府研究中心、中国研究中心、核政策与技术研究中心等。研究中心还会定期出版刊物,宣传其研究成果,其中"亚洲新闻"、"朝鲜半岛通讯"、"东北亚简报"等刊物都较有影响力,为政府决策提供了智力支持。

在研究人员方面,峨山政策研究所将大量的"海归"博士收归旗下。这些"海归"博士的加入既增强了研究所的研究实力,又为研究所走向国际平台拓宽了途径。在大量招揽人才的同时,峨山政策研究所特别注重培养年轻人才。峨山政策研究所通常招收大量的实习生,并会为表现优异者提供出国留学的机会,并支持他们学成归国后进入政府工作。此外,峨山政策研究所还充分发挥了智库的"旋转门"作用,其研究人员与政界、商界、学界人员之间的流动非常频繁,角色经常互换。海归人才的储备、年轻人才的培养、旋转门功能的发挥都为峨山政策研究所储备了相当的人才和人脉资源,为研究所发挥影响力开拓了多种渠道。

在注重完善自身发展的同时,峨山政策研究所还非常重视对外交流,与国际知名智库保持了良好的合作关系。与峨山政策研究所有合作关系的中国智库就有很多,国防大学、社科院亚太所、改革开放论坛、上海国际问题研究院等机构,都与之有学术合作关系。此外,峨山政策研究所还举办各种论坛、学术会议等,邀请各国学者、专家、媒体和政府官员参加,为各方的相互交流提供平台,同时也宣传了自身,提高了研究所的国际影响力。

峨山政策研究所成立至今也不过十余年时间,但其发展却极为迅速,这与其在延揽人才、培养人才、宣传自身方面的努力是分不开的。国内同类型的智库可以借鉴其经验,寻找一条适合自身发展的道路。

（五）拉惹勒南国际研究学院

随着国际和区域形势的演变，新加坡面临的挑战与日俱增，为了在多变的国际形势中把握生存之道，新加坡政府非常重视智库建设，在政府的资源投入和政策支持下，一批具有国际影响力的智库脱颖而出，拉惹勒南国际研究学院（The S.Rajaratnam School of International Studies，RSIS）就是其中之一。

RSIS 成立于 2007 年，属于南洋理工大学（Nanyang Technological University，NTU）内部的自治学院。拉惹勒南国际研究学院以新加坡前副总理 Sinnathamby Rajaratnam 的名字命名。RSIS 的前身为 1996 年成立的国防与战略研究院（Institute of Defence and Strategic Studies，IDSS），由当时的新加坡副总理兼国防部长陈庆炎设立。

RSIS 除了为来自全世界的研究生提供国际关系的专业教育，培养外交与安全事务人才外，很重要的工作就是通过开展研究，协助政府制定针对有关亚太地区安全与稳定的方案。RSIS 有 5 个研究部门，分别是：国防与战略研究所、政治暴力与恐怖主义研究国际中心、国家卓越安全中心、非传统安全研究中心、多边主义研究中心。

我们发现，依托大学，是新加坡智库的一个重要特点。新加坡主要的国际问题智库基本上都坐落在新加坡知名的高等学府，比如新加坡国立大学、新加坡南洋理工大学。这样做一方面可以为智库的运行提供一个良好的科研环境，另一方面还使智库能够与大学的学术资源相结合，利用大学成熟和系统的学术基础、体系和网络，为政策和务实研究提供支持。新加坡的国际问题智库虽然多依托大学建立，但这些智库在财务、管理和人员考核上又具有较大的自主性。这种方式既有效地发挥了高校跨学科人力资源、图书信息资料丰富的优势，又保持了智库在科研上的独立性。

此外，新加坡国际问题研究智库还很好地发挥了"旋转门"机制的作用，聘请官员直接担任智库管理者，或者在智库的管理机构中兼职，使他们充分利用一线实际经验为智库发展进行宏观决策和战略把关。拉惹勒

南国际研究学院执行副主席王景荣（Ong Keng Yong）曾任东盟秘书长，前任院长德斯加（Barry Desker）也曾是职业外交官。

RSIS 与新加坡国防部、新加坡贸工部、国家发展部、外交部等政府部门均有紧密合作。RSIS 的研究人员经常参与有关国际事务的重要全球和区域讨论，如香格里拉对话、三边委员会会议和哈利法克斯国际安全论坛等。

作者访问 RSIS

2020 年以来，CCG 联合 RSIS 分别与美国知名智库 CSIS 和兰德公司开展了"中美关系的新界限"（The Next Bound in US-China Relations）、"合作性竞争是否可能"（Is Cooperative Competition Possible?）等系列线上主题研讨会，加强了智库间的合作交流，共同探索了中美关系发展的新方向。

新冠疫情阴霾尚未消退，俄乌冲突再掀波澜，在国际秩序和全球经济面临重大冲击，国家间、区域间的理解与互信遭遇挑战之际，交流对话刻不容缓。2022 年年中，CCG 专家团赴新加坡开启了"二轨外交"访问之旅，这是新冠疫情以来，时隔两年半后，我们首次再启深度国际访问、面对面国际交流之旅。6 月 24 日,我们访问了 RSIS,并同 RSIS 学院副教授兼中国项目协调人 Hoo Tiang Boon、副教授兼中国研究项目主任李明江等专家学者就中新关系、中美关系、亚太地区贸易自由化、如何推进 RCEP 顺利实施等问题展开了探讨和交流。

(六) 印度尼西亚国际战略研究中心

印度尼西亚是东盟的重要国家之一,在东盟中的地位十分突出,是我国在东南亚地区的重要邻国,与我国的合作关系也日益密切。在印度尼西亚发展经济与对外关系的过程中,智库发挥了重要作用。而且近年来印度尼西亚的智库也得到了很大的发展,它们在国家政策制定方面的作用也越来越大,国际战略研究中心是印度尼西亚众多智库中历史比较悠久,影响力比较大的智库之一。

印度尼西亚国际战略研究中心位于印尼首都雅加达,是在 1971 年由时任总统苏哈托的亲信玛尔达尼(Sudjono Humardani)将军与莫特波(AliMurtopo)创立的一家独立的、非营利性机构。中心主要关注印尼国内事务和国际事务的政策性研究,是印尼内政和外交政策的思想库,也是国际社会了解印尼的重要窗口。

国际战略研究中心管理层包括执行董事 3 名,顾问 1 名,理事会成员 10 名,董事会成员 8 名,监事会成员 5 名①,一般任期五年,现理事会任期期限为 2020 年 9 月 1 日至 2025 年 8 月 31 日。研究中心主要有灾害管理研究组、经济学部、国际关系学部和政治与社会变化学部四大研究部门。中心现有研究学者 20 余位,主要来自国内各大学及其他研究机构,还有一部分来自政府部门。同时,国际战略研究中心每年还招收大量实习生,协助中心研究人员从事一些基础性研究工作。

此外,国际战略研究中心每年还接受部分访问学者,并为其提供开展

---

① 参见印尼国际战略研究中心官网, https://www.csis.or.id/about/board-of-executive-director。

研究的办公室,必要的资料和其他研究相关设施,但是访问学者要自己承担餐饮、打印和行政等各种费用。

国际战略研究中心的经费来源主要来自于基金会、各种组织机构以及项目和各种活动的收入,同时还有部分来自于各种研究刊物的收入。

中心的研究具有很大的政策导向性,主要提供具有可操作性的政策建议。其重要研究领域目前集中在经济学、政治和国际事务等方面。具体研究内容在本章第二节第三部分的表 5-3 中已有详细阐述,在此不再赘述。印尼国际战略研究中心的主要出版物有图书专著、期刊、简报等形式,其中,期刊包括始于 1974 年的《印尼季刊》(*The Indonesian Quarterly*)、创办于 1971 年的《中心分析》(*Analisis CSIS*)、《印尼经济研究公告》(*Bulletin of Indonesian Economic*)以及创办于 1971 年的简报,内容包括政治、经济、社会和国防事务等主题。①

在努力发展自身的同时,印尼国际战略研究中心还注意与世界知名智库保持联系,扩大智库的影响力。早在 20 世纪 80 年代,国际战略研究中心就加大了对外合作的力度,开始与亚太经合组织、太平洋经济合作委员会以及东盟的一些智库和研究机构广泛合作,扩大自己在亚太地区和世界的知名度。印度尼西亚国际战略研究中心作为影响印尼内政和外交政策的重要智库,对印尼政府的各项政策决策具有很大的影响力。作为印尼国内第一大智库,国际战略研究中心在增强我国与东南亚国家的友好关系、维护南海地区的和平与稳定、推动中国与印尼之间的发展和合作中,将会扮演越来越重要的角色,发挥越来越明显的作用。所以我们应该加强对该中心的了解,积极开展各种交流与合作。

2015 年 5 月 14 日,印度尼西亚国际战略研究中心等八所智库参观到访 CCG 北京总部,当年正值中国与印尼建交 65 周年,在双边关系高潮迭起的大背景下,两国智库也顺应时代强音展开亲切对话,就智库的运作模式,"一带一路"项目和今后的合作方向进行了深入的探讨。

---

① 参见印度尼西亚国际战略研究中心官网 https://www.csis.or.id/about/overview。

印度尼西亚国际战略研究中心到访 CCG

（七）其他

除了上述智库之外，亚洲其他国家和地区也有自己的一些代表性智库。下面重点介绍印度、澳大利亚、以色列、中国台湾、中国香港等国家和地区的智库发展状况。

印度作为金砖国家，近年来智库发展较快，智库数量增长迅速，但真正有影响力的智库还不是很多。其原因主要有三个方面：

（1）缺乏研究制定长期战略规划和发展计划的习惯。印度人不太重视从历史中汲取教训，缺乏"前车之鉴，后事之师"的思维模式。这反映到政府工作中就表现为，因为缺乏长远发展战略的指导而疲于应付日常琐事和迫在眉睫的急事。政府的这种处理事务的模式使得智库影响决策的作用难以发挥，从而也阻碍了智库的发展。（2）政府与公众严重脱节，政府工作保密度极高，普通公众难以接触到有效信息。印度是一个等级关系极为严密的国家，职能部门往往不会公开政府信息，这就限制了信息的共享和公众参与公共事务的程度和范围。这极其不利于智库收集到有

效的信息,并为政府决策提供科学、专业的参考。(3)政府职能部门不能忍受来自公众的不同意见和批评。受等级制度影响,政策制定者认为制定政策是"肉食者谋之"的事情,自己完全可以解决,不需要参考外界的意见和建议,并对外来意见抱有抵触情绪。因此,在印度,所有由官方支持的智库基本都处于在做"命题作业"的状态。在这种情况下,印度比较知名的智库主要集中在国际关系和军事防务领域。如印度国际问题研究中心、印度国防研究与发展组织。而且印度智库特别重视研究中国,其中最有代表性的就是德里大学附近的中国研究所(The Institute of Chinese Studies,ICS)。该研究所是印度专门研究中国问题的权威学术机构,代表着印度智库研究中国的最高水平。

值得一提的是,印度观察家研究基金会(Observer Research Foundation,ORF)最近几年表现非常活跃,这家成立于1990年的印度智库,以"为全球化的印度建立合作伙伴"为使命,设立了战略与安全、政治与管理、经济与发展等多个研究所,多由退休官员及退役的军队高官负责。ORF在印度政府经济改革、国家战略与安全事务等方面有较大影响力。基金会与印度外交部联合举办的"瑞辛纳对话(Raisina Dialogue)",被称为"印度版香格里拉对话",是印度主要的地缘政治会议。

以色列是"小国大智库"的典型。由于历史原因及其特殊的国情,以色列智库的研究重点集中在国家安全、军事战略研究方面,且表现突出。巴伊兰大学战略研究中心、特拉维夫大学国家安全研究所、以色列国家安全研究所都是这方面研究的杰出代表。另外,专门研究犹太民族生存发展的犹太人政策规划研究所,也有一定影响力。

中国台湾、中国香港地区的智库作为中国智库阵营中的特殊存在,在世界智库版图中的表现也是可圈可点,为自己争得了一席之地。如中国香港前特首董建华还专门在2008年创办了中美交流基金会,专注中美公共外交方面的智库交流,在2014年发起设立香港团结基金会,希望有更多有能力的人为香港的未来出谋献策,为香港的繁荣稳定出力。

此外,马来西亚的经济研究院,泰国的开泰研究中心、泰华农民研究中心和巴基斯坦的战略研究所、伊斯兰堡政策研究所等,也是具有一定区域影响力的亚洲智库。

四、亚洲智库差距何在

近年来,亚洲智库取得了长足的发展,但与欧美知名智库相比,其国际影响力还远远不够,这与亚洲地区在世界版图中的经济地位极不相称。造成这一状况的原因有很多,亚洲智库起步晚是非常重要的一个原因,但却不是全部的原因。亚洲智库发展过程中经常不能脱离的政府影响、宣传交流不到位等都是阻碍亚洲智库进一步发展的问题。

亚洲公共政策领域的智库大多跟政府联系紧密,这使得智库更多地集中研究地区的经济、政策和安全问题。再加上这些智库多是官办或半官方的机构,其经费全部或者部分来自政府,这使其在独立性上存在很大问题。这两方面的原因导致的结果就是智库的研究容易受到政府导向的左右,其公信力和研究成果的专业性因受到质疑而大打折扣。

近年来,虽然亚洲智库也试图扭转这种状况,努力实现经营独立化,也取得了一定的成效,但一些知名智库在这方面的状况还有待于进一步改善。如韩国的韩国发展研究院,该机构就是由政府直接提供帮助的。但如果是在美国,这种情况就不会发生。美国的执政党并不是确定的,而是通过竞选决定的,政党交替的不确定性决定了智库难以从政府那里得到长期稳定的资助。随着媒体网络的兴起,各种信息资讯更新换代的时间迅速缩短,很难有信息可以长期有效地吸引公众的眼球,长久地影响公众的思维。这就要求成功的智库不但要有强大的科研能力,还要有强大的宣传渠道和宣传能力,能及时有效地将自己的研究成果推广出去,并形成一定的影响力。在公众政治参与度越来越高的情况下,智库的舆论宣传可以使自己的研究成果在社会各阶层中形成影响力,有利于智库实现其影响政府决策的目的。然而,亚洲智库在网络、媒体宣传方面普遍做得不够好,与欧美国家有很大的差距。特别是在中国,大多数智库都没有自

已相对成熟的英文网站,这就大大缩小了这些智库研究成果的传播范围。在全球化时代,英语是国际交流中最常使用的语言,没有成熟的英文网站就使智库的研究成果很难走出一国的范围,从而走向世界。

在全球化时代,亚洲智库要打破闭门造车的局限,加强国际交流与合作。加强国际交流与合作可以实现信息的互通有无,提高研究成果的科学性和专业性,有利于塑造智库的公信力与国际影响力。随着全球化趋势的日益加强、各个国家都变成了世界的一分子,任何希望"独善其身"的国家都是不可能存在的。亚洲智库需要参与到国际问题的研究中去,与国际知名智库建立良好的沟通交流渠道,形成自己在国际问题上的影响力,建立起自己的话语权。但目前,亚洲智库在这方面的表现令人扼腕,在很多国际问题,甚至是亚洲的区域性事务上,很难发出自己的声音,令人忧虑。

亚洲要发展,要融入世界,要寻求自己在国际事务中的地位与影响力,要实现"亚洲世纪",就需要一批具有国际影响力的一流智库。要在尽可能短的时间内缩小与世界一流智库的差距,亚洲智库仍需努力。

第六章

加速成长中的中国智库

2013 年 4 月，习近平总书记针对智库建设作出重要批示，提出建设"中国特色新型智库"。这一重要批示将智库建设提升到了国家战略和打造国家软实力的高度……

一、智库在中国

（一）源远流长的"智囊团"

如果说，善于为决策者出谋划策、献言献计、运筹帷幄的智囊团就是智库的前生，那么，智库在我国有着悠久的历史渊源。

受"学而优则仕"的儒家思想影响，中国古代的知识分子多抱有入世理想，学有所成后便积极宣传自己的政治主张，以期获得统治者的赏识后一展自己投身报国的理想。而从维护国家长治久安的角度考虑，统治者也需要知识分子来为其出谋划策。对于智囊的选择，《曾子》就曾有过明确的论述："用师者王，用友者霸，用徒者亡。"这是在教统治者辨识选择智囊的层次，"师"、"友"、"徒"都可能因为统治者的选择而成为智囊，而不同的选择则会让国家的走向天差地别。统治者与知识分子的需求相互契合，这是古代智囊制度得以形成、发展与完善的基础。

与当代受市场经济影响的咨询公司受雇咨询或出卖点子的运作方式不同的是，中国古代普遍遵循谁出主意谁负责的原则，因此谋划之人有责有权，兼具谋划与执行的双重任务。例如，伊尹辅佐商汤，吕望辅佐周王，不仅出谋划策，还有指挥调度的职权。春秋时期，这种谋划与执行的双重任务集中体现在各国的"相"、大夫身上，管仲相齐、吕不韦相秦、苏秦佩六国相印，都是这种双重身份的表现。先秦以降，这一传统依然存在，诸葛亮辅佐蜀汉就拥有领兵作战的职权。中国谋略的这一特点，有其特殊的合理性。因为策略的执行，需要对谋略的根据和结论具有深刻的理解与体验,这样可以避免因对策略的误解而导致损失。而体验最深的,莫过于谋略者本人。

当统治者或行政长官特别重视谋略的时候,他们身边就会汇聚一批谋士、智囊人物,从而形成智囊团。如齐国的稷下学宫和战国四公子的门客集团,就是中国著名的早期智囊团。汉高祖刘邦有"三杰"、唐太宗李世民有"二十八功臣",这才有汉唐盛世。"三个臭皮匠——顶个诸葛亮",这说明中国人很早就懂得重视并利用"智囊团"的力量。

中国早期智囊团发展到后来发生了演变,逐渐形成一种有别于正官的固定制度——幕僚制度。秦汉是中国封建社会的开端,一切制度都还不完备,官制也处于摸索时期,分工不够细致,各级长官往往分身无术。为了完成朝廷赋予的职责,各级长官只好聘请掾属、令史为幕僚,协助自己完成公务。魏晋时期,在吸收秦汉经验教训的基础上作出了改进,但是官场黑暗、政治动荡的现实给幕僚制度的发展提供了条件,幕僚制度就是在这一阶段发展成熟的。这一时期参军、记室、军师、主簿等的出现,标志着幕僚制度已经开始向分工精细化的方向发展。到了隋、唐时期,幕僚制度曾经一度被废,唯一的特例就是节度使被允许聘任幕僚,这一时期,正官(幕主)与幕僚的主客关系得到强化。宋代的幕僚制度与之前的幕僚制度有所不同,为了加强中央集权,宋代将官员自聘幕僚改为由中央聘任,而且这些幕僚还被赋予了监督正官的职权。金、元、明基本上沿用了宋代的做法。幕僚制度的发展高峰出现在宋代,封建官制发展到清代已经相当完备了,中央聘任幕僚已失去了存在的意义,幕僚又改为正官私人聘任。清代官员聘任的幕僚主要有刑名、钱谷两位老夫子,协助自己断狱和处理财政事务。即使是在清朝灭亡、封建制度终结之后,幕僚制度还是存在了很长一段时间。民国时期,军阀与幕僚的结合成为一种鲜明的政治特色。

但无论是中国早期智囊,还是后来制度化的幕僚,都还不是现代意义上的智库。智库与"智囊"的最大区别在于,智囊是依附于正官系统的,它只对聘任它的官员负责;智库则具有独立性,它跟政府不存在依附关

系,而是通过其专业性来影响政府。中国真正意义上的现代智库的产生与发展,始于新中国成立后。

(二) 中国迈向智库时代

1. 萌芽发展时期

新中国成立后,中国现代智库正式诞生,官方主导的智库首先出现。1949 年 11 月,政务院设立参事室,以民主党派和无党派爱国人士为主体,进行政策咨询活动,成为中国官方部门内部智库的"模版"。而由行业协会转化而来的部分学会、研究会也具有半官办智库性质。之后在"文化大革命"时期,中国智库的发展陷入停滞局面。

1949 年,新中国最大的现代智库——中国科学院与新中国几乎同时成立。中科院为国家科研体制的创新、科学技术的发展和科研水平的提高作出了重要的贡献,为经济、社会的发展提供了优秀的评估系统。当时,中科院学部代表了我国科学技术的最高学术水平,其下有 80 多个研究所,主要从事自然科学和高技术研究。根据国务院批准的《中国科学院院士章程》的规定,中国科学院学部的主要职能之一就是接受国家委托或根据院士建议,组织院士对国民经济建设与社会发展中的科技问题和规划战略、学科发展战略和重大科技决策提供咨询,推动科学技术政策和措施的制定与实施。[①] 中国第一个研究国际问题方面的智库——中国国际问题研究所成立于 1956 年,由当时的外交部常务副部长张闻天动议并主持设立。中国国际问题研究所除了外交政策研究以外,还承担着为外交部培养干部的职能。当时,每个研究人员在所里工作一段时间之后,必须外派到使领馆锻炼,一期是四年。[②]

2. 初步发展时期

1978 年党的十一届三中全会以后,中国走上了改革开放的发展道

---

① 参见刘峰松:《浅谈院士咨询在国家战略决策中的地位和作用》,《中国科学院院刊》2004 年第 3 期。

② 参见《新中国第一个国际问题研究机构———中国国际问题研究所》,《世界知识》2006 年第 14 期。

路,由于决策和咨询的需求日益增多,需要大量的智库和分析者提供咨询意见和制定政策方案,中国现代智库发展开始步入正轨,获得初步的发展。

20世纪70年代后期,中国社会科学院在中国科学院哲学社会科学学部的基础上建立,由此脱离了中国科学院,以独立的机构名义成为中国哲学和社会科学的最高研究机构,代表中国哲学和社会科学的一流水平,是中国的一流智库机构,也是党中央和政府的智囊团。中国社会科学院自成立之初就承担起提高我国人文科学水平的责任,不断地探索,发展自己。目前,中国社会科学院有研究所31个,研究中心45个,全院总人数4200多人,有科研业务人员3200多人。① 他们中拥有一批在国内外学术界享有盛名、学术造诣高深的专家学者和在学术理论研究方面崭露头角的中青年科研骨干,通过开展学术研究活动,完成众多研究成果,为我国哲学社会科学事业的发展作出了突出贡献。1981年国务院先后成立4个研究中心,分别是国务院经济研究中心、国务院技术经济研究中心、国务院价格研究中心和国务院农村发展研究中心。1985年国务将4个研究所中的前3个进行合并,组建了直属国务院的官办智库——国务院发展研究中心。到1990年时,国务院发展研究中心又进一步得到拓展,农村发展研究中心也被收归旗下。国务院发展研究中心的职责是:"研究国民经济、社会发展和改革开放中的全局性、综合性、战略性、长期性、前瞻性以及热点、难点问题,为党中央、国务院提供政策建议和咨询意见,为国家的发展提供重要的政策咨询建议。"②

同时,从中央到地方的政府机构也建立起了多层次的研究机构,基本上形成了一个完整的官方政策研究体系,如财政部财政科学研究所、国家发展改革委宏观经济研究院、国家劳动和社会保障部的劳动保障科学研究院和国家民委的民族理论政策研究室等。

---

① 参见中国社会科学院官网,http://cass.cssn.cn/gaikuang/。

② 国务院发展研究中心网站,http://www.drc.gov.cn/gyzx/,2014年4月16日。

3. 稳步发展时期

20世纪90年代初期,邓小平的南方谈话对中国90年代的经济改革与社会进步起到了关键的推动作用,中国的官办智库保持了良好的发展势头,社会智库开始萌芽和发展,其政策咨询工作在社会上得到认可,业务量逐渐增加,研究质量不断提高,从事的领域以地区开发、城市规划、社会热点问题为主,比较重视应用性研究。

另外,随着教育部"211工程"和"985工程"的启动,高校的政策研究机构也开始高速发展。主要研究型高校都开始成立研究中心,如清华大学、北京大学、复旦大学等分别成立了清华大学国际问题研究所、北大国家发展研究院、复旦中国社会主义市场经济研究中心。这些研究中心积极从海外引进人才,并针对中国社会的各种问题展开研究,向相关部门建言献策,积极发挥高校智库影响政府决策的作用等。

进入21世纪后,随着中国国家经济实力的快速提升,为适应日益激烈的国际战略竞争的需要,中国政府对智库所发挥的作用也越来越重视。特别是近些年,国内外环境急剧变化,国民经济高速增长的同时,贫富差距拉大而造成的社会矛盾日益凸显,因此迫切需要智库为国家的各项政策提供智力支持。

2003年10月,国家发展和改革委员会面向世界公开招标第十一个五年计划的前期研究课题,这是社会智库开始得到政府认可的一个信号。2004年1月,《中共中央关于进一步繁荣发展哲学社会科学的意见》明确指出,"要使哲学社会科学界成为党和政府的'智库'和'智囊团'"。2005年5月,胡锦涛同志专门主持中央政治局常委会议,听取了中国社会科学院的工作汇报,强调要"进一步办好社会科学院"。2007年12月,为了深入服务改革创新,中国科学技术促进发展研究中心进行结构调整,重组更名为"中国科学技术发展战略研究院"。2008年6月,我们发起成立了全球化智库(CCG),开始了建设中国国际化社会智库的新尝试。2009年6月,时任国务院总理温家宝在国务院常务会议上明确要求:"根据国内外经济形势变化和中长期发展需要,加强储备性政策的研究,提高宏观调控的前瞻性和针对性。"于 2009 年 3 月成立的中国国际经济交流中心,则被认为是当代中国智库发展的排头兵,被视为"超级智库"。而中国社会科学院、高校研究机构、民间研究机构等原有的政策研究机构也都注重自身影响力建设,并将之作为自己的努力方向。

4. 加速发展时期

党的十八大以来,党和国家领导人对智库建设先后作出重要指示,使中国智库呈现出加速发展的崭新局面。

2012 年,习近平总书记在中央经济工作会议上指出,要健全决策咨询机制,按照服务决策、适度超前原则,建设高质量智库。这无疑为中国智库的发展指明了方向。

2013 年 4 月,习近平总书记又针对智库建设作出重要批示,提出建设"中国特色新型智库"。这一重要批示将智库建设提升到了国家战略和打造国家软实力的高度。

2013 年 11 月召开的党的十八届三中全会通过了《中共中央关于全面深化改革若干重大问题的决定》。该决定明确指出"加强中国特色新型智库建设,建立健全决策咨询制度",为建设中国特色新型智库提供了总体规划。

2014 年 7 月底 8 月初,《人民日报》连发三篇文章①,深度聚焦中国特色新型智库建设。《中国智库仍需多维度破题攻坚(深聚焦·聚焦中国特色新型智库建设[2])》一文,引用 CCG 观点,文章写道:"尽管发展机遇就在眼前,但是 CCG 认为,当前我国智库运转中仍存在几个重要障碍,包括智库产品供需渠道及沟通渠道不畅、智库相关法律政策缺失、智库发展所需的财政资助、立法支持和信息扶持机制缺失以及智库人才的体制壁垒和国家壁垒难以打破等,只有将这些障碍一一突破,才能实现智库的良性运转并发挥最大功效。"

① 分别是《中国智库,迎来春天(深聚焦·聚焦中国特色新型智库建设[1])》、《中国智库仍需多维度破题攻坚(深聚焦·聚焦中国特色新型智库建设[2])》、《特色、新型中国智库的必然选择(深聚焦·聚焦中国特色新型智库建设[3])》。

2014 年 10 月，中央全面深化改革领导小组第六次会议审议了《关于加强中国特色新型智库建设的意见》。习近平总书记再次强调，要从推动科学决策、民主决策，推进国家治理体系和治理能力现代化、增强国家软实力的战略高度，把中国特色新型智库建设作为一项重大而紧迫的任务切实抓好。

2015 年 1 月，中共中央办公厅、国务院办公厅印发了《关于加强中国特色新型智库建设的意见》，在对中国特色新型智库的主要研究对象与宗旨进行了界定后，提出了八项基本衡量标准。①

在接受《中国经济时报》关于建设中国特色新型智库的采访时，我曾就"中国特色"和"新型"表达了自己的理解和观点。我认为，"中国特色"是基于与欧美智库的横向比较来说的，我国智库是服务于国家战略与公共政策的，是以为人民服务为最终目的的研究机构，智库之间只存在实力的竞争，都应作出客观的研究结论和政策建议。"新型"是与我国过去的智库发展状态的纵向比较而言的。进入改革深水区的中国，面临各种转型和挑战，需要智库发挥更大的作用。因此，"新型"智库就需要进行更前沿的研究，作出更具前瞻性的建议，从而推动我国政策决策的科学化。

从 2012 年至今，全国各地一大批新型智库如雨后春笋般涌现出来，如中国人民大学的重阳金融研究院、盘古智库、海国图智等。可以预见，在新一轮全面深化改革的大潮中，中国智库的大发展大繁荣已可预期。

二、中国特色新型智库发展格局

中国智库机构数量众多，其类型和模式不尽相同。由于分类标准不

① 中国特色新型智库的八项基本衡量标准分别为：遵守国家法律法规、相对稳定、运作规范的实体性研究机构；特色鲜明、长期关注的决策咨询研究领域及其研究成果；具有一定影响的专业代表性人物和专职研究人员；有保障、可持续的资金来源；多层次的学术交流平台和成果转化渠道；功能完备的信息采集分析系统；健全的治理结构及组织章程；开展国际合作交流的良好条件。

统一,国内学术界对中国智库的划分也不相同。最简单的是从性质上分为官办智库和民间智库两大类,这种分类方式简单粗犷,漏掉了一些细节。更进一步的分类方式是"三分法",即将智库分为政府智库、高校智库、民间智库。再进一步细化的话,还有分为四类、五类甚至更多的方法,不同主要体现在对半官方(或准官方)智库、企业智库、商业智库、非营利研究机构、咨询机构等的界定上。

为了便于归纳总结,本书采用"三分法",即将智库分为官办智库、高校智库、社会智库三大类。这三类智库各自有其鲜明特点,构成中国智库阵营"三驾马车"并立的格局。

党的十八大以来,中国特色新型智库建设进入了"快车道",中国智库的总体发展态势呈现出百花齐放、百舸争流、协同发展的繁荣景象。

(一) 官办智库:强势地位

官办智库包括官办智库与半官办(准官方)两种,之所以并为一类,是因为这两种智库并没有清晰的分野,在本质上区别并不大。

官办智库,指处于国家体制内的研究机构或具备法人条件的事业单位,是专门从事政策研究和咨询工作的机构。新中国成立初期创办的智库大多属于官办智库,由于当时的中国是计划经济的"举国体制",因此大多数智库属于体制内单位。目前,由于部分体制内单位进行了改革,产生了一些事业单位型的智库。

处于国家体制内的研究机构是最纯粹的官办智库,因为该类机构从人员编制到经费来源均来自国家财政的支持,并纳入国家行政机构的管理机制内,研究人员一般属于国家公务员的编制。"如国务院研究室和参事室,是中国政府最直接的智囊团,是直接为国务院主要领导提供'决策咨询、建言献策、咨询国是'的机构"。① 而在新中国成立后不久便成立

---

① 温志宏、刘梦羽、何流、孙玲:《打开中国智库的"旋转门"透视中国的智商有多高》,《中国报道》2009 年 12 月 10 日。

的中国国际问题研究所,隶属于中国外交部,是一个以研究对外关系为核心的智囊机构。成立于 20 世纪 80 年代初的国务院发展研究中心,隶属于国务院,也是一个具有官办行政机构性质的大型智囊研究机构。

事业单位型智库是在改革开放后事业单位改革的过程中出现的。因为在计划经济时代,事业单位通常是属于政府部门,直到改革开放以后事业单位改革这一状况才有所变化。根据《事业单位登记管理暂行条例》(1998 年)规定,事业单位是指国家为了社会公益目的,由国家机关举办或者其他组织利用国有资产举办的,从事教育、科技、文化、卫生等活动的社会服务组织。而在符合条件的事业单位法人中,专门从事政策研究和咨询工作的机构也属于官办智库的范畴。

相比行政管理机制内最纯粹的官办智库,这类事业单位型智库具有半官办的特点,主要经费来源于国家财政拨款,主要职责是为国家相关部门提供决策咨询和支持,但同时也进行一些独立性的学术研究工作。这类半官办智库比较典型的有:中国社科院、中国科学院、中国科学技术发展战略研究院等。

就中国目前的状况来看,官办智库是中国智库力量的主力,他们对中国重大决策和改革的进行发挥了重要作用。体制内的身份形成的沟通政府的渠道,使官办智库的研究成果能直通中南海,对政府决策产生影响,其建议往往会出现在党代会报告、中央全会相关会议、五年规划和政府工作报告这些某段时间内的纲领性文件中。比如国务院发展研究中心向党的十八届三中全会提交的"383"改革方案就是一个很好的例证,充分说明了官办智库在政策研究方面的影响力。

2015 年,国家启动了高端智库建设试点工作,并于当年和 2020 年分别选出两批共 29 家①智库作为国家高端智库建设试点。从机构类型来看,共分为四类:第一类是党中央、国务院、中央军委直属的综合性研究机

---

① 2015 年至今,共有两批 29 家高端智库入选国家高端智库建设试点名单,其中首批在 2015 年 12 月选出共 25 家,后因国家机构改革缩减为 24 家;第二批是在 2020 年 3 月份公布的共有 5 家。

构,共 9 家。第二类是依托大学和科研机构形成的专业性智库,共 17 家。第三类是依托大型国有企业的研究机构,有 1 家。第四类是 2 家社会智库。可以看出,国家高端智库以具有官办或半官办特点的体制内智库为主。体制内智库在中国特色新型智库发展格局中处于强势地位。

表 6-1　国家高端智库建设试点单位

所属类型	智库名称(第一批试点)	智库名称(第二批试点)
党中央、国务院、中央军委直属的综合性研究机构	国务院发展研究中心 中国社会科学院 中国科学院 中国工程院 中共中央党校(国家行政学院) 中央编译局 新华社 军事科学院 国防大学	外交部的中国国际问题研究院 财政部的中国财政科学研究院 科技部的中国科学技术发展战略研究院
依托大学和科研机构,形成的专业性智库	中国社会科学院国家金融与发展实验室 中国社会科学院国家全球战略智库 中国现代国际关系研究院 国家发改委宏观经济研究院 商务部国际贸易经济合作研究院 北京大学国家发展研究院 清华大学国情研究院 中国人民大学国家发展与战略研究院 复旦大学中国研究院 武汉大学国际法研究所 中山大学粤港澳发展研究院 上海社会科学院	北京师范大学中国教育与社会发展研究院 浙江大学区域协调发展研究中心
国企的专业性研究机构	中国石油经济技术研究院	
社会智库	中国国际经济交流中心 综合开发研究院	

资料来源:根据公开资料整理。

在《国家高端智库管理办法(试行)》与《国家高端智库专项经费管理办法(试行)》施行后,各试点单位在机构建设、人才使用以及经费管理、

国际合作等方面进行了不断地探索和改革。比如,中国科学院专门组建了具有独立法人地位的科技战略咨询研究院,构建专业化智库体制机制。实行院长负责制,设立学术委员会和咨询顾问委员会。按照综合管理、学部支撑、科学研究、交流传播和科教融合 5 个板块,构建新型智库组织体系。通过统筹中国科学院内外资源,组建专业化核心研究队伍、客座研究队伍和网络化合作研究队伍,形成"小核心、大网络"的人才队伍格局。

(二) 高校智库:重要力量

高校智库即各个大学主办的各种研究院、研究所或研究中心,是一种学术型的智库研究机构。在庞大的中国智库群中,高校智库是一种特殊的存在。它们有的偏重学术研究,有的偏重影响政策,独立性也相差很大,有时候,它们更像半官办智库,某些情况下,它们又更接近社会智库。

高校智库广泛地存在于国内研究型的知名大学中,由大学在其他机构、团体的协助下主导创建。这类智库的经费一般来源于其创建者,主要包括学校拨款、基金会、企业公司的资助或私人捐助。高校智库的研究人员基本是以校内各学科的教师为主,同时也会从其他大学、研究机构聘任研究人员,主要从事政策问题研究。

高校智库通常直接挂靠在大学院所之下,可以广泛利用学术资源,在研究深度与研究广度上都有较大的发挥空间,其提供的研究结论也更具科学性。与官办智库主要不同的是,它们没有权力和校外的独立法人签订合同,财务上不能独立核算。中国的高校智库之所以不具备法人地位上的独立性,主要源自高校为了便于统一管理。由于这类智库数量较多,且不在国家任何行政管理部门登记并接受管理,所以大学型智库的数量难以准确统计。

高校智库的影响力与大学本身的研究实力是紧密相关的,因此一般都依托于著名的研究型大学或综合性大学,以利用其高层次人才密集、学科优势明显、馆藏资料丰富、学术研究氛围浓厚的优越条件,从而为自己的发展提供良好环境。

以入选国家高端智库的高校智库为例,截至目前,共有8家依托大学形成的专业性智库入选国家高端智库建设试点名单,涉及的高校均为"一流大学"建设高校——北京大学、清华大学、中国人民大学、复旦大学、武汉大学、中山大学、浙江大学和北京师范大学。

中国经济研究中心(英文简称为CCER)是北京大学国家发展研究院的前身,由知名海归学者林毅夫等人创办于1994年8月,中心研究领域主要是经济管理理论和中国经济改革与发展中各个领域的主要问题,政策研究一般在学术与政策结合比较紧密的领域开展,如人口方面的学术研究,很多可以直接转变为政策研究。该中心具有人脉广、对现实问题敏感、专业根基厚实等特色优势,出版的《经济学季刊》具有较强的学术影响力和专业影响力。同时,该中心还主办高端国际学术交流活动——"中美经济对话"(U.S.China Economic Dialogue),积极开展对外交流合作。

中国人民大学国家发展与战略研究院成立于2013年6月,是直属于学校的实体单位,研究领域主要集中在经济治理与经济发展、政治治理与法治建设、社会治理与社会创新,已经成为国家思想意识形态、行政体制改革、经济治理、社会治理等领域的重量级智库团队。

中山大学粤港澳发展研究院成立于2015年,是中山大学独具特色和优势的多学科、综合性学术研究机构。中心以国家"985"工程项目、"211"工程项目、国(境)内外等研究项目为纽带,发挥在港澳台研究领域人才库、信息中心和国家决策咨询智库的功能。研究院在对香港与澳门政治形势作出基本判断基础上,定期发表港澳政情分析咨询报告《港澳情况通讯》。

复旦大学中国研究院成立于2015年,由"复旦大学中国发展模式研究中心"和"复旦大学新政治经济学研究中心"联合组建而成。主要工作包括组织中国道路与中国话语高端论坛、中国话语工作坊在内的中国研究系列活动,开设高端培训课程、中国学研究生课程,建设理论网站,出版中国话语丛书,为研究中国道路、中国模式和中国话语的学者和人士提供

学习和交流的平台。

高校智库依托其资源和人才优势，一方面从事政策理论研究；另一方面也围绕国家现代化和社会进步的重大课题进行调研，担负起给各级政府和企业决策者充当"智囊"的重任。随着高校智库的发展，各级政府也越来越重视这类智库的作用。高校智库发挥作用的方式有两种：一是许多高校的专家、学者以顾问形式参与政府决策；二是各级政府为了提高决策的科学性，通常会在作出重大决定时向高校智库进行咨询。

相较于官办智库与社会智库，高校智库拥有无可比拟的优势，其对决策和社会的影响也在日益增大。一方面，相对于官办智库，高校智库研究氛围更浓厚，且在研究方向、领域方面更加自主；另一方面，相对于社会智库，高校智库能够享受国家财政支持，经费来源比较稳定，为其研究的独立性和长久性提供了经济基础。因此，借助高校的品牌优势及其自身深厚的研究实力，此类智库在争取研究项目的时候具有很好的优势，发展势头良好。

（三）社会智库：方兴未艾

《关于社会智库健康发展的若干意见》将社会智库定义为，由境内社会力量举办，以战略问题和公共政策为主要研究对象，以服务党和政府科学民主依法决策为宗旨，采取社会团体、社会服务机构、基金会等组织形式，具有法人资格的非营利性研究咨询机构。从我国国内的实际情况来看，有一些民营咨询机构主要以商业咨询机构的形式存在，兼具一些智库的功能，我们在本书中将其看作社会智库的一部分。

中国社会智库真正开始得到发展，是在20世纪90年代。党的十四大以后，得益于市场经济体制的建立健全和中国政府职能的逐步转变，涌现出一大批社会智库，比如中国（深圳）综合开发研究院、中国（海南）改革发展研究院、北京零点调查研究集团、长城企业战略研究所、上海华夏社会发展研究院等。

最近几年，随着高层对民间思想库的日益重视，社会智库开始迎来了又一个发展机遇期,涌现出一批后起的社会智库新秀。特别是习近平总书记发出"建设中国特色新型智库"的重要指示和党的十八届三中全会提出"加强中国特色新型智库建设,建立健全决策咨询制度"以来,中国社会智库开始迎来大发展大繁荣的新时期,比较活跃的如,全球化智库(CCG)、中国金融四十人论坛(CF40)、察哈尔学会、长策智库、盘古智库、中国经济50人论坛、太和智库、海国图智研究院、瞭望智库、成都世通研究院等。

社会智库的存在,目前主要包含企业法人、民办非企业①、社会团体法人、基金会等形式。

企业法人型智库,主要是指那些专门从事政策研究和咨询工作、以企业身份注册的法人机构。② 企业法人型智库如安邦智库、盘古智库、国观智库、长策智库、太和智库、福卡智库、洪范法律与经济研究所、零点研究咨询集团、麦可思数据有限公司、腾讯研究院等。

《民办非企业单位登记管理暂行条例》(1998)规定:"民办非企业单位是指企业事业单位、社会团体和其他社会力量以及公民个人利用非国有资产举办的,从事非营利性社会服务活动的社会组织。"③民办非企业单位法人型智库比如,中国(海南)改革发展研究院、北京市长城企业战略研究所、万博新经济研究院、知远战略与防务研究所、21世纪教育研究院、北京方迪经济发展研究院、北京国际城市发展研究院等。

社团性质智库,是指中国公民自愿组成,为实现会员共同意愿,按照其章程从事政策研究咨询与社会调查、行业分析工作的非营利性社会组织。比如中国保险学会、中国财政学会、中国城市发展研究会、中国城市规划学会、中国城乡发展国际交流协会、中国发展战略学研究会等。

作为中国智库的新生力量,社会智库对官办智库体系具有不可替代的功能互补作用,是中国思想市场的"另一半大脑"。2017年5月,民政

---

① 《中华人民共和国慈善法》颁布后,"民办非企业单位"更改为"社会服务机构"。
② 参见薛澜:《思想库的中国实践》,《瞭望》2009年第4期。
③ 《民办非企业单位登记管理暂行条例》第二条。

部、中央宣传部、中央组织部等 9 部门联合出台了《关于社会智库健康发展的若干意见》，对规范和引导社会智库健康发展作出了一系列部署安排，标志着我国社会智库发展进入了新阶段。

（四）智库生态圈的扩容

在传统的官办智库、高校智库与社会智库之外，随着中国特色新型智库建设的开展，智库生态圈不断扩容，呈现出许多智库新形式。

1. 智库共同体

近年来，围绕不同主题、区域等组建的智库联盟渐渐多了起来，不同类型智库共同体的成立对加强智库之间的合作交流，促进智库行业意识的形成，发挥了重要作用。这里以 CCG 亲自发起与参与的几个智库联盟为例加以说明。

"一带一路"智库合作联盟

2015 年 4 月，由中共中央对外联络部牵头，联合国务院发展研究中心、中国社会科学院、复旦大学在北京成立了"一带一路"智库合作联盟，召开了联盟理事会成立会议，会议讨论通过了《"一带一路"智库合作联盟章程》，并发表了《"一带一路"智库合作联盟成立宣言》。

自"一带一路"提出以来，CCG 持续跟踪研究并成立了"一带一路"研究所，发布并出版了《"一带一路"的国际合作共赢方案及实现路径》等研究报告和书籍，将研究成果整理成建言供国家有关部门决策参考，为"一带一路"倡议的发展提供了新视角和新思路。自 2015 年召开"一带一路"智库合作联盟理事会工作会议以来，CCG 连续多年入选"一带一路"智库合作联盟理事单位，并荣获"一带一路"智库合作联盟2019 年度"品牌活动奖"。联盟其他理事单位还包含上海国际问题研究所、中央党校国际战略研究所、社科院各涉外研究所、中国现代国际关系研究院等。

美国研究智库联盟

2018 年 7 月，由财政部国际财经中心会同国内相关研究机构发起的

"美国研究智库联盟"成立仪式在北京举行。联盟将以加强研究、咨政建言为宗旨,围绕美国政经形势、美国内外经济政策、中美关系等问题,开展基础性、政策性和前瞻性研究,积极开展国际交流合作,发挥智库独特作用。

作为非官方智库的重要代表机构,CCG 成为美国研究智库联盟的创始理事成员单位。此外,联盟的首批成员还包括发改委宏观经济研究院、商务部国际贸易经济合作研究院、社科院世界经济与政治研究所、社科院美国研究所、中国国际问题研究院、中国现代国际关系研究院、上海国际问题研究院、中国财政科学研究院、财政部国际财经中心、北京大学国家发展研究院、北京大学国际关系学院、清华大学国际关系研究院、清华大学国家金融研究院、中国人民大学国际关系学院、复旦大学美国研究中心、外交学院、国际关系学院等 19 家国内知名智库。

在第五届中国全球智库创新年会上,CCG 发起成立了"中国社会智库联盟",旨在搭建平台,促进社会智库之间的交流和合作,加强社会智库间的协同,为新时期更好发挥智库"二轨外交"、建言献策作用,促进我国政策市场的繁荣贡献力量。海国图智、安邦智库、腾讯研究院、中国人民大学国家发展与战略研究院、盘古智库、零点有数、察哈尔学会等国内社会智库共同见证了联盟网络的发起。

习近平总书记在首届"一带一路"国际合作高峰论坛上指出,要发挥智库作用,建设好智库联盟和合作网络。近年来,各种智库联盟呈现蓬勃发展之势。上海社会科学院发布的《中国智库报告(2020—2021)》统计显示,2020 年成立的智库联盟包括:交通运输新型智库联盟、胶东经济圈一体化发展智库联盟、成渝高质量发展智库联盟、陕西智库联盟、中关村全球高端智库联盟等等。可以看出,智库联盟发展活跃,并呈现出类型多样化的特点,这对中国智库新格局的形成也将会产生重要影响。

2. 媒体智库

在中国特色新型智库建设的浪潮中,媒体智库成为一道特殊的风景

线。根据学者研究以及对国际智库的观察，媒体智库并非一个全球普遍概念，而是在中国国家智库建设政策的推动以及媒体转型等因素背景下产生，并扎根于中国国情与政治土壤的新型智库类型。① 比如作为唯一的媒体单位入选首批国家高端智库建设试点单位的新华社智库，多年来以高质量、规模化的调查研究，承担着大量向中央报送信息和决策咨询的任务。

媒体创办研究机构在 2013 年前后进入高潮期。人民网研究院、21世纪经济研究院、第一财经研究院、凤凰网国际智库、CGTN 智库等纷纷成立。此外，随着媒体智库升温，一些媒体开始联合其他机构的力量，整合多方资源共同合作创办智库。比如，南方报业传媒集团联合中山大学、暨南大学等成立的南方舆情研究院；湖北日报传媒集团联合湖北省委党校、湖北省经济学会、光谷联合产权交易所等机构成立的长江智库；羊城晚报报业集团联合百度、国双科技等成立的羊城晚报智慧信息研究中心；南京大学联合江苏广电集团、新华报业传媒集团、凤凰出版集团、江苏有线电视集团等成立的江苏紫金传媒智库……这些新型媒体智库的出现表明，媒体不再仅仅依靠自身的力量，而是寻求多方合作，整合各个行业的优势资源，打造媒体智库。②

媒体智库的热潮可以说是过去几年中国智库界发生的最重要变化之一，对于推动媒体产出更具思想性、专业性的产品，增强新型智库建设矩阵的丰富性和完整度，都具有重要意义。相较于其他类型的智库，媒体智库的发展有很多明显优势。比如，媒体有其相对明确的受众群体，有一定的舆论引导能力，而且媒体有天然的发布渠道和沟通平台，具备专业的对外传播能力，因此，对于依托于媒体的智库而言，可以充分借助这些母体优势，对研究成果进行精准传播，有效覆盖目标受众，大大提升智库的社

① 参见王莉丽：《中国媒体智库的定位与发展路径》，人民日报新闻战线，2018 年2 月 24 日，http://nads.ruc.edu.cn/xzgd/5fcf4c8322ae46d78f91baf0f04a7849.html。
② 参见蔡雯、蔡秋芃：《媒体办智库的实践探索和理论发展》，《社会科学文摘》2020 年 2 月。

会影响力。不过,媒体智库的发展也面临一些问题。比如定位不够清晰,许多跟风建立的媒体智库虽然戴上了智库的帽子,但没有智库的实质,实际上还是在做媒体的业务。再比如研究力量相对薄弱、国际化程度有待提高等。结合媒体智库的优势和劣势,我们认为,媒体智库的发展可以考虑几个角度:进一步明确自身定位,找准适合自身的发展路径,制定中长期的发展方案;通过内外聚合人才,提供深度与专业的研究支撑;结合传统优势,创新传播方式,更好发挥舆论引导作用;借鉴西方智库的国际化经验,争得"后来者优势"。①

三、中国智库现实图景

(一) 智库数量迅速增加,影响力初现

据《全球智库报告 2020》的统计,截至 2020 年年底,中国被国外认知的智库有 1413 家。而实际上,由于统计口径不统一,中国事实上的智库机构远比这要多。

表 6-2 《全球智库报告》近七年统计的中国智库

年份	2014	2015	2016	2017	2018	2019	2020
排名	2	2	2	3	3	3	2
数量(个)	429	435	435	512	507	507	1413

资料来源:2014—2020 Think Tanks And Civil Societies Program。

我们可以从关于软科学研究机构的调查中了解中国智库的相关情况。软科学研究机构是以实现决策科学化和管理现代化为宗旨,以推动经济、科技、社会的持续协调发展为目标,针对决策和管理实践提出复杂性、系统性课题,综合运用自然科学、社会科学和工程技术的多门类多学

---

① 王辉耀:《媒体建智库可提高媒体产品的思想性、增强智库矩阵的丰富性》,川观新闻 2022-03-28,https://cbgc.scol.com.cn/news/3461295。

科知识,运用定性和定量相结合的系统分析和论证手段,而进行跨学科、多层次的科研活动的机构。①

科技部曾组织 2010 年度全国软科学研究机构统计调查,此次调查涉及的软科学机构主要有六类:企业法人、事业法人、社团法人、非国有非企业法人(民办非企业法人)、非独立法人、机关法人。调查数据显示,2010年度全国软科学研究机构在机构数量、机构经费、从业人员数量、活动经费方面都有很大的发展。首先,机构数量上,到 2010 年年底,全国共有软科学研究机构 2408 家,比 2006 年增加 1075 家,增加 80.6%。其中,事业法人、高校下属软科学研究机构以及机关法人三者占到总数的 90% 以上,而企业法人及民办非企业法人则在 5% 左右。其次,机构经费方面,2009—2010 年,全国软科学研究机构的经费总数为 239.7 亿元,其中66.5% 来自政府,占政府同期研发投入的 13.4%。再次,从业人员方面,2009—2010 年全国软科学研究机构的工作人员为 8.4 万人,占同年全国人员的 4% 左右,而且与 2006 年年底相比增加 4.8 万人,增长 137.5%。最后,在活动经费支出方面,2009—2010 年全国软科学活动经费支出41.8 亿元,与 2006 年年底的 5.6 亿元相比增长 6 倍多。

随着软科学机构硬件、人员方面的增长,其成果的影响力也在不断地增加。2009—2010 年度全国软科学研究机构共完成课题 20708 项,进行中的课题 14334 项。软科学研究机构在这些课题上投入了大量的资金和人力,课题平均经费支出 11.7 万元,平均人力投入为 2.3 人/年。这些课题也对国家政策和社会产生了一定的影响,据统计,这些课题共获得5551 次领导批示,相关观点被媒体引用的次数为 3 万多次,论文被核心期刊引用更是达到近 10 万次。此外,这些软科学研究机构还参加了10020 次政府咨询会。在全国软科学研究机构总体实现较快发展的条件下,软科学研究机构的分布则明显地出现了不平衡现象。在 2408 家软科

---

① 参见李修全、玄兆辉、高昌林:《我国软科学研究机构发展特点研究》,《中国科技论坛》2012 年第 9 期。

学研究机构中有 1198 家分布在东部省市,占到总数的一半以上。中部有 670 家,占总数的 28%;西部有 540 家,占总数的 22%。由此可见,在软科学研究机构力量方面,东部明显强于中部或西部地区。

根据国内外智库报告分析,在 2010 年后,尤其是党的十八大以来,在党和国家领导人对智库建设先后作出重要指示的前提下,中国智库呈现出加速发展的崭新局面。结合上述国家科技部关于全国软科学研究机构数量的统计,估计目前中国智库数量已远超 2000 多家。

(二)智库研究方向紧跟时代需求

随着经济、社会的发展,中国智库关注的内容和研究的角度都发生了一些变化。

新中国成立初期,受当时国际形势的影响和苏联的影响,中国智库的主要关注点集中在军备国防、政治热点分析、政治军事危机处理等事关国家安全的问题上。

20 世纪 80 年代以后,随着我国进入改革开放的新时期,发展经济成为国家发展的重中之重,智库研究的重点也逐渐开始向社会发展战略和重大经济制度研究过渡。

进入 20 世纪 90 年代后,随着不断扩大开放,中国与世界的联系愈发紧密。这一阶段的政策咨询需求主要是面向社会主义市场经济体制改革,以及如何更好地融入世界经济,分税制改革、金融体制改革、国有企业改制、社会保障体系构建,以及加入 WTO、中美关系、中国台湾问题等成为智库研究重要议题。

21 世纪以来,在物质文明得到大发展的背景下,精神文明被提上了发展日程,智库在继续关注环境、资源问题的同时开始关注西部开发、高技术产业发展、科学教育等一系列问题,并将相关研究成果呈送国务院及政府相关部门,为国家相关部门的政策制定提供了重要参考。

在时代大变局下,中国国家管理、社会治理、国际关系与全球合作等都进入了新阶段,我国面临的内政外交问题前所未有的复杂,各级政府决

策对更多细分领域更加专业化政策咨询的需求大幅提升。随着中国思想市场的发展,智库竞争的加剧,大数据、云计算等技术手段的完善,智库的专业化分工将进入一个新的发展阶段。

(三)智库国际化水平有所提升

近年来,中国智库在交流活动国际化、研究成果国际化等方面取得了一些成绩。中国智库通过论坛、出访等形式进行国际人员交流并建立互信;通过发表外文论文、出版外文著作等方式推动中国理念向全世界传播。

以全球化智库(CCG)为例,CCG 通过与世界银行、国际移民组织等国际组织、国际智库建立良好合作机制,共同组织各类研讨会,进行学术交流或联合研究。CCG 多年与世界银行共同发布《全球经济展望》报告,对世界经济发展形势作出分析和预测;多年翻译世界移民组织(IOM)《世界移民报告》,并联合发布该报告的中文版;由施普林格·自然集团出版的 CCG 编著的《中国与全球化》系列丛书获得了广泛的国际关注,成为提升中国国际传播能力、完善中国国际形象的成功案例。

第七章 中国智库的发展挑战

中国智库的发展还远不成熟,各类型智库都面临着各自发展的困境,造成这种困境的原因很多,最根本的却是中国智库在民间性、独立性、国际化三个方面的不足。

依据 2020 年度的《全球智库报告》,中国大陆有 1400 多家智库,但在全球智库百强中,中国仅有 8 家上榜,排名最靠前的是中国现代国际关系研究院,仅列全球第 18 位。中国智库的数量虽大,但"大而不强",在国际上的排名和实力与中国的国家实力和国际地位严重不对称。按中国目前的实力来看,中国智库在全球智库百强中至少应占据 20 席,而前十名中也至少应该有 2 席。

虽然这些数据和排名未必准确,但有一点是肯定的,要发展出与中国国家实力相匹配的智库力量,中国智库尚需努力。

一、中国智库三大缺陷

中国智库的发展还远不成熟,各类型智库都面临着各自发展的困境,造成困境的原因很多,最根本的却是中国智库在民营性、独立性、国际化三个方面的不足。中国智库在这三个方面与世界知名智库相比,还有很大的差距,还有很长的路要走。

(一)民营性缺失

目前,中国大部分智库都属于官办智库和大学附属型智库,民间和民营性智库的数量较少,不利于民众意见建议的及时上达,难以保证政府决策的全面性。

官办智库和大学附属型智库的身份特点决定了它在民营性上很难有大的突破。首先,这两类智库的研究经费直接或者间接地来自政府;其次,智库研究人员的收入和职称评定都是由政府决定的。中国深受儒家文化浸染,"官本位"思想十分浓厚,"父母官"的观念传承了上千年,想要扭转这种传统,使政府变成为公众服务的"公仆",就需要建立一种上通下达、民众普遍参与的机制,保证政府决策的全面性与公开性。智库作为专业的研究机构,在公共政策研究方面具备专业知识和理论高度,如果不能接地气,缺乏民间性,就会使智库的研究成为纸上谈兵,不利于政府决策的科学性。打个很贴切的比喻,就像中国的市场经济要想发展,不能只有国营企业,民营企业也是主体;同样,中国的思想和政策市场要想繁荣,也不能只有国有智库的空间,也必须要有民营智库的参与。

(二)独立性不足

智库的影响力来自其研究成果的公正与客观,而要保证这两点的实现,则智库需要具备独立性。智库要具备独立性,至少需要做到以下三点:

首先,研究人员要具备专业的知识和职业操守,保证能避免外界的干扰,独立自主地完成相关研究。

其次,智库需要有多种经费来源渠道,保证经费来源的稳定性,避免对单一资助者的过度依赖,实现经济上的独立,避免研究被经费所累,成为资助者的"利益代言人"。另外,智库也可以考虑研究、筹资与经营分开的模式,尽量为研究提供独立自由的空间。

最后,发挥智库影响决策的作用,影响政府在智库方面的政策决策,为智库营造一种能够维护自身独立性的制度与文化环境。

在这三点中,第三点尤为重要,中国在这一点上的不足也最为明显。我们觉得主要问题有三个方面:

第一,政府信息不够透明,非官办智库无法获得真实、有效、全面的数据信息,没有数据信息的支持使智库的研究举步维艰,更难以开展深度研究。

第二,缺少能够对智库进行定位的政策规定。官办智库与大学附属型智库基本不需要为这个问题困扰,但民营智库则深受其扰。民营智库可以

为政府政策决策提供另一个角度的智力参考,但如果找不到挂靠的机构则需要注册为以营利为目的的企业,这就会带来税收等一系列的问题。这对本来就经费不足的民营智库来说无疑是雪上加霜,不利于其发展壮大。

第三,中国缺乏公共基金,社会捐赠文化也不发达,这种环境使智库很难找到多种经费来源以保证独立性。当然,对其他社会非营利组织来说,这一问题也是普遍存在的。我们自己的智库也存在这样的资金短缺问题。20多年前,我曾为母校广州外国语学院捐款建立了王辉耀奖学金,而后,又在北京延庆县捐助了一所希望学校。如今,我们办智库缺乏资金来源,我只好拿出自己的储蓄捐助到创办的智库中来。我觉得捐一所希望小学,解决了一个学校的问题,而进行一项好的教育政策或人才发展的研究,智库建议一旦被采纳,可以影响政府决策和惠及千千万万的学校和无数的人才。其实,靠我自己的力量是十分有限的,而企业家们对政策研究智库的资助是最有效的慈善和公益。历史上许多知名的企业家,到最后捐助的最高境界就是捐助智库,像布鲁金斯、卡内基、洛克菲勒、福特等知名企业家。

(三) 国际化不够

智库国际化是提升国家软实力的重要途径。当前,各国智库发挥的作用已经超越了地理意义上的国家界线,共同影响着全球政策过程。

近年来中国智库国际化取得了一定的成绩,但是,总体来看,中国智库的国际化速度、广度以及国际影响力,尚不能满足新形势下国际关系的需要。中国智库在国际舞台上的话语权还不强,尤其是与中国的国际实力相比,中国智库的国际化程度还相对滞后,尚未能在国际社会上建立起自己的公信力,也没能在国际事务中形成自己独特的话语权。

中国要和平发展,要输出软实力,就必然需要有国际影响力的智库。[①] 在国际经济增长乏力的背景下,中国的和平发展已经成为21世纪

---

① 参见王辉耀:《独立性是智库的根本价值所在》,《南方都市报》2009年7月13日。

不可阻挡的历史趋势。相对于中国和平发展的速度，中国软实力的输出则相对落后，难以与中国在国际事务中寻求积极作用的努力相呼应。出现目前这种状况，中国智库的国际化程度低是非常重要的原因。

二、"三驾马车"的发展障碍

（一）官办智库

去行政化与独立性有待加强

官办和半官办的智库多为政府下属事业单位，这一身份特点决定了其行政化氛围浓厚而独立性较差。

一方面，官办和半官办智库在机构设置上与政府部门或事业单位类似，行政化氛围明显。比如在人员考核方面，职务、工龄等是重要因素，而研究成果所占比例可能并不突出，从而无法发挥激励的作用，影响工作效率，并且不容易产生创新。另一方面，官办和半官办智库的经费主要由财政拨付，大部分研究课题为政府指定课题，研究成果在很大程度上具有政策指引性。经济上的依附以及课题承接过程中的行政化氛围，使得智库将大量的人力和研究经费集中在对政府政策的解释和宣传上，前沿性的研究往往容易被忽视，独立自主的研究空间较为不足。

政界与学界微启的半扇旋转门

智库具有人才平台的功能，中国智库当然也不例外，最直接的证明就是一些中国智库也承担人才培养的工作，中国社会科学院下属各院所每年都会面向全国招收硕士研究生、博士研究生，大部分高校下属的智库也都兼有教学培养的功能。

当然智库作为人才平台的功能主要体现在其旋转门机制中，中国智库的旋转门机制也开始显示出其作用了。中国智库的研究人员在成名后，有一部分也会加入各级政府，许多政府的高级官员离职以后，也会到智库继续从事研究工作。智库研究人员转型进入政府工作最典型的就是朱镕基，他在改革开放初期担任中国社会科学院工业经济研究室主任，最

后成为中国国务院总理。王岐山同志,曾经是国务院农村发展研究中心研究员。从政府部门退休后旋转进智库的,比如原国务院副总理曾培炎担任中国国际经济交流中心理事长,商务部原副部长魏建国担任中国国际经济交流中心副理事长。

这些事例说明中国智库的旋转门机制已经初具规模,但中国智库的"旋转门"机制并不完善,可以说只开了"半扇",政界和智库间尚无法实现双向流通。这主要表现在两方面:一方面,到智库或学界工作的政界人员多为退休官员,目的在于发挥"余热",而且即使是在这部分人当中也只有很少的一部分选择了走向"旋转门",进入智库。中国退下来的政府高官和政治精英,包括大使、参赞等国际化人才,大多都进入了各种协会机构。其实他们完全可以进入智库。另一方面,由智库或学界进入政界的机会比较小,成功案例很少。因此,在中国,政府与智库的人员双向流动并不会惯常发生。随着智库在中国的发展,这种现象亟待改变。

(二)高校智库

身份困境

中国的绝大多数大学属于事业单位,为了便于高校的统一管理,绝大多数附属于大学的高校智库并不是独立于大学而存在的,不具备法人地位上的独立性。因此,中国高校智库就具有了明显的准官方或半官方色彩,而不是像西方高校智库那样独立于政府体系之外。

中国高校智库的这种身份特点,使它具有了背靠大树好乘凉的优势,既有稳定的经费来源,也容易争取到各类国家项目和研究课题,与社会智库相比没有生存的压力。但同时也使它面临着没有权力和校外的独立法人签订合同,财务上不能独立核算的尴尬。这种附属关系带来的不自由正是目前中国高校智库普遍存在的身份困境。

这种身份的困境使中国高校智库在承接项目和课题时存在各种条条框框的限制,不能进行独立的研究与活动,造成中国高校智库有劲无处使,白白浪费了其强大的学术研究能力。

由此可见,身份困境已经成为阻碍高校智库进一步发展的最大障碍。要发挥中国高校智库的作用,释放其研究潜力就需要先将其从这种身份困境中解脱出来。

缺乏现实导向

高校智库相对于官办智库和社会智库都具有很大的优势。首先,高校智库的经费主要来自校方的拨款和一些基金会、企业的资助以及个人的捐款,经济来源比民办智库稳定,同时又不像官办智库受到来自政府的诸多限制。其次,高校智库汇集了大量的专家、学者,而且很多还是各个领域的资深研究者和专家,这使高校智库具有不可比拟的人力资源方面的优势。而且,高校智库直接挂靠在大学院所之下,可以充分利用学术资源,在研究深度与研究广度上有较大的发挥空间,其提供的研究结论也更具科学性。

但从另一方面考虑,高校智库的优点也隐含了它的劣势,高校智库的科研能力,其研究成果在理论上的科学性都是毋庸置疑的。但这也是它最不接地气的地方,高校智库的研究更多的是从学术层面着手的,因此,其研究成果的可行性和在实际操作层面起到的作用就比较有限。另外,高校教授还需要承担比较繁重的教学任务和发表学术文章,能专门从事智库研究的非常少。从总体上来说,当前中国高校智库的研究缺乏现实导向性,其研究成果很难应用于现实,解决现实问题。这使得高校智库在发挥决策咨询和智囊作用的时候大打折扣。

(三)社会智库

法律认定标准亟待完善

作为非营利性研究机构,社会智库在我国目前主要依据《社会团体登记管理条例》、《民办非企业单位登记管理暂行条例》、《基金会管理条例》等来管理规范;同时,《关于社会智库健康发展的若干意见》明确了对社会智库实行民政部门和业务主管部门双重负责的管理体制。其中,民

办社科研究机构由省(自治区、直辖市)社会科学界联合会担任业务主管单位,并由省级人民政府民政部门进行登记;其他社会智库由其活动涉及领域的主管部门担任业务主管单位,并由同级人民政府民政部门进行登记。这意味着,社会智库要获得"合法身份",须先获得所在行业业务主管部门的审批,才能到民政部门登记管理机关申请登记,但是,对于很多社会智库而言,很难寻找挂靠的业务主管部门,申请登记也就无从谈起。

总的来看,虽有《关于加强中国特色新型智库建设的意见》的八项建设标准,但是社会智库尚缺乏一套完整规范的认定机制,这不利于社会智库的规范发展,因此,社会智库的法律认定标准亟待完善。

物质基础的薄弱

"仓廪实而知礼节,衣食足而知荣辱"这句流传了千百年的名言揭示了物质基础的重要性,物质基础牢固了才能谋求进一步的发展。而中国社会智库的物质基础处于摇摇晃晃的状态。社会智库的经费主要来自固定的私人、企业、政府和基金会的捐款,以及商业合同和政府合同。但在中国,庞大的官办和半官办智库的存在,挤压了社会智库的空间,基本垄断了来自政府和事业单位的研究项目,社会智库很难从中分一杯羹,更别提来自政府和事业单位的捐助了。即使有幸承接了政府和事业单位的研究课题,也需要社会智库作出一定的妥协,使独立性让位于生存压力。而且整个社会虽然已经出现了捐助慈善的风气,但还没有涉及智库,还没有形成资助智库等研究机构的氛围,使社会智库难以从民间获得资金支持。经费的瓶颈制约着中国社会智库的发展,为了谋求生存和发展,智库经常需要向各方申请一些营利性的研究课题来获得维持机构运转的资金。

以上种种因素导致中国社会智库的经费极不稳定,朝不保夕、捉襟见肘的窘迫制约着中国社会智库的发展和壮大。

在经费之外,社会智库的发展还受到中国现行制度与现实的制约。目前,在中国政府信息还没有完全透明的情况下,社会智库的身份使其无法像官办或半官办智库那样获得各种官方数据,这使得社会智库的研究缺少某些数据的支持,无法进行深入的研究。身份带来的窘迫使社会智库的观点立场缺乏某些重要信息的支撑,略显单薄。这样的观点立场说服力和影响力就要差一些,不能树立自己的形象和影响力自然就更难吸纳社会资助,非常不利于中国社会智库的生存。

经费和身份方面的问题是目前涉及中国社会智库生存的关键因素,要促进社会智库的生存和发展,就需要尽量为它们提供坚实、稳定的物质基础和平等、公开的信息共享机会。

政策影响渠道有限

中国社会智库虽然处境艰难,但一直秉持影响政府决策的目的,只是目前社会智库的咨政建言渠道还相对有限,制约着中国社会智库的整体发展。所以,社会智库政策影响渠道亟待完善。建议通过制度化安排,将社会智库纳入政府决策咨询系统,政府可以通过项目、委托或服务外包等多种方式,有意识地委托社会智库开展研究;同时,要畅通社会智库研究成果的上报渠道和反馈渠道。

难获影响力与关注

社会智库最大的优势在于它接地气,能反映来自民间的意见也能影响社会民众的舆论,使政府决策更加全面和完善,使民众更加了解政府决策。目前,中国社会智库的这一优势没有得到发挥,一方面社会智库建言献策的渠道有限,研究成果没有引起政府的足够重视,另一方面社会智库还没有形成社会影响力,没有引起民众的信任和关注,对民众舆论的引导作用非常有限。

社会智库难获影响力与关注的原因有两点:一是社会智库自身的因素,社会智库在公共政策方面的研究缺少来自政府的重要数据信息的支持,研究成果在某些方面有所欠缺,说服力不够。二是社会民众对智库缺少必要的了解,这是智库难获关注的重要原因,中国社会智库起步晚,再加上宣传不是很到位,对社会民众来说,它基本还算是新鲜事物,对于新鲜事物围观、好奇是有的,但要转变成信任与关注则还需要假以时日。而且中国自古以来对权威的信任都是与对权力的崇拜联系在一起的,社会智库与权力完全脱离,与传统意义上的权威自然也没有瓜葛,民众本能地

就很难对其信任。

中国要想迎来智库发展的春天,要想建设中国特色新型智库,也需要在思想市场中让市场起决定性的作用,十分需要社会智库的参与。中国社会智库刚刚起步,正在蓬勃发展,具备发展的潜力,以后还会走向更加壮大。随着中国各项制度的完善、民众思维的更加开放、智库自身的不断努力,相信在不久的将来社会智库将会成为中国智库中的一匹黑马,在影响政府决策和引导民众舆论方面发挥重要作用。

三、中国智库面临的挑战

国际社会的风云变幻,中国经济、社会的快速发展都给中国智库的发展提出了新的挑战。为了在变化的国内国外环境中求得发展与生存,中国智库需要不断地应对和研究全球经济发展的冲击、各种新型咨询机构团体的兴起、新媒体的运用、智库管理人才稀缺、运营方式和理念的更新等方面的新挑战。

(一)智库人才的严重缺乏

人才是第一资源,这是当今中国的社会共识,大到治国经邦,小到经营企业都离不开人才。作为智力密集型机构,智库对于人才的要求更高,更迫切。中国智库的发展需要吸纳现代型精英人才,包括一大批优秀的才智之士和"专业奇才",借助他们的"智慧"促进智库走向兴盛。

中国智库的发展历史还很短,国家对现代化智库建设的重视也是近些年的事情,中国智库目前对智库精英人才的需求十分强烈。所谓智库所需的精英人才主要有三类:高端智囊人才、独立研究型人才和新型综合型人才。

高端智囊人才,拥有自己参政议政的渠道,能通过著书立说将自己的思想观点传达出去,影响决策。这类人才主要是前政府高官和对政府有影响力的知名学者,要吸纳这种人才,除了智库本身要有足够吸引力,还有赖于旋转门机制的健全和完善。

独立研究型人才,有独立的思想和人格,能独立主导和参与大型课题和项目的研究。目前中国智库各种名头响亮的"权威"和"专家"不少,但真正的独立研究型人才严重紧缺。这有赖于独立知识精英人士的进一步培育和智库本身独立性的加强以及对研究型人才的培养。

新型综合型人才,既能参与研究活动,又可以进行策划、组织、宣传、推广、筹款等工作,具有较高的综合素质。

我认为,做智库吸纳人才时,应最看重"个人的研究能力、独立思考的能力和创新的能力。我们非常欢迎潜心做研究,同时对社会和国家和民族,包括对全球化有比较宏观或者比较深刻的认识,能够提出自己独立的观点,很快掌握研究的方法的优秀人才,这种人才是我们所需要的。"[①]

此外,不论智库的类型为何,智库管理人才的优劣会对智库的发展产生重大影响,如何发现和培养真正知晓现代智库运作模式的人才是中国智库发展面临的巨大挑战。

(二) 新媒体带来的挑战

著书立说向来是传播思想的最重要途径,也是智库传播研究成果的主要方式。但新的信息传递手段的快速发展、信息资讯的快速传播都对智库传播其研究成果的方式提出了挑战。辛辛苦苦研究出来的成果如果被他人抢先发布了,那就相当于白忙了,因此智库要去适应博客、微博、微信等新的、快速的信息传播渠道,抢得发布研究成果的先机。

博客、微博、微信等新的传播渠道虽然快捷,但其传播信息的容量却是有限的,智库的研究成果一般都会有几百页长。如何实现研究成果与传播渠道的融合是新媒体给智库出的又一道难题。新媒体的发展给智库提出了巨大的挑战,使它们不仅要适应新的传播方式,还要保证其研究成

---

① 《王辉耀:任何人不能靠单打独斗获得成功要靠团队》,新华网,http://news.xin-min.cn/world/2013/08/03/21344763.html,2014 年 4 月 29 日。

果的质量和完整性。为了应对这一挑战,智库需要在以下几方面作出改革:其一,对研究对象进行调查;其二,思考更好地为客户提供服务的方式;其三,利用更简洁明了的方式使研究成果更易为政府决策者和公众理解和接受。这些变化改变了智库分析、讨论、研究、影响公共政策的方式,也迫使智库根据改变及时作出调整,以避免被时代淘汰。

(三) 大数据时代的挑战

"我们已经身处数据驱动的全球社会中"①。"就像望远镜让我们感受宇宙,显微镜让我们能够观测微生物一样,大数据正在改变我们的生活以及理解世界的方式,成为新发明和新服务的源泉。"②

联合国在《用大数据推动发展:机遇与挑战》白皮书中写道,"大数据为联合国以及各国政府发展提供了一个历史性机遇,通过利用海量数据资源,实时分析经济社会发展现状及趋势,可以协助政府更好推动经济社会的发展与运行"③。大数据具有实时性、客观性、时间序列性等特点,具有高度的研究价值,可以有效克服传统数据资料收集方式所不可避免的主观色彩,这对于从事公共政策研究的智库而言,将大大提高研究的客观性与说服力。

研究表明,尽管国内外智库逐渐关注大数据对研究的影响,并在研究中引入大数据,然而世界上大多数智库都没有设立专门进行大数据研究的机构,仅有少数智库如布鲁金斯学会设立了"技术创新中心",大多智库对大数据的运用仅停留在研究需求层面。④

大数据时代的到来,对中国智库是一个严峻的考验:智库只有将这些

---

① D.J.Power. Using Big Data for Analytics and Decision Support, Journal of Decision Systems, Vol.23, No.2, 2014.

② [英]维克托·迈尔·舍恩伯格:《大数据时代》,浙江人民出版社 2012 年版。

③ UN Global Pulse. White Paper: Big Data for Development: Opportunities &Challengs, http://www. unglobalpulse. org/sites/default/files/Bigdatafordevelopment-UNGlobalPulse-June2012.

④ 参见郑永年等:《内部多元主义与中国新型智库建设》,东方出版社 2016 年版。

知识纳入到自己的研究中去,否则只能沦为过时的信息来源。通过合作等方式建设大数据库,掌握庞大的数据信息还只是考验的第一步,接下来还需要拥有对数据的"加工能力",并且通过"加工"实现数据的"增值"。如果能够对庞大数据资源进行潜在价值的深度挖掘,将有助于智库研究人员更好地把握现状与预测未来,从而大大提升智库产品的竞争力与影响力。

(四) 咨询机构等的竞争

全球思想市场竞争硝烟四起。媒体组织、咨询公司、律师事务所,这些机构都在通过相互竞争,赢得公共政策以及决策层的更多关注。这种"僧多粥少"的状况对于作为非营利组织的智库来说,是一种新的挑战。在充斥着无数政策观点的环境中,智库需要通过保证持久的创新精神、有效的沟通策略、强大的政治影响力尤其是严格且具有时效性的研究工作,来赚得更多眼球。随着更多市场竞争者的加入,资本战争将会愈演愈烈。

而根据詹姆斯·麦甘(James McGann)的研究,一小群"黄金捐赠人"为智库提供常年、大量资金支持的时代已经一去不复返了。今天,智库得到的更多是来自对具有一定影响力的短期课题的捐助,而非对智库长期运营的支持。这种"融资短期化"现象,迫使智库在各色新项目间"疲于奔命"。更值得关注的是,资金对智库具体短期项目的这种捐助,是否使得智库在履行机构宗旨及推进研究进程上逐渐失去控制能力,是否会影响到智库研究成果的独立性与客观性,也是智库面临的一项新考验。

(五) 组织机构的调整与转化

经济、社会的发展,信息传播途径与传播速度的变化,智库自身的调整都使智库面临着越来越多的新挑战,传统的以研究成果为主的智库运营模式受到挑战是其中比较重要的一个。智库的运营模式是多年积累的结果,其研究成果是智库最大的产品与卖点。而市场的发展要求智库不仅要会做研究,能拿出过硬的研究成果,还要会宣传、推广自己的研究成

果。这就要求智库调整自身的组织结构,促进组织结构由以研究人员为主开始向功能多元化转变。

因此,当今世界大多数成熟的智库除了设置学术科研部,还会设置活动部、市场部和媒体宣传部等部门。智库的人员结构也更加多元化,不仅包括研究人员,更包括成果推广人员、市场开发人员,而且推广和市场开发人员愈来愈成为推动智库发展的重要力量。

(六) 公信力的品牌形象不足

当今中国智库最大的危机在于公信力危机,这很大程度上是由中国社会的信任危机的大环境决定的。在社会信任危机的大环境中,民众习惯了怀疑,怀疑智库发布的研究成果、思想观点,甚至对各种研究机构也经常抱着一种狐疑的态度。

虽然说社会大环境使智库深受不信任之累,但不能否认,中国智库本身也的确缺乏足够的公信力。政府创立的智库在表面上看起来是非政府组织,实际上却是起着政府分支机构的作用,难以保证研究成果、思想观点的客观性与公正性。而一些公司和个人成立智库为了生存和发展则倾向于促进自身利益的满足。这造成了个人利益与公众利益的混淆,使智库运作难以做到透明。

想要在独立性、利益、影响力之间维持平衡需要很高的技巧。只有妥善处理好这三者之间的关系,智库才能在政府决策者和公众中保持自己的公信力。而从长远来看,智库要形成和维护其公信力,就必须拿出专业、客观、科学的研究成果和思想观点,且确保这些研究成果和思想观点在关键问题上对政策制定者、媒体和公众产生深远的影响,这是中国各类智库未来面临的共同挑战。

(七) 国际话语权的弱势

在国际社会中的话语权是国家软实力的延伸,体现了一个国家意识形态和价值观的影响力与吸引力。国际话语权的弱势曾使中国失去了国际上的话语能力。在当今国际话语体系中，"西强我弱"的严峻现实并没有得到根本改变。中国作为世界第二大经济体的实力要求中国在国际话语体系中谋求更加显著的地位，能在国际话题上发出自己的声音，实现自己的影响。因此，中国必须学会如何更有效地与国外受众交流，而在这方面，中国智库责无旁贷。

中国智库可以利用自己的优势使国内外受众理解中国政策的本质、制定政策的理由以及当前的国际形势等。但要做到这一点，中国智库先要具备足够的国际话语权。

当前中国绝大多数智库的研究还囿于一国或一个地区之内，缺乏全球化的思维、国际化的眼光和前瞻性、系统性的研究能力。因此，中国智库在国际社会上发出的声音很微弱，缺乏必要的国际影响力，导致中国智库在国际话语体系中处于绝对弱势地位。要扭转这种绝对弱势的地位，中国智库还有很多事情要做。首先，要更加积极引导国际言论；其次，要打破西方智库和媒体的垄断，为提升中国的国际话语权寻求突破口；再次，学习、研究西方智库，加强对国际舆论的反馈与引导；最后，要提高自身的国际影响力，加快中国智库的国际化与"走出去"战略。中国智库力量的兴起有助于扭转中国在国际话语体系中的弱势地位，助力中国建立国际话语权。

大国须在国际事务中发挥自己的作用，这就需要具备与之相匹配的国际话语权。而在国家建立国际话语权的过程中，能与国际对话的大国智库则是必不可少的助力。让我们期待着中国智库未来能够发挥与世界顶级智库同等重要的作用，在国际上响亮地发出中国智库有影响力的声音。

总之，中国智库正面对新的世界形势变化带来的种种挑战，能一一应对这些挑战，并在竞争中胜出的智库需要具备经济学家描述的那种"成功的智库"的要素——研究深度、政治影响力、公众感召力、宽松环境和大批专业人才，否则，中国智库发展的滞后将会影响中国的软实力，拖累中国未来全方位的发展。

第八章

大国智库与中国和平发展

　　大国崛起必有大国智库。所谓大国智库,主要指与大国实力地位相匹配、能为大国政策外交提供智力支持的一大批优秀智库组成的强大智库体系。然而,堪称世界大国的中国,却偏偏还没有一个大国智库体系。中国智库还没有真正长大,还缺乏大国智库应有的影响力和精神气质……

一、何为大国智库

智库本质上就是一种影响力。在西方发达国家,智库有着特殊而重要的功能作用,如提供新思想、参与政治决策、引导社会舆论、代言公共利益、开展民间外交、储存输送人才,其影响之大,堪称独立于立法、行政、司法之外的"第四种权力"。一个智库是否具备公信力、创新力、专业力和传播力,是成为真正有影响力的大国智库的先决条件。

(一)公信力是前提

由于社会制度与政治体制等因素的差异,与西方智库不同的是,中国体制内智库占比高,研究经费多源于政府,行政依附性较强,这就容易使社会舆论对于智库专家的公信力提出质疑。要建设大国智库,中国首先需要正视和解决公信力的问题,中国智库需要树立为公共政策决策服务的正确理念,拥有社会责任感,既要防止"附庸"政府,又要防止"迎合"民意,要充分认识到独立性和思想与政策创新往往是智库能否获得更广大民众的认可、获得国际认可的通行证。

(二)思想创新是根本

智库的本质就是思想的创新工场,需要站在思想领域的前沿,既要有紧扣社会热点的敏锐,又要有符合社会发展趋势的超前意识,随时提供新思想、新观点、新理论、新知识和新方案。因此,创新能力是决定智库能否可持续发展的关键因素。囿于体制的束缚、思想市场的不发达，以及智库机制的不健全、运作模式的不规范、创新人才的缺乏等缺陷，中国智库的创新研究能力整体上来看，还很不尽如人意。

大国智库的基本定位应该研究战略性长期性的问题，而不仅仅是一个眼前的热点问题的研究。自由的研究精神和对前瞻性议题的把握是制造创新力的前提。发达国家为我们提供了足够借鉴的经验。在兰德公司60余年的发展历程中，以跨学科的创新精神，为美国军事和科技发展作出了里程碑式的贡献。兰德崇尚自由的研究精神，鼓励研究人员跟踪某一问题长期研究。它的研究议题极具前瞻性，以其通信系统的研究派生出互联网构想为例，这种想法不仅满足了自身的研究需要，也改变了美国和世界。

（三）人才是基础

人才是智库的第一资源。首先，要具备战略性的人才储备。智库要研究战略性长期性的问题，则人才的储备应该是一些关于战略性人才的储备。其次，人才多样化。西方国家人才来源广，企业、高校和政府的人才都是被吸纳的对象，多元文化背景和国际化的人才开放的移民政策是发达国家智库得以吸引全世界优秀人才的政策保障。最后，人才高流动性。智库不仅是人才的蓄水池，也承担着人才输送的功能。西方智库很重要的一个功能就是为政府和企业输送人才，即所谓的"旋转门"机制。美国每次换届选举后内阁官员的变动达4000多人。这些官员不是由议会党团产生，也极少来自公务员，而是来自精英荟萃的思想库。在华盛顿，一些非常资深的民主党员曾在布鲁金斯研究中心进行培训。这个系统不仅在西方存在，在韩国也是如此。韩国有一些发展研究机构或教育机构，将一些学生送到美国读博士，等这些学生学成归国后，它们以三倍的薪水将他们吸收进智库，几年之后这些人才就会有所成就。这是吸引人才回国的一个非常重要的方法，可以为政府注入活力，也不会让一些非常陈旧的观念在政府当中永远存在。

（四）传播力是保障

思想和成果的传播，是一个智库赖以生存的重要条件，也是赢得影响力的必经途径。在新媒体风起云涌的信息时代，智库要扩大其影响力，已经越来越有赖于媒体传播网络。发达国家智库通常就热点外交政策问题举办大型公开会议，邀请专家进行讨论，或者宣布研究成果。除了一些固定的贵宾级的名人和媒介会专门邀请外，社会各界公众都可以自愿报名参加会议，额满为止。像这一类大型的公开会议，都可以在各大智库的网站上看到现场的文字记录和音频或者视频记录。这种开放性的传播方式，促进了智库国际化的影响力。

正是因为这种传播模式的存在，使得美国智库被称为没有固定学生的大学。布鲁金斯学会在 2020 财政年度举行的大型公开会议有 114 场。美国国际战略研究中心在 2019 年举办了 300 多场会议，美国企业研究所在 2020 年举办了 100 多次会议。

总体来说，传播力的塑造应该善于利用各种新媒体，不但要在主流媒体上经常有自己的新闻与声音，同时也要充分利用推特、脸书、微博、微信、数字电视、短视频等新媒体手段，以构筑自己的立体式传播平台。

（五）国际化是重要趋势

进入全球化时代后，国际化逐步成为当代智库发展的重要特征和方向。目前世界发达国家的智库发展已呈现明显的国际化特征，国际影响力十分巨大。继货物贸易和资本的国际化之后，全球化进入第三阶段，以资本、人才、技术等的全球性流动为特征，尤其是信息技术革命深刻地影响着全球经济发展乃至人类生活的各个方面。第三次全球化涉及经济、政治、社会等各个领域的方方面面，各个国家都需要把握住机遇，不被历史的车轮淘汰，因而研究其形成机理，制定应对措施，就成为各国智库的重要工作。智库国际化主要包含五个方面：研究领域的国际化、研究视角的国际化、人才队伍的国际化、影响力的国际化和传播方式的开放性。

全球智库在国际化的同时，也很注重本土化。2006年后，卡内基国际和平基金会提出全球性智库这样一个概念，在全球不同的地区开始设立分中心。基金会的全球性网络，并不仅仅是华盛顿地区与各分中心之间的网络，各个中心之间也在建立联系。由于分中心承担研究当地问题的任务，基金会将分中心"本土化"，工作人员、学者均在当地聘用，这些员工拥有熟练的当地语言应用能力。很多当地的学者和专家都是具有实际经验的实践者，有一些来自政府，有一些来自商业圈，共同的特点就是他们首先有实际经验，因此他们了解实际政策制定过程中的重要环节，也因此才能够在更短的时间推动作出正确的决策。

二、中国和平发展呼吁大国智库

　　中国正在和平发展，这是一个世界公认的事实，但当今中国的和平发展，主要还是体现在GDP、制造业、军事和科技等"硬实力"方面，思想文化、价值观念、社会制度等层面的"软实力"则明显不足。

　　大国崛起必有大国智库。所谓大国智库，主要指与大国实力地位相匹配、能为大国政策外交提供智力支持的一大批优秀智库组成的强大智库体系。然而，堪称世界大国的中国，偏偏还没有一个大国智库体系。中国智库还没有真正长大，还缺乏大国智库应有的影响力和精神气质。

　　英国前首相撒切尔夫人曾经说，你不需要担心中国，因为中国只能出口玩具、计算机、电视机，而中国在未来几十年，甚至一百年内，无法给世界提供任何新思想。这一论断显然是充满偏见的。现在，已经到了中国建设大国智库的时候了。

　　其一，中国社会未来的可持续发展和更大进步，越来越有赖于软实力的发展升级，即思想观念、文化教育方面的突破，而其中政府决策、政策的科学化、合理化改革更是关键因素。而智库作为国家智力、民族素质的重要标志，正是国家软实力的核心部分。如果中国能有大量真正独立的、高质量的智库产生，那么，中国政府的对内对外决策就能集聚各方面贤能达

人的合理论证和声音,从而提升决策的科学性、有效性和民主化。

其二,和平发展中的中国呼唤代表国家软实力的大国智库。2009年,时任国家总理温家宝提出要"加强储备性政策的研究",标志着中国政府开始将大国智库建设提上议事日程。而智库作为政府之外唯一专业从事政策研究的机构,肯定是"储备性政策的研究"中的重要角色。直到2013年4月,习近平总书记作出"建设中国特色新型智库"的指示,再到党的十八届三中全会通过"加强中国特色新型智库建设,建立健全决策咨询制度"的决议,中国的智库建设才真正掀起了高潮。中国特色新型智库,即是顺应中国和平发展要求的大国智库。

智库是政府之外唯一专业从事政策研究的机构。人大、政协虽然对政策的影响很直接,但代表、委员们并不是全职的,也不是专业的政策研究者。普通社会公民不是专业人士,在自己专业领域外建言献策也有局限性,提出问题后还需要能有解决问题的方案。而智库就有专业能力进行调查研究,并提出更合适的解决方案。所以,智库尤其是具有独立性与利益中立性的智库,对中国民主政治改革、社会公共政策完善的作用不可替代。另外,中国有着西方无法比拟的"集中力量办大事"的效率优势,但如果"集中力量"的决策错了,损失也会格外巨大且难以弥补。所以,智库未来在促进政府决策科学化这一领域将会发挥特殊而重要的作用。当然,智库因为其职能特点,还能为政府发挥"储备人才"等作用。

中国智库的发展会与西方有所区别,包括市场方面,因为国情不同。但在目标和意义上会"殊途同归",无论中国智库还是西方智库,目的都是为了推动政府决策的科学化以及社会公共政策的完善,并且因为其专业性,也能够发挥积极的作用。中国目前95%的智库是官办智库,并且这些中国智库所代表的"软实力"与中国综合国力世界领先的地位不相对称,也就是说"软实力"发展大大滞后于"硬实力"。因此,中国政府未来对智库进行一定的培育,包括出台一系列改革的措施,将是必然的,更是必要的。

随着中国制造向中国创造的转型,随着政府管理体制不断朝着公开、透明的方向发展,政府与社会公众沟通不断深化,智库对我国社会生活的作用也越来越突出。在从提出新的思想观点和价值目标,引导公众舆论和社会走向到为政府决策提供咨询参谋、影响政府的政策等各个方面,智库都发挥了不可忽略的作用。同时,智库把学者的研究成果转化为政府的政策产品,成为沟通政治和学术的桥梁;智库及时反映和汇集社会各种意见和需求,起着利益表达等作用;智库还为某些全球性问题提供了合作交流的平台。

可以预见,在未来中国的大舞台上,中国智库将扮演越来越重要的角色,发挥越来越重要的作用。

(一)思想观点和价值目标的创造者

从事"思想"生产和提供新的政策主张是西方智库的核心功能。

智库积极探求新的政策思想,这些思想往往带有前瞻性,在短期内不一定会被应用于决策制定的过程中,但在智库的倡导下有可能逐渐被决策者所接受,从而成为政策或获得立法。我记得布鲁金斯学会的一位领导者曾贴切地说过智库对下一届政府的影响大于对现任政府的影响。

而在中国,智库的专家学者也大都是研究经济社会问题的精英人物,他们的思想观点和研究成果对于社会思潮的形成具有重要的影响。智库通过媒体的新闻报道和时事评论或自己的出版物,通过举办研讨会和培训活动、参加重要的决策咨询会等形式影响公共政策的社会氛围。同时,智库用权威性的报告对社会思潮的形成和发展进行引导。如国务院发展研究中心提出防止跌入"中等收入陷阱",中国科学技术发展战略研究院提出"中国科技发展进入了一个新的跃升期",长城战略研究所提出"中国制造"、"北京创造"等概念,北京国际城市发展研究院提出的被誉为世界三大竞争力理论之一的"城市价值链理论"等。一系列新思想、新观点的提出,直接影响着中国经济社会发展的政策。

（二）重点领域决策咨询的提供者

与世界各国的多数智库一样,中国绝大多数智库都以承担政府委托的研究课题作为机构业务重心,为政府决策制定提供咨询论证;同时,在研究的基础上围绕国家政治、经济、社会发展等问题提出建议,影响政府的政策。

例如,中国城市规划设计研究院、北京城市规划设计研究院、北京市社会科学院等智库直接参与北京总体发展规划的制定与修改;全球化智库在中美关系、国际人才、全球化与全球治理等领域为国家有关部委提供了多方位的决策支持,推动了中国的全球化进程。

（三）社会公共利益的代言者

智库的本质特征是独立性,影响公共政策为其基本目标,因此,一个合格的智库的研究和建言,应该着眼于社会公众的基本利益和迫切需求,成为社会公共利益的代言者。同时,要力排利益博弈的干扰,避免为利益集团和既得利益者代言。

一个政治文明的国度,要求广大社会公众参与到政治上来,参与到政府决策上来。尤其是公共政策的决策,更需要倾听公众声音,代表和反映社会公众的利益。随着中国政府职能的转变,中国公共政策的决策尽管在很多时候仍然不能令民众满意,但相比以往,情况要好了很多。之所以如此,一个重要原因就是,政府在做决策时开始越来越注意接受各类智库的各种建议。

尤其是在官方声音受到质疑,一些政府职能部门在面对突发事件、热点问题处置失当的时候,人们往往更愿意相信独立第三方的声音。这时,就是智库发挥不可替代的作用的最佳机会,尤其是那些完全独立、具有公信力、影响力的智库机构。

不可讳言,中国智库过去在这方面乏善可陈。因此,中国智库在未来要承担起大国智库的责任,就必须具有自觉充当社会公共利益代言人的意识。

（四）政策研究人才的培养者

智库的核心之一是研究人员，可以说人才是决定智库生存与发展的最关键因素。因此，从这个意义上说，可以把智库看作政策研究人才和决策者的培养机构，网罗社会各阶层精英的"俱乐部"，为前政府官员提供容身之地、为新政府输送人才的"中转站"。

一般来说，中国智库的人才功能主要体现在两个方面：一是人才培养功能。智库十分重视研究人员的招募与培养，将"出人才"与"出成果"列为同等重要的地位。很多单位内部都设有专门的教学机构，承担培养人才的任务。比如北京大学国家发展研究院，在人才培养方面就做得比较出色。二是人才储备的功能。智库为数众多的研究人员成名后，加入各级政府；许多政府的高级官员离职以后，也到智库继续从事研究工作，这就起到了人才储存的作用。以全球化智库为例，通过自身国际化的视野、网络、平台，凝聚海内外专家学者、企业家等各界高端人士，吸引汇聚了大量的留学归国人员。此外，有的智库还承担培养国家公务人员的任务，政府会挑选一些工作多年、积累了一定经验的官员参加中短期培训，让他们去一些智库读书学习、总结经验。

（五）政府与公众的沟通桥梁

目前社会公众与政府之间的沟通渠道不是非常畅通，因而社会公众对政策的有关信息掌握程度有限。政策的制定和执行过程中在一定程度上存在着许多民众不理解、不支持甚至反对的情况，这往往导致政策的实施效果大打折扣，甚至引起社会的不稳定。在这种情况下，智库作为独立研究机构，可以通过报告、电视媒体、网络媒体等方式向公众传播相关领域的专业知识，详细解读相关政策，引导公众正确地理解、接纳相关政策并配合实施。

目前很多智库，如中国社科院、中国科技战略发展研究院等，很多时

候都会及时反映和汇集社会上各种意见和需求,增进政府与公众的互动理解。而零点集团曾连续多年发布《中国公共服务公众评价指数调查》、全球化智库自2012年起逐年发布《国际人才蓝皮书》系列等,客观地反映当前的社会需求,也引起了决策层的重视和社会公众的关注。

(六) 独立知识精英学术和政策建议的港湾

由于众所周知的原因,中国知识精英群体一度失去了独立思考、独立主张和发挥独立人格与精神的空间。经过40多年的改革开放,由于社会群体的分化和社会体制变革,以及全面依法治国的推进,一个相对独立的知识精英群体正在逐步形成。

但由于中国当前的大学体制、研究体制和学术体制仍然存在很多弊端,行政化主导学术研究,学术独立的原则很难真正实现,独立知识精英的学术研究还经常受到很多限制。

由于智库机构是相对独立的研究机构,因此,智库的大发展,尤其是那些独立性有保障的智库的成长,就可以为这些独立知识精英提供良好的环境与条件,以便从事独立的学术研究工作,其思想理念和学术价值,可依托智库平台得到传播和实现。智库对他们而言,就相当于一个学术的港湾。反过来,他们也正是智库所需要的研究型人才,是智库赖以发展繁荣的中坚力量。

因此,智库的发展对独立知识精英群体的培育具有特殊意义。中国智库尤其是独立型智库,未来将会为中国带来真正有价值而又没有利益关联的良好的政策建议。

(七) 全球合作交流的国际平台

随着全球化发展趋势的加快,国与国之间的联系越来越密切,智库也逐渐成为国内国际有关全球化相关问题研究的交流平台。

如北京大学国家发展研究院定期举办"中国与世界经济学术研讨会"、"中美经济对话"等高端研讨,以研讨对话的形式,邀请学界、商界、政界国际知名人士参与,不仅对公众影响巨大,也深受决策层的肯定。再比如,为了关注全球智库行业在发展与创新领域的新趋势,促进全球智库与中国特色新型智库间的交流合作,以更好地承担当代智库的历史使命,CCG发起了"中国全球智库创新年会",至今已连续举办7届。全球数十个国家、国际组织,上百家智库,数百名海内外战略、经济、商业领域的研究机构和团体代表参与了往届活动。

此外,很多单位也都会不定期地针对一些重要的全球性问题举行国际交流研讨会。这些国际交流平台的建立以及相关活动的开展,进一步提升了中国的国际形象,促进了世界城市的建设。

三、大国智库的宏观战略

(一) 高端引领是重要前提

智库要想获得巨大的发展,首先需要得到国家层面的重视与支持,在智库发展问题上政府要高端引领,对各种体制智库发展一视同仁,要建立政府公共政策制定需要在思想市场上实行公共政策研究购买服务的政策,要获得国家的智库发展政策支持,打破部门和行业垄断,让各类智库包括社会智库也能够公平参与政策和课题研究,通过市场竞争,优胜劣汰,优化智库发展的外部机制和发展环境。

(二) 要重视民间推动智库

社会和企业是智库生存和发展的广大舞台,中国智库的发展需要民间的推动,这与国际上智库的产生和发展道路是一致的。国际上知名的智库大都是民间非营利性法人组织,通过管理机制的创新,弥补政府管理的缺失。

民间推动智库可以更直接地吸收社会资金研究社会公益项目,促进社会健康发展,可以吸收大批有社会理想、有创新精神、志愿献身公益事业的优秀专家、退休政治家和管理人才。民间推动智库可以让社会力量

参与到智库发展的评价和考核中去,最终成为智库发展的内在动力,对智库的长远发展具有深远的意义。

（三）定位与模式是发展关键

智库发展需要准确定位,找到合适的发展模式。由于体制等原因,大多数中国智库目前定位并不清晰,也缺乏可持续的发展模式。

国际智库的发展路线一直是非营利模式,拥有独立于任何机构的第三方地位,专业化的服务水准,为社会和政府提供公共服务,它唯一的任务就是出售思想和影响政策,唯一的目标就是提升自己的政策影响力和社会影响力。产业化发展模式一般会是营利模式,就要以自身的服务来获得报酬,如同企业一般。

在我国改革开放的过程中,由于教育产业化和医疗产业化出现了很多社会问题,人们一般认为公共服务部门的产业化是改革的误区,因此如何确保智库在市场化运作过程中的公共服务性质,而不是成为一个营利的产业,是智库顺利发展的关键。

（四）发展国家智库集群

从全球智库行业现状和大势来看,在智库发达的西方国家,智库发展正呈现出一种集群化的特点与趋势,这在美国表现得最为明显。

美国智库经过一个多世纪的发展,数量非常庞大,而新型智库也在不断涌现。美国智库都声称是"非营利机构",它们主要通过研究报告、委托合同、出版刊物、网络付费高级会议等形式获利。

美国政府喜欢通过智库这个渠道来为一些政策的出台进行预先试探和寻求理论支持。由于智库的非官方性质,一些美国高官经常就重大外交政策在智库演讲,一来试探各界反应;二来寻求理论支持,并制造声势,影响舆论,为推出新的政策铺路。所以,在美国特有的政治体制下,基金与财团、智库和政界三者形成了密不可分的联系。

从美国白宫南门出来,步行 10 分钟就到了华盛顿著名的"k 街",美国政府的许多内外决策都源自这里。由于智库云集于此,"k街"也号称"智库一条街"。美国形形色色的智库人士,天天在这里盯着国会和白宫,想方设法把自己的政策分析和研究结果"塞进"国会议员和政府要员的大脑。在这里,每天都进行着利益和政策的博弈与交换,背后充斥着利益集团和大企业的各种诉求。在各路智库专家长袖善舞的过程中,财团、政界和社会团体的资金源源不断地流向各个智库,从而形成了一个特殊而强大的智库群体。"k街",堪称美国智库集群的标志。

有人据此说,美国智库出现了产业化趋势。然而,不管是美国还是其他国家,智库都不可能成为一个产业,而只能被称作智库集群。

首先,从性质看,智库是独立于政府部门之外的非营利性研究机构,研究性、独立性和非营利性是智库区别于其他社会机构最为重要的特征。产业化是一个经济学的概念,是以市场为导向,以效益为中心,是规模化的营利生产和营销模式,从这个角度看,智库和产业化是有明显差别和矛盾的。

其次,智库显然属于文化类范畴,智库发行杂志、出版书籍等,这些又显然属于文化产业。

再次,智库属于高智力精英团体,活动范围主要围绕着大都市,不管是美国还是其他国家,首府和大都市是智库的首选地,经济实力较弱和人才缺乏的地区,很少能够吸引到智库。

最后,从规模看,智库的每年运营经费可能不少,有些智库的运作经费在上亿美元以上,但是总体而言,智库是靠社会捐助和研究经费支撑,是研究机构和社团,是非营利的,无法与产生地区和行业国民生产总值的企业相比较。

由此看来,中国的智库需要发展智库集群,但智库集群建设当然不可能产业化,否则,便失去了智库的公益性、非营利性和独立性属性。

(五) 大国智库,也需民营"智造"

纵观智库强国的智库战略和全球智库的发展大势,民营智库普遍都

是最有活力的智库类型,也是未来世界智库的主流和潮流。中国的大国建设需要智库推动,尤其是新的社会智库的力量。目前,民营经济在中国已经占据主导地位,与经济地位的提升相比,中国智库在软实力方面还远没有做好足够的准备。中国智库要实现真正的繁荣与发展,还需要以更宽松、包容、支持的心态,来鼓励社会智库对公共政策研究和决策的参与,提升中国的软实力水平。

1. 民间智慧:大国智库的基础

一个现代化大国的智库体系,民间智慧也是其最坚实的基座。在智库发达的成熟国家和社会,民间智库是主流,发挥着主导作用。

作为中国思想市场的新生力量,民间智库已开始登上中国的政策影响舞台,开始能对政府决策、社会关注产生影响。伴随着改革开放的强劲旋律,中国民间智库的发展势头喜人。不管是从它出生的那天起就属民营性质,还是由政府"断奶"脱胎换骨(事改企),民间智库大多能够保持思想的独立性,代表着民间智慧的声音,为科学决策和公共政策贡献着自己的智慧。但民间智库也有其成长的烦恼,获取资金和信息、参与政府和公共事务的渠道比较窄,自身发展受资金、信息、政策、技术、人才以及"官场世俗"等因素的影响和制约,要想唱出中国政策好声音,尚需在步履艰难中踯躅前行。

在发达国家,智库被称为同立法、行政、司法并立的第四大机构,可见其对社会决策的巨大效用。但是,中国智库到现在为止,所发挥的作用还无法与发达国家相提并论。中国目前绝大多数的智库都非民营性质,这就像是计划经济时代没有任何民营私营企业一样,智库之间缺乏竞争就会存在问题。中国需要多元、多类型的智库。在全球化浪潮中,中国的全球竞争力和国家软实力亟须加强,迫切需要一批有影响力的国际化民间智库。无论从国家进步、社会转型的角度看,还是从国际竞争、国际交往的角度看,时代都在呼唤民间智库的发展,呼唤代表公共利益的声音,呼唤着能代表国家形象、国家软实力的民间智库在全世界发出中国好声音。

作为民间智库的探索者与实践者,我们对中国民间智库的前景既充满乐观,同时也有担忧。民间智库对中国的和平发展究竟能发挥什么作用? 当代中国究竟需要什么样的民间智库? 民间智库大繁荣还需要解决哪些关键问题? 这些既是民间智库建设无可回避的问题,也攸关大国智库建设的成败。

2.民间智库发展繁荣三要素

民营经济之所以能成为中国经济板块中最有活力的部分,在于其在产权机制、经营机制、创新能力、动力机制和功能互补作用方面具有独特优势,更少受到体制的束缚。当今中国智库发展最大的障碍,同样是体制问题。因此,中国应借鉴鼓励支持发展民营经济的成功经验,放手发展社会智库。恰如中国民营经济在改革开放中成为经济高速发展的生力军,民间智库也必将在深化改革中成为中国智库发展的新生力量。

中国的崛起离不开中国智库的大发展,中国智库的大发展离不开社会智库的大繁荣。随着深化改革的推进和政府职能的公共化,政府公共决策越来越需要来自民间的智慧和社会的声音,民间智库在中国智库版图中的地位和作用将会越来越重要,并与中国的命运和民族的未来越来越紧密相连。

而民间智库能否大发展大繁荣,决定性的因素有三方面:

(1)民间智库的侧重方向

民间智库因其运行的主体来自民间,运行的支撑依靠民资,因此属于非政府类。若按官办智库与民间智库的二元划分,那么民间智库的主体包括两部分,一是依托于大学、科研院所、社科院等机构的高校智库,二是独立型民间智库。

民间智库由于势单力薄,缺乏应有的地位以及资源、信息、资金等,很难与官办智库身份对等。由于历史的原因,政府不容易改变传统模式求助于民间智库,就连民众、社会对民间智库也持质疑的态度。中国传统的政治体制、高度集中的政权机制最需要来自民间的思想和声音,但民间智库在中国几千年来的官本位思想影响下,很难有突破传统思维的空间,更多参与政府决策。官方政务咨询自有行政级别、学术地位、专家团队以及

影响力等都声名显赫的官办智库来担任,几乎不太可能让民间来参与。

一些高校智库运行的力量虽来自民间,无法与中央党校、国研中心等官办智库抗衡,但也是背靠大树好乘凉。而民间智库无论是地位还是力量,都属于最微弱的群体。民间智库要想发出智慧的光芒,必须另辟蹊径,走特色道路,引起政府的注意和重视,引起民众和社会的支持。

存在即合理。只要选对政策研究侧重、选对方向,真正是在为科学决策建言、为公共政策和公共利益代言,民间智库必然有其发展的春天。

(2)民间智库与建言献策

随着改革开放的不断深化和经济社会的加速发展,中国越来越需要不依赖于政府和任何集团利益、独立的、能代表公共利益的声音,这就最需要民间智库的民间思想。具体来说有以下几点:

其一,中国的改革开放和转型升级需要民间智慧和更多的智慧。

中国的经济增长已由劳动密集型向知识密集型、由粗放型向集约型的方式加速转变。未来拼的不是劳力,不是产品数量,而是科技和人才,是知识产权、自主创新能力和核心竞争力。中国经济的改革开放将伴随着思想智慧的百花齐放,因此咨询公司、民间智库、人才中介、科技中介等,将成为中国智慧产业的生力军。

其二,中国的政治文明需要民间智库参政议政。

中国经历了数千年的封建社会,政权高度集中,能够过问政治的不是官员也是"客卿"、"幕僚"或"智囊"之类,一般普通百姓根本干预不了政策,其声音很难到达官场并能触动上层进行变革。而1978年全国科学大会的召开,应该是我国思想智慧产业发展的春天和里程碑,它开启了人们禁锢已久的内心,逐步形成尊重知识、尊重智慧、尊重科学技术、尊重人才的社会氛围。党的十六大又提出,"不断促进社会主义物质文明、政治文明和精神文明的协调发展,推进中华民族的伟大复兴",将政治文明摆上了重要地位。中国在政治文明的道路上更加趋向于民主、协商。党的十八届三中全会又提出了治国理政的新理念。习近平总书记也提出要建设中国特色新型智库,更是对智库发挥参政议政作用提出了新的要求。

（3）民间智库与公共利益

一个繁荣的国家需要繁荣的思想，一个政治文明的国度更需要不同的声音参与到政治上来，参与到政府决策上来。正是在政府最需要民间思想的背景下，民间智库开始从灯火阑珊处走向思想市场的繁荣、辉煌和荣光。

那么，中国的民间智库应如何抓住这难得的机遇，发出中国好声音？

从根本上来说，首先，要坚守民间智库的安身立命之本，最为重要也最难能可贵的是思想独立，力排利益干扰，注重专业化，影响和推动科学决策。其次，民间智库应选择好研究方向，提出的观点、思想和主张要能够引起社会的关注，对政府和学术界以及公共问题产生深刻的影响。只有那些对政府公共政策和社会公共生活产生影响的专业研究机构才称得上是智库，一个合格的智库必须对社会发展担负起公共责任。再次，要有"服务决策，适度超前"的意识。最后，要有走向世界，具备国际化的视野和世界影响力。

四、大国智库时代：政府如何作为

虽然中国有着与西方不同的国情，中国有着西方所无法比拟的"集中力量办大事"的优势和效率，然而，如果决策不够科学化，"集中力量"所带来的损失也是巨大的。中国需要提出一定的"储备性政策"，并且拥有具备专业能力的政策研究机构，即智库。另外，中国"兼职"的人大代表、政协委员不同于西方全职的议员，社会与公民该委托谁来进行相关的政策研究便显得特别重要，这意味着中国特别需要发展一批保持一定独立性、民间性与利益中立性的第三方智库，可以为中国的发展带来实质性的推动。

由于政治体制、经济发展程度和公共管理体制的不同，中国与西方国家的智库发展环境具有相当大的差别。中国要发展智库，一方面要借鉴西方国家的成熟发展经验，另一方面不能照搬西方国家的模式，需要定义

新的智库功能和定位。

（一）中国特色新型智库功能与定位的思考

1. 建立百花齐放的智库格局体系

中国智库的建设是一个中国智库格局问题。中国智库的95%是官方智库,在决策当中起主要作用的也是官方智库。所以,现在中国智库的格局是不均衡的。就像是计划经济时代没有任何私营企业一样,智库之间缺乏竞争就会存在问题。

从智库长期发展或者可持续发展的角度来讲,需要大力发展社会智库,要出台一定的优惠政策,营造社会智库发展的良好环境,引导社会力量兴办智库,改变体制内智库占比过高的局面,形成鲇鱼效应,从而激发各类智库主体的活力,形成一个百花齐放、百家争鸣的思想市场,更好地为党和政府的科学民主决策服务。

2. 研究定位:战略性长期问题

崛起中的中国与世界同步交织,互相激荡,作为世界第二大经济体,中国任何政策的出台都需要经过深思熟虑。智库只有站在时代前沿,增强研究的前瞻性、战略性与引领性,才能更好地为决策需求服务,这是智库的基本定位。研究具备战略性,就意味着研究成效具有长期性,无法用短期的评估机制评估成果和作用。因此,定位战略性的同时,智库的内部或外部,应建立起相应的长期评估机制。同时,人才的储备方面应着眼于战略性人才的储备。

3. 加强中国智库的社会舆论引导功能

全球化的大背景下,国内民众对国际形势等关注度日益提升,国内外舆论互相交织,智库应发挥好国家决策与社会舆论之间的沟通作用,以多种方式对公众进行国家政策和国际事件的解读,引导社会舆论。

同时,中国智库还需要增强在国际舆论场的影响力。一方面,深入研究、深刻总结、主动阐述中国的发展实践、发展经验,通过与国际智库、国际组织交流研讨等方式,推动各国对中国发展道路的关注、研究,让世界更好地了解中国、理解中国，为丰富和发展人类文明贡献力量。另一方面，广泛研究与参与全球重要议题的讨论，抓住世界经济发展中的突出矛盾，主动设置议题，引导国际舆论。

4.将人才储备和旋转门纳入智库功能之中

西方智库可能会通过各种方式间接影响决策，但是对中国智库来说，其服务的政党相对稳定和固定，从而有更好的直达通道。尤其是官方智库，与政府的"距离"更近。因此，中国的智库更应该倡导人才的旋转，人才的旋转也更便捷，智库之间体制方面没有多少跨度，可以实现智库人才和党政行政单位人才的互相交流和流动。

5.发挥中国智库在民间外交中的作用

在当前错综复杂的国际关系中，智库"二轨外交"可与国家官方外交形成积极补充配合。中国智库通过参与和搭建国际交流平台等方式，通过更多领域更广范围的中外民间往来，构建多元立体高效的国际传播体系，将在增进不同国家之间的了解、扩大互信、提升国际形象、维护国家利益、增进人文交流等方面发挥越来越重要的作用。

（二）政策建议

中国在全球化的进程中，将面对错综复杂的国际局面和未来发展道路上的严峻挑战。中国智库要真正成为一个制定政策的推动力量，不仅仅要"政府以及政策重视"和智库本身能"集结智慧之士"，还必须形成有利于智库发展的制度、环境和文化。应该鼓励更多的智库保持独立性、民间性和多元化的资金来源渠道，本土智库不能把视野局限于国内，要打造真正的中国国际化智库，要真正具有国际影响力，要争取更多的国际话语权。

1.尽快发展思想产品市场，为决策优化提供更多空间

在百年变局叠加世纪疫情的大背景下，智库群体权威的专业能力和独特的战略眼光，将成为有效解决经济社会各种问题的重要辅助工具。科学的公共决策，通常是多个视角、多个角度碰撞的结果，"多元"则意味

着选择的机会增加,更为决策优化提供了可能的空间。

诺贝尔经济学奖得主科斯敏锐地指出,目前中国缺乏思想市场,使得偏激和错误的思想容易侵蚀市场经济的根基,导致中国经济险象丛生;由于缺乏思想市场,没有多样性思想存在的保障,就没有化解偏激和错误思想的解毒剂,使得中国经济发展缺乏可持续性。

因此,要形成有影响力的智库,要想真正发挥影响力,不仅仅要从智库本身发展努力,还要大力发展思想市场。从社会角度来看,应该允许有不同的观点,鼓励不同的观点。只有社会有宽松的自由思想市场,能够形成并容纳多样化的思想,只有存在多样化的思想根基,才能激发创新思想,才能形成多元化的、更有影响力的智库,才能让国家的决策更加科学化。

我们认为,应更加重视社会智库发展,可以考虑将更多优秀的社会智库纳入各级高端智库试点单位,形成体制内外智库共同服务决策的格局,以博采不同类型智库优长,充分发挥各种高端智库对国家和地方经济社会发展的积极作用。

2. 为各类智库创造公平竞争的制度环境与社会氛围

政府要为体制内外智库创造平等竞争的机制,打造公平的竞争环境,保证具有思想创新力的各类智库都可以脱颖而出,为国家政策提供更多选择。

(1)落实政府信息公开制度,提升智库参与公共政策制定的信息权力

政策信息是智库开展研究的基础,但是"由于技术性、社会性和结构性因素的影响,导致信息孤岛仍旧存在,并且严重阻碍了现代政府机构和部门之间的信息共享"。中国智库尤其是社会智库在获取数据方面存在很多障碍,建议加大非涉密信息公开、共享力度,建立公开、透明与可问责的信息使用机制,提升包括社会智库在内的各类智库参与公共政策制定的信息权力。

(2)完善政府购买智库服务制度

"中国的智库呈现出一个竞争的多圈层结构。政党和国家机构设立

的智库因对政治制度嵌入性强,能够近距离接触到决策者,或者说这些智库本身就是体制的一部分,更可能获得潜在的政治影响力。在这个圈层之外依次是社科院系统、高校智库、民间智库等与权力中心的'政治距离'基本上决定了一个智库的政策影响力。"在这种相对"固化"的圈层结构下,政府政策需求的"下发"与社会智库产品的"上传"渠道就会受阻。建议进一步完善政府购买智库服务的制度,将社会智库的产品纳入采购范围,规范购买流程,完善考核体系。

(3)宣传公益政策理念,完善公益捐赠制度,鼓励"政策扶贫"

一个社会发展到一定阶段不仅需要硬实力,更加需要软实力。中国社会目前的捐赠主要集中在助学、救灾等领域,还没有形成对智库等软实力领域的捐赠意识。建议政府在法律和文化方面进行规范和引导,在全社会形成捐助智库的慈善文化,推动中国公共政策研究事业的发展。

(4)健全科学评价机制与管理手段,打造良好的智库生态环境

由智库领域的独立专业研究机构进行相关评审,从指标体系的确定到评审流程的规范,都做到独立、客观与公正,为打造良好的智库生态环境打下坚实基础。

3. 提升中国智库的国际影响力

(1)支持对国际问题研究领域的智库优先发展

要提高话语权,首先是要在引导国际言论上更加积极;其次是要打破西方智库和媒体的垄断,释放中国国际话语权的空间;再次是应注重对西方智库的学习研究,加强对国际舆论的反馈与引导;最后是要提高自身的国际影响力,加快中国智库的国际化与"走出去"战略。需要特别指出的是,民间话语的兴起对中国在国际上夺取话语权至关重要,民间舆论可以扭转精英们单独作战的不利局面。因此,代表民间智慧的中国社会智库,将在中国决胜未来国际政治、经济、文化等话语权方面发挥越来越重要的作用。建议着重培育智库的国际化力量,制定国际研究领域的智库优先扶持发展的政策方针,推动中国智库树立国际形象和地位,更多地参与全球治理的国际合作。

（2）支持智库国际化人才的发展和建设

国际智库注重对全球性问题的研究，这是他们能够取得国际话语权的重要基础，而其中最重要的一个前提是这些智库还需要有国际化人才的支撑。国际化人才缺乏是制约中国智库国际化发展的首要因素。建议政府优先支持智库的国际化人才建设，比如可通过打破国际高端人才流动壁垒，打造"国际旋转门"，创造有利于国际人才流动的环境，吸引优秀国际人才到中国智库工作。同时，还可以鼓励国内优秀学者专家走向世界，比如输送智库研究人员到国际知名智库访问交流等。

结 语　中国进入智库时代

如果有一天,从小到个人投资,大到国家产业发展前景的国家大事,再到全球金融危机、欧洲债务危机、大国外交关系等国际风云,都有中国智库及时发声,而且是具有国际公信力、影响力和独立的智慧声音,或许到那时,中华民族就真正实现了伟大复兴……

2013年,习近平总书记提出要建设中国特色新型智库,中国社会各界开始以前所未有的热情关注中国的智库机构。作为穿行于东西方智库丛林的思考者、探索者和实践者,在欣喜政府、媒体终于如此高度重视智库,肯定智库对国家发展的作用之余,我也有一些担忧。

中国智库在提供创新性、前瞻性思想方面,还相当不足。即使在"智库的天堂"美国,尽管智库成员当中有许多未来的或过去的政府高官,但之所以能拥有自身的影响力,本质上还取决于他们所能提供的"思想"和"智慧"。

改革开放40余年,中国社会在物质层面的进步举世瞩目,成为全球第二大经济体,第一大国际贸易国。然而,这些成就仅仅属于过去40多年,属于硬件方面的发展。中国社会未来的可持续发展和社会进步,还应该包括软实力的发展,即思想观念、文化教育、治国理政方面的突破,而其中政府决策、政策的科学化、合理化改革更是关键因素。党的十八大首次明确提出"健全社会主义协商民主制度"。作为公民和社会公众表达自己利益诉求的一种重要形式,智库的加速发展有利于推动中国的协商民主建设。如果中国能有大量真正独立的、高质量的智库产生,那么,中国政府的对内对外决策就能集聚各方面贤达能人的合理论证和声音,从而提升决策的科学性、有效性和民主化。

虽然中国有着与西方不同的国情,有着西方所无法比拟的"集中力量办大事"的优势和效率,然而,如果决策不够科学化,"集中力量"所带来的损失也是巨大的,可以说今天的中国比历史上任何时期都需要能影响正确政策决策的智库专业研究机构。中国在全球化的进程中,将面对错综复杂的国际局面和未来发展道路上的严峻挑战。中国智库要真正成为一个制定政策的推动力量,不仅仅要"政府以及政策重视"和智库本身能"集结智慧之士",还必须形成有利于智库发展的制度、环境和文化。应该鼓励更多的智库保持独立性、民间性和多元化的资金来源渠道,本土智库不能把视野局限于国内,要打造真正的中国国际化智库,要真正具有国际影响力,要争取更多的国际话语权。

大国需有大智库,在中国和平发展的过程中,有国际公信力、影响力的强大国际型智库绝对不能缺席。如果有一天,从小到个人投资,大到国家产业发展前景的国家大事,再到全球金融危机、欧洲债务危机、大国外交关系等国际风云,都有中国智库及时发声,而且是具有国际公信力、影响力和独立的智慧声音,或许到那时,中华民族就真正实现了伟大复兴。

强国须强智,智库正当时。智库研究已成为当代中国一个越来越重要的崭新领域,也是一项最具意义和价值的全新事业。打造一批世界瞩目的国际型智库,可以帮助中国更好地进入智库时代。

附录一

全球化智库(CCG)：中国国际化社会智库的探索与实践

回首成立的十余年，在社会各界的关心与支持下，CCG人通过艰辛努力与持续创新，正开拓着一条中国国际化社会智库的发展之路：于内，咨政启民，坚持推动全球化理念在全社会的普及，服务公众，凝聚共识，保持改革开放新格局。于外，积极开展智库外交，构建国际对话平台；在重大国际舞台发出中国声音，设置国际议题，引导国际舆论；发起成立国际组织与平台，深度参与全球治理，推动全球化在世界的发展。

一、CCG的创办与发展：全球化的坚定推动者

2008年，是一个值得载入史册的年份。

这一年，全球遭遇了近百年来最猛烈的金融海啸，世界经济走到了一个历史转折点，我们有机会亲眼见证全球七大央行联手救市，G20领导人在美国华盛顿举行首次峰会。这一年，是中国改革开放30周年，也是中国融入全球化的30年。"同一个世界，同一个梦想"，北京奥运会主题口号传遍世界每个角落，成为历史悠久、热爱和平的中华民族将坚定不移地走向世界，拥抱世界的最好注解。

这一年，也是全球化智库（CCG）成立的年份。我们是中国第一个以"全球化"命名的研究机构。当年在中国谈起"全球化"一词，还十分敏感甚至是有负面的意味。从成立之日起，CCG从不间断地研究和推广全球

化对中国的意义,通过长期跟踪、扎实研究,在人本全球化、经贸全球化、全球化与全球治理等领域形成了内容丰富的研究积淀,并与国内外知名出版社如人民出版社、中国社会科学出版社、社科文献出版社、中信出版社以及世界知名出版机构 Springer、Emerald、Edward Edgar、Palgrave Macmillan 等建立了长期合作关系,十余年来出版中英文图书百余本,推动全球化在中国的发展。

我们连续多年举办了近千场"全球化"相关的论坛和研讨会,并在巴黎和平论坛、慕尼黑安全会议、达沃斯世界经济论坛等重要国际场合举办会议。尤其是在近几年,当全球化面临重大挑战、逆全球化思潮出现的新的时代背景下,我们充分发挥国际化社会智库思想交流平台优势,着力汇集全球化研究领域的一流专家学者、政府官员以及具有全球化丰富实操经验的顶尖企业家,在 CCG 举办的全球化系列论坛与专题研讨会上,设置全球化研究议题,团结跨界精英不断为中国全球化进程建言献策,深入探讨全球化发展新形势,研判全球化进程中的新挑战,凝聚社会对全球化发展的共识,共同为决策制定提供参考,持续不断地推动中国的全球化进程,为促进包容性全球化贡献中国智慧。

多年的坚持与努力,CCG 推动全球化发展的建言献策得到了最高决策层的高度重视。自成立以来,CCG 递交的政策建言近千篇,获得中央领导、国家部委领导批示上百次。比如《中国留学人员回国创业启动支持计划》得到了党和国家领导人的批示,并由财政部会同人社部联合制定颁发,作为支持全国留学人员回国创业的重要政策实行至今,取得巨大社会影响。2013 年,CCG 参与了中央部委和欧美同学会的《留学回国人员面临的形势及未来发展战略建议》及《关于进一步加强欧美同学会建言献策功能的建议》等课题研究。研究中提出的欧美同学会应成为智囊团、人才库、民间外交生力军等新定位和设想,得到了欧美同学会百年庆典大会的采纳。2017 年,CCG 提交的《关于成立国家移民局的建议》得到多位中央领导的批示。2020 年,CCG 秘书长苗绿博士发起"国际青年领袖对话"项目。2021 年 8 月 10 日,习近平总书记给"国际青年领袖对话"

项目外籍青年代表回信。由 CCG 持续推动多年的倡议中国加入 CPTPP 的建议也被中央领导采纳。

经过十余年的发展，CCG 已经成为国内最大的国际化社会智库，拥有 100 多人全职的智库研究与活动团队，在广州、青岛、深圳/东莞成立了三个研究院，在上海、深圳、成都分别设立了上海分会、深圳分会和成都分会，成立了"一带一路"研究所、世界华商研究所、华人华侨研究所、中国移民研究中心，并在华盛顿、纽约、伦敦、法兰克福、巴黎、悉尼和里约热内卢等设立了海外代表，是在全球研究网点最多的中国社会智库。CCG 经过多年发展已得到国内外的认可，CCG 是中联部"一带一路"智库联盟理事单位，财政部"美国研究智库联盟"创始理事单位，拥有国家颁发的博士后科研工作站资质，是中央人才工作协调小组全国人才理论研究基地，人社部中国人才研究会中国国际人才专业委员会所在地。在美国宾夕法尼亚大学《全球智库报告 2020》中，CCG 位列全球顶级智库百强榜单第六十四位，连续四年跻身世界百强榜单，也是首个进入世界百强的中国社会智库；在中国工程院与浙江大学发布的《全球智库影响力评价报告 2021》中，CCG 位列全球第 26 位；并在国内外多个权威智库排行榜单评选中均被评为中国社会智库第一。CCG 也是被联合国授予"特别咨商地位"的唯一中国智库。

今天，全球化已经成为中国发展的主旋律，中国领导人高度评价、坚定支持中国参与全球化。在面临全球变局的关键时刻，习近平总书记在瑞士发表《共担时代责任，共促全球发展》、《共同构建人类命运共同体》两篇历史性演讲，在一个全球公共平台上首次系统阐述中国对全球化的理解，为全球化发展注入一针强心剂。面对全球化遭遇的新冠疫情冲击，习近平总书记再次在世界经济论坛等国际公共场合向世界表明中国始终支持经济全球化的坚定态度。

全球化浪潮在中国与世界的发展方兴未艾，CCG 作为全球化的坚定推动者与研究深耕者也将任重道远。

二、汇聚世界一流智力资源,形成全球研究网络

智库是产生思想的地方,智力资本是智库的核心资本。CCG 邀请了一批在政界、企业界和学术界等领域具有广泛影响力的海内外知名人士担任顾问和理事,指导战略研究的发展方向及智库资源的整合开拓。依托雄厚的精英资源、国际化的合作交流平台、畅通的建言献策渠道以及良好的社会影响力,CCG 吸引了国内外一流专家学者、企业家和知名人士参与建言献策,以各类形式展开相关智库工作,并在全球范围内汇聚具有政策创新能力、能推动政府决策、拥有国际一流研究成果的专家加盟 CCG 的全球研究网络,目前已形成了两百余名由海内外杰出专家学者组成的国际研究网络,持续以国际化的研究视野,在中国与全球化发展相关研究领域开展领先研究。

(一) 发挥全球专家智力优势

CCG 邀请了一批在政界、企业界、智库和学术界等领域卓有建树、具有广泛影响力的海内外知名人士担任顾问,比如商务部原副部长陈健、财政部原副部长朱光耀、联合国前副秘书长沙祖康、中国石油化工集团原董事长傅成玉,以及 WTO 前总干事帕斯卡尔·拉米(Pascal Lamy)、澳大利亚前总理陆克文等,他们在国际合作、全球治理、国际贸易、人才发展、企业全球化等领域,为参与推动和影响诸多国家发展和全球治理政策提供专业指导。

CCG 还在全球范围内汇聚具有政策创新能力、拥有国际一流研究成果的专家,创建了全球化、创新性的研究网络,持续以国际化的研究视野,在中国与全球化发展相关研究领域开展领先研究,以各类形式展开相关智库工作。CCG 专家团队包括由学术机构代表组成的学术委员会专家,由商务部、外交部等政府部门前资深政策决策者组成的高级研究员队伍,由研究机构、高校知名学者组成的特邀高级研究员队伍等。其中,CCG

学术专家委员会主任由香港中文大学(深圳)全球与当代中国高等研究院院长郑永年先生担任。

此外 CCG 还拥有一批国内外兼职的研究团队,其中许多都是国内外重点大学的骨干研究力量,他们对 CCG 的选题很感兴趣,注重他们的参与和发挥他们的优势,也能够对智库建设起到积极作用。另外,CCG 在这些年也培养了一支独立的专业化的研究团队,他们在课题研究,蓝皮书编著和建言献策方面也积累了丰富的经验,他们直接参与 CCG 的课题研究、学术交流、高端研讨、建言献策等,并在 CCG 刊物上发布最新研究成果,为智库的成长奉献力量。

(二)打造全球企业家思想平台

参考国际知名智库的"旋转门"机制,CCG 探索打造出国际化的咨询委员会,成为 CCG 重要的平台资源,也为智库的良性发展提供积极支撑。

CCG 咨询委员会成员多为国内有多年资深政府经验的已经退居二线的高层领导和国际精英人士担任。他们熟悉政府运作,懂得建言献策的问题所在,其指导,包括他们建言献策的渠道,对于 CCG 的政策建议起到积极的推动作用。现任 CCG 咨询委员会名誉主席由商务部原部长陈德铭先生担任;现任 CCG 主席由原国家对外经济贸易部副部长、原博鳌亚洲论坛秘书长龙永图先生担任;现任联席主席由原外交部副部长,原国务院侨办副主任何亚非先生与恒隆地产有限公司董事长、亚洲协会香港中心主席陈启宗先生担任。此外,福耀集团股份有限公司董事长曹德旺、万科集团董事会名誉主席、创始人王石等具有国际视野、智库情怀的各领域知名企业家也经常为 CCG 的发展提供建议,为国家和社会的进步建言献策。

(三)建立全球战略合作伙伴

自成立以来,CCG 一直与国内外顶级研究机构和国际机构保持密切的合作交流关系,CCG 与众多国际组织机构包括世界银行、国际货币基金组织(IMF)、联合国机构、经济合作国家组织(OECD)、国际劳工组织、国际移民组织、国际猎头协会、国际大都会人才组织等建立了良好的长效合作机制,举办研讨会和联合研究,编织出一张覆盖全球的研究与合作网络。与CCG保持交流与合作的海外机构,在国际上有着一定的权威性,如布鲁金斯学会,是全球第一智库;国际移民组织,掌握着全球国际人才流动的重要数据和政策信息;再如国际猎头协会,是全球最权威的最大的国际猎头行业组织。这些战略资源为CCG保持专业的研究能力、持续的影响力奠定了基础。

三、开展"智库外交",搭建中外沟通桥梁

当前国际形势发生深刻变化,新冠疫情加剧了中美贸易争端、英国脱欧等重大事件对全球的影响,加速了百年未有之大变局。在民粹主义、保护主义兴起的今天,加强国际间的理解尤为重要。相较于政府间的"一轨"交流,"二轨"交流作为一种非官方外交拥有较为灵活、广泛的对话渠道,而智库在搭建国际交流平台,开辟高层对话的第二轨道上扮演了重要角色。在全球化正遭遇波折的关键时期,CCG积极践行智库民间外交,与国际组织、国际智库加强多方交流与合作,参与国际多边论坛,设置国际议题并举办官方边会,开辟"智库外交"新渠道,增进国际社会对中国价值观念、发展道路和内外政策等的了解和认识,最大限度地消除误解,进而推动全球合作与发展。

(一)搭建中美民间交流桥梁

中美关系是当今世界最重要的双边关系。当全球化遭遇挫折时,中美关系也在经历着巨变。特朗普执政的四年中,两国关系急转直下。贸易战,以及科技、人文交流等方面的重重阻碍,成为这一时期中美关系的重要特征。拜登入主白宫后,中美关系面临新的机遇和挑战。中国的和平发展让美国部分人士感到威胁,中美对抗成为国际社会所担忧的情境。

　　我们认为,中美两国在社会和经济等方面是相互交织、相互依存的,冷战意义上的全面对抗是不可能的,全球化已经到了一个关键的历史节点,面对日益增加的全球性挑战,需要中国、美国和其他国家的沟通、对话与合作来解决。这一点是 CCG 与诸多国际知名学者交流后得出的共识。

　　比如,约翰·桑顿认为,拜登政府上任对中美两国领导人和人民之间的交流不仅对双方有益,更对 21 世纪有益。两国政府必须建立信任和互相尊重,展开大量对话。托马斯·弗里德曼指出,中美在价值观上有冲突,但中美是两个有影响力的大国,应共同努力使冲突可控,需要在贸易等问题上采取真正有力的措施。格雷厄姆·艾利森认为,中美虽然是竞争对手,但两国只有在自然、科技等领域合作才能共存。中美要寻求避免冲突和战争的方法。软实力概念提出者,哈佛大学杰出教授、肯尼迪政府学院教授和前院长约瑟夫·奈将中美关系看成是"合作式竞争"(Cooperative Rivalry)。他表示,中美之间会有竞争,但当涉及比如生态问题时,各国人民都想生存下来。所以,中美必须能够实现生态上的相互依赖,这是全球化的一种形式,是一种必要的合作。中美想要建立良性的竞合关系,就需要从整体上管控中美关系,在相互依赖的领域继续加强合作,在竞争激烈的领域保持战略审慎、相互沟通以避免误判形势,必须避免使中美国家间关系变成零和博弈。

　　近几十年来,智库在美国政治生活中成为了一个特殊的、不可忽视的存在,被称为"政府的外脑"。在美国,智库影响政府决策的例子不胜枚举。除了智库,商会作为美国民间非政府组织、美国工商界利益集团的代表,在促进中美经贸交流方面扮演着重要角色,是除政府、企业和公众之外的重要力量,是减少分歧的桥梁与深化合作的纽带,是经济外交与民间外交的有机结合。与中国保持相对密切联系的美国商界非政府或者带有一定政府色彩的组织主要包括美国(全国)商会(U.S.Chambers of Commerce)、美中贸易全国委员会(USCBC)、美国全国对外贸易理事会(NFTC)和美中关系全国委员会(NCUSCR)四个机构。

　　在过去几年中,在每一次"中美经贸该向何处去"的关键节点,CCG

都在积极通过智库外交"破局",走访美国各大智库和商会,举办各类中美经贸研讨会,推动中美各领域专业人士的沟通与交流。在阴霾密布的中美关系背景之下,为保持中美之间的沟通和对话,开辟了一条宝贵的渠道。

此外,CCG还分别于2011年10月、2017年10月、2019年5月三次在美国国会山举办圆桌研讨会。在中美经贸关系的历史性转折点,为促进中美两国间全面对话,推动经贸关系稳定发展作出努力探索。通过和美国议员的交流让我们了解到了很多美方的想法,也提供了中国民间智库的许多看法,中国企业界也获得了面对面交流、发出自己声音的机会。期待未来还会有更多机会,可以与美国的决策者坦陈交流,为起伏不断的中美关系增加理解、互信与合作作出努力。

全球新冠疫情爆发的两年多时间里,中美两国人员的双边往来和智库访问交流几乎陷于停顿的状态,这对两国加深理解,增信释疑和防止中美关系进一步下滑十分不利。当前世界正面临许多重大挑战,需要中美之间加强往来和人文交流,特别是智库之间的"二轨交流"。2022年6月底至7月上旬,CCG代表团专家赴美国开展了近10天的"破冰"访问之旅,这也是自疫情以来中国智库代表团首次访美。在这10天里,我们参加了约30场活动,拜访了国际战略研究中心、外交关系协会、亚洲协会、卡内基国际和平基金会、彼得森国际经济研究所、美中关系全国委员会、百人会、美中公共事务协会等机构,与美国智库界的资深人士就如何推动中美后疫情时代重建人文往来、加强双方在可持续发展等全球性议题上的合作、经贸问题等话题进行了交流。还同布鲁金斯学会名誉主席约翰·桑顿(John Thornton)在内的20余位纽约商界CEO进行了对话。此外,CCG还与美国新闻行业资深人士进行交流,接受媒体专访,并赴联合国总部、世界银行总部进行交流访问。

我们发现,美方各界人士仍有强烈的意愿想要了解中国。他们格外关注中国政治体制、经济发展、引进外资的态度,以及中国在俄乌冲突中的立场等问题。但由于接收到的信息有所缺失或扭曲,美方人士或对上

述问题的实际情况存有误解。在这样的情况下,我们充分发挥 CCG 作为民间智库灵活性的优势,以更加柔和的方式介绍中国国内现状以及在对外政策中的考量,并通过循序渐进的讲述方式,寻找共同点,在对方理解的前提下展开进一步沟通,从而为维系沟通渠道、消弭认知鸿沟、助力两国关系再出发贡献一份力量。

(二) 在重大国际场合发声,主动设置议题

由于文化以及制度上的差异,西方社会、媒体以及"意见领袖"对中国的解读往往单一且充满误解,因此,越是在艰难的时期和形势下,越需要有人代替中国向世界去发声。最近这些年,CCG 经常出现在慕尼黑安全会议、达沃斯论坛、巴黎和平论坛、芒克辩论会、世界贸易论坛、雅典民主论坛等重大国际场合,通过参与辩论、研讨发言,举办边会等形式,发出来自中国民间智库的声音。

比如 CCG 曾连续参加了 5 届慕安会,并实现了慕安会中国民间智库举办边会"零的突破",得到慕安会官方的高度重视。以第 56 届慕安会为例,在 CCG 与慕安会官方联合举办的"中美冷战?迷思与现实"的晚宴上,哈佛大学肯尼迪政府学院创始院长格雷厄姆·艾利森(Graham Allison),德国前驻华大使、宝马基金会主席施明贤博士,美国前国务卿约翰·克里等国际人士参加了晚宴。本次会议由我全程主持,傅莹女士和约翰·克里发表了主旨演讲。期间,与会嘉宾就如何对"脱钩"进行前瞻性讨论以促进实际解决方案、中美间不会爆发"新冷战"的原因、中美关系现状和国际社会哪些建议能够防止大国竞争升级为类似"冷战"的冲突等问题进行了深度探讨与交流。边会的举办为从贸易和安全的角度审视美中双边关系、减少两国间的误解、加强交流搭建了国际平台。

在慕安会、芒克辩论会等这种传统上以西方国家为主的国际舆论场上,中国民间智库积极发声,主动设置议题,有利于平衡国际社会对华的负面声音,转圜对华态度,营造中国正面的国际形象。未来还需更多发挥民间力量在搭建中外交流平台,参与国际事务讨论中的重要作用。

（三）搭建国际交流平台，汇聚全球声音

15 年来，CCG 坚持"走出去"与"引进来"并举，积极推动智库"二轨外交"，拓展国际交流渠道。各国政要、驻华使节、国际组织官员、著名国际专家学者纷纷到访 CCG，通过智库的平台，发出全球的声音。"修昔底德陷阱"提出者格雷厄姆·艾利森、美国前财政部长、哈佛前校长劳伦斯·萨默斯、美国前国务卿康多莉扎·赖斯、威尔逊中心基辛格中美关系研究所主任戴博、联合国前驻华协调员罗世礼、吉尔吉斯斯坦前总统萝扎·奥通巴耶娃、新加坡财政部兼交通部高级政务部长徐芳达、澳大利亚贸易旅游和投资部前部长西蒙·伯明翰、埃及前副总理齐亚德·巴哈—埃尔丁、《世界是平的》作者托马斯·弗里德曼、WTO 前总干事帕斯卡尔·拉米、红十字国际委员会（ICRC）主席彼得·毛雷尔等都曾访问 CCG并发表演讲。

2020 年以来，CCG 专门打造了"CCG Dialogue"这一与美国、欧洲在国际关系、全球治理等相关领域的知名学者、"意见领袖"和前政要等国际大咖深度对话的直播品牌。我们与托马斯·弗里德曼，格雷厄姆·艾利森，帕斯卡尔·拉米以及"软实力"概念提出者约瑟夫·奈，哈佛教授托尼·赛奇，耶鲁大学著名历史学家韩森，英国《金融时报》副主编及首席经济评论员马丁·沃尔夫，诺贝尔经济学奖获得者安格斯·迪顿，美国前总统老布什的第三子、乔治·布什美中关系基金会的创始人兼主席尼尔·布什（Neil Bush），以及基金会首席执行官兼总裁方大为（David J.Firestein），美国卡特中心 CEO 佩吉·亚历山大及美国卡特中心中国事务高级顾问刘亚伟，彼得森国际经济研究所所长亚当·波森（Adam Posen），前美国驻华大使芮效俭（J.Stapleton Roy），布鲁金斯研究会名誉主席约翰·桑顿（John Thornton），亚洲协会政策研究院（ASPI）副总裁、前美国TPP 谈判代表、前美国贸易代表处代理副代表温迪·卡特勒（Wendy Cutler），美国对外关系委员会（CFR）会长理查德·哈斯（Richard Nathan Haass），传统基金会创始人埃德温·佛讷（Edwin Feulner），李光耀公共政

策学院创始院长马凯硕（Kishore Mahbubani），美国战略与国际问题研究所（CSIS）总裁何慕理（John Hamre），美国彼得森国际经济研究所（PIIE）创始所长弗雷德·伯格斯滕（C.Fred Bergsten）等，围绕全球化、全球治理、中美及中欧等话题进行了深度对话、系统探讨，坦诚交流，发出理性、客观的声音，提出建设性的建议，并通过他们吸引了西方主流社会关注和理解，推进了中国故事和中国声音的全球化表达，引导了国际舆论。

（四）沟通在华国际社会，推动国际交流

面对新冠疫情给世界发展形势带来的严峻挑战与变化，在对外开放面临的国际国内形势正在发生深刻复杂变化的环境下，CCG 积极与在华国际组织、驻华使节、国际商会、国际 NGO、跨国公司等在华国际社会的重要组成方开展交流，加强合作，为推动创建开放发展的环境，有效沟通中外以增进在华国际交流建言献策，在应对国际挑战、推进全球合作方面发挥了"智库外交"作用。

1.搭建对话平台，成为驻华使馆政策互动的重要渠道

多个国家驻华使馆积极与 CCG 展开交往，就国际国内形势交换看法，并听取 CCG 给予的建议。在接待多国大使来访总部的同时，我们也通过主办品牌论坛并设置大使圆桌，举办大使圆桌会议及线上主题研讨会等形式邀请各国大使就当下国际热点议题展开研讨。

仅在最近一年里，CCG 就接待了欧盟驻华大使郁白（Nicolas Chapuis）、比利时驻华大使 H.E.Dr.Jan Hoogmartens、新加坡驻华大使吕德耀（Lui TuckYew）、荷兰驻华大使贺伟民（Wim Geerts）、芬兰驻华大使肃海岚（H.E. Jarno Syrjälä）、爱沙尼亚驻华大使 H.E.Andres Unga、土库曼斯坦驻华大使 Parakhat Durdyev、波兰驻华大使赛熙军（Wojciech Zaja̧czkowski）、加拿大驻华大使鲍达民（Dominic Barton）、非洲联盟驻华代表拉赫玛特·奥斯曼大使（Rahamtalla M. Osman）、格鲁吉亚驻华大使阿尔奇尔·卡岚迪亚（Archil Kalandia）、哈萨克斯坦驻华大使哈毕特·霍伊什巴耶夫（Gabit Koishibayev）、阿富汗驻华大使卡伊姆（JavidAhmad Qaem）、南非驻华大

使 H.E.Siyabonga Cwele、秘鲁驻华大使 H.E.Luis Quesada 等 80 余国驻华使节的来访，并曾应邀与法国驻华大使罗梁（Laurent Bili）和瑞士驻华大使罗志谊（Bernardino Regazzoni）、西班牙驻华大使 Rafael Dezcallar、印度驻华大使唐勇胜（H.E.Shri Vikram Misri）、德国驻华大使葛策（H.E. Clemens von Goetze）、美国驻华大使馆临时代办米德伟（David Meale）等展开交流会晤。

CCG 还通过打造大使圆桌论坛，与驻华使馆联合举办主题研讨会，在品牌论坛设置大使圆桌等智库活动，成为了使馆政策互动的重要渠道。比如 CCG 举办的"'十四五'时期的中国与世界"大使圆桌论坛，60 余国驻华大使出席活动；在 CCG 北京总部举办的开放日活动中，40 多国大使与使节，来自联合国驻华机构等国际组织代表、国际媒体等百余人走进 CCG，共同鉴赏两部融汇东西的文化节目《寻找功夫》和"iSing！唐诗名篇"，以独特形式表达中外文化交流理念。

2.搭建国际商会和跨国公司交流平台，筑牢经济合作"压舱石"

企业和商界作为拉动经济的主体，不仅是推动经济全球化的重要动力，又是经济平稳运行和发展的"压舱石"。为进一步优化中国营商环境，推动国际商会与中国有关部门的沟通，推动各国商会之间及与国内商会的交流互鉴，促进会员企业与中国有关部门和中国企业建立良好的合作关系，开展国际商会在华运营的研究和建言献策，CCG 在 2020 服贸会"服务业扩大开放暨企业全球化论坛（第七届中国企业全球化论坛）"上发起创建国际商会合作网络倡议。

通过在 CCG 品牌论坛上设置议题，邀请国内外智库学者、商界精英对"双循环"新格局下跨国公司的发展机遇，以及在严峻复杂的国际形势下，企业在全球供应链、产业链、价值链重构中如何实现突围等进行探讨，在打造国际商会和跨国公司平等开放的国际交流平台的同时，促进国际经贸合作，加强各国信任与理解，避免中美经贸脱钩。

3.GYLD：搭建全球青年精英对话平台

2020 年，CCG 发起了"国际青年领袖对话项目（GYLD）"，为全球

青年精英搭建起对话交流的平台,为全球性事务汇聚了更多国际化、年轻化、多元化的创新思考,促进世界各国之间的思想交流、平等对话、包容互鉴。"国际青年领袖对话项目"包含国际青年智汇行动、国际青年中国行和国际青年英才对话论坛等子项目。其中,国际青年中国行在2021年上半年举办,围绕开放创新、生态保护、脱贫攻坚、文明交流等不同主题,邀请在华的各国青年到中国国内开展有趣味、有特色的参访和交流活动,探寻最美丽的中国江河与大地,体味灿烂悠久、兼收并蓄的中华文明,感受中国人民对美好生活最真切、最朴素的向往。2021年8月10日,中共中央总书记、国家主席习近平给"国际青年领袖对话"项目外籍青年代表回信,对他们积极到中国各地走访、深化对华了解表示赞赏,鼓励他们加强交流互鉴,为推动构建人类命运共同体贡献青春力量。习近平总书记的回信,增强了我们将GYLD打造成具有国际影响力的青年领袖机制的信心。同时,习主席的回信也释放了一个积极的信号:中国敞开怀抱欢迎全球青年英才来中国了解中国的同时能逐梦、筑梦。希望等疫情结束,国际青年领袖对话项目可以吸引更多优秀的国际青年参与,为中国与世界搭建更多沟通桥梁,为中外文明交流发挥作用。

四、以全球视野,为中国建言;以中国智慧,为全球献策

智库,为影响政策而生。能够在重大公共政策制定上,为政府提供客观、独立、专业、可操作和富有建设性的解决方案,是智库的重要使命。由于管理灵活、研究独立,社会智库所提出的政策建议往往可以超越部门利益、行业利益或地方利益。社会智库与体制内智库的并行发展,有助于构建中国特色的智力支持体系,促使国家政策制定过程中有可选择的智力资源,不断增加政府决策的科学性与民主性,提高决策水准。十余年来,CCG在"以全球视野,为中国建言;以中国智慧,为全球献策"的智库宗旨指导下,汇聚国内外最优秀的思想理念,通过国家课题、研究报告和建言

献策等方式,影响和推动着政府相关决策和制度创新,得到国家领导人的重要批示和关注,持续推动着中国的改革开放进程,助力全球化在全世界的发展。

（一）推动中国的全球化进程

中国对全球化的参与古已有之,在人类文明史上有着特殊意义的"丝绸之路"可谓全球化的鼻祖。新中国成立后,中国对全球化和对外开放的认识逐渐成熟,尤其是改革开放以来,中国不断参与到全球化的进程中,成为全球化的最大受益者之一。然而,近年来,在英国脱欧、特朗普当选美国总统、新冠疫情等阴影笼罩下,全球化一次次遭遇重创,反全球化甚至逆全球化的声音甚嚣尘上。作为全球化的坚定推动者和长期研究者,我们认为,经济全球化是中国在21世纪最大的发展机遇,继续扩大对外开放,积极参与经济全球化进程符合中国最大的国家利益。

CCG成立这些年,我们潜心研究全球化进程与中国的全球化战略,汇聚国内外一流学者的洞见与思考,在全球化面临重大挑战、逆全球化思潮出现的关键时刻,相继推出了《全球化 VS 逆全球化》、《大转向:谁将推动新一波全球化》、《全球化向何处去:大变局与中国策》、《全球化:站在新的十字路口》、《21世纪的中国与全球化》以及 *Globalizing China*、*China and Globalization*、*Consensus or Conflict? —China and Globalization in the 21st Century*、*China and the World in a Changing Context-Perspectives from Ambassadors to China*、*Transition and Opportunity-Strategies from Business Leaders on Making the Most of China's Future*、*The Ebb and Flow of Globalization-China's Perspectives on China's Development and Role in the World* 等多部中英文著作。其中,*Consensus or Conflict? —China and Globalization in the 21st Century* 汇集了前 WTO 总干事、前欧盟委员会贸易专员,巴黎和平论坛主席帕斯卡尔·拉米、"软实力"提出者约瑟夫·奈、亚洲协会政策研究院(ASPI)副总裁,前美国 TPP 谈判代表温迪·卡特勒、2006年诺贝尔经济学奖得主埃德蒙·费尔普斯(Edmund Phelps)、新加坡国立大学李光

耀公共政策学院创始院长马凯硕（Kishore Mahbubani）、"金砖国家"概念提出者吉姆·奥尼尔勋爵（Lord Jim O'Neill）、红十字国际委员会主席彼得·毛雷尔（Peter Maurer）、巴基斯坦前总理肖卡特·阿齐兹（H.E. Shaukat Aziz）、波兰前副总理兼财政部长格泽高滋·W.科勒德克（Grzegorz W.Kolodko）、我国财政部原副部长朱光耀、外交部原副部长何亚非、上海纽约大学常务副校长杰弗里·雷蒙（Jeffrey Lehman）、昆山杜克大学前常务副校长丹尼斯·西蒙（Denis F.Simon）等 38 位国际大咖的智慧。这是 CCG 历史上第一次、国内少有的汇集了如此多著名国际人士和学者供稿的、聚焦全球挑战和全球治理的著作，本书英文版在施普林格官网上线仅仅几天的时间，下载量已经超过十万次，受到各界读者的喜爱和欢迎。

在图书出版外，CCG 还将研究成果以研究报告的形式向社会公开发布，在全球化的每个关键时点，都及时发出中国智库的声音，为构建共赢合作的中美关系、为推动中国的全球化进程，为促进中国更好地参与全球治理建言献策、凝聚共识。比如在特朗普上任前夕，发布《特朗普时代的机遇、挑战与中国应对》研究报告，为紧张时局下中美关系的稳定发展发出智库的理性声音，在国内外引起广泛反响。在特朗普有意收紧移民政策，"用美国货、雇美国人"之时，发布《抓住美国移民收紧机遇，更加开放国际人才政策》报告，为提升中国的国际人才竞争力提出十项具体建议。在"习特会"前夕，发布《中美基础设施领域合作前景广阔，为中美关系提供新机遇》。在"一带一路"国际合作高峰论坛开幕前夕，发布《"一带一路"的国际合作共赢方案及实现路径》，阐明在全球化面临停滞与挫折的时期，"一带一路"将成为新型全球化的有效推进方案。在特朗普开启其入主白宫以来的首次访华行程前夕，发布《CCG 赴美调研报告：寻求稳定、均衡和共赢的中美关系》，在中美贸易紧张局势下，发布《中美贸易关系和挑战：过去、现在、将来与政策选项》《应对中美贸易紧张局势维护双边稳定大局的 10 条建议》《理解与破局：中美贸易摩擦的深度分析和智库建议》等系列研究报告，为构建一个共赢合作的中美大国关系积极努力。在新冠疫情弥漫全球之时,发布《中美民间抗疫合作分析:现状、挑战及展望》。在拜登入主白宫之时,发布《拜登时代的中国与美国:趋势与应对》等。

同时,在立足研究的基础上,我们依据自身的研究领域形成了几大品牌论坛和系列公开活动,连续多年举办"中国与全球化"、"中国企业全球化"、"中国人才50人"、"中国全球智库创新年会"等多个全球化系列论坛与研讨会,搭建起政商学各界沟通的桥梁,推动全球化理念在中国的传播,为凝聚社会共识,为中国参与及推动全球化发展起到重要作用。

近年来,我们还定期邀请长期潜心学术、钻研中国政治与国际关系的中外学者,长居政坛、深谙国际政治的外交家,叱咤商界、带领企业走出国门的行业翘楚,乐于奉献、心系全人类福祉的国际组织代表,探讨全球化路在何方、中国如何与世界相处等重要议题,为全球化前行之路拨开迷雾,廓清本质。新冠疫情发生后,我们迅速调整国际传播方式,专门打造了"CCG Dialogue"这一与全球知名学者、"意见领袖"和前政要等国际大咖深度对话的直播品牌,共同就全球化新趋势、全球治理困境、中美及中欧关系走向等国际热点话题深度对话,系统探讨,坦诚交流,发出理性、客观的声音,提出建设性的建议,并通过他们吸引了西方主流社会的关注和理解,推进了中国故事和中国声音的全球化表达,引导了国际舆论,推动了中国的全球化进程。

此外,我们行走于国际社会,在联合国、美国国会山、芒克辩论、慕尼黑安全会议、巴黎和平论坛、达沃斯世界经济论坛等国际场合为中国发声,为促进全球各国之间的相互理解、凝聚共识,为塑造可信、可爱、可敬的中国形象一直努力着。2021年8月10日,习近平总书记还亲自给"国际青年领袖对话"项目外籍青年代表回信,对他们积极到中国各地走访、深化对华了解表示赞赏,鼓励他们加强交流互鉴,为推动构建人类命运共同体贡献青春力量。这极大鼓舞了我们,CCG将铭记在心,继续为中国与世界搭建沟通桥梁,为中外文明交流发挥作用。

（二）推动人本全球化

人的全球化是全球化发展的产物,也是全球化发展的原动力。人的流动,不仅可以影响贸易、投资、技术交流,还会在接触和交流过程中实现不同国家思想文化的碰撞与融合,进而提升对彼此的认同,潜移默化地为全球合作共识达成奠定基础。

CCG 一直致力于推动人本全球化。早在智库成立之初,我们就在《人才战争》一书中提出,我们需要打造一个中国梦,让全球的人才愿意来中国发展、来中国安家,从人才发展角度首推"中国梦"概念。此后,在接受国内主流媒体采访并发表专栏文章时,先后从不同角度,从国家人才战略的角度提出"打造一个中国梦",对内让国民相信有才华之士能够发挥才能,并且通过才华获得成功;对外让全球人才愿意来中国发展、向往到中国安家。这些有关"中国梦"的新提法和概念也不断地体现在 2009年到 2012 年期间我为中组部领导和全国省市级和地市级组织部长培训班所做的讲座中间。

2012 年 4 月 27 日上午,以"我的中国梦"为主题的"海外高层次人才回国创新创业座谈会"在人民大会堂举行。"中国梦"的人才发展内涵得到了进一步提升。6 月 30 日,CCG 联合北京大学和上海交通大学等有关院系在北京隆重举办"'中国梦'回顾与展望论坛——纪念 77、78 级毕业30 周年"。这是 CCG 第一次将"中国梦"作为一个论坛来研讨。77、78 级同学精英和百余人集聚一堂回顾往昔岁月,畅谈"中国梦",展望未来发展,时任全国人大常委会副委员长韩启德、时任教育部副部长郝平等 77、78 级嘉宾踊跃出席论坛并发言。本次论坛的成果,我们进行了认真梳理,最后形成了关于"打造一个中国梦"的建言献策报告,并送达相关部委机构和高层领导,推动了决策层的重视与关注。

CCG 从 2009 年开始,持续不断地提出"中国梦"理念和提法,产生了一定的社会反响,引起了中央有关部委、海归人才、那三届毕业生和很多社会精英的共鸣,并得到了媒体的广泛关注和大量报道,包括国际媒体的报道。党的十八大前夕，美国著名专栏作家、《世界是平的》一书作者托马斯·弗里德曼于 2012 年 10 月 2 日在《纽约时报》发表文章称"中国需要自己的梦想"（China needs its own dream）。这个"中国梦"与"美国梦"不同，"将人民的致富憧憬与更可持续发展结合起来"。海外很多华文媒体在转载这篇文章时，干脆把标题写成"习近平的中国梦"。

2012 年 11 月 29 日，习近平总书记和新一届的中央领导集体在参加国家博物馆复兴之路展览时，首次提出了更高层次、内涵外延更宽更广的"中国梦"理念。他说："每个人都有理想和追求，我们说的每个人都有梦想，现在大家也在讨论中国梦，何谓中国梦？我以为实现中华民族的伟大复兴就是中华民族近代最伟大的中国梦，因为这个梦想，它是凝聚和寄托了几代中国人的这样的一种宿愿，它体现了中华民族和中国人民的整体利益，它是每一个中华儿女的一种共同的期盼。"习近平总书记的讲话把"中国梦"首次上升到了国家和民族高度，很快成为凝聚党和政府执政理念的新共识！

CCG 始终关注人本全球化，并从国际移民、海归、留学等不同角度推动人本全球化。

国际移民

2008 年成立伊始，我们就开始关注国际移民相关问题的研究，协助相关部委开展完善"绿卡"制度、签证制度等方面的课题研究，为推动中国"绿卡"制度的完善、"绿卡"待遇的提升做了大量的工作，也直接推动了"人才签证"的出台。在这一过程中，我们不断积累，连续出版多本《中国国际移民报告》蓝皮书，翻译出版《世界移民报告》，出版《移民潮：中国怎样才能留住人才》、《国家移民局：构建具有国际竞争力的移民管理与服务体系》、*International Migration of China Status*，*Policy and Social Responses to the Globalization of Migration* 等专著，对国际移民有了较为全面的认识和深刻的理解。2016 年，CCG 提出的《关于我国应尽快加入国际移民组织（IOM）的建议》被中央政府采纳，后经国际移民组织决议，批准中国政府的加入申请。就在同一年，我们递交的《关

于成立国家移民局的建议》得到多位中央领导批示,加快了国家移民局建立的进程。2018年3月,国家移民管理局正式成立,CCG十年政策推动成果落地,国家移民局的成立将对中国发展乃至全球治理格局带来重大改变和深远意义。

留学海归

从2005年至今,我们相继研究出版《海归时代》、《海归推动中国》、《百年海归创新中国》、《中国留学发展报告》、《中国海归发展报告》、《海外华侨华人专业人士报告》等,持续不断地提出留学、海归相关的新理念与新提法,形成了海归新叙事,引起了中央部委、海归人才和很多社会精英的共鸣,并得到了国内外媒体的广泛关注和大量报道。2007年,针对海归创业资金难等问题,CCG起草《关于中国海归人才创业支持启动计划的建议》,经欧美同学会和部委领导上报中央后,很快得到了党和国家领导人的亲自批示。2009年10月,国家人力资源和社会保障部正式下发《关于印发实施中国留学人员回国创业启动支持计划意见的通知》,该计划由此成为国家一项常规的创业支持政策,对推动中国海归回国创业起到了积极的促进作用。通过这个计划,人社部设立了"留学人员回国创业启动支持资金"。每年在全国范围内遴选一批创新能力强、发展潜力大、市场前景好的留学回国人员创办的企业,在创办初始启动阶段予以重点支持,以加快其科技成果转化,实现企业快速发展。此外,我们还连续14年承办了中国留学人员创新创业论坛,历届参会海归人员和各界精英达500—800人,是国内顶尖海归参加人数最多的中国海归盛会,成为海内外高层次人才深度交流思想的高端平台和中国国际化人才创新创业趋势的风向标,也是海内外中国留学人员获取最新创新创业政策与信息、提出建言献策、共计创新发展的国际化专业平台。时至今日,海归已成为推动中国"双创"大潮的主力军。

2008年,CCG参加中组部组织的《国家中长期人才发展规划纲要2010—2020》的可行性研究工作并负责"国际人才竞争战略"专题研究,提交了十几万字的《国际人才竞争战略研究报告》,建议中央利用国际上金融危机的契机,开展对国际人才的抄底和出台相应的计划,为中央及时在 2008 年年底出台吸引海外高层次人才计划提供了有益决策参考。2010 年,CCG 曾在人民出版社出版《国家战略——人才改变世界》,这是国内第一本从全球化背景与国家战略高度对各国之间的人才竞争进行系统研究分析的著作,得到时任广东省委书记汪洋的推介和导读。这本书一再加印,成为了许多省市和机关单位学习组的必读书。

在国家推进"海外高层次人才引进计划"的过程中,我们又多次针对计划运行中的问题进行建言,向中组部提交《完善海外高层次人才引进计划的建言献策报告》,组织研讨会,提交"海外高层次人才引进计划工作改进建议",中组部、人社部等部委参加,协助出台相关改进政策。更为重要的是,"海外高层次人才引进计划"带动了地方层面对人才的重视,全国各省市各部门纷纷出台引才计划,从而带动形成了新中国成立以来最大规模的海外人才回归潮,改革开放以来,中国累计出国留学人员创世界之最,达到 600 多万,回国留学人员也达到了 400 多万,创历史新高。

新冠肺炎疫情带来了百年未有之大变局,国际人才竞争形势愈发紧张。同时,粤港澳大湾区和海南自贸区的政策创新为中国吸引国际人才提供了契机。面对新的机遇与挑战,CCG 适时推出了全国第一套高校人才学课程系列教材《国际人才学概论》,填补了国际人才专项研究领域的空白,也填补了我国国际人才研究专项研究教科书空白。

(三)推动经贸全球化

CCG 持续对企业全球化、"走出去"和"引进来"展开双向研究,以当前国际背景下的中美贸易、国际贸易、来华投资、对外投资、数字贸易为主题,进行分析、研究与解读。CCG 课题组常年编写国内唯一的"企业国际化蓝皮书"《中国企业全球化报告》,并且不断创新,比如在近年报告中新开辟了跨国公司对华投资研究的新视角,增加了相应的分析板块,前瞻性地预判了在新的全球化时代背景下,跨国公司在华投资对中国未来发展的重要意义,将在华跨国公司作为中国企业的一部分,为改善跨国公司在

华营商环境,促进跨国公司在华稳定发展具有重要意义,对实现我国"以内循环为主体、国内国际双循环相互促进的新发展格局"的全新发展定位,具有重要价值。此外,CCG 还研发出版了《世界华商发展报告》、《大潮澎湃——中国企业"出海"四十年》以及 *China Goes Global* 、*The Globalization of Chinese Enterprises* 等企业全球化研究中英文图书系列。CCG 还创办了国内最具影响力的专注于企业全球化发展的"中国企业全球化论坛",围绕国际贸易与投资相关国际议题设置多场分论坛,云集国内外极具影响力的跨国公司领袖、驻华大使、前政要官员、国际组织与商会负责人、国际顶尖智库专家及知名学者深度研讨,已发展成为推动企业全球化发展的国际高端论坛。

随着世界经济格局的深刻调整,经济全球化遭遇挫折,多边贸易体制机制的权威性和有效性受到严峻挑战。而《全面与进步跨太平洋伙伴关系协定》(CPTPP)正式生效,《区域全面经济伙伴关系协定》(RCEP)成功签署,《中欧全面投资协定》(CAI)等区域贸易协定成功完成谈判,透露出经济全球化仍是大趋势的信号,为重启全球化注入了一剂强心剂。

2021 年 9 月 16 日,中国商务部部长王文涛向 CPTPP 保存方新西兰贸易与出口增长部长奥康纳提交了中国正式申请加入 CPTPP 的书面信函。中国正式申请加入 CPTPP 表明了中国进一步开放和拥抱全球化的态度和信心。

CCG 是国内最早对中国加入 CPTPP 展开系统性研究并发布报告,通过撰写建言献策、举办并参与国际化论坛与研讨会、发表文章等多种方式持续关注并呼吁中国加入 CPTPP 的智库。

研究发布 CPTPP 相关报告,分析中国加入 CPTPP 的利与弊。自美国总统特朗普宣布美国退出 TPP 之后,CCG 就呼吁中国加入 TPP,我们于 2016 年 12 月 18 日发布《FTAAP:后 TPP 时代的最佳选择?》报告,并在随后的几年先后发布《中国外交进入新方位,可考虑加入 TPP》、《CPTPP,中国未来自由贸易发展的新机遇》、《知识产权与 CPTPP》等研究报告,系统研究中国加入 CPTPP 的利弊及参与路径等。其中,《知识产权与

CPTPP》报告因积极响应国家"十四五"规划和 2035 年中长期发展规划，以调研成果积极推动中国加入 CPTPP，进而推进中国深层次改革和高水平开放以实现高质量发展，入选 2020 年 CTTI 来源智库年度精品成果。

主动设置议题并参与国际化会议，探讨中国加入 CPTPP 的可行性。早在 2015 年，我们就在 CCG 第二届中国企业全球化论坛上，以"TPP 对中国企业海外投资的影响"设置议题，深度解读 TPP 对中国企业海外投资的影响。我当时曾提出，中国应抱着积极的态度来看待 TPP，加入 TPP，内外联动，推动中国的改革。这一年，我们还专门举办了"'一带一路'与 TPP：区域一体化和经济全球化的辩证博弈"圆桌会。我在会上表示，中国应及时争取加入 TPP，及早参与国际经贸新游戏规则制定。中国加入 WTO 成为最大的受益国之一，加入 TPP 也将从中受益，享受"开放红利"。在第六届中国企业全球化论坛上，我们专门设立了"WTO、CPTPP、RCEP 等多边贸易体系创新与亚太区域经贸新机遇"主题论坛，并形成一项共识：WTO 框架下的 CPTPP 等多边贸易体系对全球经济的整体发展有着重要作用。

此外，CCG 还在巴黎和平论坛、第十五届"北京—东京论坛"、2019 世界贸易组织（WTO）年度公共论坛等多个国际化论坛中和与会专家学者就 WTO、CPTPP、多边体系等相关话题展开交流与研讨，比如我在 Horasis 亚洲会议（Horasis Asia Meeting）上就曾建议，中美若都加入 CPTPP，在全球高标准贸易规则的制订上会有所突破，则能助推 WTO 改革，还将有助于避免中美未来的贸易战。全球新冠疫情发生以来，CCG 打造了"中国与世界线上研讨会"、CCG 名家对话等线上会议系列，在与国际顶级政治经济领域专家、前政要等的对话中，也曾多次探讨有关全球化的现状和困境以及中国在 CPTPP 发展进程中的角色等话题。

CCG 通过举行座谈会和调研，征求多位专家、CPTPP 国家官员、大使等的意见，他们大多都对中国加入 CPTPP 持乐观和积极态度。比如，澳大利亚贸易、旅游和投资部部长西蒙·伯明翰（Simon Birmingham）在 CCG 圆桌会上表示欢迎中国加入 CPTPP。在 CCG 第六届中国与全球化

论坛上,澳大利亚驻华大使傅关汉(Graham Fletcher)表示,欢迎中国在内的更多国家能够参与到 CPTPP 中,并期待新成员可让 CPTPP 高标准持续,解决农业市场准入问题。美国全国对外贸易理事会(NFTC)主席、美国前驻关贸总协定(WTO 前身)大使、美国前副贸易代表、WTO 前副总干事 Rufus H.Yerxa 在 CCG 研讨会上对美国政府退出 TPP 的决策感到失望,希望中国可以参与。日本政策研究大学院大学的田村晓彦教授也指出日本应该欢迎中国加入 CPTPP。美国约翰·霍普金斯大学高等国际研究院(SAIS)副院长、Edwin O.Reischauer 东亚研究中心主任 Kent Calder 教授在 CCG 北京总部演讲中发表了自己对于中国加入 CPTPP 的积极看法。此外,新西兰驻华大使,欧盟、澳大利亚、新加坡、新西兰、英国、加拿大驻华使馆官员等 CPTPP 国家及欧盟、英国等有关经济贸易参赞和使馆官员访问 CCG 时,均表达了对中国参与 CPTPP 的积极态度。

在国内外媒体持续发声,呼吁中国加入 CPTPP。CPTPP 正式生效一周左右,我就在 FT 中文网发表文章《主动加入 CPTPP,以"加群"来为中美贸易争端"减震"》,建议中国应积极加入包括 CPTPP 在内的更多的区域性贸易体系,以应对美中贸易对抗带来的震荡。这些年来,我还多次在《北京青年报》《环球时报》《南华早报》《中国日报》等主流媒体上刊发相关文章,持续探索中国加入 CPTPP 的可能性。

从 TPP 到 CPTPP,持续通过多渠道向相关部委递交建言献策。TPP 于 2015 年 10 月达成后,CCG 当月便递交建言献策《加大支持 WTO 力度,加入 TPP 参与游戏规则制定》,呼吁中国抓住契机积极表态愿意加入 TPP,与其他国家共同制定世界贸易新规则,同时做好内功及早参与 TPP 新游戏规则的制定。2016 年 1 月,经过进一步研究论证,CCG 递交建言《中国加入 TPP 的利弊、时间及路径建议》,分析了中国加入 TPP 的利弊,并对时间节点和相关路径给出具体建议。

特朗普上台后美国退出 TPP。2018 年 2 月,面对特朗普试探回归 TPP、英国声明加入,CCG 建议《积极加入 TPP 推进全球化发展,寻求对美贸易战略主动》,指出中国应争取主动,不应错第二次加入机会。3 月份 CCG 再度建言《积极接触,保持中国在参与 TPP 的主动性》,以促进中国的扩大开放、提升中国经济的发展水平,提高各个产业的国内外竞争力和中国的开放水平。4 月,CCG 建议《积极加入 TPP 寻求贸易盟友,应对美国孤立》。7 月到 9 月,CCG 结合相关时事及研讨交流活动密集递交建言,如《中国加入 TPP 的新机遇》、《掌握主动中国可以加入 TPP》、《把握时机主动参与日本主导的 TPP11 贸易体系的建议》、《主动参与 TPP11 以"加群"应对美贸易挑战》等。

2019 年以来,CCG 递交《中国加入 CPTPP 的利弊考量与建议》、《主动加入 CPTPP 应对中美长期贸易冲突实现贸易"突围"》、《中国亟需抓住时间窗口期"突围"主动加入 CPTPP》等建言建议中国考虑加入 CPTPP,并在多篇涉及中美关系、国际经贸、中国对外开放等主题建言建议部分建议中国适时加入 CPTPP。

CCG 建言通过国务院参事室及外交部、商务部、财政部等多个部委递交到相关政策研究及决策者。回顾 CCG 近年来涉及 TPP 及 CPTPP 的建言,可以说,自 TPP 出台以来 CCG 始终在呼吁中国加入 TPP 及 CPTPP 第一线,也通过自身研究及多方研讨交流为中国加入 CPTPP 提出了建设性意见和建议。

（四）推动全球化与全球治理

全球化已跨入一个新的历史节点,全球化实践对全球治理提出了新的要求。然而,现有全球治理机制在应对全球性问题方面显得力不从心。我们认为,智库可以为全球治理提供多元的声音和思路,为全球治理建言建策,设置有利于推动全球治理的议题讨论,凝聚国际共识,为世界秩序的稳定发挥思想力量。

作为中国特色新型智库的探索者与实践者,我们在运营智库的同时,也将多年的社会智库运营经验与管理心得总结升华,从 2014 年开始,相继在人民出版社和中信出版社推出《大国智库》、《大国背后的"第四力量"》、《全球智库》等专著,并且从 2016 年开始连续举办"中国全球智库

创新年会"，持续关注全球智库行业在发展与创新领域新趋势，促进全球智库与中国智库的交流合作，就全球面临的最紧迫问题展开思想碰撞，积极探求前瞻性、创新性的解决方案。

除了从全球层面推动各国智库的合作，为全球治理提供解决方案，我们还依据CCG自身的研究，于2013年在党建读物出版社出版的《国际人才竞争战略》一书中首次正式提出"人才WTO"的概念。在过去几年，我们一直提出成立国际人才组织联合会的倡议，旨在联合全球各大移民组织和机构为政府协调人才流动事项提供一个重要平台，通过发展形成一套独特的国际人才合作机制，为国际人才的长期发展和合作服务，营造公平竞争的国际人才交流环境，降低国际人才合作交流的壁垒，促进人才合作交流的便利化，同时，保护人才的合法权益，维护人才的基本权益和主张，缩小世界各国或地区在知识和创新能力上的差距，提升全世界人力资源的创新水平，提升世界人民福祉，共享人类知识财富。2018年，在首届巴黎和平论坛上，我们提出的建立国际人才合作组织的倡议成功入选，并于第三届巴黎和平论坛上，正式成立国际人才组织联盟（Alliance of Global Talent Organization，简写为AGTO），我们坚持了数年的理念终于从构想变成了现实，AGTO的成立不但填补了全球治理在人才管理方面的空白，并补充了全球治理理论及实践，而且将大大提高我国在全球人才治理领域的话语权和竞争力。

联合国系统是目前全球治理中体系最为庞大、治理领域最为全面的国际机构。进入21世纪，联合国系统的权威性和中立性虽然不时受到来自国际社会的质疑，但仍然是国际治理机制中最重要的一环。诸多与国际治理和全球多边合作相关的议题都始终处在联合国机构的议程设置之下。在获得联合国特别咨商地位后，CCG与联合国系统的交流更加频繁。2020年6月，CCG联合主办了联合国宪章签署75周年线上专题论坛。来自联合国日内瓦总部、联合国驻华系统、联合国开发计划署、联合国儿童基金会等联合国多个机构的负责人、前政要，以及来自世界贸易组织（WTO）、世界银行、经合组织、国际货币基金组织、国际劳工组织、巴黎和平论坛等多个国际组织和国内外知名智库的代表通过视频连线,围绕多边主义及可持续发展议题展开深入讨论。2021 年 11 月,联合国驻华系统和 CCG 在北京共同举办了纪念中华人民共和国恢复联合国合法席位五十周年座谈会,联合国驻华协调员常启德、联合国开发计划署驻华代表白雅婷、中国政府欧洲事务特别代表吴红波、非盟驻华代表赫曼塔拉·默罕默德·奥斯曼等来自联合国、国际商会、国际组织、驻华使馆的代表以及专家学者等近百人参与了本次座谈会。

除了与联合国相关机构的合作外,我们还与其他国际组织广泛开展合作,就当下国际治理中的热门话题发表意见,提供不同于传统西方视角的中国声音,在更加广阔的国际议题中发挥重要的议程设置作用,并推动相关机构形成相关决议和行动方案。

例如,2019 年 10 月 9 日,我在瑞士日内瓦 WTO 总部参加了 WTO 年度公共论坛,并在首次举办的"应对塑料污染:WTO 的角色"主题论坛上就海洋微塑料排放议题进行主题发言。我提到,倡导简约适度、绿色低碳的生活方式,推动完善全球治理体系,充分发挥 WTO 在国际多边合作、全球治理中的关键作用将是治理微塑料海洋污染的关键。尽管目前已经有许多国家内部或区域性的法令或公约对微塑料海洋污染进行防控,但是我们应意识到,四大洋相通相连而没有界限,流动的海水意味着微塑料污染是全人类面临的共同挑战,而多边合作是唯一应对之策。从 1978 年的《国际防治船舶造成污染公约》到 2011 年的《檀香山战略》,再到 2017 年联合国环境规划署发起的"清洁海洋"运动,海洋污染治理离不开世界各国的共同参与。在 WTO 机制下,可在四个层面上推动国际合作从而减少塑料污染,加强环境治理的全球性共识。第一,透明层面。WTO 各成员在塑料污染治理领域所作出的努力应保证成员之间的透明性。第二,监管层面。WTO 成员各自制定的相关禁止措施是否履行应彼此监管。第三,合作层面。贸易是塑料制品生产、消费、分配过程的一部分,WTO 作为重要国际贸易组织和规则制定机构,可与其他各国组织、机构合作,共同参与塑料污染治理,其业务涉及塑料制品生产、分配和消费的每个过

程。第四,技术层面。塑料污染这一问题缺乏全球性数据基础和相关界定标准。因此,应在 WTO 体系下加强多边合作,建立健全塑料污染国际标准,WTO 也应与国际标准化组织(International Organization for Standardization,ISO)、世界海关组织(World Customs Organization,WCO)合作制定相关准则。

对于中国来说,目前在全球经济治理发展的"瓶颈期",G20 能源与环境部长会议就构筑推动削减海洋塑料垃圾的国际框架达成共识,这充分显示了全球气候和环境治理可成为加强国际多边合作的突破口。作为全球治理的重要力量和多边主义合作的积极倡导者,中国如果能在海洋污染治理方面作出表率,成为全球环境治理中的主导力量,不仅是对"大国担当"的充分显示,从长远看也有利于自身发展。如果从更长远的角度来看,在大国单边主义和贸易保护主义不断涌现的今天,抓住各国在解决环境和气候问题上释放出的多边合作的积极信号是对抗逆全球化发展的重要突破点。从海洋微塑料污染防治开始,参与并引领全球气候与环境治理是中国凝聚各国共识,发展多边主义的重要路径。就像 CCG 不断倡议并最后成功发起的国际人才组织联合会一样,微塑料污染虽然只是众多全球治理问题之一,但只要不断强调并且宣传,就会形成中国自身在该领域的话语权,并最终凝聚成为许多国家和民间组织的共识之一。在这个意义上,更多的中国民间组织和民间智库,面向全球不断阐述全球治理理念,就一定会提升中国在全球治理领域中的影响力,为构建一个更多元、更平等的全球治理体系提供动力。

五、展望与未来:为中国智库探索创新之路

在 CCG 创建之初,"智库"的概念还并未被国人所熟悉和认知,为了更好地探索中国国际化智库的发展,2010 年,我们在美国布鲁金斯学会做了很长一段时间的访问研究员,在哈佛大学肯尼迪政府学院做高级研究员,专门研究国际新型智库的建设。2014 年,基于这些研究成果以及

对 30 多家全球一流智库的实地考察和研究,CCG 在人民出版社出版了《大国智库》一书。该书开创性地研究和分析了全球智库的发展概况以及中国智库发展所处的地位,对如何在中国建设智库提出了可操作的思路和方案,图书一经出版引发业内震动,成为近年来中国智库研究界和智库建设发展的重要参考文献。

2015 年 1 月,中共中央办公厅、国务院办公厅印发了《关于加强中国特色新型智库建设的意见》。这是我国历史上首次专门针对智库出台意见,标志着党的十八大提出建立中国特色新型智库后,我国真正开始着手发展智库,CCG 在中国智库发展的大潮中也迎来了春天。2017 年 2 月,中央全面深化改革领导小组第三十二次会议审议通过了《关于社会智库健康发展的若干意见》,首次专门对社会智库进行谋划,凸显国家对社会智库建设的重视,为新形势下社会智库的发展指明了方向,可以预见,社会智库将成为未来中国新型智库大格局中的重要一环。

这些年来,CCG 结合国际知名智库以及自身实践经验,继《大国智库》后,2016 年在中信出版社出版《大国背后的"第四力量"》,将智库的运营与管理总结为"思想创新力、研究支撑力、社会传播力、国际输出力和政策影响力"的"五力模型"。2018 年在人民出版社推出《全球智库》,通过研究国内外知名智库的最新创新案例,将创新型智库建设的五大基石归纳为共享领导、文化塑造、知识管理、组织管理与战略规划,并总结出智库系统化创新的五大维度,即人才、研究、传播、资金与合作。通过持续的研究,为中国特色新型智库建设在理论探索与实践总结方面不断贡献力量。

2018 年 8 月,联合国经济与社会理事会(ECOSOC)正式批准授予 CCG 联合国经社理事会非政府组织"特别咨商地位",CCG 成为获此资质的为数不多的中国机构之一,也是第一个取得该地位的中国智库。特别咨商地位的获得标志着中国智库正积极"走出去",充分发挥民间组织的国际影响力,也标志着 CCG 在推动全球化发展方面迈上了一个新台阶,有利于 CCG 更有效地参与国际议题的探讨与设置,促进不同文明的交流

互鉴,深度参与全球治理。

2008年至今,面临国际社会风云聚变,全球化道路崎岖不平,CCG立足中国、放眼世界、攻坚克难,不断推动中国全球化进程。回首CCG走过的十余个春秋冬夏,我们始终坚守智库的独立精神,坚持为公共政策建言,服务国家决策,为公共利益发声,凭借国际化的视野、国际化的人才、全球研究与合作网络、创新的思想与观点以及国际化的传播成就了智库的公信力与竞争力,不断影响和推动着政府相关决策与制度创新,甚至影响着国际议程的设定。

站在新的历史节点,作为中国特色新型智库的探索者与实践者,CCG将不负时代所托,一如既往地参与和推动中国的改革开放进程,为中国的全球化之路提供智力支撑,为中国引领新一轮全球化贡献智库智慧,成为推动中国政府科学民主决策的关键力量,同时,更加积极主动地发挥社会智库参与民间外交的优势,搭建中西沟通的桥梁,为凝聚全球共识贡献智慧。CCG也将继续发挥智库鲇鱼效应,积极探索与推动中国新型现代智库生态体系的构建,为中国和世界的全球化发展作出贡献。

附录二

中国全球智库创新年会

最近这些年,世界政治经济格局加速变动,国内经济面临转型压力,我国政策决策中智库的作用越发重要,在推动"大众创业、万众创新"的同时,还迫切需要思想和政策研究领域的创新。大数据、超级计算机等新技术的出现、移动互联网和新媒体发展带来的传播变革,让智库身处信息爆炸、速度更迭更快的竞争环境。面临国内外环境改变赋予智库的新任务、适应新时代的智库发展环境,都需要智库与时俱进地进行"创新"。

"中国全球智库创新年会"由全球化智库(CCG)发起,旨在关注全球智库行业在发展与创新领域的新趋势,促进全球智库与中国特色新型智库间的交流合作,以更好地承担当代智库的历史使命。作为在中国举办的全球智库论坛,"中国全球智库创新年会"至2022年已连续成功举办7届。全球数十个国家、国际组织,上百家智库,数百名海内外战略、经济、商业领域的研究机构和团体代表参与了往届活动。凝聚全球智库共识,"中国全球智库创新年会"已形成国际会议品牌,成为就智库面临的最紧迫问题展开思想碰撞,积极探求前瞻性、创新性解决方案的高端平台。

"中国全球智库创新年会"始终关注国际形势的变化与这一形势变化下的智库成长,并结合地区政策环境为解决智库发展中的问题提供方案。首届年会着重关注中国智库发展面临的问题与挑战。第二届年会结合国家建设与地方创新,重点探索"建高端智库集群,促新旧动能转换"的路径。第三届放眼全球格局,思考"分化、加速的全球化时代与智库创新"。第四届持续捕捉全球局势变化的最新特点和全球智库发展的迫切问题，并以此为背景探讨实现智库可持续发展的原则和创新模式。第五届继续关注全球局势变化的最新动态、探寻时代大变局之下的新发展模式、促进中国社会智库的交流与合作，为中国和国际社会发展提出智库方案。第六届探讨了全球局势最新动态变化，思考全球智库发展的新格局，探寻大变局背景下全球智库可持续发展的创新模式。第七届围绕后疫情时代的中美竞争与合作、重启后疫情时代的人文交流、亚太地区发展与合作、中国式现代化与对外开放合作、国际变局中的中欧智库交流等主题进行了深入研讨。这里选取了部分年会内容以飨读者。①

中国全球智库创新年会的连续举办，对于进一步办好中国特色新型智库，提升智库研究质量和政策影响力，打造具有国际影响力的全球化智库，具有重要的现实意义。中国集中力量办大事，决策效率高，更需要智库科学和民主的决策来协助，探讨智库如何创新发展，对于当下中国的转型和全球化时代有着特殊意义。

第一届"中国全球智库创新年会"

2016 年 6 月 6 日，CCG 联合宾夕法尼亚大学智库研究项目（TTCSP）、光明日报智库研究与发布中心、西南财经大学发展研究院主办了第一届"中国智库创新峰会"。峰会由宾大沃顿中国中心、中科院《智库理论与实践》杂志协办。这是国内首次举办专门围绕智库创新进行研讨的高规格峰会，邀请国内外相关领域的权威专家、学者、实践者以及媒体代表，围绕中国的智库创新进行经验介绍与交流，旨在更好地分析智库发展面临的新挑战与新问题，为中国特色新型智库创新发展建言献策。

峰会开幕式上，我们请到了美国宾夕法尼亚大学智库研究项目

---

① 详见中国全球智库创新年会，http://www.ccg.org.cn/brand? zjcat =％E4％B8％AD％E5％9B％BD％E5％85％A8％E7％90％83％E6％99％BA％E5％BA％93％E5％88％9B％E6％96％B0％E5％B9％B4％E4％BC％9A。

（TTCSP）主任詹姆斯·麦甘（James G.McGann），光明日报智库研究与发布中心主任、理论部主任李向军代表主办方发表致辞。

我在峰会开幕式上表示，《关于加强中国特色新型智库建设的意见》出台后，中国智库蓬勃发展，中国特色新型智库体系的建设初具规模，有效推动了我国公共政策体系的不断完善，但还存在发展不均衡等问题。同时，日趋加速的全球化进程，以及汹涌的互联网大潮和国际人才大流动等趋势，也为中国智库带来了新的机遇和挑战。面对新的起点和战略机遇，中国智库必须通过研究内容、运营模式、人才建设以及理论支撑、体制机制改革等全维度的行业持续创新，提升质量、打造特色，积极参与全球治理，在全球竞争中取得优势。

麦甘认为，中国智库在全球化和中国发展进程中具有重要作用，中国智库要推进中国的现代化改革进程，必须通过改革实现自身的现代化。他认为本次智库创新峰会讨论各种创新话题，将是中国智库加速发展进程中具有里程碑意义的会议。TCCSP研究国家范围内和全球层面智库的表现，力图搭建知识与政策的桥梁，促进全球智库相互交流，促进他们提升能力更好地为政策决策者提供服务。

李向军主任介绍了光明日报在发布和传播智库研究成果、推动智库建设和交流方面所做的工作。他强调本次智库峰会以创新为主题，正是为了探索智库如何在科学民主、依法决策中充分发挥作用，如何提高质量，推动内容创新和体制机制创新。

全球化智库（CCG）主席龙永图，国务院发展研究中心副主任隆国强，中国国际经济交流中心副理事长、全球化智库（CCG）顾问魏建国，中共中央对外联络部原副部长、全球化智库（CCG）顾问于洪君参加了论坛——"重建中国智库——创新与发展"的研讨，我主持了那场对话。嘉宾们就中国特色新型智库体系建设过程中，智库的专业定位与错位发展、国内外形势对智库建设带来的机遇和挑战、新环境下智库的创新路径等进行了深度对话。

龙永图强调，要打造高质量具有国际影响力的智库，一个最根本的方

法是"开放"。一是中国各种智库之间要建立不同层次、不同形式的联系机制,形成一个真正相互联系的网络;二是中国智库与国际智库之间也要建立各种不同层次的联系、交流。因为只有联系才可能产生活力,只有活力才能够产生真正高质量的研究成果,才能从不同角度看问题,并产生、碰撞出思想的火花,在不同意见和不同思想的争论中得出正确结论。他认为中国的媒体也应该积极向智库开放,与智库建立紧密的、良性互动关系。他表示大数据和全媒体为今天中国智库的发展提供了非常好的客观条件,我们要在坚持开放的环境中建设智库。

隆国强指出,中国智库下一步的发展要抓住机遇,着力提升公共政策研究的质量。这需要很多重要因素,包括高水平的人才,特别是具有国际视野,又了解中国国情的领军人才;智库的研究手段;智库间相互的竞争、交流,以及与国际社会的交流;智库内部的严谨求实以及全社会互相批评指正的严肃的学术风气;宽松的研究氛围等。他认为要真正提升中国智库的整体水平,需要着力改革体制机制,只有体制机制的改革创新取得巨大进步以后,才能为建设高水平、有国际影响力的高端智库和具有国际影响力的智库研究成果奠定基础。他还强调一定要把短期问题和长期问题结合起来,在长期战略性研究的基础上再来研究短期的热点、难点、焦点问题。

魏建国认为,中国智库与欧美智库存在差距的原因关键在于对智库的认识,特别是基层还没有把对智库的具体认识提升到更高层次。智库是引领社会发展的灯塔,是人类发展文化交流的罗盘;智库也是生产力,思想产品是更重要的 GDP;智库应该对政策决策有更大的话语权。他指出应着重加强三个方面:一是加强智库的战略性,由现在被动的政策解读转向引导政府的政策决策;二是加强专业性,智库不应是观点的拼盘,而应该是思想的熔炉;三是加强机制和体制的创新。他对中国智库的创新和发展提出两点建议:一是各级智库要参与各级政府决策会议;二是要从机制体制上创新,让更多有思想的人集中起来,把他们的智慧上升到中国的战略智慧。

于洪君表示,在智库领域开展国际交往与合作,是当前形势提出的重大任务和我们面临的重大挑战。他认为中国智库的发展首先要解决宗旨问题,树立服务于扩大改革开放、实现全面复兴、更广泛地参与国际事务的意识。智库的发展不仅仅是智库自身的问题,国家需要解决智库发展的政策支持、财力支撑和人才支柱问题。智库发展过程中,要做好自身能力建设:一是研究能力,重点着眼于对现实问题的预测性、对策性研究,产生思想,给社会以启迪,给政策制定和执行机构以启发;二是交往能力,通过交往学习借鉴国际上一些重要智库的成长经验及其好的做法;三是传播能力,把智库形成的思想、观点、意见、建议传递给国内外社会和各政策制定、执行部门。

论坛二的主题是"从国际视角看中国智库的发展",詹姆斯·麦甘(James G.McGann)主持讨论,意瑟斯基金会(Ethos Public Policy Lab)总干事 Jose Chicoma,英国皇家国际事务研究所(Chatham House)高级顾问研究员 Tim Summers,清华—卡内基全球政策中心的中方主任唐晓阳,清华大学公共管理学院教授朱旭峰参与讨论。嘉宾们从国际视角对中国智库的发展加以分析,并对比其他国家智库的经验,提出相关建议。

论坛三以"智库研究、理论建设与创新"为主题,嘉宾们就中国特色新型智库体系建设过程中的政策环境变化、理论支撑与应用、智库如何推动公共政策体系的完善展开深入讨论。

论坛四的主题是"智库的运营管理创新与人才建设",苗绿博士主持交流,嘉宾们就中国多元化智库运营实践过程中的模式创新和人才建设展开交流,重点讨论了目前各类智库发展过程中存在的各类制约因素及改进建议。

最后一场论坛"新媒体、互联网与智库创新",由光明日报智库研究与发布中心副主任、智库版主编王斯敏主持,嘉宾们就新时期媒体与智库的合作共赢、互联网为智库建设带来的机遇和挑战、如何通过新的形式和渠道广泛提升智库影响力等话题进行了充分交流。

我在总结发言中表示,中国智库的创新发展任重道远,希望政府能在资金、人才和服务采购上给予政策支持,促进多元化的智库建设,进一步

激活政策研究市场和思想市场,加强不同智库的良性竞争和可持续发展,为公共决策提供更多选择和优化的机会。

第二届"中国全球智库创新年会"

第二届年会,我们把主场搬到了美丽的海滨城市青岛,年会于2017年6月22—24日举办,由青岛市人民政府、全球化智库(CCG)、美国宾夕法尼亚大学智库项目(TTCSP)主办,上海社会科学院智库研究中心协办,北京大学城市治理研究院、青岛市人力资源和社会保障局、青岛市市北区人民政府、北方国际人才研究院承办。本届年会以"建高端智库集群,促新旧动能转换"为主题,有关部委领导、青岛市政府领导以及来自20多个国家的70余家智库、200余位海内外智库专家、各界学者等嘉宾出席本次会议。当年,为深入贯彻落实习近平总书记对山东工作重要批示和李克强同志考察山东重要指示,实施新旧动能转换成为山东全省以及青岛市政府的工作重心,青岛市正积极打造"智谷"为区域发展注入创新动力。在这一大背景下,青岛市人民政府与全球化智库(CCG)、美国宾夕法尼亚大学智库项目(TTCSP)联合主办"建高端智库集群,促新旧动能转换"智库峰会,关注全球经济政治新动向,为政府提供理性、前瞻性的政策建议,承担当代智库的历史使命。

青岛市副市长朱培吉在开幕式上表示,智库是当代社会发展中的一支重要力量,随着我国综合实力的不断提升和国家治理体系的不断完善,中国智库在国家社会生活中发挥着日益突出的作用。这次全球智库创新年会在青岛举办,是青岛市委市政府贯彻中央加强中国特色新型智库建设的一项重要举措,也是为推动落实市十二次党代会提出的建设宜居幸福创新型国际城市的一项重要战略举措。

麦甘表示,青岛作为一个依海而建的国际化城市,其开放、活跃的政策和创业精神是吸引本届年会在此举办的主要原因。当前全球面临经济发展缓慢,保护主义抬头,政治不确定因素增加等诸多问题,都需要创新解决方案。今天的会议不仅将讨论当前局势下国际领先智库如何发挥其在全球化、本国和全球治理中的重要角色,还希望加强全球智库的社会传播力,把好的思想传播向全球。同时,希望建立一个国内外智库都积极参与的全球智库联络网络,包括青岛在建的智库集群,以增进全球智库交流。

近年来,青岛聚焦"转调创"、发力"蓝高新",加快实施"腾笼换鸟、凤凰涅槃"行动,实现了产业结构持续升级。成绩取得的同时,青岛也清醒地正视经济发展和民生改善所存在的不足和挑战。本届年会上,海内外专家、学者和企业家来自经济、金融、政治、教育、社会、海洋、环境、人才、移民和智库等诸多领域,他们深谙世界经济渐近"新平庸"困局,中国经济正处于"三期叠加"阶段,纷纷在其专业领域就如何加快新旧发展动能转换探索解决方案,并对如何建设高端智库集群提供了宝贵建议,会议取得了颇丰的成果。

与会专家认为,青岛作为国家沿海重要中心城市,应充分挖掘自身优势,明确城市发展定位,把握新一轮经济全球化和数字全球化带来的机遇,继续发挥"一带一路"倡议节点支点城市的功能,并深化国际融合与合作,在竞争与合作中扩能升级。与此同时,《青岛市加快打造新型智库集群的若干意见》的发布和青岛新型智库集群大厦的揭牌正是旨在通过加强新型智库建设,建立健全政策研究和决策咨询制度,服务经济社会发展。本届论坛汇聚的国际顶尖智库的创始人和实践者们犀利地指出当前智库发展中存在的"库多智少",甚至"有库无智"的现象,强调智库首先要加强思想创新和专业研究,同时提高社会传播和国际输出力,由此才能实现影响政府决策这个智库的终极目标。

CCG 在本届年会上与青岛市市北区政府签约,将参与青岛市智库集群的运营,协助青岛市制定智库集群发展规划,重点建设以城市治理为核心的专业化高端智库。在促进新旧动能转换方面,CCG 还将协助青岛市培育和引进在互联网产业和智慧城市建设等领域具有引领作用的科技智库,以创新引领产业结构转型升级,合力打造立足市北、服务青岛、辐射华

北、国内一流、国际知名的新型智库集群。

第三届"中国全球智库创新年会"

2018 年 6 月 17 日,"2018 中国全球智库创新年会"在北京隆重举办。本届年会由"一带一路"智库合作联盟作为指导单位,全球化智库(CCG)、美国宾夕法尼亚大学智库项目(TTCSP)主办,上海社会科学院智库研究中心、南京大学智库研究与评价中心协办。本届年会以"分化、加速的全球化时代与智库创新"为主题,国家部委领导、国际顶尖智库负责人、外国驻中国大使等近 50 位研讨嘉宾发言,来自 10 多个国家和国际组织、100 余家智库的 200 余位智库代表出席,围绕当今智库面临的最紧迫问题展开思想碰撞,并积极探索寻求前瞻性、创新性的解决方案。

当时,中美已经开始贸易冲突,因此本届年会更加突出了全球化以及中美关系主题。会议开始前两天美国政府公布了对中国 500 亿美元出口加征关税的举措,中国政府也迅速作出了反应,不仅如此,美国政府当时还在酝酿对它很多贸易伙伴加征钢铁和铝的进口关税,还在酝酿对汽车加征关税,等等。美国一系列的贸易政策,不仅会对双边贸易产生深远的影响,对多元贸易体系,甚至对全球化的进程都会产生非常深远的影响。这次论坛以分化、加速的全球化作为主题是非常具有现实意义的,也具有深远的历史意义。

麦甘在致辞中表示,今年的论坛召开得恰逢其时,对中美关系而言也是关键时期。更为重要的是,这次年会标志着中美之间一次非常重要的合作,尤其是标志着美国宾夕法尼亚大学智库研究项目(TTCSP)与全球化智库之间的重要合作。这次会议对于不同智库及世界各国的参与者来说都是重要的交流机会,当今对技术的颠覆性创新以及科技本质的思考十分必要,信息流动和政策变动是智库正面临着的挑战。现在需要利用互联网和社交媒体采取行动,共同应对新的全球性的挑战。

开幕式后,与会研讨嘉宾展开了进一步思想激荡。论坛一"全球化新时代的智库创新"在麦甘主持下正式开始。研讨嘉宾波兰华沙考明斯基大学全球化经济研究中心主任、波兰前副总理 Grzegorz W.Kolodko，美国传统基金会国际经贸研究中心主任、美国驻联合国原大使 Terry Miller，美国哈德逊研究所中国战略中心主任 Michael Pillsburry（白邦瑞），美国百人会会长 Frank Wu，美国约翰霍普金斯大学赖肖尔东亚研究中心主任 Kent Calder，英国皇家国际事务研究所亚洲项目高级研究员 Tim Summers（夏添恩）就全球"政策海啸"冲击下智库如何进行前瞻性预判和专业解读，当贸易保护主义升级、政策不确定性增加和地缘政治风险居高不下时，智库如何提出创新性的解决方案来应对日益复杂的研究议题等展开讨论，并就在全球化对智库机构自身带来挑战和机遇的新时代中，智库如何改变传统思考、运营和传播方式，更好发挥智库在本国和全球治理以及"二轨外交"中所扮演的角色提出建议。

　　"全球化时代中国与国际智库的合作与创新"是论坛二聚焦的主题，我主持了本场论坛。在动荡的全球化时代，保持信息畅通与国际视野尤为重要，全球化同时为思想产品提供了传播需求和技术支持。嘉宾们围绕中国如何拥抱新技术，加强与国外顶尖智库的国际合作与创新，智库间的合作在哪些方面还有待加强，中国智库近些年不断"走出去"时如何进一步加强议题设置能力，更好向世界介绍最新研究成果，并在世界范围内传递和解读中国声音，全球智库网络能否由概念变现实，为国际合作与创新发展赋能等问题从理论到案例进行了思想碰撞。

　　国际顶尖智库都在进行高瞻远瞩的智力投资，不断扩大各自的人才"蓄水池"。论坛三着重探讨了"新时代的智库人才发展"，苗绿博士为本场主持。研讨嘉宾针对智库如何抓住人才流动机遇打造国际化的人才队伍，智库如何培养领军人才以保证智库研究水准和激励员工积极性和创造力等充分交流，并对国际智库施行的推动政府与智库双向人才流动的"旋转门"机制进行分析，就中国如何打造智库人才的"旋转门"，以最大效用地发挥人才优势和政策影响力表达了真知灼见。

　　随后，我们以"中国和亚洲智库的崛起"为主题举办大圆桌研讨，麦

甘先生和我共同主持了分论坛。近十余年来，美国及欧洲的新兴智库增长率正逐步下降，而亚洲的智库正极其快速地增长，关注到这一现象，嘉宾围绕亚洲智库何以崛起，智库在国际化发展中如何注重本土化且为政府提供专业的政策建议，亚洲智库能为亚洲命运共同体建设扮演什么角色等议题进行讨论，并针对改革开放 40 年来如何加强关于开放性的研究，中国智库如何突破发展格局，国家高端智库的特点、形态与作用有何借鉴，以及民间智库如何更好发挥作用等提出针对性、建设性的建议。

有关专家在年会上讨论到了制度建设问题。专家认为，制度既存在于一个国家内，也存在于全球范围，所谓全球的制度就是所谓全球的治理体系，当今的全球化、全球治理体系，总体来看是在第二次世界大战结束以后，以美国为代表的西方国家主导建立起来的一个全球治理体系。这个治理体系它实际上是在上一轮全球化被打断以后，对大萧条的贸易政策，以及第二次世界大战的反思基础上建立起来的。1929 年爆发了大萧条，一直持续到 1933 年，美国出台了以邻为壑的贸易政策，最后的结果是全世界各国贸易壁垒大幅度提升，全球化进程被打断。1929 年爆发金融危机以后，到 1939 年十年以后，欧洲爆发了第二次世界大战，这个教训是非常惨痛的。今天我们说 2008 年金融危机爆发，十年以后美国出台了单边主义的贸易措施，我们要高度警惕这些对世界、对全球化的影响。

美国主导建立起来的当今世界经济的全球化治理体系开始暴露出越来越多的问题，比如它的组织机构的碎片化，决策的低效率，以及它缺乏包容性和公平性等等。这样一个体系需要我们不断地去改革完善它，来更好地适应经济发展的需求。但是今天我们说美国自身采取了一系列的所谓弃约的行动，退出了 TPP 和 NAFTA 等自由贸易协定，采取了很多单边主义的措施。美国毕竟是世界最大的超级大国，它的政策转向会对全球很多国家产生示范效应，这个影响将会非常深刻。

所以未来我们会听到两种不同的声音，一种声音希望世界更加开放，更加包容，强调开放、自由、合作、共赢；另外一方面是单边主义、保护主义在抬头。我们处在这样的历史节点上，面对两种不同的思潮、两种不同的政策取向，未来全球经济治理会向什么方向去？当然，从一个很长的历史跨度来讲，全球化是不可逆的。但是回顾历史，全球化从来不是一帆风顺的，也不是没有被打断过。

专家也谈到了大国博弈的问题。毫无疑问，世界是每一个人的，是全人类的大家庭，每个人都有权利影响全球未来的走势，但是客观现实是，大国的影响力才是决定世界未来走势的决定性力量。所以大国需要更多地承担全球的责任，而不能够仅仅限于为自己本国服务，要把本国的利益、人类的利益、全球的利益有机地结合起来。全球格局的变化从大航海时代以来可以看到，就是大国之间相互博弈的一个过程，这毋庸讳言。今天全球格局变化加速，比如发展中国家作为一个整体，在全球贸易、投资和经济增量中的比例都在大幅的提升，再就是全球经济格局的基本变化，但是我们的全球治理体系，其实还没有真正能够反映这种变化。发展中国家需要能够在全球治理体系里面有更多的话语权，这是跟它在全球经济活动中的地位上升相适应的。未来，全球格局还将加速变化，我们看到了各种各样的预测，比如说到 2030、2050 年，全球大国的排名将会发生很大的变化，所以在这个过程中，新兴的大国需要有更广阔的发展空间，守成的国家希望能够保持自己的地位。从古至今，国家之间的竞争是有利于人类进步的，这是好事情。但是竞争是要讲规则的，是要讲底线的，如果不讲规则、不讲底线，人类的和平就不能保证。

当今我们说规则是什么？就是我们人类经过几千年好不容易得到的，比如全球的规则，这是非常珍贵的人类文明的成果。我们不能够说把全球规则弃之不用、另起炉灶，然后来做一些单边主义举措。所以大国的竞争，一方面我们倡导的是不对抗、不冲突、合作共赢，另外我们看到的是零和游戏，是遏制、是围堵，是所谓的修昔底德陷阱等。所以在我们全球大格局变化的时候，不同的理念、不同的政策取向、大国之间的博弈会带来不同的结果，我们希望用在规则基础上的和平竞争，让大家能够在合作中竞争，让人类不断走向繁荣，这是我们希望看到的，但是我们看到，其实

有很多不确定性。

麦甘和我做了闭幕总结发言。McGann 博士呼吁智库间需要建设更有意义的、可持续的智库国际交流和合作伙伴关系。我认为智库建设之于中国"软"基础设施建设有重要意义，在全球化时代期待智库通过创新能够对加强全球治理，建立一个持久、稳定、繁荣、和平的世界发挥更大作用。

第四届"中国全球智库创新年会"

2019 年 5 月 28 日，第四届中国全球智库创新年会在京举办。本届论坛持续捕捉全球局势变化的最新特点和全球智库发展的迫切问题，聚焦大国竞争背景下智库面临的挑战和可发挥的作用，并以此为背景深入探讨实现智库可持续发展的原则和创新模式。论坛汇聚了中外顶级智库专家和学者参与研讨，对新形势下的智库创新、智库国际化、智库管理与人才培养、智库合作等智库领域关键话题进行深入研讨。

2019 年，我们已经步入了智库发展的黄金时代，作为研究和分析公共政策的机构，智库通过分析国内和外交政策，为政策制定者建言献策。现代国际关系的发展史也告诉我们，各国政府需要倾听来自智库的声音，获得全面的观点，在作出政策决策之前深思熟虑。智库想要长期发展，就必须重视创新和变革。中国乃至亚洲智库已经在数量上得到了巨大的增长，研究成果丰硕，现在需要做的就是更好地利用这些成果，在合作中取长补短，进一步推动创新和变革，使中国智库在全球化市场中拥有更强的竞争力。在与国际智库的竞争中，中国智库要同时具备国际智库的共性与中国智库的特性，其中网站的多语化、出版物的多元化和数字化以及智库合作的全球化将是未来的发展趋势。与此同时，全球的智库也需加强研究成果的分享和实践，建立合作伙伴关系，在服务国家利益的基础上为国际社会作出贡献。

2018—2019 年，国际局势不断紧张，反全球化的浪潮不断高涨。但是全球化与全球合作仍然是充满前景的,也仍然是人类命运的发展方向,并且也能够解决全球最紧迫的问题,所以说智库在这个过程当中所扮演的角色也就显得尤为重要。智库是思想和合作的载体,全球的智库所开展的工作和作出的研究,能够为公共辩论提供指导,并且也能够在国家、地区和全球层面促进政策的制定。智库需要寻求突破,寻求创新,来更好地在全球事务当中扮演自己的角色,我们需要互学互鉴,并且通力合作,尤其是在中国和国际智库之间,我们需要共同来推动智库在全球事务当中扮演更加重要的角色,我们需要分享研究成果,并且促进合作和沟通,只有这样智库才能够作为全球的参与者更好地发挥作用,并且促进双边和多边关系的发展。

大会论坛一以"全球化 4.0 时代的智库创新——国际经验与中国视野"为主题,英国东亚委员会秘书长 Alistair Michie(麦启安),团结香港基金政策倡议及推动高级经理毛玲凤,美国卡托研究所副所长 Christopher A.Preble,美国皮尤研究中心高级研究员 Laura Silver,英国皇家国际事务研究所亚洲项目高级研究员 Tim Summers(夏添恩)和美国移民政策研究所高级研究员 Kathleen Newland 出席并参与研讨。研讨嘉宾们针对全球化 4.0 时代呈现的关键特点、智库的创新性发展路径、国际智库发展经验以及中国智库的发展方向等话题进行讨论,为中国智库探索未来创新发展方向提供了宝贵建议。专家们表示,智库应该重视创新和多样性,比如声音的多样性和意见的多样性。

之后,大会探讨了"国际化智库和智库国际化——路径和挑战"、"智库管理能力和智库人才培育体系的创新发展"等主题。研讨嘉宾针对智库国际化转型的途径和国际化智库的管理、运营、挑战等重要话题发表观点,交换思想,为智库应对国际化发展中的挑战提出许多可行性建议。有关专家认为,中国的智库史快 30 年了,尽管有酸甜苦辣,但是总体发展状况很好。智库是非常重要的,国家非常重视,在国际化的问题上我们还有很多的不足。中国智库过去研究国内的问题为多,研究国内经济问题比较多,未来要从国内的研究走向国外的研究,从国内的封闭研究走向开放

的研究。也有专家强调了智库的管理能力和人才的培育体系问题。专家认为,智库主要就是面临两个问题,怎么样管理好项目,以及怎么利用好资源。智库要招聘最好的人才,不仅仅是吸引人才的问题,最为困难的挑战是能够留住人才。

在"大国竞争背景下的智库创新合作"分论坛上,研讨嘉宾重点探讨了当下大国竞争的新特点、智库跨国合作如何改进国家间关系与智库跨国合作的创新性方式等问题。有关专家表示,中国智库在全球的运营会有很大影响,比如学术交流、智库的交流,很多都进入到了国家安全领域。所以中国智库面临一个新的充满挑战的环境,有很多的跨国、全球的讨论,这个是非常必要的,我们必须要有无国界的讨论。针对中美贸易争端,有关专家表示中美不应该打关税战,未来的方向是减少关税,甚至走向零关税。专家认为,智库国际化对中国来讲越来越迫切,世界的多极化、经济的全球化、文化的多样化、信息社会化这个时期,给我们带来了很多挑战,在这个大变革时期更需要智库发挥更多的作用。当下,大国间的经贸、政治、科技、文化、人才竞争愈发激烈。在传统的政府间官方外交往来之外,社会各界正寻求以新的方式改进国家间关系。不同国家间拥有政策影响力的智库的相互合作,对国家关系的改善可以起到关键性的作用。

本届智库年会还首创了一项内容,全球化智库(CCG)、宾夕法尼亚智库研究项目(TTCSP)与宾大沃顿中国中心在年会之后的第二天举办了2019国际顶尖智库高级研修班。来自国际顶尖智库的资深研究员就智库调研、政策影响力、智库影响力、智库成果转化和智库管理等方面进行培训讲座,从研究、传播、管理等全方面提升中国智库发展水平。

第五届"中国全球智库创新年会"

2020年11月24日,由全球化智库(CCG)主办、宾夕法尼亚大学智库研究项目(TTCSP)联合主办的第五届中国智库创新年会在北京举办。

本届论坛旨在持续捕捉全球局势变化的最新动态、解决全球智库发展的迫切问题、寻找智库可持续发展的创新模式,为中国和国际社会发展建言献策,提出智库方案。因为疫情关系,此次论坛采取线上与线下相结合的形式,来自多国的智库负责人和资深专家在论坛上研讨,200余位智库界人士通过线上线下参与了本次论坛,来自全球的260万观众观看了论坛直播。

2020年11月,美国总统大选结束,拜登战胜特朗普成为新的总统当选人,年会当天早上传来了拜登任命其新的外交工作团队的消息。中美贸易争端仍在继续、美国国内政治不稳、全球化面临十字路口、疫情席卷全球,在此关键节点,举办此次论坛意义重大。

麦甘在致辞中表示,此次论坛主要聚焦于智库面临的挑战,必须要面对现实,要与合作伙伴共同应对未来的不确定性,将会有一系列举措帮助世界回归常态。智库工作模式需要重新思考,行动时循序渐进。只有通过智库联合努力,更加智慧,更好、更快,更加敏捷,才能够经受住风浪冲击。中国智库在全世界范围之内的确重要。未来,中国在全球范围内的发挥作用将与日俱增。

与会专家表示,进入新世纪的20年,国际力量对比转变,区域一体化和经济全球化同步推进。世界大变革、大发展、大调整的广泛深刻性、复杂性不稳定性空前突出。以普遍规则为基础,以政策协调为手段,以多边机制为平台,以共存共融为目标的世界新秩序,需要有大智慧,需要开展大交流,需要推进大合作,超越价值观差异,社会制度分歧,社会发展水平差距,全球治理理念之争。求同存异,缓解对立、管控危机,预防冲突,所以要共同负起责任。中美两国应当作出一些符合人类社会共同期待的负责任的新举措、新贡献。不管是中国还是美国经验,必须跨越彼此国境相互交流,只有这样,两国才能够更好地发展。学术交流需要符合两国共同利益,同时也能够提供更好的、更容易改善的空间。可以共同去探讨中美关系和谐发展的共同领域,需要中美两国人民能够对另一国人民有足够的同情心,应该有这种同理心,只有这样,才能更好地了解两国文化的共同

之处，才能成为两国共同合作的基石。

来自多国的智库专家与学者就各分论坛研讨主题展开热烈讨论。论坛主题包括"拜登时代的全球智库——机遇与挑战"、"智库与新冠肺炎疫情：挑战与创新"、"在地缘政治剧变中促进全球合作——中欧智库视角"和"大变局中的中国民间社会智库如何发挥更大作用"。

为加强中国社会智库的联系，增进交流，携手共同面对智库发展面临的机会和挑战，本次论坛我们举行了中国社会智库联盟发起仪式。该联盟网络旨在搭建平台，促进社会智库之间的交流和合作，加强社会智库间的协同，为新时期更好发挥智库"二轨外交"、建言献策作用，促进我国政策市场的繁荣贡献力量。中联部原副部长于洪君，中国外文局原副局长、当代中国与世界研究院高级研究员王刚毅，国网能源研究院副院长柴高峰，上海哔哩哔哩科技有限公司政策研究院陈彩银，对外经贸大学国际关系学院院长戴长征，世界资源研究所（美国）北京代表处首席代表方莉，海国图智北京中心秘书长关照宇，安邦智库宏观研究中心主任贺军，商务部研究院原院长霍建国，南京大学中国智库研究与评价中心主任《智库

CCG 倡议的中国社会智库联盟发起仪式

理论与实践》副主编李刚,腾讯研究院副院长李刚,商务部欧洲司原司长孙永福,北京市金杜法律研究院院长欧阳振远,清华大学苏世民书院常务副院长潘庆中,中国人民大学国家发展与战略研究院副院长王莉丽,盘古智库执行秘书长王岳,中制智库研究院副院长谢良兵,教育与可持续发展智库主任邢乃贵,零点有数董事长袁岳,中国社会科学院学部委员张蕴岭,察哈尔学会常务副秘书长周虎城见证了联盟网络发起。

附录三

数十家海内外媒体大篇幅报道 CCG"破冰"环球"二轨外交"引爆 舆论关注

在新冠疫情余威尚存之际,全球化智库(CCG)带领着智库专家团队,冒着被感染的风险,分别于 2022 年 6 月、7 月、11 月和 2023 年 1 月、2 月四次海外出访,前后历时近 60 日,行程涵盖美、欧、亚三大洲,全程举办和参与约百场国际交流活动,接触数百位极具影响力的国际人士,释放出中外人文往来的积极信号,从交流范围、交流对象级别、交流形式、探讨议题等方面均突破中国智库出访纪录,数十家国内外主流媒体对出访进行了深度报道,一些媒体将此行描述为"旋风之旅"和"破冰之旅",认为其极具开创性和示范意义,这里选取了其中部分权威媒体报道。

一、全球化智库理事长王辉耀:尽快恢复中外人文交流至关重要

在全球化遭遇逆流、中外人员流动和面对面交流受疫情阻碍的背景下,6 月 22 日至 7 月 21 日,全球化智库(CCG)代表团赴新加坡、美国、法国、德国、比利时、韩国访问,历时一个月,跨越三大洲,与各国智库学者、商界领袖、政要官员等进行交流。这也是新冠疫情暴发后,国内智库代表团首次赴相关国家进行访问。后疫情时代,美欧亚各方如何看待与中国的关系? 北京日报客户端记者专访刚从韩国首尔回国的全球化智库理事长王辉耀。

（一）国际舆论环境变化很大

北京日报客户端：和疫情前相比，这次出访感受到最大的变化是什么？

王辉耀：我们所面临国际舆论环境发生了很大变化。首先，近年来中美关系跌入低谷，今年美国皮尤研究中心的一项调查显示，有80%以上的美国人对中国持负面看法。其次，俄乌冲突在全球范围内引发巨大反响，中欧关系也受到冲击，德国和法国政府都在制定他们有关中国的战略报告，据了解，报告有关内容相较以往可能比较负面。在韩国等亚洲国家也有类似的动向。

在疫情长时间阻断中外人员交流的情况下，一些了解中国、对中国持友好或中立态度的学者，做研究使用的往往是几年前过时的数据，没有什么新素材、新体会，他们在对华问题上的公信力受到削弱。在美国致力于促进中美民间交流的团体原来门庭若市，经常接待中国团体，但现在却萧条冷清，我们去交流时办公室灯都是黑的；反观其他一些智库，比如大西洋理事会这样致力于欧美交流、俄乌冲突的机构，今年预算增加了30%，不断招兵买马、一片兴旺。留学生群体也因为过不来，只能选择去其他地区留学，这些对我们来说都是损失。

（二）担心完全是多余的

北京日报客户端：全球化智库代表团这次外访活动发挥了什么样的作用？

王辉耀：在前述背景下，我们出去前曾担心，会不会出现到国外后到处碰壁、人家不愿意和我们接触的情况，后来发现这种担心完全是多余的。

我们在各个国家都受到了相当热烈、高规格的接待，我们访问了三大洲多个国家，开展了70余场活动，与多家国际顶级智库负责人、商会和企业人士、政界和媒体人士见面，到访联合国、世界银行等国际组织总部，同

时，我们也拜访了中国驻沿途各国大使馆。外方普遍重视与我们的交流，希望听到来自中国的声音。对于他们提出的有关中国的疑问和误解，我们做了大量解释沟通工作，我认为这也是智库应该发挥的作用，在当前环境下，这种直接交流非常有意义。

另外，我们这次出访本身也可以被视为一种积极信号，外方说有中国智库来访问了，是不是意味着他们也可以去中国了。有些智库和企业人士非常积极，说你们7月来了，我们8月就要去中国，隔离也要去。国内的智库同行听说我们出访了，也说下一步是不是他们也能出去了，我们此行可以说起到了一个引领示范的作用。

（三）美方关心中美究竟如何相处

北京日报客户端：外方具体对中国的哪些情况最为关心？美欧亚各国智库机构对中国情况的关注是否各有侧重？

王辉耀：外方关注的内容很多。美方关心中美究竟如何相处，现在两国关系下滑，底部在什么地方？我们如何找到一个既能合理竞争，又能避免发生冲突的相处之道？这不仅是美方，也是我们中国智库关心的问题。

美国企业普遍关心俄乌冲突会对他们在中国的生意造成什么影响，以及在目前美国国内通货膨胀严重的情况下，中国经济能否保持稳定增长并继续支撑全球经济。他们还关心中国共产党的二十大的召开，中国的改革开放如何持续进行。当然关心最多的还是中国何时能够适当放宽防疫和出入境政策。我们注意到近期印尼总统成为北京冬奥会后第一个到中国正式访问的外国国家元首，这是一个积极的信号。

欧洲智库比较关心中国在俄乌问题上的立场。他们存在很多误解，认为中国对乌克兰支持不够，我们向他们解释中国向乌克兰提供了人道主义援助，中方主张包括乌克兰在内的各国主权和领土完整都应得到尊重，这起到一定的增信释疑作用。欧方还多次提到因制裁被冻结的中欧投资协定，关注双方是否能就取消相关制裁达成一致。和欧方接触中，我感到中欧在如多边主义、气候变化、可持续发展、数字经济等议题方面仍有共识基础,应该继续推动和加强双方在这些领域的合作。

我们还去了新加坡和韩国,新方主要提出中美关系紧张对他们是不利的,他们不愿意选边站队,希望尽量调和双方关系,韩方也面临类似情况。目前韩国在经济上对中国的依赖程度很深,中韩贸易总量比韩国和美国、日本、欧盟加起来的总和还多。但在地缘政治问题上,美国最近在拉拢韩国,邀请他们参加北约峰会,帮助缓和韩日关系,目的都是建立遏华的小圈子。对此,韩国有声音认为韩国应当保持一定程度的中立,这是我们需要积极争取的地方。

(四) 对中美关系未来谨慎乐观

北京日报客户端:当前中美关系处于低谷时期,你如何看待中美关系的未来发展?

王辉耀:我对中美关系未来发展持谨慎乐观态度,或者说有一些方面不乐观。当今世界处于"一球两制"的状态,美方能否接受这个现实,能否与中方真正和平共处? 这十分重要。我们一直说经济是中美关系的"压舱石",我认为人文交流也有同样的作用。另外我们要处理好主要矛盾,即与美国的矛盾,其他都是次要矛盾,要尽可能缓和次要矛盾。这几方面做到位,我认为中美还是有可能迎来一个谨慎乐观的局面。

今年5月,美国国务卿布林肯在乔治·华盛顿大学发表对华政策演讲时,改变了他曾提出的"竞争、对抗与合作"三分法,修改为"投资、结盟和竞争"的三分法,即进一步投资美国国内建设,巩固盟友体系以及在"实力基础上"同中国展开公开、公平的竞争,这说明美国的对华政策也正在发生转变,认为有必要做好中美关系的管控。7月国务委员兼外交部长王毅与布林肯还在印尼巴厘岛进行了会面,我认为这都是比较积极的信号。

(五) 中美中欧应尽快重启人文交流

北京日报客户端:全球化智库对改善中美、中欧关系有没有具体

建议？

王辉耀：第一个建议是要尽快重启包括企业间、政府间的交流。我们可以举办中美企业的高峰对话，发挥好企业的纽带作用，在我们访美期间，《华尔街日报》发表了14位美国企业、商会和智库高层人士呼吁重建中美关系的文章。另外，在地方政府合作方面中美还有很多合作空间，与联邦政府和国会不同，美国的地方州政府对中方来交流合作多持欢迎态度。

第二个建议是加大留学生交流的力度。我们了解到美方对中国留学生总体还是持欢迎的态度，他们认为中国人才去美国能够帮助他们，同时留学生也能起到促进两国交流的桥梁纽带作用，我们也需要吸引更多美国留学生来中国。还要恢复旅游。疫情前的2019年中国出境游客超过1.5亿人次，境外消费金额超2000亿美元，这是我们非常好的软实力。

第三个建议是加强与美方在多个层面的沟通。在气候变化、数字经济、教育、文化旅游、商务等各方面我们都应保持接触，从各个层面发出中国的声音，抵消西方媒体对华的很多负面报道和片面认知。

第四个建议是欢迎更多外国人士，包括对中国有偏见的人士来华访问。百闻不如一见，让他们亲身到中国看一看，包括到新疆看一看，这是消除隔阂误解最有说服力的办法，国外一些关于中国的谎言也能够不攻自破。

考虑到疫情影响，开展上述人文交流可以采取一些灵活的做法，比如邀请外方人员来华交流可以参考奥运会时的闭环模式，让他们不必担心来华需要长时间隔离，减少防疫政策给他们来华的阻力。中方人员也需要更多地"走出去"。现在有一个动向是，过去人文交流的区域中心更多在北京、上海、广州、香港，现在受疫情影响在逐渐往首尔、新加坡、曼谷这些地方转移，这些地方都很重视打造自身的影响力，应该引起我们重视。

（文章选自北京日报客户端，2022年7月30日，记者童沛、白波）

二、慕安会手记:在西方的"家庭聚会"上发出中国声音!

2月17日至19日举办的第59届慕尼黑安全会议(以下简称"慕安会")落下帷幕已有多日。与一些西方国家在慕安会传递出的阵阵寒意形成鲜明对比的,是中国在西方主场承办的"思想年会"上发出强有力的声音,呼吁"建设一个更加安全的世界"。全球化智库(CCG)近年来多次参与慕安会,而近距离观察和参与本届会议让我们感触颇多。与往年2月的阴雨连绵不同,今年2月的慕尼黑温暖宜人,人们甚至出门都不用穿大衣。但这届"最暖和的慕安会"显然受到俄乌冲突爆发一周年的影响,带有很多阵营对立和冷战思维的色彩。在这样的背景下,中国发出的声音显然更加重要。

(一) 中国是"思想年会"重要参与者

被美国有线电视新闻网(CNN)评价为"全球外交和安全最高会议"的慕安会在60年前创办时,关注的安全话题并不像现在这样广泛。创办之初,它更像是西方政界和学界为讨论冷战安全问题形成的"小圈子",甚至被人称为西方国家一年一度的"家庭聚会"和"统一思想的年会"。如今,气候变化、能源安全、粮食安全、卫生安全、网络安全等也成为慕安会主要议题,每年各参与方都会提出很多原创性的观点。

近年来,慕安会参会者都稳定在六七百人,相比每年年初的达沃斯世界经济论坛云集数千全球商界、政界精英而言,它可以算得上"小而精"。

本届慕安会期间,不仅法国总统马克龙、德国总理朔尔茨、英国首相苏纳克和美国副总统哈里斯到会并发表了演讲,还有大量美欧议员、军方和智库代表到场。美国参议院1/3的议员参加了本届慕安会,以至于美国威尔逊中心名誉主席哈特曼开玩笑说:"这么多议员在这里,完全可以提出议案并推动投票了。"本届慕安会也因为中共中央政治局委员、中央外事工作委员会办公室主任王毅应美方请求,与美国国务卿布林肯举行

"非正式接触"而变得举世瞩目。

值得注意的是,本届慕安会不仅有政界、学界和军方人士,还有一些全球知名高科技企业的负责人出现在现场,甚至笔者还遇到一位国际奢侈品品牌的创始人。这么多商界人士参会是以往极为少见的,说明慕安会正在成为西方构建政商学军各界达成更加全面共识的平台。从慕安会的种种变化来看,西方国家想让这个会议从专业性较强的安全论坛转变为一个凝聚共识、统一思想、形成新话语体系的重要平台。

按照惯例,绝大多数参会者集中在慕尼黑巴伐利亚庄园酒店,在"紧凑的空间"里连开 3 天会议方便大家展开高密度的互动。在这种场合下的互动不仅可以增进了解,也成为各方拓宽人脉的好机会。不管是在会场还是在酒店大堂和咖啡厅里,都可以见到很多国际知名政要。在 2019年慕安会上,我们就曾与时任德国财政部长、现任总理的朔尔茨展开过同台研讨。

慕安会每次发布的《慕尼黑安全报告》也是一大"亮点",它对全球安全形势作出的分析和研判,往往成为一些西方国家的决策依据。由于参会者级别很高,慕安会也越来越成为各国政府高官进行正式或非正式会面沟通的高端平台。自 1999 年首次派出官方代表出席慕安会以来,中国成为"思想年会"不可或缺的参与者,有关中国的话题也成为热点话题。2020 年,慕安会明确涉及中国的分论坛多达 11 场,议题包括"西方如何面对中国挑战""跨大西洋关系与中国难题"等。

过去两年,受疫情影响,中国代表更多的是通过视频方式参与慕安会。当中国代表今年再次出现在西方的"家庭聚会"现场时,其意义和影响是非常深远的。

(二) 中国表现出务实的态度

慕安会每年发布的安全报告都包含表达西方社会情绪的主题词,如2020 年是"西方的缺失"(Westlessness),2022 年是"摆脱无助感"(Unlearning Helplessness)。这些主题词反映出西方世界近年来因国际秩序和格局改变而产生的强烈焦虑感。今年的慕安会主题词是一个双关词"Re：vision"，既有"改变国际秩序"的意思又包含重塑愿景的希望。两者意思重叠，表现出西方的复杂心态。

本届慕安会举办时间恰逢俄乌冲突爆发一周年前夕。而欧洲受到俄乌冲突影响程度最大，气氛也最紧张。我们在会场酒店外看到了一幅巨大的广告，上面有横卧在地上的乌克兰人的尸体，并写着"乌克兰就是你"，言外之意是"如果不帮助乌克兰，未来这些死去的人就会是你"。与之呼应的是，俄乌冲突及其带来的一系列国际局势变化成为本届慕安会上讨论的焦点。

与上届一样，当站在反俄立场上支持乌克兰赢得最后胜利已在一些欧美国家成为"政治正确"时，本届慕安会没有邀请俄罗斯官方代表。在俄方看来，慕安会越来越变成"跨大西洋论坛"，失去了包容性和客观性。

有俄罗斯媒体刊文称，"北约想通过慕安会双倍下注"。对缺席的俄罗斯，西方国家代表开始"软硬兼施"：美国副总统哈里斯在演讲中用大篇幅内容阐述美国对俄乌冲突的观点，非常煽情地指责俄方在乌克兰犯下"战争罪行"；德国外长贝尔伯克则说，如果俄方决定停止轰炸乌克兰并撤走部队，那整场冲突"在第二天就会结束"。

近距离观察慕安会，还可以发现一些细节的背后具有深刻意味。美国前总统特朗普任期内，欧洲对美国啧有烦言，这种情绪在前几年的慕安会上有所体现。本届慕安会美欧分歧明显减少，但当哈里斯演讲称"俄乌冲突让欧美关系更加密切"后，慕安会主席霍伊斯根直言不讳地表示，美国的《通胀削减法》通过补贴排挤欧洲企业，让欧洲商界意见很大。从这个细节上就可以看出，美欧之间并非没有矛盾。很多欧洲参会者向我们表示："我们不愿看到欧洲与美国走得太近，但在俄乌冲突爆发后已没有办法。"

美欧与会者还试图在本届慕安会上就对华政策达成协调一致。例如，会议期间举办了一个主题为"缩小大西洋两岸对中国的分歧"的分论坛，专门讨论如何减少美欧双方在制定对华政策时的分歧。由于政商学

各方云集,一些西方国家与会者可不想失去这样的机会。某位美国议员在会上说,"对华贸易是好的,但对华依赖是坏的,鸡蛋不能放在一个篮子里"。考虑到中国驻欧盟使团团长傅聪大使刚就中欧投资协定处于搁置状态的问题提出"双方同时解除制裁"的建议,以及美方舆论频繁炒作对华"脱钩"并建立各种围堵中国高科技产业和经济发展的联盟,很难说这位美国议员的话不是意有所指。

相比西方的攻讦和指责,中国在慕安会表现出更加务实的态度。中共中央政治局委员、中央外事工作委员会办公室主任王毅出席慕尼黑安全会议并发表题为《建设一个更加安全的世界》的主旨讲话,宣布中方将发布《关于政治解决乌克兰危机的中国立场》。王毅还在应约会见乌克兰外长库列巴时表示,我们不愿看到乌克兰危机长期化、扩大化,愿同国际社会一道,避免形势进一步恶化,持之以恒地争取和平。

英国《卫报》在有关慕安会的报道中说:"中国的和平计划获得了西方'谨慎的致意'。"会议期间,有国际机构代表主动找我们说:"王毅主任的主旨讲话带来了不一样的声音。在这一场合,西方应该更多倾听中国的声音。"

（三）西方没有把慕安会当成空谈会

尽管如此,本届慕安会仍然流露出主办者以及西方的一些狭隘思维,在为各国设定的安全指数评估中,依旧沿用了"该国民主受损情况"的评估维度,体现出西方思维中盛行的"民主与专制"二元对立的世界观。西方国家在以"民主"价值观凝聚自身联盟的同时,还用"专制"标签区别对待其他国家。

在这届慕安会中还有专场边会,专门讨论"如何在其他地方塑造美欧民主价值观影响力"。这让很多非西方国家感到不满。在我们参加的一个中东国家企业家会议上,各方纷纷表示,"不希望看到世界阵营化,不希望选边站队"。一位新加坡代表在另一场分论坛上说,不能把国家都分为"民主或专制",因为非西方国家和欧美国家的治理模式不一样,要主张包容。很多参会代表在跟我们谈起这一话题时，都希望中国能发出更多声音。

我们觉得，要改变西方的狭隘思维并不是一天两天就能做到的，对此要有持之以恒的心态，并以合适的方式推进。首先是中国应尽量多参加这样的论坛和活动，积极发出中国的真实声音。展现大国风范和国际影响力当然是参会的目的之一。我们还观察发现：一是只要有中国人出席和在场的活动，很多西方国家的发言者在言语上就会有所克制，这在一定程度上能使讨论和对话变得更加理性和客观；二是有许多西方人愿意听中国的声音。慕安会开幕前，负责撰写《慕尼黑安全指数报告》的国际知名咨询公司 Kekst CNC 邀请我们出席午餐会并发表主题演讲。参加午餐会的多为跨国企业 CEO，我们抓住这个机会向他们阐释中国智库对全球热点话题的看法。很多与会者表示，听了中方代表的讲述，他们认为后疫情时代欧中商业合作具有非常广阔的前景。

全球化智库（CCG）在本届慕安会举办了主题为"绿洲还是幻影：中美气候合作关系分析"的边会，并邀请中外不少老朋友参加。全国人大外事委员会副主任委员傅莹、西班牙前外交大臣冈萨雷斯、巴黎和平论坛总干事瓦伊斯、德国外交关系协会主任兼首席执行官沃尔夫、美国商务部中国事务高级顾问易明等参加会议并致辞。傅莹在致辞时表示，气候问题事关未来人类福祉，中美气候问题上的合作不应因两国关系下滑而停止。中国始终认为，全球化进程不会停止，中美在经济发展、贸易增长和气候问题上的合作应当持续。哈佛大学肯尼迪政府学院创始院长格雷厄姆·艾利森在边会上的一句话也让我们印象深刻。他表示："中美关系不能只用竞争来定义，还有合作，中美强调合作的程度不应亚于强调竞争。"应该说，这样的观点如果能被美国决策者认可，对发展中美关系是能产生正面影响的。

在本届慕安会期间，CCG 参加了多场分论坛和边会，在一定程度上对中国的政策、立场和观点作出了解释。会议期间，CCG 还提出了一些相关建议，如倡议形成中美欧三边对话的"G3"机制，针对乌克兰问题在

联合国框架内举行"联合国安理会 5 个常任理事国+乌克兰、欧盟七方会谈"等。我们希望,未来中国的智库也能在中国多举办一些这样有国际影响力的多边论坛和活动,邀请更多国际各方嘉宾与会,打造凝聚各方共识、加强沟通交流的国际平台,发出更多的中国声音。

值得一提的是,慕安会保持了对西方政策制定一如既往的影响力。此前参加慕安会认识的一位联合国官员私下告诉我们,他每年都必须来参加这个会议,因为在会上听到的一些声音和见解会在年内就形成政策并出台。比如,前些年在慕安会上被热议的中国科技企业和 5G 网络等关键技术问题、"民主与专制"二分法、"印太战略"等,都出现在一些西方国家后来出台的相关政策中。从这个意义上说,西方国家没有把慕安会当成是一次空谈会。对中国来说,我们需要更加重视这个平台,不仅可以通过慕安会加强与外界的沟通和交流,减少误解并就一些问题形成共识,更要在会上提供中国方案和中国建议,从实际操作上寻求各方利益的最大公约数。

(文章刊发于《环球时报》2023 年 3 月 1 日,
作者王辉耀,苗绿)

三、王辉耀:走遍世界

工作日里,北京 CBD 的行人步履匆匆。CBD 核心区的汉威大厦西区,8 部电梯也依着人的忙碌程度,在写字楼的 28 层间上下穿梭。

与电梯忙碌却简单的运行方式不同的,是 15 层一间视频会议室里,一位中国人与一位美国人关于全球化的对话,平缓中蕴含着深长的意味。

屏幕这头,中国人王辉耀问:"世界仍然是平的吗?"

屏幕那头的美国人是《世界是平的》作者托马斯·弗里德曼,他幽默地回答:"我坐在马里兰州的办公室里,我的朋友辉耀坐在北京的办公室里。我们以两个个体的身份,坐在办公室的两端进行对话,世界还不是平的吗？世界比以前更平坦了。"但紧接着,他又提出了更严峻的观点:当今世界不仅是平的,还是脆弱的。世界在变得快速、融合、深刻和开放的同时,也面临网络、资本流动、贸易、气候、劳动力流动等一系列新挑战,这需要有效的全球治理……

这是 2021 年 3 月 29 日全球化智库"中国与世界"线上名家对话会的场景。从 2008 年创立全球化智库起,王辉耀的每一天,都在倾听与对话中度过。这间不大的会议室近两年更是见证了:王辉耀与 60 余位国际政、产、研、商、学、媒界人士就中美关系、中欧关系、国际抗疫合作、世界经济发展、应对气候变化、国际智库合作等话题进行的深度对话。

行为的背后有着目标的考虑,而智库的目标设定和发展走向,又积淀了王辉耀此前历经政、学、商、研的视野和研判力。目前全球化智库已连续四年入列世界百强智库,同时也是唯一获得联合国特别咨商地位的中国智库。

"在两国关系出现波折、政府间沟通不畅时,智库尤其社会智库是担当'民间外交使者'的最佳独立第三方。智库可以通过搭建国际交流平台,开辟高层对话的第二轨道。"在定位自身国际化社会智库时,王辉耀特别强调:"'做政府不便做或者难以做的事情',这一点对中国尤为重要。"

(一)芒克辩论的胜利

2019 年 1 月,王辉耀忽然收到加拿大芒克辩论会主办方的邀请,对方言明:"想找一位能够以中国立场发出声音,并能够流利使用英语交流的人",参加 5 月的公共辩论。

在北美地区,普遍信服且看重辩论这种激烈碰撞的对话形式。芒克辩论会是一个由加拿大知名企业家赞助的公共辩论会,其人员遴选不仅体现了西方精英标准,话题也发挥了西方语境中"议程设置"的作用。这从分配给王辉耀的辩题中就可见一斑:"中国是国际自由秩序的威胁吗?"

作为处于守势的反方，王辉耀知道这不是一个能平等辩论的话题。"它事先假设了'国际秩序'是'自由的'这一立场，占据了道德制高点。要驳倒这一观点，就不能否认'国际自由秩序'，只能从'威胁'角度进行去污名化的辩解。"

王辉耀的搭档马凯硕，是新加坡前驻联合国代表、新加坡国立大学李光耀公共政策学院创始院长，还是"亚洲价值观"概念的倡导者。正方辩友，一位是特朗普政府的前国家安全事务助理、美国退役陆军中将赫伯特·麦克马斯特，对美国传统"对手"持坚决打压态度的鹰派人士，另一位是能说一口流利中文、服务过四任美国总统的美国学者白邦瑞。

尽管对手强势，当时的国际话语环境也并不有利，王辉耀还是下定决心：一定要参加这次辩论会。

"因为对这个话题本身，我还是有一定把握的。中国不但对多边自由世界没有威胁，而且为促进多边主义国际秩序的发展贡献了很大力量。"

10多年来，智库做了大量的关于中国经济全球化、中外交流、人才全球化等推动多边主义议题的研究工作。王辉耀深信："我们对政策的研究非常深入，在这个话题上可以举出非常多的例子佐证中国一直在支持多边主义，推动建立多边主义世界秩序。"例如，中国是联合国第二大捐赠国，是安理会中参与联合国维和部队人数最多的国家；中国积极签订并遵守巴黎气候变化大会的相关协议；中国还是亚洲基础设施投资银行这样多边金融机构的发起国，积极推动并践行"一带一路"倡议……

也更因为，王辉耀知道中国社会与西方的沟通本就不多，"不管怎样，我都要去介绍中国的情况，解读中国的全球化路径。"

辩论会的规则，开始前先由3000名现场观众进行电子投票，结束后进行第二次投票，哪一方票数比例上升，哪一方获胜。

面对正方发起的频频进攻，王辉耀通过摆事实、引数据展开了三个论点，"中国是现行自由国际秩序的受益者，中国是现有国际秩序的贡献者，中国还是全球最大的市场。"说到中国积极推动加入巴黎和平论坛、气候变化协定,但美国没有加入等观点时,王辉耀听到观众席上响起了掌声。

最后一位陈词的马凯硕非常雄辩,他先从辩题出发,认为对中国政治体制的攻击与辩题无关,继而提出,从更大的历史维度来看,几千年来,世界上最大的两个经济体始终是中国和印度。只是在过去200年里欧洲和北美腾飞了,最后世界秩序仍会回归正常状态。他指出,世界上有75亿人口,只有12%的人生活在西方,88%的人生活在西方以外。要想评判中国的国际行为,就要看看世界上大多数人对中国的态度。最后,他总结道:"现在西方人批判中国,是因为中国在威胁国际秩序吗?而真正威胁自由的世界秩序的国家到底是谁?"

辩论结束后,二次投票结果显示,反方票数占比由24%上升到26%,王辉耀和马凯硕相视一笑:尽管得票率远低于正方,但改变了在场60位西方观众的选择,按照规则,赢得了胜利。

这次辩论的小胜,令王辉耀更为确定,"国外对中国信息的需求量是巨大的,尤其美国是一个多层次社会,他们以全社会的方式应对中国,我们为什么不可以用全社会的方式去应对他们?"

因而回到"面对中国的海外形象问题,我们应该怎么做"这一问题时,他的认知更为务实:"要改变西方的话语霸权需要很长时间。但是对中国的指责,我们仍需面对和解决。只有自己彰显存在,提供不同的声音,才有可能推动受众认知的多元化,进而建立外部对中国行为的正面认知。"

(二) 睁眼看世界

小时候的王辉耀生活在父母参与修建成昆铁路的山区,但他从不怵出门。"我父母都在铁路部门工作,铁路子女可以享受坐火车免票的福利。"中学起,王辉耀就跑遍了全国各地。

"对出国的兴趣,又受到周恩来、邓小平、巴金、鲁迅等这些曾在国外待过的名人影响。"从书本中,他建立了"国际视野"的朦胧认知。加之20

世纪70年代,出国参与援建坦赞铁路的父亲回来后告诉家人:"国外都是用英语交流的。"在父母支持下,中学时的王辉耀跟着广播自学起了英语。作为恢复高考后的第一届大学生,他毕业后被分配到了国家对外经贸部。

早年的启蒙和身处对外窗口的影响,使得1984年的王辉耀作出了重大人生选择——出国留学攻读MBA。此后10年,他从大陆留学生到全球最大工程管理咨询公司的第一位华人高级主管,再到加拿大地方政府的经济官员,海外学习和工作的经历,让他深刻体验了另一种文化和制度,为他之后搭建东西方沟通的桥梁打下了基础。

在海外留学期间,王辉耀就发现,20世纪五六十年代,亚洲多地曾有大批留学生出国学习,七八十年代这些留学生又大批回归,成为推动当地经济和社会发展的重要动力。

联系到中国经济和社会发展的现实需求和自身的经历,回国后的王辉耀把研究目光对准了"海归"群体。"这些海外留学生在西方长期生活学习过,有全球性的思维模式,了解国际文化和背景,也熟悉国际市场经济,知道该如何运作。更重要的是,他们大多都有一颗报效祖国之心。这是一股新兴的强大力量,如果把他们组织起来,将在全球化进程中形成巨大的中国优势。"

王辉耀的经略从著书立说开始。2004年起,他持续出版关于国际人才的研究著作。学术的领先,加上当时在欧美同学会的活跃表现,他引起了有关部门的注意,在制定国家中长期人才发展规划纲要时,王辉耀被邀请作为专家参与起草工作。能为国家开放发展建言献策,令王辉耀深以为傲。

事实上,也是对人才的持续研究催生了智库。智库的第一件提案就是倡议建立国际人才组织联盟。今天再翻看王辉耀出版的研究成果,人才是其中的高频主题词。从2012年开始,智库研究撰写了国际人才蓝皮书系列,研究发布了国际人才方面的诸多成果,参与了国家部委、地方政府的国际人才研究课题,并且,推动中国加入国际移民组织,建言成立国家移民局等。

在重大公共政策制定上，为政府提供客观、独立、专业、可操作和富有建设性的解决方案，是智库的最终目标。这又与国务院参事、政协委员、党派成员的建言献策有颇多相通之处，都是通过协商民主的方式，为国家发展建言献策。

2015年，当从李克强同志手中接过聘书的那一刻，王辉耀掂出了"国务院参事"的分量——国务院参事的建议可以直达中央领导同志案头，"2021年，我有近20篇建议获得中央有关领导的批示，很多建言都得到了国家领导的重视。"

全球化智库奉行的"以全球视野，为中国建言；以中国智慧，为全球献策"的宗旨，又让王辉耀在政协、党派履职时，有着更为得心应手的路径——作为北京市政协学习委员会副主任，他在北京国际交往中心建设、北京两区建设等重大课题中，做专题调研、组织座谈、开设讲座、提交报告，参与并配合北京市政协的工作；智库参与发起的"国际青年领袖对话"项目举办了"从首都实践看全过程人民民主"国际青年沙龙，邀请10国青年代表走进北京市政协机关，了解协商民主的特点与实践……

（三）"怎样让这个世界变得更好？"

在北美留学时，王辉耀就发现，西方发达国家里，智库是社会体系中的重要角色，无论是总统、内阁、国会还是中情局、五角大楼、国家安全委员会，几乎任何一项政策或决策，都会受到智库直接或间接的影响。

为专门研究国际智库的运作模式，2010年王辉耀前往全球排名第一的智库美国布鲁金斯学会担任访问研究员，曾在哈佛肯尼迪政府学院担任高级研究员，也拜访过几十家美国知名智库。"当一方政党下野后，一批前议员、前参议员需要保持对政界动态的及时关心掌握，大概智库是最好的一种方式吧，能够与时俱进地了解政治议题及进行设置和参与，以便为下一次上台执政作准备。"

智库人员通过"旋转门"机制加入政府，成为政策制定者，卸任官员

通过"旋转门"机制加入智库,从事公共政策研究。个人在公共部门和私人部门之间的双向角色转换,以穿梭交叉方式为不同利益集团牟利的西方智库运行方式,因涉嫌利益输送,在国内外饱受诟病。

中国的协商民主则更为广泛,这使得中国社会智库不断生长,同时也在客观上,为王辉耀提供了更为广阔的国际舞台。

全球化智库的办公走廊墙上,展示着王辉耀与一些外国政要、学者的合影。全球化智库副秘书长许海玉熟稔地介绍,"这是联合国前秘书长……这是世贸组织总干事……这是'修昔底德陷阱'的提出者……"

受疫情影响,这两年访华的外国政要、学者有所减少,但依然有外国人频频造访智库。王辉耀粗算了一下,仅10月中下旬,位于光华路7号的全球化智库,每周就有两位驻华大使到访。

访客临走时,会收到赠送的一份伴手礼——国际通用的电源转换器。这个用于国内220电压和一些国家110V电压的小电器本身,是对国际智库人的角色隐喻,正如王辉耀所说,"要有国际视野,要通晓国际文化,也要熟悉两边的语言,用对方听得懂的语言,在两种文化中很好地转换。"

王辉耀注意到中共二十大报告对加强国际传播、讲好中国故事的新要求,他的看法是:"新时代加强国际传播不仅要在器物层面推动中国产品技术等走向世界,在制度层面增强国际社会对中国道路的理解,更要在理念层面加强中华文明的传播力影响力。"

这一认识,直接促动了智库今年的第二次环球"二轨外交"活动。

11月初至今,王辉耀与同为智库创始人的苗绿正在新加坡、巴黎开展访问与调研活动。此前六七月份,全球化智库代表团30天内跨越三大洲,以新加坡为起点,历经美国纽约、华盛顿、法国巴黎、德国柏林、比利时布鲁塞尔,在韩国首尔收官,共举行70余场对话交流活动。

就在11月1日新加坡刚刚举行的一场活动上,苗绿发现他们是唯一的中方代表。活动结束时,当她听到印尼前外长对王辉耀说:"这里需要有你们的声音。"她又一次验证了走出来的必要性:在全球化遭遇波折的时期,我们来对了。

智库创立于2008年,那一年正值北京召开奥运会,同时也是中国登上全球舞台的亮相之时。王辉耀说,"当年奥运会的口号是'同一个世界,同一个梦想',这不就是全球化吗?"

不久前的中国共产党第二十次全国代表大会上,习近平总书记再次强调:"中国开放的大门会越开越大"。这让作为中国社会智库领军人的王辉耀充满了前行的动力:继续在国际上发出中国声音,讲好中国故事,向世界展现可信、可爱、可敬的中国形象。

多年来,在国际舞台上利用各种交流会、辩论和餐会,无论是轻松对话还是唇枪舌剑,王辉耀一直在为中国参与及推动全球化发展而努力,由此他也形成了自己对于全球化的叙事框架:先宏观讲述面临的问题,再逐渐细化到中国做了什么和应该做什么,并以具体案例、数据和研究支持观点,最后提出解决方案,以构成完整的逻辑闭环。

"每天早晨,辉耀左手边的电脑是新华网,右手边电脑是CNN(美国有线电视新闻网)。"苗绿描述起这个场景时,不由提到王辉耀身上的士者情怀:"怎样让这个世界变得更好? 个人兼济天下有什么最佳之道? 在力所能及的范围内我可以做些什么事情?"王辉耀的母家先祖是清代经学家欧阳厚均,这位岳麓书院历史上任职最长的山长,"弟子著录三千人,多以节义功名显"。

如今,有着中国情怀、世界眼光的王辉耀,行走在国际社会,所见所闻所感让他保持着一种谨慎的乐观,继而又转化为一种旺盛的精力,日复一日投入到研究、出版、活动等智库工作中。

记者手记

保持敏锐

我对于智库人的认识起初比较泛泛,而随着对王辉耀采访和了解的不断加深,逐渐发现这位社会智库创始人的不简单:长期坚持走国际路线,令他如今拥有庞大的国际朋友圈,其中不乏活跃在国际舞台上的许多

知名人士,如基辛格、潘基文、托马斯·弗里德曼、马凯硕、郑永年……还有多国驻华大使。

如今,一个社会组织要想生存已经颇为不易,想要做大做强,就更不容易。而像王辉耀带领的这家社会智库,既要跟政府保持紧密联系,又要保持独立社会身份,还能被国际所接受……需要满足的条件越多,难度越大。这更加激发了我的好奇心:为什么你们可以? 其实探究下来,道理也很简单,这和创始人本身的视野、背景以及水平有很重要的联系。

坐下来采访时,更是直观感受到坐在对面这个采访对象的坦率和敏锐,他不会刻意隐藏信息,反而能够在问题当中快速捕捉到提问者的动机和核心关切,直白且主动地进行回答。这种素养当中,有学识的成分,有时间的发酵,有视野的催化,更有对人性的敏感和接纳。

王辉耀大学时的专业是英美文学。如果按照广为人知的"文学即人学"的命题逻辑,也可以说对文学的喜爱和研究,在一定程度上丰富了他对于人性的理解和洞察。

处于百年未有之大变局,世界格局、世界秩序转型正在发生深刻变化。国际关系早已不限于经贸联系。

某种程度上,国际关系是竞争还是合作,与人际关系极为相似。因此无论作为政策制定者还是国际传播者,除了掌握知识、了解舆论、逻辑严密、具备转换语言能力等必备素质之外,对于人性的考量也是不可或缺的。

（文章选自《人民政协报》2022 年 11 月 15 日,
人民政协报记者韩雪）

参考文献
REFERENCE

[1][美]战略与国际研究中心等:《美国智库眼中的中国崛起》,北京:中国发展出版社,2011年。

[2]包月阳:《中国智库》第1辑,北京:中国发展出版社,2013年。

[3]程恩富:《激辩新开放策论》(中国经济社会发展智库丛书),北京:中国社会科学出版社,2011年。

[4]张德广:《第二届中国——拉美和加勒比智库交流论坛文集》,北京:世界知识出版社,2013年。

[5]张宇燕:《全球智库观点(一)——影响全球决策的声音》北京:社会科学文献出版社,2013年。

[6]中国广播电视协会:《传媒思想智库》,北京:中国广播电视出版社,2011年。

[7]中国科协发展研究中心:《智库报告:中国科协发展研究中心决策咨询研究报告》,北京:中国科学技术大学出版社,2010年。

[8]李学良:《"民间智库"的历史存在形态》,《山西青年管理干部学院学报》2010年第3期。

[9]欧阳向英:《俄罗斯主要智库及其发展情况》,《对外传播》2010年第5期。

[10]温燕:《美国智库值得亚洲借鉴》,《领导艺术》2009年第3期。

[11]吴寄南:《浅析智库在日本外交决策中的作用》,《日本学刊》2008

年第 3 期。

[12]李玲娟:《中国民间智库的地位作用研究》,《法制与社会》2007
年第 10 期。

[13]王志存:《中国民间智库的发展障碍与对策思考》,《法制与社会》
2009 年第 8 期。

[14]翟峰:《发展民间智库的前瞻性思考》,《秘书》2008 年第 4 期。

[15]曾培炎:《国际经济形势与智库发展》,《决策 & 信息》2009 年第
8 期。

[16]贺莉丹:《揭开世界顶尖智库的面纱》,《领导艺术》2009 年第
1 期。

[17]何利、辉罗洋:《美国智库发展研究及启示》,《宏观经济管理》
2009 年第 12 期。

[18]马献忠:《民间"智库"助推县域经济科学发展》,《今日中国论
坛》2010 年第 8 期。

[19]余娉:《中国式智库》,《领导艺术》2010 年第 2 期。

[20]徐少同:《中国智库发展转型背景下的成果评价体系研究》,《社
会科学管理与评论》2010 年第 1 期。

[21]王辉耀、苗绿:《全球智库》,北京:人民出版社,2018 年。

[22]上海社会科学院智库研究中心:《中国智库报告(2020—2021)》,
2021 年 7 月。

[23]柯银斌、吕晓莉:《智库是怎样炼成的?》,南京:江苏人民出版社,
2016 年。

[24][美]雷蒙德·斯特鲁伊克:《完善智库管理:智库、"研究与倡导
型"非政府组织及其资助者的实践指南》,李刚等译,南京:南京大学出版
社,2017 年。

[25]李轶海:《国际著名智库研究》,上海:上海社会科学院出版社,
2010 年。

[26]刘昌乾:《世界一流智库如何保证研究的独立性——基于美国布

鲁金斯学会的研究》,《中国高教研究》2014 年。

　　[27]里查德·哈斯(Richard N.Haass):《思想库与美国的外交政策:一个决策者的观点》,《国际论坛》2003 年第 6 期。

　　[28]李慧莲:《开创中国智库发展新时代》,《中国经济时报》2015 年 2 月 26 日。

　　[29]李桢:《智库对我国政府公共决策的影响力研究——以社科院系统为例》,《情报资料工作》2012 年第 6 期。

　　[30]卢咏:《第三力量——美国非营利机构与民间外交》,北京:社会科学文献出版社,2010 年。

　　[31]帕瑞克·克勒纳(Patrick Koellner):《智库概念界定和评价排名:亟待探求的命题》,《中国行政管理》2014 年。

　　[32]任晓:《第五种权力:论智库》,北京:北京大学出版社,2015 年。

　　[33]王辉耀、苗绿:《大国背后的第四力量》,北京:中信出版社,2017 年。

　　[34]原松华:《建设一流智库提升国家软实力》,《中国发展观察》2012 年第 12 期。

　　[35]杨谧:《中国智库的现状与未来》,《光明日报》2015 年 9 月 9 日。

　　[36]杨敏:《比利时布鲁盖尔国际经济研究所:异军突起的智库新锐》,《中国社会科学报》2013 年 5 月 29 日。

　　[37]郑永年等:《内部多元主义与中国新型智库建设》,东方出版社,2016 年。

　　[38][美]詹姆斯·麦甘、安娜·威登、吉莉恩·拉弗蒂:《智库的力量》,北京:社会科学文献出版社,2016 年。

　　[39][美]詹姆斯·艾伦·史密斯:《思想的掮客:智库与新政策精英的崛起》,南京:南京大学出版社,2017 年。

　　[40][美]詹姆斯·麦甘、理查德·萨巴蒂尼:《全球智库:政策网络与治理》。韩雪、王小文(译),上海:上海交通大学出版社,2015 年。

　　[41]张志强、苏娜:《国际智库发展趋势特点与我国新型智库建设》,

《智库理论与实践》2016年。

[42]郑讴:《印度观察家研究基金会:评估他国政策促成新研究》,《中国社会科学报》2013年12月20日。

[43]朱旭峰、苏钰:《西方思想库对公共政策的影响力——基于社会结构的影响力分析框架构建》,《世界经济与政治》2004年第12期。

[44]张振华:《赢在巅峰:影响中国未来的新智库》,北京:红旗出版社,2010年。

[45]朱旭峰:《中国思想库:政策过程中的影响力研究》,北京:清华大学出版社,2009年。

[46]苗绿:《思想市场如何"智造升级"》,《环球时报》2017年5月5日。

[47]王辉耀、苗绿:《全球智库发展趋势及中国应对》,《中国社会科学报》2017年3月31日。

[48]苗绿、王辉耀:《社会智库如何利用运营机制创新促进发挥政策影响力》,《中国科学院院刊》2016年第8期。

[49]苗绿:《中国社会智库的政策影响机制分析——以中国与全球化智库(CCG)推动国际人才相关政策为例》,《智库理论与实践》2016年第5期。

[50]王辉耀、苗绿、邓莹:《中国社会智库的运营创新探析》,《智库理论与实践》2016年第2期。

[51]王辉耀、苗绿:《如何建设中国新型智库》,《决策与信息》2015年第1期。

[52]苗绿:《中国智库资金来源多元化初探》,《科学与管理》2017年第4期。

[53]褚鸣:《美欧智库比较研究》,北京:中国社会科学出版社,2013年。

[54]崔树义、杨金卫编:《新型智库建设理论与实践》,北京:人民出版社,2015年。

［55］崔树义:《国外思想库的媒体推广术及其启示》,《学习时报》2012年3月5日。

［56］崔树义:《智库的大众传播操作:由胡佛研究所引申》,《重庆社会科学》2012年第6期。

［57］戴慧:《英国智库考察报告》,《中国发展观察》2014年第1期。

［58］丁煌:《美国的思想库及其在政府决策中的作用》,《国际技术经济研究学报》1997年第3期。

［59］冯绍雷主编:《智库——国外高校国际研究院比较研究》,上海:上海人民出版社,2011年。

［60］冯叔君等编著:《智库谋略:重大事件与智库贡献》,北京:生活·读书·新知三联书店,2012年。

［61］［美］加图研究所:《加图决策者手册——美国智库如何影响政府决策?（第7版）》,上海金融与法律研究院（译）,上海:格致出版社,2011年。

［62］王辉耀、苗绿:《21世纪的中国与全球化》,北京:中信出版社,2022年。

［63］李安方等:《中国智库竞争力建设方略》,上海:上海社会科学院出版社,2010年。

［64］李建军、崔树义编:《世界各国智库研究》,北京:人民出版社,2010年。

［65］李凌等:《智库产业——演化机理与发展趋势》,北京:生活·读书·新知三联书店,2012年。

［66］罗德恩:《美国第一智库:白宫头号智囊兰德公司的秘密历史》,北京:电子工业出版社,2011年。

［67］任玉岭编:《国家智库》,北京:红旗出版社,2011年。

［68］［美］斯特鲁伊克:《经营智库:成熟组织的实务指南》,李刚等（译）,南京:江苏人民出版社,2015年。

［69］唐磊编:《当代智库的知识生产》,北京:中国社会科学出版社,

2015 年。

[70]唐纳德·E.埃布尔尔森:《智库能发挥作用吗? ——公共政策研究机构影响力之评估》,上海:上海社会科学院出版社,2010 年。

[71]王继承:《兰德公司的成功奥秘》,《中国经济时报》2012 年 10 月 19 日。

[72]王健编:《智库转型:理论创新与实践探索》,北京:生活·读书·新知三联书店,2012 年。

[73]王莉丽:《论美国思想库的舆论传播》,《现代传播(中国传媒大学学报)》2010 年第 2 期。

[74]王莉丽:《美国智库的"旋转门"机制》,《国际问题研究》2010 年第 2 期。

[75]王莉丽:《智力资本:中国智库核心竞争力》,北京:中国人民大学出版社,2015 年。

[76]魏礼群:《建设智库之路》,北京:人民出版社,2014 年。

[77]约瑟夫·奈:《软实力与中美竞合》,全球化智库(CCG)译,北京:中信出版社,2023 年。

[78]张冠梓、黄晓勇编:《智库的再造:中国社会科学院管理创新案例分析》,北京:社会科学文献出版社,2014 年。

[79]中国高校智库与特色院校研究课题组:《智库之窗》,《管理观察》2013 年第 16 期。

[80]中国经济时报社编:《中国改革智库之路》,北京:中国经济出版社,2011 年。

[81]中国社会科学院拉丁美洲研究所编:《全球拉美研究智库概览》(上下),北京:当代世界出版社,2012 年。

[82]中国现代国际关系研究所:《美国智库及其对华倾向》,时事出版社,2003 年。

[83][美]战略与国际研究中心、彼得森国际经济研究所:《账簿中国:美国智库透视中国崛起》,北京:中国发展出版社,2008 年。

[84][美]詹姆斯·麦甘恩、理查德·萨巴蒂尼:《全球智库:政策网络与治理》,韩雪、王小文译,上海:上海交通大学出版社,2015年。

[85]朱旭峰、苏钰:《西方思想库对公共政策的影响力——基于社会结构的影响力分析框架构建》,《世界经济与政治》2004年第12期。

[86][美]詹姆斯·麦甘恩、安娜·威登、吉莉恩·拉弗蒂:《智库的力量:公共政策研究机构如何促进社会发展》,王晓毅、张倩、李艳波、郑少雄译,北京:社会科学文献出版社,2015年。

[87]王亨、李国强等:《海外智库:世界主要国家智库考察报告》,北京:中国财政经济出版社,2014年。

[88][美]安德鲁·里奇:《智库、公共政策和专家治策的政治学》,潘羽辉译,上海:上海社会科学院出版社,2010年。

[89]王辉耀、苗绿:《我向世界说中国》,北京:中信出版社,2021年。

[90]王辉耀:《全球化:站在新的十字路口》,北京:生活·读书·新知三联书店,2021年。

[91] Andrew D. Selee. *What Should Think Tanks Do？：A Strategic Guide to Policy Impact*. Palo Alto, LA, US：Stanford University Press,2013.

[92] Andrew Rich. *Think Tanks, Public Policy, and the Politics of Expertise,*. Cambridge, UK：Cambridge University Press,2004.

[93] Diane Stone. "Think Tanksin Neil J. Smelser and Paul B. Baltes eds". *International Encyclopedia of the Social & Behavioral Sciences*. Oxford：Elsevier：2001.

[94] Donald E. Abelson. *The business of Ideas：The Think Tank Industry in the USA*. Diane Stone and Andrew Denham. *Think Tank Traditions：Policy Research and the Politics of Ideased*. Manchester, UK：Manchester University Press,2004.

[95] James G. McGann with Richard Sabatini. *Global Think Tanks：Policy Networks and Governance*. New York：Routledge,2011.

[96] Jim Collins. *From Good to Great in the Social Sectors：A Monograph to*

*Accompany Good to Great.*New York：Harper Business,2001.

[97]Leslie R.Crutchfield and Heather McLeod Grant.*Forces for Good：The Six Practices of High-Impact Nonprofits.*San Francisco：Jossey-Bass,2008.

[98]Martell,Luke."The third wave in globalization theory".*International Studies Review* 9,no.2（2007）：173–196.

[99]Peter F. Drucker.*Managing the Nonprofit：Principles and Practices.* New York：Harper Collins Business Edition,2005.

[100]Sarah Durham.*Brandraising：How Nonprofits Raise Visibility and Money Through Smart Communications.*San Francisco：Jossey-Bass,2010.

[101]Simon Sinek.*Start with Why：How Great a Nonprofit That Builds Buzz,Delights Donors,and Energizes Employees*[M].San Francisco：Jossey-Bass,2009.

[102]Stephen Denning.*The Secret Language of Leadership：How Leaders Inspire Action Through Narrative.*San Francisco：Jossey-Bass,2007.

[103]James G.McGann,Richard Sabatini.*Global Think Tanks：Policy Networks and Governance.*New York：Routledge,2011.

[104]Thomas Medvetz.*Think Tanks in America*,Chicago,US：University of Chicago Press,2012.

[105]James G.McGann,*Think Tanks and Policy Advice in the US：Academics,Advisor and Advocates.*New York：Longman,1995.

[106]James G.McGann.*The Global Go To Think Tanks Report 2012.*Philadelphia,US：Pennsylvania University Press,2013.

[107]Murray Weidenbaum."The Competition of Ideas：The World of Washington Think Tanks".*New Brunswick,NJ：Transaction*,2009.

[108]John Sewell.*Globalization,Civil Society,and International Governance.*Washington,DC：Overseas Development Network,1998.

[109]Chip Heath and Dan Heath.*Made to Stick：Why Some Ideas Survive and Others Die.*New York：Random House,2007.

［110］Lindblom，Charles E. &Woodhouse，Edward J. *The policy-making process(3rded)*.Englewood Cliffs，New Jersey：Prentice Hall，1993.

［111］Think Tanks and Civil Societies Program.2020 *Global Go to Think Tank Index & Abridged Report*.Philadelphia，PA US：Pennsylvania University Press，2021.

［112］Adam Alter.*Drunk Tank Pink：And Other Unexpected Forces That Shape How We Think，Feel，and Behave*.UK：Penguin Books，2014.

［113］Wang Huiyao，*Globalizing China：The Influence，Strategies and Successes of Chinese Returnees*，United Kingdom，Emerald Publishing，2012.

［114］Wang Huiyao and Alistair Michie，*Consensus or Conflict? -China and Globalization in the 21st century*，Springer，2021.

参
考
文
献

后 记

POSTSCRIPT

　　作为中国社会智库的探索者与实践者,我们把建立中国真正国际化的智库作为我们需要追求的一项重要事业。萌生要写一本关于智库的书,至少也有六七年时间,这与我们创办、运营全球化智库(CCG)六年多也是同步的。这些年,不断在摸索中创办全球化智库的同时,我们访问研究、深入考察过数十家世界知名智库,与上百名国内外智库专家有过交流探讨,深深地感受到智库力量和思想市场的建立对国家崛起的重要性。因为对世界智库的了解与认识,以及在中国智库运营过程中的实践与体会,我们对中国智库的问题、前景和方向的思考与感悟也越来越深切。习近平总书记提出,智库是国家软实力的重要组成部分,随着形势的发展,智库的作用会越来越大。当前国内各界和各大媒体都纷纷开始重视智库建设,我们感到很庆幸在六年前北京奥运会结束之后,我们就开始了中国民营国际化智库的建设,而今天智库在中国的必要性已经成为全社会的共识,这对作为智库建设研究者和探索者的我们来说,也是一个巨大的鼓舞。

　　我们希望人民出版社出版的《大国智库》一书不仅是向广大关心智库在中国发展的读者介绍了国际智库的经验,也希望为中国智库发展呈现一定的现代智库国际比较;同时还想通过对国际国内的智库研究,在书中记录下我们对中国智库发展的思考和分析。中国智库的发展,有过怎样的变迁和探索,又经历着怎样的多元与不易,我们在书中所呈现的希望能起到为中国智库发展添砖加瓦的作用。

本书的完成,我们首先要感谢国内多个部委、地方政府和政策研究部门、有关智库和院校以及欧美同学会对我们从事智库工作的大力支持。此外,也很感谢这几年来在我们对海外智库考察访问之行中和我们交流过的国际智库和有关的专家和学者。我们还要感谢在美国布鲁金斯学会做访问研究员和在哈佛大学肯尼迪政府学院做高级研究员的机会,使我们对国际智库有了更系统的研究。

本书的写作,还得到了很多国内知名智库机构和智库领域研究专家的支持和指导,包括邀请他们参加我们组织的智库发展研讨会和我们有机会参加国内其他智库的活动。特别感谢国务院发展研究中心副主任刘世锦、中国国际经济交流中心副理事长魏建国、清华大学公共管理学院院长薛澜、布鲁金斯学会中国研究中心主任李成专门为本书作序以及国务院参事汤敏教授对本书的推荐。

在本书成书过程中,全球化智库的郑金连、董庆前、李苗苗、邓莹、任月园、曹佳洁及杨天树等都对本书有关章节有贡献,在此一并致谢。

借此机会,还要感谢人民出版社的黄书元社长、任超常务副社长、洪琼主任对本书的顺利完成所提供的积极支持和细心的配合。

最后,也向广大支持关心中国智库发展的读者致谢!

王辉耀　苗绿

2014 年 7 月 28 日

后记

再版后记

POSTSCRIPT

2014 年,《大国智库》付梓,作为由人民出版社出版的国内第一本系统性介绍全球知名智库和系统性总结国内智库发展情况的图书,在社会上产生了广泛的影响力。2015 年,中共中央办公厅、国务院办公厅联合印发《关于加强中国特色新型智库建设的意见》,这一纲领性文件强调了智库资源对于国家决策、治理以及提升国家软实力的重要意义。2017 年,《关于社会智库健康发展的若干意见》对优化社会智库发展环境勾勒出清晰的图景。中国智库开始进入历史最好发展机遇期。

时隔 9 载,世界发展面临着诸多新问题、新挑战,新冠疫情大流行、英国脱欧、中美竞争硝烟四起……在愈发复杂的国际环境下,研究和了解国际智库发展情况,借鉴国际智库经验发展中国特色新型智库都显得更加重要。另外,在中国智库经历了近十年的发展机遇期之后,适时对中国智库发展情况进行总结,进一步提出推动智库良性健康发展的政策建议,也是为中国特色新型智库建设贡献一份力量。

CCG 近年来通过国际互访、参与国际会议、举办论坛和线上对谈等方式与更多国际一流智库有了更深、更广的交流,对全球智库状况有了更全面的了解。比如我们从 2016 年开始,连续 7 年举办中国全球智库创新年会,全球数十个国家、国际组织,上百家智库,数百名海内外战略、经济、商业领域的研究机构和团体代表参与了往届活动。凝聚全球智库共识,"中国全球智库创新年会"已形成国际会议品牌,成为就智库面临的最紧迫问题展开思想碰撞，积极探求前瞻性、创新性解决方案的高端平台。《大国智库2.0》将加入CCG所取得的最新一手资料，这些对于读者来说都是不可多得的宝贵内容。

作为专门影响政府公共政策决策与制定的思想工厂和研究机构，智库在制定政策、影响舆论、培养人才等多方面发挥着独特作用。大国崛起，需要强大的智力支持。中国智库理应站在前沿，为中国和平发展发声，提供智慧动力。《大国智库2.0》将为广大读者了解智库领域、把握全球动态提供最新视角。

《大国智库2.0》得到了很多国内知名智库机构和智库领域研究专家的支持和指导，这里，我们想特别感谢全国政协参政议政人才库特聘专家、中共中央对外联络部原副部长、中国人民争取和平与裁军协会副会长、中国前驻乌兹别克斯坦共和国大使于洪君专门为本书作序，以及北京大学国际战略研究院创始院长王缉思、外交学院战略与和平研究中心主任苏浩等专家学者对本书的推荐。

该项图书研究得到了北京东宇全球化智库基金会的大力支持。

在《大国智库2.0》研究出版过程中，全球化智库的研究人员郑金连、于蔚蔚、仲伟鸿、何航宇以及全球化智库出版中心任月园、白云峰等同事均作出了贡献，在此一并致谢。

借此机会，我们还要感谢人民出版社的蒋茂凝社长、辛广伟总编辑、洪琼主任对本书的顺利完成所提供的积极支持和细心的配合。

最后，也向广大支持关心中国智库发展的读者致谢！

王辉耀　苗绿

2023年4月

再版后记

责任编辑:洪　琼

图书在版编目(CIP)数据

大国智库 2.0/王辉耀,苗绿 著. —北京:人民出版社,2023.8
ISBN 978 - 7 - 01 - 025741 - 9

Ⅰ.①大…　Ⅱ.①王…②苗…　Ⅲ.①咨询机构-研究-中国　Ⅳ.①C932.82

中国国家版本馆 CIP 数据核字(2023)第 097514 号

大国智库 2.0

DAGUO ZHIKU 2.0

王辉耀　苗　绿　著

人民出版社 出版发行

(100706　北京市东城区隆福寺街 99 号)

北京中科印刷有限公司印刷　新华书店经销

2023 年 8 月第 1 版　2023 年 8 月北京第 1 次印刷
开本:710 毫米×1000 毫米 1/16　印张:28
字数:410 千字

ISBN 978 - 7 - 01 - 025741 - 9　定价:89.00 元

邮购地址 100706　北京市东城区隆福寺街 99 号
人民东方图书销售中心　电话 (010)65250042　65289539